Gianfranco Walsh

Konsumentenverwirrtheit als Marketingherausforderung

Mit einem Geleitwort
von Prof. Dr. Klaus-Peter Wiedmann

Deutscher Universitäts-Verlag

Die Deutsche Bibliothek - CIP-Einheitsaufnahme

Walsh, Gianfranco:
Konsumentenverwirrtheit als Marketingherausforderung / Gianfranco Walsh.
Mit einem Geleitw. von Klaus-Peter Wiedmann. - 1. Aufl..
- Wiesbaden : Dt. Univ.-Verl., 2002
(Gabler Edition Wissenschaft)
Zugl.: Hannover, Univ., Diss., 2001
ISBN 3-8244-7509-X

1. Auflage Januar 2002

Alle Rechte vorbehalten
© Deutscher Universitäts-Verlag GmbH, Wiesbaden, 2002

Lektorat: Brigitte Siegel / Nicole Schweitzer

Der Deutsche Universitäts-Verlag ist ein Unternehmen der
Fachverlagsgruppe BertelsmannSpringer.

www.duv.de

Druck und Buchbinder: Rosch-Buch, Scheßlitz
Printed in Germany

ISBN 3-8244-7509-X

GABLER EDITION WISSENSCHAFT

Walsh
Konsumentenverwirrtheit als Marketingherausforderung

Geleitwort

Wer kennt nicht die folgende Einkaufsituation: Eine Vielzahl ähnlicher und häufig komplexer Produkte oder Produktinformationen erschwert das Treffen einer Kaufentscheidung. Das, was Konsumenten in solchen Situationen wahrnehmen, wird in der verhaltenswissenschaftlich orientierten Marketingliteratur mit Konsumentenverwirrtheit bezeichnet. Mit dem Konstrukt der Konsumentenverwirrtheit wendet sich Herr Walsh einer innovativen und insbesondere hierzulande weit gehend vernachlässigten Thematik der Marketingforschung zu, die jedoch angesichts zunehmend gesättigter Märkte und homogener Produkte erheblich an Relevanz gewinnen wird.

Trotz der Relevanz von Konsumentenverwirrtheit finden sich nennenswerte konzeptionelle Arbeiten bislang ausschließlich in der angelsächsischen Marketingliteratur. Aber auch dort werden Forschungsbemühungen häufig auf singuläre Ursachen und relativ simple Konzeptualisierungen von Konsumentenverwirrtheit verengt. Eine systematische Untersuchung von Ursachen einerseits sowie Auswirkungen von Konsumentenverwirrtheit auf das Kauf bezogene Verhalten von Konsumenten andererseits kommt zu kurz. Vermehrt auftretende Konsumentenverwirrtheit und dadurch bedingtes dysfunktionales Konsumentenverhalten kann ernsthafte Implikationen für Unternehmen haben, wenn nämlich Konsumentenverwirrtheit zu einer verlangsamten Diffusion von Botschaften und Produkten, verschobenen oder abgebrochenen Kaufentscheidungen, zu rückläufiger Markenloyalität, negativer Mundpropaganda und somit Umsatzminderung führt.

Bei Konsumentenverwirrtheit handelt es sich um eine nicht direkt beobachtbare Größe, die lediglich in Zusammenhang mit Verhaltenskonsequenzen erfasst werden kann. Bislang wurde Konsumentenverwirrtheit bei Kaufentscheidungen hauptsächlich auf Reizüberlastung und -ähnlichkeit zurückgeführt. Herr Walsh erweitert diese Perspektive und schlägt eine dreidimensionale Konzeptualisierung von Konsumentenverwirrtheit vor, die er in einer fundierten empirischen Untersuchung belegen kann.

Herrn Walsh ist mit der vorliegenden Arbeit eine umfassende Darstellung der Ursache-Wirkungsbeziehungen bei der Entstehung von Konsumentenverwirrtheit gelungen, die den gegenwärtigen Stand der marketingwissenschaftlichen Diskussion in breiter und vollständiger Weise wiedergibt. Interessierte Leser finden in der Arbeit von Herrn Walsh einen reichen Fundus, der einen gelungenen Ein- und Überblick über das Gebiet vermittelt. Angesichts der zweifellos hohen Bedeutung von Konsumentenverwirrtheit im sich weiter verschärfenden nationalen und internationalen Wettbewerb wünsche ich der Arbeit eine lebhafte Aufnahme in Wissenschaft und Praxis.

Prof. Dr. Klaus-Peter Wiedmann

Vorwort

The mere attempt to examine my own confusion would consume volumes.

James Agee

Gescheit gedacht und dumm gehandelt, so
bin ich mein' Tage durchs Leben gewandelt.

Franz Grillparzer

Die vorliegende Arbeit wurde im Herbst 2001 vom Fachbereich Wirtschaftswissenschaften der Universität Hannover als Dissertation angenommen. Wenn Theodor Fontane sagt: „Wer ausdauert, erreicht alles", dann ist dies mit Blick auf die vorliegende Arbeit sicherlich nur die halbe Wahrheit. Erst die Unterstützung zahlreicher Menschen hat diese Arbeit ermöglicht. Diesen Menschen möchte ich danken.

Zu Dank bin ich zunächst meinem Doktorvater, Prof. Dr. Klaus-Peter Wiedmann, verpflichtet. Er hat mir bei der Wahl und Bearbeitung meines Themas großen Freiraum gelassen, gleichwohl mangelte es nie an seiner fachlichen Unterstützung und Motivation. Weiterhin danke ich Frau Prof. Dr. Dr. h.c. Ursula Hansen für die Anfertigung des Zweitreferates. Nach der schriftlichen Pflicht stellten sich freundlicherweise Prof. Dr. Wolfgang Meyer und Prof. Dr. Hans-Gerd Ridder als Examinatoren für die mündliche Prüfung zur Verfügung. Ihnen danke ich ebenso wie meinem Doktorvater für das angenehme Rigorosum. Professor Wolfgang Meyer danke ich darüber hinaus für das gutnachbarschaftliche Verhältnis und die anregenden Gespräche zum Thema Kaffee.

Auch meine Kollegen am Lehrstuhl Marketing II, die – wie ich selbst – ein kollegiales Arbeitsumfeld und wohlgemutes Socialising zu schätzen wissen, verdienen Erwähnung. Insbesondere danke ich für die gute Zusammenarbeit zu gemeinsamen Forschungsarbeiten, Publikationen und Kongressteilnahmen Herrn Dr. Frank Buckler, Herrn Dr. Holger Buxel, Herrn Dipl.-Oek. Tobias Frenzel und Herrn Dipl.-Vw. Dominik Halstrup. Danken möchten ich ebenso Frau Karin Jahnel sowie Frau Andrea Engel für die stets kollegiale Zusammenarbeit und die Unterstützung in allen organisatorischen Fragen. Nicht unerwähnt bleiben sollen meine Kollegen vom „Nachbarlehrstuhl" Marketing I, die – entweder auf dem Gang oder in der von ihnen so geschätzten Mensa – niemals einer Diskussion zum Thema Fußball aus dem Weg gegangen sind.

Mein besonderer Dank gilt meinen Freunden und Kollegen Dr. Thorsten Hennig-Thurau und Dr. Alexander „Wonko" Klee für ihr kontinuierliches Interesse an meiner Arbeit, für ihre gleichermaßen kritischen wie fruchtbaren Anmerkungen vor allem in der Endphase sowie für ihr unermüdliches Streben, mich die Sorgfalt ehren zu lernen. Besonders freue ich mich darüber, dass Thorsten, Wonko und mir neben dem Frönen gemeinsamer Hobbies wie Kino, Fußballspielen auf Spielplätzen und Städtereisen noch genügend Raum für gemeinsame Forschungsprojekte blieb.

Ein Wort des Dankes gebührt auch meinem akademischen Lehrer aus meiner Studienzeit an der Manchester School of Management, UMIST, Herrn Professor Vincent-Wayne Mitchell, ohne den ich vermutlich keine Dissertation zum Thema Konsumentenverwirrtheit verfasst hätte. Von ihm habe ich viel lernen dürfen und freue mich, dass es noch heute im Rahmen gemeinsamer Publikationen die Möglichkeit zur Zusammenarbeit mit Professor Mitchell gibt.

Zu großem Dank bin ich schließlich meiner Familie verpflichtet, die mich stets ermuntert hat, das zu tun, was ich möchte und mir darin in jeder Hinsicht Unterstützung zukommen ließ. Vor allem meiner Frau, Dr. Annette Walsh, danke ich für ihr Verständnis während der letzten Jahre, in denen ich der Braut „Marketingforschung" einen guten Teil unserer gemeinsamen Zeit widmete. Ihre liebevolle Unterstützung und die Geburt unseres Sohnes David Elliot waren und sind mein kraftspendender persönlicher Reichtum, oder um es trefflich in Oscar Wildes Worten auszudrücken: „Who, being loved, is poor?"

Gianfranco Walsh

Inhaltsverzeichnis

Abbildungsverzeichnis

Tabellenverzeichnis

Abkürzungsverzeichnis

AGFI	Adjusted Goodness of Fit Index
Aufl.	Auflage
bspw.	beispielsweise
bzw.	beziehungsweise
CFI	Comparative Fit Index
CSI	Consumer Styles Inventory
DEV	Durchschnittlich erklärte Varianz
d.h.	das heißt
DM	Deutsche Mark
d.V.	der/den Verfasser
€	Euro
Ed.	Editor (Herausgeber) / Edition (Auflage)
et al.	et alteri
etc.	et cetera
FTC	Federal Trade Commission
GFI	Goodness of Fit Index
ggf.	gegebenenfalls
H	Hypothese
Hrsg.	Herausgeber
i.d.R.	in der Regel
i.e.S.	im engeren Sinne
i.S.	im Sinne
i.w.S.	im weitesten Sinne
Jg.	Jahrgang
Kap.	Kapitel
KFA	Konfirmatorische Faktorenanalyse
KVW	Konsumentenverwirrtheit
lat.	lateinisch
LISREL	LInear Structural RELationship
LSD	Least Significant Distance
ML	Maximum Likelihood
Nr.	Nummer
o.V.	ohne Verfasser
PC	Personal Computer

PCA	Principal Components Analysis (Hauptkomponentenanalyse)
PoP	Point of Purchase (Ort des Kaufs)
PoS	Point of Sale (Ort des Verkaufs)
RMR	Root Mean Square Residuals
RMSEA	Root Mean Square Error of Approximation
S.	Seite
SÄ	Stimulusähnlichkeit
sog.	so genannte
Sp.	Spalte
SU	Stimulusunklarheit
SÜ	Stimulusüberlastung
u.a.	unter anderem; unter anderen; und andere(s)
ULS	Unweighted Least Squares
u.U.	unter Umständen
vgl.	vergleiche
Vol.	Volume
WAP	Wireless Application Protocol
w-o-m	Word-of-mouth (Mundwerbung, Mundpropaganda)
z.B.	zum Beispiel
z.T.	zum Teil

1   Einleitung

1.1   Problemstellung

1.1.1   Zur Bedeutung von Konsumentenverwirrtheit

Unternehmen müssen heute im Spannungsfeld der Erfüllung gesellschaftlicher Ansprüche und der Gewährleistung einer hohen betriebswirtschaftlichen Effektivität besser, billiger und schneller werden, um Wettbewerbsvorteile aufzubauen und zu sichern.[1] Gleichzeitig bedarf es jedoch auch eines fundierten Einblicks in das Zielgruppen bezogene Kaufverhalten.

Die Erklärung von Konsumentenverhalten stellt innerhalb der neueren Wirtschaftswissenschaft, insbesondere des Marketing, einen wichtigen Themenkomplex dar; vor allem ist es auch im Hinblick auf die Sicherung eines langfristigen Markterfolges und strategische Marketingaktivitäten von Unternehmen eine wichtige Grundlage. Von den vielfältigen Facetten der Konsumentenverhaltensforschung[2] steht im Rahmen dieser Arbeit das Konstrukt der Konsumentenverwirrtheit, das in der angloamerikanischen Konsumentenforschung unter die Bezeichnung „consumer confusion in decision making" gefasst wird, im Mittelpunkt des Interesses. Die negative Konnotation des Begriffs *Verwirrtheit* deutet bereits an, dass mit Konsumentenverwirrtheit defizitäres kaufbezogenes Verhalten gekennzeichnet ist. Konsumentenverwirrtheit (im Folgenden KVW) erscheint geeignet, die aus der großen Informations- und Produktmenge resultierenden Konsequenzen für das Konsumentenverhalten (z.B. die Schwierigkeit oder Unfähigkeit von Konsumenten Kaufentscheidungen zu treffen) zu erklären.

Wohl nicht zufällig wird regelmäßig von neuem festgestellt, dass sich die Rahmenbedingungen des Marketing angesichts steigender Wettbewerber- und Produktzahlen verschärfen[3]. In

---

[1]   Vgl. Wiedmann, 1996a, S. 6.

[2]   Während die Konsumentenverhaltensforschung verschiedene Anspruchs- und Interessengruppen bedient, wie beispielsweise die Wirtschaft, Regierung und den Konsumenten (vgl. z.B. Blum, 1977, S. 67; Engel/Blackwell/Miniard, 1995, S. 4ff.), so hat sie nur ein Erkenntnisobjekt: „der einzelne Mensch in seiner Rolle als Konsument" (Trommsdorff, 1998, S. 15). In ihrer engeren Fassung bezieht sich die Konsumentenforschung auf das Verhalten der privaten Nachfrager, bei der Suche, beim Kauf, Konsum und bei der Beurteilung wirtschaftlicher Güter (vgl. Kroeber-Riel/Weinberg, 1999, S. 3-7; Schiffman/Kanuk, 1997, S. 6).

[3]   Vgl. Colgate/Danaher, 2000, S. 375; Zentes/Swoboda, 1999, S. 825; Hammann/Tebbe/Braun, 1999, S. 919-920.

jüngerer Zeit erhalten solche Befunde durch die *Globalisierung*sdebatte[4] zusätzlich Nahrung, denn eine zunehmende wirtschaftliche Internationalisierung wird i.d.R. durch den Markteintritt neuer Wettbewerber begleitet. Zweifelsohne hat sich die Produktzahl in vielen Märkten, insbesondere bei Verbrauchsgütern des täglichen Bedarfs, in den letzten zwei bis drei Jahrzehnten vervielfacht[5]. Auf veränderte Rahmenbedingungen und eine Wettbewerbsverschärfung wird meist betriebswirtschaftlich „vernünftig" mit Maßnahmen der Rationalisierung und Effizienzsteigerung reagiert, aber auch mit neuen Produkten, Produktdifferenzierungen, risikomindernden Imitationsstrategien und einer noch intensiveren Bewerbung des existierenden Angebots. Solche Maßnahmenbündel können die Umsätze einzelner Unternehmen vielleicht kurzfristig steigern, das Problem überforderter Konsumenten, denen es zunehmend schwer fällt Produkte hinsichtlich relevanter Eigenschaften zu bewerten, zu unterscheiden, dargebotene Produktinformationen zu verarbeiten und zu einer ihren individuellen Nutzenerwartungen endsprechenden Kaufentscheidung zu gelangen, bleibt indes unberücksichtigt.

1.1.1.1 Konsumentenverwirrtheit als Marketingherausforderung

Eine marketingwissenschaftliche Auseinandersetzung mit für Konsumenten negativen Auswirkungen eines steigenden Produktangebots kommt oft zu kurz, wenngleich stagnierende Umsätze in saturierten Märkten und KVW Teil desselben Problems sein könnten. Vermehrt auftretende KVW und dadurch bedingtes dysfunktionales Konsumentenverhalten kann ernsthafte Implikationen für Unternehmen haben, wenn nämlich KVW zu einer verlangsamten Diffusion von Botschaften und Produkten, verschobenen oder abgebrochenen Kaufentscheidungen, zu rückläufiger Markenloyalität, negativer Mundpropaganda und somit zu Umsatzminderung führt.

Ein Grund für die Ignorierung dieser Konsumentenprobleme kann darin gesehen werden, dass Konsumentenverhalten in der Marketingtheorie häufig noch immer, zumindest implizit, im Sinne des Leitbilds der *Konsumentensouveränität* erklärt wird[6] und in der Marketingwissen-

---

[4]   Vgl. zum Begriff der *Globalisierung* Berenbrock/Eretge/Hoffmann, 1998, S. 190ff.
[5]   Vgl. Plewe, 2000, S. 3; Esch/Wicke, 2000, S. 12ff.; Bainbridge, 1998, S. 37.
[6]   Vgl. Hansen/Schrader, 1997; Kroeber-Riel/Weinberg, 1999, S. 653-656. Nach Kuhlmann (1990, S. 30) besagt dieses Leitbild in seinem Kern, dass „Verbraucher durch ihr Nachfrageverhalten die Güterproduktion derart lenken, dass Menge und Struktur der hergestellten und angebotenen Güter eine optimale Bedürfnisbefriedigung bewirken". Dieses Leitbild geht von einem Konsumenten im Sinne des *homo oeconomicus* aus. Das Leitbild des *homo oeconomicus* ist durch zwei Axiome gekennzeichnet: 1) Das *Rationalitätsaxiom*

schaft noch immer die Annahme anzutreffen ist, Konsumenten seien gleichermaßen beschützt wie informiert und dass „consumers are both capable of being and willing to be highly involved in purchase and consumption"[7]. In der Realität sind Konsumenten es aber häufig nicht, da sie sich angesichts einer zunehmenden Marktdynamisierung – die durch eine riesige Produktauswahl[8], kürzere Produktlebenszyklen[9] und ständige Produktneueinführungen, zunehmende äußerliche und funktionale Produktassimilation[10] und einer unaufhörlich wachsenden (Werbe-) Informationsflut gekennzeichnet ist – kognitiv überfordert fühlen. Tatsächlich scheinen sich die Rechte auf Information und auf Wahlfreiheit für Konsumenten zu einer Bürde gewandelt zu haben,[11] denn immer häufiger, so scheint es, kommt es zu KVW.

Konsumentenverwirrtheit wurde als Marketingproblem bereits in einer Vielzahl von Bereichen und Märkten erkannt, etwa in den Bereichen Telekommunikation[12], bei Ökoprodukten[13], im Margarinesegment[14], bei Wasch-[15] und Spülmitteln[16], Computern[17], im Uhrenmarkt[18], bei Versicherungen[19] und anderen Dienstleistungen[20]. Weiterhin konnte KVW in verschiedenen empirischen Arbeiten als nationenübergreifendes Problem nachgewiesen werden, z.B. in den USA[21], Neuseeland[22], Südkorea[23], Indien[24], Griechenland[25] oder Großbritannien[26].

---

beschreibt einen Konsumenten, der autonom handelt und seinen Nutzen maximiert; 2) Das *Informationsaxiom* besagt, dass der Konsument vollständig und detailliert über seine Bedürfnisse und alle Güter einschließlich ihrer Angebotsbedingungen sowie über die damit erreichbaren Handlungsresultate informiert ist. Mit dem Begriff des *homo oeconomicus* soll demnach ein zweckrationaler Konsument bezeichnet werden, der sich jederzeit über seine (Konsum-) Ziele im Klaren ist und über die Mittel, die er zu deren Erreichung benötigt. Er versucht seine beschränkten (finanziellen) Mittel nutzenmaximal einzusetzen, um eine größtmögliche Bedürfnisbefriedigung zu erreichen (vgl. z.B. Kuhlmann, 1990, S. 30; Bebié, 1978, S. 67-68).

[7] Peter/Olson, 1994, S. 411.
[8] In dieser Arbeit werden die Begriffe *Produkt* und *Marke* weitgehend synonym verwendet. Dort, wo diese Sprachregelung nicht gilt, wird eine Differenzierung in Hersteller- und Handelsmarke vorgenommen werden.
[9] Vgl. Wiedmann, 1996a, S. 9; Droege/Backhaus/Weiber, 1993.
[10] Vgl. Farquhar, 1994, S. 11.
[11] Vgl. Mitchell/Walsh, 1997.
[12] Vgl. Nuki, 1997; Turnbull/Leek/Ying, 2000.
[13] Vgl. Kangun/Polonsky, 1995; Ippolito/Mathios, 1993.
[14] Vgl. McLoughlin, 1997.
[15] Vgl. Harrison, 1995.
[16] Vgl. Reiling, 1982.
[17] Vgl. Cahill, 1995.
[18] Vgl. Mitchell/Papavassiliou, 1997b.
[19] Vgl. Brierley, 1995; Roberts, 1995.
[20] Vgl. Berry/Yadav, 1997; Wong, 1996.
[21] Vgl. z.B. Foxman/Muehling/Berger, 1990; Sproles/Kendall, 1986; Miaoulis/D'Amato, 1978.
[22] Vgl. Durvasula/Lysonski/Andrews, 1993.
[23] Vgl. Hafstrom/Chae/Chung, 1992.
[24] Vgl. Lysonski/Durvasula/Zotos, 1996.

Bei KVW handelt es sich um eine nicht direkt beobachtbare Größe, die lediglich in Zusammenhang mit möglichem offenen Verhalten oder ermittelten Verhaltensintentionen[27] erfasst werden kann. Nach heutigem Forschungsstand kann Konsumentenverwirrtheit bei Kaufentscheidungen hauptsächlich auf Reizüberlastung[28] und -ähnlichkeit zurückgeführt werden, wobei das Problem des Überangebots von Alternativen und Informationen eine zentrale Rolle einnimmt. Es wird in diesem Kontext beispielsweise von „hyperchoice"[29], „schwindelerregend vielseitiges Angebot"[30], „marktwirtschaftlicher Angebotsflut"[31] oder „rapidly evolving set of of alternatives"[32] gesprochen und auch schon mal spöttisch festgestellt, dass das einzige „Ziel [von Herstellern, d.V.] zu sein scheint, den Verbraucher zu verwirren"[33].

1.1.1.2 Zentrale Problembereiche

Folgt man der in der Konsumentenforschung gängigen Sichtweise, so können Konsumenten dann bedarfsgerechte Kaufentscheidungen treffen, wenn diese die am Markt angebotenen Produkte überblicken und hinsichtlich ihrer Qualität vergleichen können.[34] Im Umkehrschluss hieße dies, dass angesichts eines unübersichtlichen Produkt- und Informationsüberangebots nicht-bedarfsgerechte bzw. suboptimale Kaufentscheidungen[35] die Folge sein können.

---

[25]   Vgl. Chryssochoidis, 2000.

[26]   Vgl. Mitchell/Bates, 1998; Balabanis/Craven, 1997; Rafiq/Collins, 1996.

[27]   Wenn Stimuli auf den Konsumenten wirken muss dieser nicht unmittelbar auf diese reagieren, sondern die Stimuli können zu einem vorgelagerten Response führen, einer Verhaltensintention (vgl. Wiswede, 1991, S. 58). Die Absicht, ein bestimmtes Verhalten auszuführen bzw. zu unterlassen wird nach Fishbein/Ajzen durch verschiedene Faktoren (Einstellung, sozialer Druck etc.) beeinflusst (vgl. zur Theorie der „wohldurchdachten Handlung" Fishbein/Ajzen, 1975; Ajzen/Fishbein 1980). So kann ein verwirrter Konsument, der seine Verwirrtheit bewusst wahrnimmt, beabsichtigen, anderen Konsumenten von der Ursache seiner Verwirrtheit zu berichten bzw. diese zu warnen (negative Mundpropaganda). Die Intention des Konsumenten bedeutet jedoch nicht, dass es auch zu diesem Verhalten (Warnung) kommt, da zwischen Intention und der Verhaltensausführung ungeplante Ereignisse liegen können; so könnte der Konsument schlicht vergessen, anderen von seiner KVW zu erzählen.

[28]   In der relevanten Literatur findet sich häufig eine synonyme Verwendung der Begriffe *Information* und *Reiz/Stimulus*. Eine Unterscheidung findet sich bei Hagemann (1988, S. 54), wonach Reize messbar und objektiv feststellbar sind, während dies auf Informationen nur bedingt zutrifft. Laut Hagemann werden Informationen durch die individuelle Verarbeitung von objektiven Reizen determiniert, weshalb Erstere i.d.R. ein gewisses Maß an Subjektivität besitzen. In dieser Arbeit werden die Begriffe *Information* und *Reiz/Stimulus* aus Vereinfachungsgründen synonym verwendet.

[29]   Vgl. Settle/Alreck, 1988.

[30]   McKenna, 1993, S. 9.

[31]   Rost, 1996, S. 104.

[32]   Herbig/Kramer, 1994, S. 46.

[33]   Plewe, 2000, S. 3.

[34]   Vgl. Gruber, 1987, S. 19.

[35]   Es ist anzumerken, dass keine „optimalen" Kaufentscheidungen im objektiven Sinne existieren, da Konsumenten - je nach Ausprägung ihrer individuellen Konsumerfahrungen und -präferenzen, relevanten Einstellungen, kognitiven Fähigkeiten und der Kaufsituation – interindividuell unterschiedliche Nutzen mit einer

Nicht nur für jene Konsumenten, die Abwechslung[36] suchen oder einen hohen Grad an Informiertheit anstreben, und deshalb aktiv nach Informationen suchen, erschwert eine steigende Angebots- und Informationsflut die Überschaubarkeit, Verarbeitbarkeit und Speicherung von Informationen.[37] Auch – oder gerade – jene Konsumenten, die durchschnittlich involviert ihre Einkäufe erledigen, dürften von diesem „Übermaß an Auswahl"[38] austauschbarer Produkte betroffen sein, da sie mit geringem kognitiven Aufwand einkaufen. Ebenso wie Konsumenten mit abnehmenden oder weniger ausgeprägten Informationsverarbeitungsfähigkeiten sowie einer insgesamt geringen Konsum-Kompetenz[39]; z.b. Ältere[40] oder Bildungsschwache: „[consumer confusion] is likely to be more acute with the elderly and less well-educated because confusion is likely to increase (...) as processing competence decreases."[41]

Die besondere Relevanz von KVW ergibt sich durch die mit ihr assoziierten negativen Konsequenzen, die sowohl für das individuelle Kauf bezogene Verhalten von Konsumenten wie auch den langfristigen Erfolg von Unternehmen von Bedeutung sind. Um so mehr muss es erstaunen, dass die Marketingpraxis bei der Berücksichtigung von KVW im Rahmen ihrer Produkt- und Kommunikationspolitik kaum auf verlässliche Informationen zurückgreifen kann. In der aktuellen Literatur besteht kaum Konsens über Konzeption und Operationalisierung dieses Konstrukts[42] und die Untersuchungen zu Ursachen, Antezedenten[43] und Konsequenzen liefern zum Teil widersprüchliche Ergebnisse.

Kaufentscheidung erzielen möchten (vgl. Katz, 1960; Keller/Staelin, 1987, S. 201; Herrnstein, 1988, S. 12ff.). So kann ein Konsument, der beim Autokauf viel Wert auf die Eigenschaft *Langlebigkeit* legt, durch einen Wagen der Marke Mercedes einen hohen Nutzen erzielen und in diesem Sinne eine optimale Kaufentscheidung treffen; für einen anderen Konsument hingegen, bei dem die Eigenschaft *Preisgünstigkeit* einen hohen Stellenwert einnimmt, käme der Kauf desselben Mercedes einer suboptimalen Kaufentscheidung gleich, da der Mercedes den gewünschten Nutzen nicht umfassend bzw. gar nicht erfüllt. Im Kontext dieser Arbeit werden Kaufentscheidungen deshalb dann als „suboptimal" bezeichnet, wenn ein (verwirrter) Konsument schlechtere (d.h. seinen persönlichen Nutzenerwartungen nicht entsprechende) Kaufentscheidungen trifft.

[36] Vgl. zum Variety-Seeking Kaufverhalten Helmig, 1997; ter Haseborg/Mäßen, 1997; Walsh/Mitchell/Hennig-Thurau, 2001, S. 85ff.

[37] Vgl. Bettman, 1979, S. 204ff.; Wright, 1975; Jacoby/Speller/Kohn, 1974.

[38] Sommer, 2000, S. 19.

[39] Vgl. zum Begriff der *Konsum-Kompetenz* Hennig-Thurau, 1998, S. 73.

[40] So wurde in einer Studie ermittelt, ältere Konsumenten seien anfälliger durch Imitationen („lookalikes") verwirrt zu werden als jüngere (vgl. Balabanis/Craven, 1997).

[41] Mitchell/Papavassiliou, 1999, S. 323.

[42] Vgl. bspw. die Diskussion zur theoretischen Abgrenzung von KVW Mitchell/Papavassiliou, 1997a; Foxman/Berger/Cote, 1992 und zur Messung von KVW Boal, 1983; Kapferer 1995a; 1995b.

[43] *Antezedenten* beschreiben eine Gruppe von Merkmalen, welche eine Situation charakterisieren (vgl. Runyon/Stewart, 1987, S. 126). Diese Merkmale lassen sich in momentäre Stimmungen (z.B. Besorgnis, Angenehmheit, Feindseligkeit, Aufgeregtheit etc.) und momentäre Zustände (z.B. genügend Geld, Hunger, Müdigkeit, Krankheit) unterteilen. Antezedenten sind nicht dauerhaft und momentäre Stimmungen und Zu-

Die Ursache für diesen Mangel an theoretischen und empirischen Erkenntnissen kann primär in konzeptionellen und methodischen Versäumnissen auf Seiten der Marketingforschung gesehen werden. Obgleich Themen wie dysfunktionale Wirkungen von Marketingaktivitäten oder defizitäres Konsumentenverhalten in der marketingwissenschaftlichen Literatur durch zahlreiche Beiträge Beachtung finden – so etwa die Phänomene des zwanghaften[44] oder impulsiven[45] Kaufverhaltens, der (geringen) Konsum-Kompetenz[46] oder Informationsüberlastung[47] – nimmt KVW als weiteres negatives Konsumverhalten in der marketingwissenschaftlichen Diskussion einen nur vergleichsweise geringen Stellenwert ein. Die begrenzte marketingwissenschaftliche Auseinandersetzung mit KVW findet auch in einer mangelnden Berücksichtigung des Phänomens in Modellen des Konsumentenverhaltens ihren Ausdruck. In keinem bekannten Modell, wie etwa von Howard/Sheth[48], Engel/Kollat/Blackwell[49] oder Engel/Blackwell/Miniard[50], wird KVW oder sonstiges dysfunktionales Konsumentenverhalten berücksichtigt.

Der skizzierte Problembereich liefert Hinweise darauf, dass eine Lösung des zunehmenden „consumer-confusion problem will require a paradigm shift in thinking".[51] Auch wenn Forderungen nach Paradigmenwechsel[52] im Marketing zuweilen einen inflationären Charakter annehmen, erscheint im Hinblick auf das Phänomen KVW angesichts der oben skizzierten Negativkonsequenzen tatsächlich ein Umdenken nötig.

---

stände, können zwischen zwei Kaufsituation variieren und folglich auch das Kaufverhalten (vgl. Hawkins/Best/Coney, 1986, S. 519).

[44] Vgl. Scherhorn/Reisch/Raab, 1995; d'Astous/Bellemare, 1989; O'Guinn/Faber, 1989.

[45] Vgl. z.B. Hausman, 2000; Rook/Fisher, 1995; Rook, 1987; Weinberg, 1981; Ainslie, 1975. In der Marketingwissenschaft wird impulsives Kaufverhalten häufig als etwas Negatives und somit als Herausforderung interpretiert. Diese Sichtweise ist damit zu erklären, dass Impulsivität das konträre Extrem einer wichtigen Zielgröße des (Beziehungs-) Marketing, darstellt, nämlich der Marken- und Geschäftstreue. Gleichwohl sind mit impulsivem Kaufverhalten einige kundeseitige Vorteile verbunden, die gegen eine rein negative Einordnung sprechen. Impulsives Kaufverhalten kann bspw. in Zeitersparnis für den Konsumenten resultieren (aufgrund verkürzter Kaufentscheidungsprozesse) oder einer stärkeren Wahrnehmung von Inhouse-Gestaltungsmaßnahmen.

[46] Vgl. Hennig-Thurau, 1998; Hansen/Hennig, 1996.

[47] Vgl. z.B. Herbig/Kramer, 1994; Hagemann, 1988; Best/Ursic, 1987; Jacoby/Speller/Kohn, 1974.

[48] Vgl. Howard/Sheth, 1973, S. 523.

[49] Engel/Kollat/Blackwell, 1968.

[50] Vgl. Engel/Blackwell/Miniard, 1995, S. 154.

[51] Vgl. Snider, 1993, S. 16.

[52] Vgl. zum *Paradigma*begriff Engelhardt (1997, S. 5-6). Backhaus (1997, S. 31) formuliert für Konzepte, die für sich reklamieren einen Paradigmenwechsel auszulösen, zwei zentrale Anforderungen: 1) Theorie und Konzept müssen einen umfassenden Erklärungsgehalt aufweisen und 2) es muss sich um ein neuartiges theoretisches Grundverständnis handeln, d.h. für bestehende Probleme bislang unbekannte Lösungswege aufgezeigt werden. Wie im Rahmen dieser Arbeit aufgezeigt werden wird, können diese Anforderungen im Hinblick auf das Konzept der KVW als weitgehend erfüllt angesehen werden.

1.1.2 Wissenschaftstheoretische Einordnung

Der in der vorliegenden Arbeit untersuchte Gegenstandsbereich erfordert unter drei Gesichtspunkten eine Abgrenzung und zwar hinsichtlich: 1) der eingenommenen wissenschaftstheoretischen Grundkonzeption, 2) des forschungstheoretischen Basiskonzepts und Menschenbildes, auf das sich die Ausführungen beziehen, sowie 3) der marketingtheoretischen Verortung.

● *Wissenschaftstheoretische Grundkonzeption*

In der wirtschaftswissenschaftlichen Forschung spielt die wissenschaftstheoretische Grundkonzeption des *kritischen Rationalismus* eine bedeutende Rolle. Der auf Popper[53] zurückgehende kritische Rationalismus kann als Erkenntnislehre interpretiert werden, die sich auf dem Prinzip ständiger kritischer Prüfung und Revision von Theorien gründet[54]. Ein Erkenntnisfortschritt im Sinne des kritischen Rationalismus kann nur stattfinden, wenn Theorien nicht gegen Kritik immunisiert werden; d.h. Theorien sind zu *falsifizieren* (widerlegen) und durch neue zu ersetzten. Theorien können demnach nicht *verifiziert* (als in jedem Fall wahr erwiesen) werden. Eine Falsifikation von Theorien erfolgt, indem versucht wird, aus ihnen Schlussfolgerungen abzuleiten und diese empirisch zu überprüfen. Theorien, die eine solche empirische Überprüfung (vorerst) bestanden haben, gelten als vorläufig noch nicht falsifiziert.

Zur Erreichung von Wissenschaftszielen im Sinne des kritischen Rationalismus wird die *induktive Methode* abgelehnt[55], welche eine Ableitung allgemeiner Theorien aus singulären Sätzen für zulässig hält. Der kritische Rationalismus vertritt die *deduktive Methode*. Mit *Deduktion* wird eine grundlegende Form des logischen Schließens bezeichnet[56]. Bei der deduktiven Methode wird von zwei Prämissen auf einen zu erklärenden Sachverhalt (das sog. *Explanandum*) geschlossen. Die beiden Prämissen wiederum bestehen einerseits aus einer allgemeinen Gesetzmäßigkeit (dem sog. *Explanans*) und andererseits einer Aussage, die einen Fall unter die Gesetzmäßigkeit subsumiert (die sog. *Randbedingung*).[57]

---

[53] Vgl. Popper, 1973; 1979; 1992, S. 190.
[54] Vgl. Lührs et al., 1975, S. 2-3.
[55] Vgl. Magee, 1975, S. 76ff.
[56] Vgl. Raffée, 1984, S. 16; Eichhorn, 1979, S. 81ff; Clever, 1973, S. 46ff.
[57] Die deduktive Methode (das Verfahren des logischen Schließens) kann durch das folgende Beispiel veranschaulicht werden: Alle Engländer sind Linkshänder (Explanans). Tony Blair ist Engländer (Randbedingung). Also ist Tony Blair Linkshänder (Explanandum). Eine Themen bezogene Anwendung der Deduktionsmethode könnte folgende Struktur haben: Komplexe innovative Produkte verfügen über viele, für Konsumenten nur schwer zu verstehende, Funktionen und werden häufig intensiv beworben und können

In der modernen betriebswirtschaftlichen und somit auch der Marketingforschung gibt es zunehmend Vertreter einer alternativen wissenschaftstheoretischen Grundposition, der des *wissenschaftlichen Realismus*[58]. Eine zentrale Annahme des wissenschaftlichen Realismus ist, dass Objekte wissenschaftlicher Erkenntnis unabhängig vom Wissen und den Taten von Wissenschaftlern existieren. Zu den Objekten wissenschaftlicher Erkenntnis sind in diesem Kontext im wesentlichen nicht beobachtbare Konstrukte zu zählen. Nicht beobachtbare Konstrukte, so das Verständnis des wissenschaftlichen Realismus, können mit Hilfe sog. Korrespondenzregeln[59] mit beobachtbaren Konstrukten verknüpft werden[60].

Obgleich es Überschneidungen zwischen den Konzeptionen des wissenschaftlichen Realismus und kritischen Rationalismus gibt, weisen sie einen gravierenden Unterschied auf: Der wissenschaftliche Realismus sieht die induktive Methode ausdrücklich vor. Mit der *Induktion* ist die Überlegung verknüpft, auf der Grundlage vieler Einzelbeobachtungen zu wissenschaftlichen Gesetzmäßigkeiten zu kommen.[61] Da solche Einzelbeobachtungen i.d.R. nach und nach vorgenommen werden, findet eine Approximation an die objektive Wahrheit nur schrittweise durch eine zunehmende Bestätigung statt[62], wobei die induktive Methode auch im Sinne eines induktiv-probabilistischen Schlusses verwendet wird[63]. Die induktive Methode bietet sich an, weil nicht alle Theorien einer von Popper geforderten Überprüfung unmittelbar zugänglich sind. Gerade wenn neue Forschungsbereiche erschlossen werden, erscheint ein Trial-and-Error-Ansatz, der die Formulierung und Überprüfung einzelner Hypothesen umfasst, zweckmäßiger. Wenn in einem jungen, sich entwickelnden Forschungsbereich kritische Prüfungen und Revisionen von Theorien vorgenommen werden, kann es dazu führen, dass der gesamte

---

deshalb KVW verursachen (Explanans). Digitalkameras sind komplexe innovative Produkte (Randbedingung). Also können Digitalkameras KVW verursachen (Explanandum).

[58] Vgl. Hunt, 1990; 1993; Greenwood, 1989.

[59] Folglich werden Korrespondenzregeln bei der Operationalisierung von theoretischen Konstrukten benötigt. Korrespondenzregeln besagen, dass zuerst die Eigenschaften eines Konstrukt definiert werden und die Indikatoren dann diesen entsprechen müssen (vgl. Chmielewicz, 1979, S. 60 und die dort aufgeführte Literatur).

[60] Vgl. Droge/Calantone, 1984.

[61] Vgl. Chmielewicz, 1979, S. 216-217; Raffée, 1984, S. 15; Schnell/Hill/Esser 1995, S. 64.

[62] Vgl. Hunt, 1984, S. 33; Homburg, 1995, S. 59.

[63] Vgl. Schnell/Hill/Esser (1995, S. 64). Die induktiv-probabilistische Methode kann durch das folgende Beispiel veranschaulicht werden: 60% aller wahlberechtigten Amerikaner unter 35 Jahren wählen demokratische Präsidentschaftskandidaten (Explanans). Mr. Smith ist 32 Jahre alt (Randbedingung). Mr. Smith wählt mit 60%-iger Wahrscheinlichkeit einen demokratischen Präsidentschaftskandidaten (Explanandum).

u.U. vielversprechende Forschungsbereich verworfen wird, nur weil Teilbereiche bzw. einzelne Hypothesen sich als nicht haltbar erweisen.[64]

In diesem Sinne versteht sich die vorliegende Arbeit auch unter Zuhilfenahme von empirisch zu bestätigenden Forschungshypothesen als Beitrag zur Wahrheitsfindung. Da der *wissenschaftliche Realismus* die Sätze von Theorien als wahre oder falsche Aussagen über nichtbeobachtbare Entitäten versteht, bedarf es geeigneter Methoden, diese Theorien zu überprüfen. Dieser Überlegung wird in der vorliegenden Arbeit durch die Verwendung kausalanalytischer Verfahren Rechnung getragen. Weiterhin ist es zweckmäßig, bei Anwendung der induktiven Methode abzugrenzen, für welchen Gegenstandsbereich die aufgestellten Hypothesen und daraus abgeleiteten Aussagen gelten sollen. Solche Induktionsregeln[65] gestatten eine wissenschaftstheoretische Einordnung von Beobachtungen. Neben der hier vorgenommenen theoretischen Einordnung, wird im Folgenden hinsichtlich des postulierten Menschenbildes, des betrachteten Marktes und der Güter abgegrenzt.

- *Forschungstheoretisches Basiskonzept und Menschenbild*

Als Teilgebiet der Wirtschaftswissenschaften ist das Untersuchungsgebiet der Betriebswirtschaftslehre das Spannungsfeld zwischen nahezu unbegrenzten menschlichen Bedürfnissen und begrenzten Mitteln zur Befriedigung dieser Bedürfnisse. Trotz dieser Bedeutung des Individuums für die Betriebswirtschaftslehre wurde die Größe *menschliches Handeln* lange Zeit nur relativ abstrakt, der homo oeconomicus-Prämisse folgend, bei der Untersuchung betriebswirtschaftlicher Fragestellungen berücksichtigt[66]; der handelnde Mensch wurde vielmehr ausgeblendet[67], obgleich gerade Wirtschaften einen speziellen „Ausschnitt sozialen

---

[64] Auch einzelne Vertreter des kritischen Rationalismus haben sich mit der Möglichkeit der Revision von Theorien auseinandergesetzt. Nach Lakatos' (1970, S. 129-134) Rationalitätsverständnis bestehen Forschungsprogramme (Hypothesen und erfahrungswissenschaftliche Theorien zu einem Wissenschaftsbereich) aus einem harten Kern („hard core"), einem Schutzgürtel („protective belt") und einer negativen Heuristik („negative heuristic"). Der Harte Kern umschließt die unverrückbaren, von allen Teilnehmern getragenen Elemente – den Theoriekern - des Forschungsprogramms. Dieser Kern ist vom Schutzgürtel umgeben, der den Kern vor voreiligen Falsifikationsversuchen schützen soll und Elemente enthält, die durchaus Gegenstand von Veränderung sein können (etwa weil in frühen Phasen der Theorieentwicklung unrealistische Annahmen getroffen wurden). Seine Legitimation erhält der Schutzgürtel durch die negative Heuristik, die als Regel zu verstehen ist, die einen Falsifikationsversuch des harten Kerns ausschließen soll. Durch die Regel der negativen Heuristik sollen vor allem junge Forschungsprogramme, die noch fehlerbehaftet sind und ihre Erklärungskraft noch nicht entfaltet haben, geschützt werden (vgl. Lakatos, 1970; Bechtel, 1988).
[65] Vgl. Ulrich/Hill, 1979, S. 165ff.
[66] Vgl. Schanz, 1979, S. 126ff.
[67] Vgl. Strümpel, 1990, S. 16.

Handelns"[68] darstellt. Für ein Teilgebiet der Betriebswirtschaftslehre, dem Marketing, war diese unrealistische Konzeption des Konsumenten und seines Verhaltens unbefriedigend, da angestellte Überlegungen kaum auf marketingpraktische Problemstellungen angewendet werden konnten[69]. Diese gegensätzlichen Denkhaltungen drückt Raffée[70] in zwei forschungstheoretischen Basiskonzepten der Betriebswirtschaftslehre aus, wobei er klar für das zweite plädiert:

- Das **ökonomische Konzept** begreift die Betriebswirtschaftslehre als eine Wissenschaft, die sich auf ökonomische Erkenntnisse und kritisch-rationale Methoden zu beschränken hat[71].

- Das **sozialwissenschaftliche Konzept** stellt durch die Einbeziehung von und Fokussierung auf Individuen und deren wirtschaftliches Handeln eine Erweiterung des ökonomischen Ansatzes dar. Dieses Konzept steht insofern für eine interdisziplinäre Öffnung der Betriebswirtschaftslehre, vor allem gegenüber verhaltenswissenschaftlichen Disziplinen wie der Psychologie und Soziologie.

Erst die Einbeziehung verhaltenswissenschaftlicher Theorien und Erkenntnisse in die Betriebswirtschaftslehre hat zu ihrer stärkeren Anwendungsorientierung beigetragen, da bei der Bearbeitung praktisch-theoretischer betriebswirtschaftlicher Problemstellungen auf realistische Menschenbilder zurückgegriffen werden konnte. Gerade bei der Auseinandersetzung mit dem Phänomen Konsumentenverwirrtheit ist ein realitätsnahes Konsumentenbild erforderlich, da ansonsten eine Reihe zentraler Annahmen – so wie die von der durch Stimulusüberlastung geprägten KVW – bedeutungslos wären. Die Schwierigkeit KVW einem bestimmten Menschen- bzw. Konsumentenbild zuzuordnen bedeutet, dass in der Diskussion von KVW weder von einem Konsumentenbild i.S. der homo oeconomicus-Prämisse ausgegangen werden kann noch von einem beschränkt-hilflosen Konsumenten. Realistischer erscheint deshalb das Bild eines „Durchschnittskonsumenten", der vor dem Hintergrund spezifischer Bedürfnisse, Konsumerfahrungen etc. multioptional[72] Kaufentscheidungen trifft. Die vorliegende Arbeit

---

[68]   Raffée, 1984, S. 28.
[69]   Vgl. Kirsch, 1979, S. 108-109.
[70]   Vgl. Raffée, 1984, S. 25ff.
[71]   Vgl. auch Hopfenbeck, 1997, S. 32-33.
[72]   Multioptionales Konsumentenverhalten ist durch mehrdimensionales, (zeitlich) instabiles und divergierendes Kauf bezogenes Verhalten gekennzeichnet (vgl. Schüppenhauer, 1998, S. 8ff.).

kann somit als Beitrag zum sozialwissenschaftlichen Flügel der Betriebswirtschaftslehre eingeordnet werden.

• *Marketingtheoretische Verortung*

Eine gehaltvolle Auseinandersetzung mit dem Phänomen KVW und den angerissenen Forschungsbedarf setzt einen erprobten marketingtheoretischen Rahmen sowie eine weitere Konkretisierung des Untersuchungsfeldes voraus. Die Fragestellung nach der Relevanz von KVW für individuelles Konsumentenverhalten und somit Unternehmen ist im Überschneidungsbereich zwischen Marketingwissenschaft und der ihr untergeordneten Konsumentenverhaltensforschung[73] angesiedelt. Als grundlegender Rahmen dient die Theorie des Konsumentenverhaltens[74], die unter Einbeziehung verhaltenswissenschaftlicher Erkenntnisse vor allem versucht, mentale Prozesse (insbesondere hypothetische Konstrukte) und beobachtbares kaufbezogenes Verhalten von Konsumenten zu erklären, um somit Entscheidungsprobleme im Marketing zu bewältigen helfen[75]. Eine wissenschaftstheoretische Einordnung der Arbeit in den übergeordneten Bereich der Marketingwissenschaft erfolgt indes implizit, vor allem auch deshalb, weil der noch relativ frühe Forschungsstand zum Themenfeld KVW eine umfangreiche konzeptionell-theoretische Arbeit erfordert, die zunächst einem von der Marketingwissenschaft geforderten Praxisbezug nicht im vollen Umfang Rechnung tragen kann. Dennoch soll die unternehmerische Realität, weil KVW nicht zuletzt ökonomisch relevantes Verhalten darstellt, nicht aus den Augen verloren werden und die zu generierenden empirischen Ergebnisse dieser Arbeit zu praktisch-normativen[76] Aussagen führen. Insofern ist eine überschneidungsfreie wissenschaftstheoretische Einordnung nicht vollständig möglich.

Da der konzeptionelle und empirische Teil dieser Arbeit primär Marketingwissenschaft, aber auch –praxis, im Blick hat, ist es zweckmäßig angestrebte Erkenntnisse und Aussagen nach ihrem Anwendungsbezug zu differenzieren. Hierzu bieten sich die in der wissenschaftlichen

---

[73] Die Konsumentenverhaltensforschung hat sich aus der marketingwissenschaftlichen Forschung heraus entwickelt und kann insofern als der Marketingwissenschaft „untergeordnet" bezeichnet werden. Gleichwohl wird festgestellt, dass sich die Konsumentenverhaltensforschung emanzipiert und als eigener (interdisziplinärere) Forschungszweig verselbständigt hat (vgl. Kroeber-Riel, 1990, S. 32ff.).

[74] Vgl. Kroeber-Riel/Weinberg, 1996, S. 19ff.; Deaton, 1992; Schnabel, 1979; Kerby, 1975, S. 12-17; Howard/Sheth, 1969.

[75] Vgl. Trommsdorff, 1998, S. 19; Engel/Blackwell/Miniard, 1995, S. 4; Louden/Della Bitta, 1993, S. 8-11.

[76] Normative Aussagen nehmen zur Vorzugswürdigkeit von Sachverhalten wertend Stellung und sprechen Empfehlungen hinsichtlich der angestrebten Ziele aus (vgl. Kroeber-Riel/Weinberg, 1996, S. 19; von Werder, 1994, S. 199). Eine solche (normative) Perspektive geht implizit davon aus, dass wertfreie Aussagen eine geringe Leistungsfähigkeit hinsichtlich der Lösung praktischer Sachprobleme besitzen.

Literatur[77] vorgeschlagenen wissenschaftstheoretischen Aussagenkategorien an. Man unterscheidet in deskriptive, explikative und instrumentelle Aussagen. *Deskriptive* Aussagen beziehen sich auf die Beschreibung und inhaltliche Erfassung eines Sachverhalts. *Explikative* Aussagen stellen auf die Was- und Warum-Frage eines Sachverhalts ab; sie versuchen, Erklärungen für jeweilige Problemfelder zu finden und Zusammenhänge zwischen diesen aufzuzeigen. *Instrumentelle* Aussagen haben einen Verwendungs- bzw. Nutzenbezug und insofern einen präskriptiven Charakter. In Anlehnung an diese drei Aussagenkategorien lassen sich die wissenschaftstheoretischen Beiträge der vorliegenden Arbeit wie folgt gliedern:

- **Deskriptiv** – Das Konstrukt KVW und damit verknüpfte realweltliche Phänomene werden begrifflich erfasst und beschrieben. In diesem Zusammenhang werden die Merkmale von KVW und ihre Bedeutung für das Konsumverhalten aufgedeckt sowie eine Abgrenzung zu bestehenden verhaltenswissenschaftlichen Konstrukten vorgenommen.

- **Explikativ** – Es werden mögliche Zusammenhänge zwischen KVW und damit assoziierten kaufverhaltensrelevanten Konstrukten aufgezeigt. Die interessierenden Konstrukte werden mit Hilfe eines entwickelten Modells in einen prüffähigen Zusammenhang gebracht, zu den postulierten Zusammenhängen Hypothesen formuliert und empirisch überprüft. Es ist ein Ziel dieser Arbeit, marketingwissenschaftliche Theorieansätze über die Struktur von KVW miteinander zu verbinden und in ein übergeordnetes Konzept zu integrieren.

- **Instrumentell** – Laut Tomczak[78] muss sich jede marketingwissenschaftliche Forschung, die für sich reklamiert entscheidungsrelevant zu sein, am Kriterium Praxisrelevanz messen lassen. Der bereits erwähnten Praxisorientierung wird Rechnung getragen, indem auf Grundlage der empirischen Untersuchungsergebnisse Implikationen für das Marketingmanagement sowie rechtliche und verbraucherpolitische Implikationen abgeleitet werden. Die instrumentelle Zielsetzung dieser Arbeit verlangt vor allem aber auch, konkrete Gestaltungsvorschläge für das Marketing zu formulieren. Dabei stehen die Interessen des Management von Handel und (Marken-) Herstellern im Vordergrund, für die ein KVW-Management-Konzept entwickelt werden soll. Somit kann die vorliegende Arbeit auch als managementorientiert bezeichnet werden.

---

[77]   Vgl. Fritz, 1992, S. 59ff.
[78]   Vgl. Tomczak, 1992, S. 77.

1.2 Ziel und Aufbau der Arbeit

Die Relevanz der hier beschriebenen Problematik lässt sich folgendermaßen begründen: Transparenz von Konsumentenverhalten erleichtert eine Optimierung von Marketingentscheidungen. Gleichzeitig kann eine Analyse von KVW Erkenntnishilfe hinsichtlich verbraucherpolitischer Zielsetzungen leisten. Eine solche Transparenz von Konsumentenverhalten setzt jedoch eine fundierte Kenntnis aller wesentlichen, das Konsumentenverhalten beeinflussenden, Variablen voraus. Wie zu zeigen sein wird, ist KVW unter bestimmten Bedingungen eine wesentliche Determinante des Konsumentenverhaltens. Konsumentenverwirrtheit beeinflusst die Fähigkeit von Konsumenten dargebotene Alternativen zu vergleichen, zu bewerten und zu einer für sie befriedigenden Entscheidung zu gelangen. Das Wissen über die genauen Ursachen und Wirkungen von KVW kann die Optimierung marketingpolitischer Maßnahmen ermöglichen. Werden jedoch umgekehrt absatzpolitische Maßnahmen ungeachtet der Größe *Konsumentenverwirrtheit* ergriffen, kann dies einschneidende Absatzeinbußen zur Folge haben. Bezieht man sich schließlich auf die Sicht der Konsumenten selbst, so können Erkenntnisse zu Problemen im eigenen Kauf bezogenen Verhalten den Konsumenten helfen, bessere Kaufentscheidungen zu treffen.

1.2.1 Ausgewählte Schwerpunkte

Eine problemorientierte Auseinandersetzung mit dem komplexen Phänomen der Konsumentenverwirrtheit bedarf gewisser Schwerpunktsetzungen, insbesondere hinsichtlich zu formulierender praxisrelevanter Implikationen der Untersuchung. Eine weitere Schwerpunktlegung liegt deshalb auf dem deutschen Markt (bzw. deutschen Konsumenten) und Produkten. Ersteres liegt darin begründet, dass die durchzuführende empirische Untersuchung auf Deutschland beschränkt ist und die Ergebnisse der vorliegenden Arbeit aufgrund der besonderen marktlichen Gegebenheiten in Deutschland (z.B. Handels- und Einkommensstruktur) auch nicht ohne weiteres in anderen entwickelten Ländern generalisierbar sind.

Des Weiteren wird in der empirischen Untersuchung, die erste Evidenzen zur Existenz von Konsumentenverwirrtheit liefern soll, auch nur Produkt bezogene KVW erfasst. Obgleich KVW zuweilen auch im Dienstleistungsbereich[79] diskutiert wird, setzt sich die Mehrzahl der relevanten Beiträge mit Produkt bezogenen Ursachen von Konsumentenverwirrtheit ausein-

---

[79] Vgl. Berry/Yadav, 1997.

ander, vermutlich weil Produkte das komplexe Bündel möglicher Ursachen von KVW besser erklären können als Dienstleistungen.[80] Gleichwohl darf nicht unerwähnt bleiben, dass Dienstleistungen Spezifika aufweisen, die hinsichtlich der Untersuchung von KVW interessante Anknüpfungspunkte bieten. Exemplarisch können die Immaterialität von Dienstleistungen und deren fehlende Sucheigenschaften[81] genannt werden, die eine Vorkaufbeurteilung für Konsumenten schwierig gestaltet.

Der in Kapitel 1.1 schlaglichtartig beschriebenen Entwicklung der Marktdynamisierung Rechnung tragend, wurde in den letzten Jahren insbesondere in der angelsächsischen Literatur das Konzept der KVW diskutiert, das eine direkte Folge von produkt- und informationsgesättigten Märkten zu sein scheint. Die Berücksichtigung von KVW bei der Entwicklung von Marketingkonzeptionen ist angesichts vorliegender englischsprachiger Aufsätze grundsätzlich nicht als neu zu bezeichnen, obgleich hierzulande der Themenbereich der KVW theoretisch und empirisch kaum Berücksichtigung gefunden hat. Bisherige, primär US-amerikanische, konzeptionelle und empirische Beiträge sind jedoch nur bedingt generalisierbar bzw. auf hiesige Verhältnisse übertragbar. Zudem weisen auch englischsprachige Beiträge häufig eine mangelnde theoretische Fundierung auf.

Ziel dieser Arbeit ist es, das relativ neue Konzept der KVW vorzustellen, eine Überprüfung der wesentlichen existierenden Definitionen vorzunehmen und auf verhaltenswissenschaftlicher Grundlage mögliche theoretische Implikationen sowie Management bezogenen Konsequenzen für den Handel und Markenhersteller zu untersuchen. Im Kern geht es darum, einen Beitrag zur theoretischen Fundierung und empirischen Analyse des Konstrukts zu leisten und zu zeigen, dass es sich bei KVW konzeptionell keineswegs um „alten Wein in neuen Schläu-

---

[80] So gilt Produktähnlichkeit als eine zentrale Ursache von Konsumentenverwirrtheit; die Erfassung einer solchen KVW setzt jedoch die Möglichkeit eines Alternativenvergleichs voraus. Während Produkte unmittelbar miteinander verglichen werden können, ist dies bei Dienstleistungen aufgrund ihrer Immaterialität kaum möglich. Zudem können ausgeführte Dienstleistungen Schwankungen unterliegen (vgl. Kotler/Bliemel, 1995, S. 713) und sind für Konsumenten nur begrenzt *a priori* zu bewerten. Diese Besonderheiten von Dienstleistungen gestatten es Konsumenten nicht, auf Erfahrungseigenschaften der Leistung bei der Kaufentscheidung zurückzugreifen.

[81] Produkte und Dienstleistungen lassen sich hinsichtlich ihrer Vorkauf-Beurteilbarkeit in Sucheigenschaften („search claims"), Erfahrungseigenschaften („experience claims") und Vertrauenseigenschaften („credence claims") unterscheiden. *Sucheigenschaften* sind solche Eigenschaften, die vor einem Kauf relativ genau beurteilt werden können. *Erfahrungseigenschaften*, die für Dienstleistungen typisch sind (auch für standardisierte), können erst nach dem Kauf bzw. Konsum beurteilt werden. *Vertrauenseigenschaften* unterscheiden sich von den zwei Vorherigen; sie sind schließlich solche Leistungsattribute, die vom Konsumenten nicht beurteilt werden können (denen also vertraut werden „muss") (vgl. Hennig-Thurau/Walsh/Wruck, 2001; Kaas/Busch, 1996; Engel/Blackwell/Miniard, 1995, S. 568).

chen", sondern um ein verhaltenswissenschaftlich junges und eigenständiges Konstrukt handelt.

Vor diesem Hintergrund sollen im Rahmen der vorliegenden Arbeit die folgenden Forschungsaufgaben bearbeitet werden:

• Abgrenzung des Gegenstandsbereichs

• Analyse vorliegender Konzeptualisierungen von KVW

• Neudefinition von KVW

• Analyse existierender KVW-Messansätze

• Formulierung von Hypothesen bezogen auf Verhaltensintentionen

• Hypothesenüberprüfung

• Formulierung von Implikationen

1.2.2 Aufbau der Arbeit

Im Folgenden wird kurz der grundlegende Aufbau der Arbeit dargestellt (vgl. Abbildung 1-1).

Im folgenden **Kapitel 2** werden die theoretischen und konzeptionellen Grundlagen dieser Forschungsarbeit erarbeitet. Da das Konzept der KVW nicht frei von definitorischem Pluralismus ist – z.B. wird KVW zum einen synonym für andere Begriffe verwendet, wie etwa *Irreführung*[82], und zum anderen sind existierende Definitionen teilweise widersprüchlich – beginnt die theoretische Auseinandersetzung mit einer Überprüfung existierender Definitionen, in deren Anschluss eine Neudefinition vorgeschlagen wird (2.1). Konkurrierende Definitionen, die teilweise Anleihen bei anderen Konstrukten nehmen, erschweren einen Vergleich bisheriger Ansätze und eine exakte Eingrenzung des Gegenstandes. Aus diesem Grund wird das Konstrukt KVW von verwandten verhaltenswissenschaftlichen Konstrukten abgegrenzt (2.2).

Ein Mangel an generell anerkannten Erkenntnissen zu typischen Ursachen der Entstehung und Wirkung von KVW fordern dazu auf, einen allgemeinen theoretisch-konzeptionellen Bezugsrahmen zu erstellen, der unter Berücksichtigung bisheriger Erkenntnisse sowie theoretischer

Überlegungen eine Abgrenzung und Konkretisierung des Untersuchungsfeldes vornimmt (3.1). Der vorgestellte Bezugsrahmen wird in **Kapitel 3** hinsichtlich seiner (postulierten) Dimensionen inhaltlich ausdifferenziert. Dabei liegt ein Schwerpunkt auf den drei postulierten Konstruktdimensionen von KVW: Stimulusähnlichkeit (3.2.1), Stimulusüberlastung (3.2.2) und Stimulusunklarheit (3.2.3). Im Anschluss an deren Diskussion wird die Bedeutung von Stimuli für die Entsehung von Konsumentenverwirrtheit dargelegt (3.3). Ein weiterer Schwerpunkt liegt auf Determinanten von KVW (3.4) sowie auf möglichen Konsumenten bezogenen (3.5) und Marketing bezogenen (3.6) Konsequenzen.

In **Kapitel 4** werden bekannte KVW-Messansätze diskutiert. Da im fünften Kapitel eine umfangreiche empirische Überprüfung des zu entwickelnden Instruments zur Messung von KVW ansteht, bildet die Aufarbeitung des Stands der Forschung zu Messmethoden von KVW einen weiteren Schwerpunkt dieser Arbeit. Hier werden in einer Sichtung der Literatur die bestehenden Erkenntnisse zu diesen Methoden zusammengetragen. Zunächst wird aufgezeigt, welche Anforderungen an ein Verfahren zur Messung von KVW zu stellen sind (4.1) und welche Gruppen primär Interesse an einem solchen Verfahren haben (4.2). Nach einer kritischen Diskussion bisheriger Ansätze (4.3) erfolgt eine Darlegung der für eine eigene empirische Untersuchung relevanten Folgerungen (4.4).

Auf Grundlage der theoretischen begriffs- und messbezogenen Ausarbeitungen folgt eine eigene empirische Untersuchung mit dem Ziel, Konsumentenverwirrtheit zu messen (**Kapitel 5**). Wesentliche Teile dieser Operationalisierung sind theoriegeleitete Hypothesen (5.1), die formulierten Ziele der empirischen Untersuchung (5.2), die Beschreibung der Untersuchungsmethode (5.3), die empirische Konzeptualisierung und Operationalisierung von KVW (5.4) und die Bestimmung der Dimensionalität von KVW (5.5), einschließlich der Modell- (5.5.2) und Hypothesenüberprüfung (5.5.3). Ergänzend werden demografische Merkmale bei der Entstehung von KVW berücksichtigt (5.6), für die vorher jeweils Hypothesen formuliert worden sind. Im letzten Unterabschnitt des fünften Kapitels (5.7) wird in einem Exkurs auf die empirischen Ergebnisse zum Phänomen der wahrgenommenen Stimulusunklarheit eingegangen.

Diese Arbeit ist Ausdruck einer wissenschaftlichen und praxisorientierten Motivation. Entsprechend ist die Diskussion der marketingtheoretischen und –praktischen Implikationen

---

[82]   Vgl. Foxman/Muehling/Berger, 1990, S. 172.

Gegenstand von **Kapitel 6**. Basierend auf den theoretischen Erkenntnissen sowie den Untersuchungsergebnissen soll versucht werden, Gestaltungsperspektiven für die Vermeidung von KVW aufzuzeigen. In den Vorüberlegungen dazu wird erläutert, wieso solche Gestaltungshinweise aus einer Managementperspektive und sowohl für den Handel wie auch für Markenhersteller zweckmäßig erscheinen (6.1). Daran anschließend werden ausgewählte Komponenten und der Prozess eines Management der KVW-Vermeidung vorgestellt (6.2). Die betrachteten Komponenten bzw. Ebenen sind das normative (6.3) sowie das strategische Management (6.4). In Bezug auf die strategische Ebene (6.4.1 u. 6.4.2) erfolgt eine Differenzierung nach Handel und Markenhersteller.

Berücksichtigung finden schließlich auch rechtliche und verbraucherpolitische (6.5) Gestaltungsperspektiven.

Die Arbeit schließt mit einem Fazit und Ausblick (**Kapitel 7**), wobei insbesondere auf marketingwissenschaftliche Implikationen (7.1) und zukünftigen Forschungsbedarf (7.2) eingegangen wird.

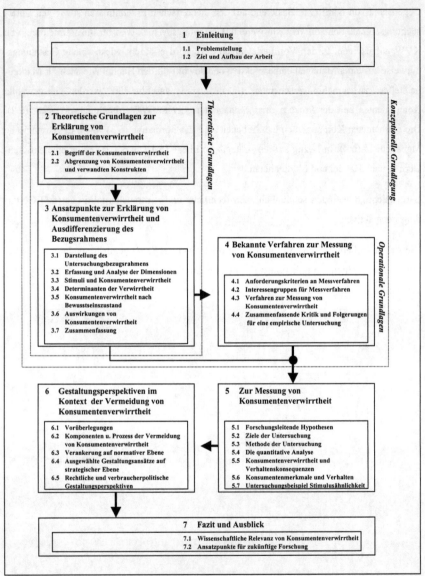

Abbildung 1-1: Aufbau der Arbeit

2 Theoretische Grundlagen zur Erklärung von Konsumentenverwirrtheit

2.1 Begriffsexplikation Konsumentenverwirrtheit

Zweck dieses Kapitels ist es, eine grundlegende konzeptionelle Bestimmung des für diese Arbeit zentralen Konstrukts KVW anhand theoretischer Überlegungen zu entwickeln.

Da es bislang an einer allgemein akzeptierten Definition von KVW mangelt, jedoch die Transparenz ihrer Terminologie die conditio sine qua non einer jeden Wissenschaft sein sollte[83], bildet eine begriffliche Standortbestimmung den Ausgangspunkt der theoretischen Analyse von KVW. Gerade die KVW-Forschung ist durch Beiträge gekennzeichnet, die nach außen hin alle *consumer confusion* untersuchen, das Konstrukt inhaltlich jedoch unterschiedlich ausgestalten. Dieser Zustand ist aus Forschungssicht unbefriedigend, denn es „is often difficult for scientific investigation to proceed without precise definition of terms. (...) if two researchers do not agree on the boundaries of a concept, then it may turn out that they are investigating two different phenomena, but using the same labels"[84].

Die Auseinandersetzung mit vorhandenen Definitionen dient der Beleuchtung der begrifflichen Pluralität und sucht deshalb zunächst Zugang zu den verschiedenen Erklärungsansätzen. Um plausible Anhaltspunkte für eine exakte Eingrenzung des Gegenstandes zu gewinnen, unterzieht eine kritische Begriffsanalyse diese einer Überprüfung ihres Aussageinhaltes. Widersprüche und Mängel existierender Beschreibungsversuche fordern gleichzeitig auf, Merkmale des Gegenstandes KVW neu zu bestimmen. Unter Berücksichtigung der konstatierten Kritikpunkte ist der Zweck der Begriffsexplikation[85] eine erkenntnisgeleitete Neudefinition.

Bislang existieren nur sehr wenige systematische Annäherungen an den Begriff *Konsumentenverwirrtheit*, die einzelne Definitionsmerkmale identifizieren und bewerten. Eine Definition unter Rückgriff auf bestehende Begriffsverständnisse wie sie hier vorgenommen wird, leistet zwar eine Hilfsfunktion, ist jedoch insofern diffizil, als bei vorherigen Beschreibungsversuchen wesentliche Eigenschaften des Gegenstandes KVW unberücksichtigt geblieben

---

[83]   Vgl. Holden, 1998, S. 92.
[84]   Zinkhan/Conchar, 2000, S. 300.
[85]   Vgl. zur Methodik der Begriffsexplikation Chmielewicz, 1979, S. 51-53; Hempel, 1974, S. 17-23 sowie zum Vorgang der Begriffsbildung und des Definierens Dubislav, 1981; Pawlowski, 1980.

sein könnten. Vor diesem Hintergrund ist eine angebotene Neudefinition als vorläufige Definition zu verstehen, die Objekt weiterer theoretisch-empirischer Analysen und Kritiken sein kann. Eine Neudefinition wird hier demzufolge nicht als Selbstzweck[86] verstanden, die ihre Existenz dadurch rechtfertigt, da es im Rahmen wissenschaftlichen Arbeitens so üblich ist, sondern da ihr als notwendiger Zwischenschritt auf dem Weg zu einer theoriegeleiteten Operationalisierung von KVW eine wichtige Funktion zukommt.

Konsumentenverwirrtheit stellt sich als ein komplexes Phänomen dar, dessen Untersuchung und Beschreibung ein angemessenes Vorgehen erfordert. Entsprechend bedarf es eines theoretischen Grundverständnisses, das die Vielschichtigkeit des Gegenstandes berücksichtigt und insbesondere Zusammenhänge sichtbar macht und erklären kann. Hierfür bietet sich als sinnvolle Grundlage das vom amerikanischen Marketingtheoretiker Hunt, einem Vertreter des wissenschaftlichen Realismus (vgl. Kapitel 1.1.2), vorgeschlagene Klassifizierungsverfahren des *Logical Partitioning* an.[87] Beim Logical Partitioning werden die zu untersuchenden Marketingphänomene (Produktarten, Konsumenten, Definitionen etc.) analysiert und, nachdem sie auf Ähnlichkeiten überprüft worden sind, in ein Schema nach Merkmalsgruppen zusammengefasst (vgl. Kapitel 2.1.2). Zweck eines solchen Klassifizierungsverfahrens ist es, relevante Eigenschaften von Marketingphänomenen zu identifizieren und die konzeptionelle Breite des Gegenstandsbereichs abzustecken.

Für eine Beurteilung von Klassifizierungsverfahren wie das Logical Partitioning sind diese laut Hunt[88] anhand von fünf Kriterien auf ihre Zweckmäßigkeit zu überprüfen. In Anbetracht der zentralen Bedeutung des Logical Partitioning für die Erarbeitung einer Neudefinition, sollen diese Beurteilungskriterien schon hier schlaglichtartig dargestellt werden und nicht erst bei der Vorstellung des Klassifizierungsschemas (vgl. Tabelle 2-2) in Kapitel 2.1.2. Die zu erfüllenden Kriterien hat Hunt[89] in Frageformen formuliert:

1) Ist aus dem gewählten Klassifizierungsschema zu erkennen um was für ein Marketingphänomen (im vorliegenden Fall KVW-Definitionen) es sich handelt? Dieses Kriterium ist

---

[86] In Definitionen, die nur des Definierens willen formuliert werden, sieht Brown (2000, S. 400-401) ein Grundübel wissenschaftlichen Arbeitens, denn anerkannte Definitionen, so meint er, fördern nicht den kritischen Diskurs. Brown (2000, S. 401) sagt deshalb, dass „the futility of such a fascist project should be self evident"; er geht sogar noch weiter und polemisiert absichtlich, in dem er allgemein akzeptierte Definitionen als „the tell-tale sign of a conceptual cadaver" bezeichnet.

[87] Vgl. zur Verfahrensweise beim *Logical Partitioning* Hunt, 1991, S. 176-189.

[88] Vgl. Hunt, 1991, S. 184ff.

nicht ganz trennscharf. So kann das in Kapitel 2.1.2.3 vorgeschlagene Schema mit seinen drei Haupt- und sechs Untermerkmalsgruppen auch für die Analyse anderer Phänomene geeignet sein. Es könnte etwa sinnvoll sein, das Phänomen *Angst* nach Objekt- und Personen bezogener sowie bewusster und unbewusster Angst zu klassifizieren; also jene Merkmalsuntergruppen zu verwenden, die für die Analyse von KVW-Definitionen formuliert wurden (vgl. Tabelle 2-2).

2) Beschreiben die verwendeten Merkmalsgruppen das betrachtete Marketingphänomen umfassend? Dieses Kriterium fordert zur kritischen Überprüfung der Eignung der ausgewählten Merkmale zur Abbildung von KVW auf, wenngleich eine objektive Erfüllung dieses Kriteriums nicht möglich ist, da die Auswahl der Merkmalsgruppen auf Plausibilitätsüberlegungen basiert.

3) Enthält das Klassifizierungsschema Merkmalsgruppen die sich gegenseitig ausschließen? Mit diesem Kriterium wird gefordert, dass das Klassifizierungsschema logisch zusammensetzt und jede Definition in nur einer übergeordneten Merkmalsgruppe vertreten ist; so sollte eine KVW-Definition in der Merkmalsgruppe *Bewusstseinszustand* entweder auf bewusste *oder* unbewusste KVW abstellen. Wie später zu zeigen sein wird, bereite die strikte Einhaltung dieses Kriteriums bei einigen Definitionen Schwierigkeiten, da in der Vergangenheit hinsichtlich möglicher Ursachen und Moderatorvariablen[90] eine eindeutige Festlegung nicht erfolgt ist.

4) Enthält das Klassifizierungsschema genügend Merkmalsgruppen, um die relevanten Eigenschaften jeder betrachteten Definition zu berücksichtigen? Hinter diesem Kriterium verbirgt sich die Forderung, dass jede Definition in mindestens einer der formulierten Merkmalsgruppen vertreten sein sollte. Wenn zu viele Definitionen für keine der gewählten Merkmalsgruppen geeignet erscheinen und deshalb einer Gruppe „Sonstige" zugeordnet werden, ist die Eignung des Klassifizierungsschemas zu hinterfragen und das Schema anzupassen.

---

[89] Vgl. Hunt, 1991, S. 184.

[90] In Beiträgen der Konsumentenverhaltensforschung werden die Begriffe *Mediatorvariable* und *Moderatorvariable* häufig synonym verwendet, vermutlich weil beide Variablentypen darstellen, die einen Einfluss auf die Stärke des Zusammenhangs zwischen einer *unabhängigen Variablen* (hier: Stimuli) und einer *abhängigen Variablen* (hier: KVW) ausüben. Gleichwohl unterscheiden sie sich hinsichtlich eines wichtigen Merkmals: lediglich für *Mediatorvariablen* wird angenommen, dass sie sich selbst verändern wenn die *unabhängige Variable* sich verändert (vgl. Baron/Kenny, 1986, S. 1176; Stern/McCants/Pettine, 1982). Demnach ist es sinnvoll, solche Größen als Moderatorvariable zu bezeichnen, die einen Einfluss auf KVW ausüben, sich dabei selbst jedoch nicht verändern. Dazu sind insbesondere das Geschlecht, das Alter und

5) Ist das gewählte Klassifizierungsschema zweckmäßig? Das fünfte und letzte Kriterium fordert vor dem Hintergrund der ersten vier Kriterien zu einer abschließenden Beurteilung des gesamten Klassifizierungsschemas und der einzelnen Merkmalsgruppen auf. Hunt[91] verknüpft mit diesem Kriterium zwei weitere konkrete Fragen: Wie nimmt sich das eigene Klassifizierungsschema gegenüber existierenden Schemata aus und hilft das eigene Schema, das vorliegende Marketingproblem zu lösen? Erstere findet hier angesichts fehlender vergleichbarer Bemühungen um eine begriffliche Standortbestimmung von Konsumentenverwirrtheit keine Anwendung und die zweite Frage kann deshalb bejaht werden, weil das verwendete Schema mit den gewählten Merkmalsgruppen (vgl. Tabelle 2-2) im Hinblick auf existierende Definitionen die wichtigsten Eigenschaften des Phänomens Konsumentenverwirrtheit detailliert erfasst.

In logischer Konsequenz konzentrieren sich die anschließenden Ausführungen auf Aspekte der neuen Definition[92], an der sich das weitere wissenschaftliche Vorgehen orientiert.

2.1.1 Zum Begriffsbestandteil Verwirrtheit

In Bezug auf den Begriff *Verwirrtheit*[93] ist eine Kluft zwischen dem umgangssprachlichen und wissenschaftlichen Begriffsverständnis erkennbar. Daher scheint es zweckmäßig sich im Rahmen einer eingehenden Begriffsexplikation von KVW kurz mit dem Begriff der *Verwirrtheit*, der zentraler Bestandteil des Konsumentenverwirrtheitsbegriffs ist, zu beschäftigen.

Es lassen sich in der Nicht-Marketingliteratur einige Definitionen des Verwirrtheitsbegriffs finden:

- „[Verwirrtheit ist eine] qualitative Bewusstseinsstörung i.S. der Bewusstseinstrübung mit Unruhe, Verkennung der Umgebung, (...) sowie Begehen von sinnlosen Handlungen";[94] [Klammer durch d. Verf.]

- „[Verwirrtheit ist ein] zu den qualitativen Bewusstseinsstörungen zählender psychischer Zustand, der durch unbestimmte, gewöhnlich vorübergehende Störungen des Denkens,

---

die Bildung eines Konsumenten zu zählen, aber auch andere zeitstabile Variablen (vgl. Fry, 1971).

[91]   Vgl. Hunt, 1991, S. 188-189.

[92]   Vgl. Schluss des Kapitel 2.1.3.

[93]   Lat.: *confusio mentalis*. Im deutschen Sprachraum finden auch die synonymen Begriffe *Konfusion, Verwirrung* und *Durcheinander* regelmäßig, ebenso wie die dazugehörigen Verben „verwirren", „verwechseln" oder (veraltet) „konfundieren".

das unklar, unzusammenhängend und zerfahren wirkt, gekennzeichnet ist."[95] [Klammer durch d. Verf.]

Diesen zwei Definitionen von *Verwirrtheit* ist gemein, dass sie Bewusstseinsstörungen[96] thematisieren. Nach Hebb beschreibt *Bewusstsein* den „Zustand des Wachseins und der Reaktionsbereitschaft oder (...) Gehirnaktivität unter diesen Bedingungen."[97] Wenn nun eine Störung des Wachseins oder der Reaktionsbereitschaft charakteristisch für Verwirrtheit ist, dann kann daraus gefolgert werden, dass ein Mensch im verwirrten Zustand weniger gut in der Lage ist, auf ihn aus der Umwelt einwirkende Stimuli zu reagieren. Eine beeinträchtigte Reaktion kann auch das „Begehen von sinnlosen Handlungen" mit sich bringen. Im Kontext von Kaufentscheidung könnte eine sinnlose Handlung etwa der Kauf eines „falschen" Produkts sein oder Impulskäufe nicht benötigter Produkte.

Neben diesen zwei Definitionen und der umgangssprachlichen Verwendung des Begriffs *Verwirrtheit* im Sinne von „durcheinander sein"[98], ist der Terminus u.a. in der psychologisch-medizinischen Literatur zu finden, wo er eine Beeinträchtigung des Bewusstseins bezeichnet. Aber auch dort findet er sich „sowohl als Symptom[99] als auch als Syndrom[100], Letzteres als 'akuter Verwirrtheitszustand'"[101].

Eine ausführlichere Begriffsbeschreibung findet sich bei Klein, der Verwirrtheit aus geronto-psychiatrischer[102] Sicht charakterisiert: „Bei einem verwirrten Menschen ist das Bewusstsein gestört. Das Denken ist unzusammenhängend, bruchstückhaft (...) Die Kritikfähigkeit ist reduziert, ebenfalls die Konzentrationsfähigkeit; der verwirrte Mensch ist einerseits leicht ablenkbar, beeinflussbar (...) Die Orientierung in der Umwelt ist gestört (...) Daraus entstehen Unsicherheit, Ratlosigkeit und Angst."[103]

---

[94] Pschyrembel Klinisches Wörterbuch, 1986, S. 1782.
[95] Brockhaus Enzyklopädie, 1994, S. 296.
[96] Olbrich spricht in Bezug auf die Symptome von Verwirrtheit auch von *Bewusstseinstrübungen* (vgl. Olbrich, 1988, S. 47).
[97] Hebb, 1975, S. 305. Vgl. zu Bewusstsein und dem *Bewusstseins*begriff auch Benini (1994).
[98] Die umgangssprachliche Verwendung des *Confusion*begriffs im Englischen weist Ähnlichkeiten zu dem hierzulande verwendeten Begriff des „Verwechseln" oder „Durcheinander bringen" auf.
[99] Ein *Symptom* ist ein Krankheitszeichen (vgl. Pschyrembel Klinisches Wörterbuch, 1986, S. 1628).
[100] Mit dem Begriff *Syndrom* wird eine „Gruppe von gleichzeitig zusammen auftretenden Krankheitszeichen" verstanden (Pschyrembel Klinisches Wörterbuch, 1986, S. 1629).
[101] Klein, 1991, S. 57.
[102] Gerontopsychiatrie wird auch als *psychiatrische Gerontologie* oder *Psychiatrie des Alters* bezeichnet. Auch andere Autoren greifen Verwirrtheit vor diesem Hintergrund auf (vgl. Olbrich, 1988; Wagner, 1988).
[103] Klein, 1991, S. 58.

Diese Definition kann durch die von Olbrich[104] ergänzt werden, der noch stärker auf die Bedeutung von Umwelteinflüssen für die Entstehung von Verwirrtheit abstellt: „Verwirrtheit (...) eine Störung des *Zusammenspiels zwischen Person und Umgebung.*" Insofern kann bereits an dieser Stelle festgehalten werden, dass Verwirrtheit nicht nur in Abhängigkeit individueller kognitiver und Verarbeitungsfähigkeiten erklärbar ist, sondern auch für situative Faktoren ein Einfluss unterstellt werden kann.

Kleins Definition ist deshalb interessant, weil verschiedene Facetten von Verwirrtheit aufgegriffen werden, wie etwa der Zustand selbst (z.B. *„Denken ist unzusammenhängend"*) wie auch Konsequenzen (z.B. *„Ratlosigkeit"*). Gleichwohl eignet sich die Definition weniger für einen Einsatz in der Konsumentenverhaltensforschung. Zum einen werden Ursachen der Verwirrtheit ausgeblendet und zum anderen erscheint die Definition, vor allem im Hinblick auf eine mögliche Operationalisierung, zu komplex. So müssten für eine definitionsnahe Operationalisierung neben KVW u.a. auch Größen wie „Ratlosigkeit" und „unzusammenhängendes Denken" erfasst werden.

Dennoch lassen sich in der Konsumentenforschungsliteratur Beschreibungen der Konsequenzen von KVW finden, die den von Klein beschriebenen z.T. sehr ähneln. Es ist etwa von „Overload Streß und Verunsicherung"[105] die Rede sowie von „uncertainty, frustration and dissonance"[106], und es wird angenommen, dass verwirrte Konsumenten „become frustrated"[107].

Auch wenn die Verwendung des Begriffs *Consumer Confusion* in der angloamerikanischen Konsumentenforschungsliteratur Zustände beschreibt, die weniger drastisch sind als es die vorangegangenen Ansätze vermuten lassen, so handelt es sich nichtsdestoweniger um eine negative Verfassung des Konsumenten. Vor allem deuten bisher genannte Definitionen an, dass es sich bei Verwirrtheit um einen temporären Zustand handelt, der durch verminderte kognitive Leistungsfähigkeit gekennzeichnet ist. An diese Erkenntnis (temporärer Zustand) können sich allgemeine Forschungsfragen anschließen, die z.B. eruieren, wie es zu KVW kommt und wie sie abklingt bzw. gezielt zum Abklingen gebracht werden kann, damit Konsumenten Kaufentscheidungen ohne eine gestörte Informationsverarbeitung treffen können.

---

[104]   Vgl. Olbrich, 1988, S. 48.
[105]   Leven, 1984, S. F6.
[106]   Mitchell/Walsh, 1997, S. 5.
[107]   Hawkins/Best/Coney, 1995, S. 228.

2.1.2 Überblick über und Kritik an ausgewählten Definitionen von Konsumentenverwirrtheit

Obwohl Konsumentenverwirrtheit („consumer confusion") ein Begriff ist, der regelmäßig in Beiträgen der internationalen Marketing- und Konsumentenverhaltensliteratur Erwähnung findet, ist ein inhaltlich eindeutiges und allgemein gültiges Verständnis nicht ohne weiteres zu erkennen. Gründe dafür mögen die insgesamt geringe Zahl von Definitionen sein und ein mangelnder Konsens darüber, was mit KVW gemeint ist. Dass es bislang keine einheitliche marketingtheoretische Annäherung an das Konzept der KVW gibt, wird z.b. von Mitchell/Papavassiliou diagnostiziert: „the literature lacks a generally accepted definition of consumer confusion."[108] Ungeachtet dieses Definitionsproblems ist der Ursprung des KVW-Konzepts relativ gut nachvollziehbar.

Das KVW-Konzept hat seine Wurzeln in unterschiedlichen Forschungsbereichen innerhalb der Konsumentenforschung: „To date, two distinct approaches to consumer confusion have been taken, focusing on brand confusion and confusion from overchoice including information overload. Although consumer confusion is central to both, they differ significantly in concept definition."[109] Demnach lassen sich in der Marketingliteratur bisher zwei unterschiedliche KVW-erklärende Ansätze ausmachen: Stimulusähnlichkeit und Stimulusüberlastung. Die durch Reizähnlichkeit erklärte Markenverwirrtheit („brand confusion") fokussiert auf die mögliche Änderung von Kaufentscheidungen von Konsumenten; sie ist zurückzuführen auf wahrgenommene physische Produktähnlichkeit[110] und einer Ähnlichkeit von (Werbe-) Informationen. Konsumentenverwirrtheit durch Überangebot bezieht sich auf die Schwierigkeit von Konsumenten, zwischen einer Vielzahl von verschiedenen Marken, Informationen und Geschäften auszuwählen[111].

Ein Review der relevanten Literatur deutet auf die Existenz einer weiteren Komponente[112] von KVW hin, die bisher kaum im KVW-Kontext thematisiert wurde: *Stimulusunklarheit* („uncla-

---

[108] Mitchell/Papavassiliou, 1997a, S. 4.
[109] Mitchell/Papavassiliou, 1997a, S. 4.
[110] Es wird teilweise auch von „trademark confusion" (vgl. z.B. Levy/Rook, 1981, S. 185) oder „brand similarity confusion" (vgl. Mitchell/Papavassiliou, 1999, S. 321) gesprochen.
[111] Vgl. Sproles/Kendall, 1986, S. 274.
[112] Bei der Konzeptualisierung von Konstrukten wird häufig begrifflich unterschieden zwischen *Komponenten* und *Dimensionen* eines Konstrukts, wobei mit Letzteren in der Literatur i.d.R. das Merkmal der Unabhängigkeit assoziiert wird (vgl. Berekoven/Eckert/Ellenrieder, 1999, S. 79). Nicht selten findet jedoch auch eine synonyme Verwendung statt. Zetterberg (1967) erklärt, dass bei der Analyse von theoretischen Konstrukten diese schrittweise auf beobachtbare Begriffe zurückgeführt werden, indem das Konstrukt in *Komponenten* oder *Dimensionen* aufgespalten wird; ähnlich formuliert es Roth (1984, S. 623). Es wird in

rity")[113]. Unklarheit deckt den Bereich zwischen zu vielen und zu ähnlichen Stimuli ab; sie stellt vorwiegend auf widersprüchliche und mehrdeutige Stimuli ab.

Die unterschiedlichen Ursprünge des Konzepts der KVW spiegeln sich in den bestehenden Definitionen wider (vgl. Tabelle 2-1). Einerseits werden Personen bezogene Merkmale[114], insbesondere Informationsverarbeitungsdefizite des Konsumenten, in den Mittelpunkt gestellt und andererseits Objekt bezogene Stimuli[115]. Eine kritische Diskussion von Definitionen aus der Marketingliteratur soll dazu dienen, einen Überblick über den Forschungsstand zu geben und den bestehenden Erkenntnisbedarf abzuleiten.

2.1.2.1 Ausgewählte Definitionen im Überblick

Aufgrund der relativ geringen Zahl von Definitionen von KVW erscheint es zweckmäßig, auch solche Begriffscharakterisierungen in eine kritische Diskussion aufzunehmen, die das Konstrukt KVW zwar nicht explizit definieren, aber den Begriff *Konsumentenverwirrtheit* verwenden, um defizitäres Konsumentenverhalten zu beschreiben. Eine solche Vorgehensweise gestattet, Teilbereiche von KVW, die bisher noch nicht definitorisch eingebunden worden sind, zu erörtern und späterhin relevante Merkmale in eine neue Definition zu integrieren. Deshalb wird in der nachfolgenden Tabelle eine Zweiteilung in explizite Definitionen und verwandte Beschreibungsansätze vorgenommen. Die wesentlichen konzeptionellen Beiträge werden chronologisch zusammengefasst (vgl. Tabelle 2-1) und anschließend entsprechend ihren Charakteristika als Grundlage für eine Neudefinition klassifiziert (vgl. Tabelle 2-2).

---

dieser Arbeit argumentiert, dass es sich bei den Größen *wahrgenommene Stimulusähnlichkeit, -überlastung* und *-unklarheit* um Dimensionen von Konsumentenverwirrtheit handelt. Jedoch ist die mit dieser Begriffsbelegung (*Dimensionen*) verbundene Annahme der Unabhängigkeit als unrealistisch einzuschätzen, denn allein die Tatsache, dass es sich bei den Dreien um Dimensionen desselben theoretischen Konstrukts handeln soll, lässt eine Abhängigkeit (d.h. Korrelation) zwischen den einzelnen Dimensionen nahe liegend erscheinen. Wichtiger scheint es deshalb, im empirisch-analytischen Teil dieser Arbeit, der der Konstruktüberprüfung dient (vgl. Kapitel 5), mittels diskriminanzanalytischer Verfahren die Eigenständigkeit der Dimensionen zu beweisen. Vor diesem Hintergrund ist in dieser Arbeit zunächst von Komponenten *und* Dimensionen von KVW die Rede. Gleichwohl wird aufgrund der unterstellten dreidimensionalen Struktur des KVW-Konstrukts der Begriff *Dimension* bevorzugt.

[113]   Zum einer vertiefenden Diskussion zum Konstrukt der wahrgenommenen *Stimulusunklarheit* vgl. Kapitel 3.2.3.

[114]   Zu den Personen bezogenen Merkmalen zählen z.B. soziodemografische Merkmale wie Geschlecht, Alter, Schulbildung, Kaufkraft und psychografische Merkmale wie Interessen, Persönlichkeit, Wissen (vgl. Steffenhagen, 1994, S. 53).

[115]   Mit Objekt bezogenen Stimuli sind solche Produktmerkmale gemeint, die Konsumentenverhalten beeinflussen können, wie bspw. der Preis, die Qualität oder das Design sowie Botschaften zu diesen.

Autor(en)	Jahr	Definition	Verwandte Beschreibung
Miaoulis/D'Amato	1978 (S. 50)	„Wir vertreten die Position, dass „Verwirrtheit" tatsächlich eine Stimulusgeneralisierung ist." *	
Diamond	1981 (S. 52)	„[Verwirrtheit ist] wenn eine Marke einer anderen derart ähnelt – in Erscheinung, im Klang oder Bedeutung – dass ein potentieller Käufer verwirrt oder irregeführt werden kann." * [Klammer durch d. Verf.]	
Berndt	1983 (S. 36)		„...Informationsüberlastung einen Konsumenten so sehr verwirren, dass er nicht mehr zu einer klaren (...) Kaufentscheidung fähig ist."
Sproles/Kendall	1986 (S. 274)		„...[Konsumenten] nehmen viele Marken und Läden wahr, aus denen ausgewählt werden kann und haben Schwierigkeiten, Entscheidungen zu treffen. Außerdem erfahren sie Informationsüberlastung." * [Klammer durch d. Verf.]
Loken/Ross/Hinkle	1986 (S. 196)		„...physische Ähnlichkeiten zwischen Produkten kann in einer Misattribution der Produktquelle oder Identität resultieren. Der Konsument könnte glauben, dass die zwei Marken vom selben Unternehmen hergestellt werden oder von Unternehmen, die geschäftlich verbunden sind, oder er könnte eine Marke mit der anderen verwechseln." *
Poiesz/Verhallen	1989 (S. 232)		„...entsteht auf individueller Ebene (...) und findet vorwiegend unbewusst statt." *
Foxman/Muehling/Berger	1990 (S. 172)		„...Konsumenten die irregeführt sind, sind auch eindeutig verwirrt." *
Foxman/Berger/Cote	1992 (S. 125)	„Verwirrtheit besteht aus einem (oder mehr) Fehler in Inferenzschlüssen, der dazu führt, dass Konsumenten unbewusst inkorrekte Annahmen über Attribute oder die Leistung einer weniger bekannten Marke treffen, die auf Attributen oder der Leistung einer vertrauten Marke basieren." *	
Kapferer	1995a (S. 101)		„Verwirrtheit entsteht dadurch, dass ausgeprägte Kennzeichen/Markierungen inkorrekterweise [anderen Marken] zugerechnet werden." * [Klammer durch d. V.]
Kohli/Thakor	1997 (S. 213)		„...wenn Probanden verwirrend ähnliche [Marken-]Namen auswählen, statt des anvisierten [richtigen] Namens." * [Klammern durch d. V.]
Balabanis/Craven	1997 (S. 300)		„...(marken-) imitierende Verpackungen verwirren Konsumenten und lassen sie das falsche Produkt kaufen oder denken, dass die Imitation über die gleichen Eigenschaften verfügt wie das Markenprodukt." *
Huffman/Kahn	1998 (S. 493)		„Die Verwirrtheit, die ein Konsument mit einer breiten Auswahl von Alternativen erlebt, ist auf die wahrgenommene Komplexität zurückzuführen und nicht auf die tatsächliche." *

[wird fortgesetzt]

Autor(en)	Jahr	Definition	Verwandte Beschreibung
Jacoby/Morrin	1998 (S. 97)		„Falls jemand anders als der Eigentümer die Marke verwendete gäbe es die Möglichkeit, dass dies Konsumenten verwirren würde." *
Mitchell/ Papavassiliou	1999 (S. 327)	„Verwirrtheit ist mehr als ein unbewusster Fehler, sie ist ein Geisteszustand, der die Informationsverarbeitung und Entscheidungstreffung beeinflusst." *	
Turnbull/Leek/Ying	2000 (S. 145)	„Konsumentenverwirrtheit wird definiert als ein Versagen des Konsumenten, verschiedene Facetten eines Produkts bzw. einer Dienstleistung während des Informationsverarbeitungsprozesses zu interpretieren." *	
Chryssochoidis	2000 (S. 705)	„Verwirrtheit wird definiert als eine Situation, in der Konsumenten einem weniger bekannten Produkt Attribute oder einen Leistungsumfang inkorrekterweise zurechnen, wobei ihre Einschätzung auf die Attribute bzw. den Leistungsumfang eines bekannteren Produkts basieren." *	
*Übersetzung durch den Verfasser			

Tabelle 2-1: Definitionen von Konsumentenverwirrtheit in chronologischer Reihenfolge

Wie anhand den Definitionen aus Tabelle 2-1 zu ersehen ist, fehlt es trotz regelmäßiger Verwendung des Begriffs *Konsumentenverwirrtheit* in der Marketingliteratur an einer tragfähigen Begriffsbestimmung. Diese soll durch eine strukturierte Vorgehensweise im Sinne des *Logical Partitioning* erreicht werden:[116] Zunächst werden die vorgestellten Definitionen inhaltlich kritisch diskutiert und dann wird untersucht, inwieweit einzelne Definitionen KVW ähnlich beschreiben. Anschließend werden Definitionen mit ähnlichen Merkmalen gruppiert und die (Merkmals-) Gruppen benannt (vgl. Tabelle 2-2).

2.1.2.2 Kritische Auseinandersetzung mit existierenden Definitionen

Die systematische Auseinandersetzung mit existierenden Interpretationen des Begriffs *Konsumentenverwirrtheit* dient keineswegs einem Begriffspositivismus mit zweifelhaftem Nutzen, als vielmehr einem erweiterten Verständnis eines untererforschten Phänomens. Es ist folglich nicht das Ziel dieser Analyse, das Untersuchungsfeld von überflüssigen Definitionen zu reinigen. Ziel ist es, möglichst viele Aspekte, die einen Erklärungsbeitrag zu den Ursachen und Eigenschaften von KVW leisten können, zu identifizieren und zu systematisieren.

---

[116] Vgl. Hunt, 1991, S. 176-181.

Miaoulis und D'Amato (1978)

Die Definition von Miaoulis und D'Amato[117] sieht KVW als Ergebnis von Stimulusgeneralisierung[118] an und unterstellt einen Inferenzfehler des Konsumenten (d.h. KVW ist ein Personen bezogenes Phänomen), der, wenn mit zwei äußerlich ähnlichen Alternativen (Objekt bezogen) konfrontiert, beide assimiliert (d.h. als identisch wahrnimmt), was zu Falschkäufen führen kann (wenn irrtümlich Alternative$_B$ anstelle der identischen Alternative$_A$ gekauft wird).

In dieser Definition wird nicht explizit, jedoch aber implizit ein Objektbezug angenommen, da ähnliche Marken (Objekte) als Stimulus bzw. Stimulusträger und somit KVW-Verursacher beschrieben werden. Die Autoren beschränken sich auf wahrgenommene Reizähnlichkeit und sehen KVW offenbar allein schon aufgrund ihrer möglichen Wirkung auf den Konsumenten erklärt, vernachlässigen dabei aber gänzlich Ursache- oder Wirkungsaspekte von KVW. Des Weiteren geht aus Miaoulis und D'Amatos Beschreibungsversuch nicht hervor, ob Konsumenten sich bewusst sind, in einem verwirrten Zustand zu befinden. Dies kann aber insofern relevant sein, als dass bei bewusster KVW, vom Konsumenten Maßnahmen zu deren Reduktion eingeleitet werden könnten.[119] Es ist auch denkbar, dass Konsumenten unbewusst KVW-Reduktionsstrategien einleiten, z.B. Verschieben von Kaufentscheidungen.[120] Diese dürften aber weniger systematisch und dadurch weniger effektiv sein als bewusst initiierte Konsumentenverwirrtheit-Reduktionsstrategien.

Diamond (1981)

Diamond[121] akzentuiert in seinem Ansatz Produkt bezogene Ähnlichkeiten, die den Konsumenten verwirren oder irreführen können; er betont aber noch mehr als Miaoulis/D'Amato den Markenkontext. Dieser Definition liegt implizit die Annahme einer unbewusst auftretenden KVW zu Grunde, andernfalls würden Konsumenten nicht die falsche Marke kaufen.

---

[117] Vgl. Miaoulis/D'Amato, 1978, S. 50. Zu einer ausführlicheren Erörterung von Stimulusgeneralisierung vgl. Kapitel 3.2.1.1.

[118] Unter *Stimulusgeneralisierung* wird der Transfer einer Reaktion auf einen (neuen) Reiz verstanden, der dem (alten) Reiz ähnelt, für den die Reaktion gelernt worden ist.

[119] Vgl. Mitchell/Papavassiliou, 1997a; 1997b. Zu möglichen KVW-Reduktionsstrategien vgl. ausführlicher Kapitel 3.5.2.

[120] Aus der Psychologie ist bekannt, dass Reaktionsbereitschaft und bestimmte Handlungen Bewusstsein nicht voraussetzen (vgl. z.B. Hebb, 1975, S. 305-310). Die Atem- oder Herztätigkeit des Menschen bspw. geht weiter, auch wenn man nicht bewusst an sie denkt. Laut Hebb (1975, S. 308) ist der entscheidende Unterschied der, dass „der unbewußte Organismus nicht völlig inaktiv ist."

[121] Vgl. Diamond, 1981, S. 52.

Diamonds Formulierung muss jedoch als tautologisch kritisiert werden, der es an Trennschärfe mangelt. Zum einen wird KVW mit „verwirrt" erklärt und zum anderen mit „irregeführt"[122] gleichgesetzt. Überdies ist Diamonds Beschreibungsversuch als unstimmig zu bezeichnen, da die synonyme Verwendung von KVW und Irreführung widersprüchlich ist und eine exakte Eingrenzung von KVW nicht zulässt.[123]

Berndt (1983)

Berndts Beschreibung erfüllt nicht die Anforderungen an eine wissenschaftliche Definition[124], illustriert aber sehr anschaulich, dass das Phänomen der KVW mit allen drei grundlegenden Variabelenkategorien des S-O-R-Schemas[125] sehr eng verknüpft ist. Berndt definiert den Stimulus (Informationen bzw. „Informationsüberlastung"), benennt den ablaufenden Prozess („verwirren") und die Reaktion („nicht mehr zu einer klaren (...) Kaufentscheidung fähig").

Berndt beschreibt das Ergebnis dieser Verwirrtheit als Unsicherheit in Bezug auf die Kaufentscheidungsgüte, die „nichts anderes wäre als kognitive Dissonanz"[126]. Kritisch zu beurteilen ist diese Sichtweise insofern, als dass Berndt sich begrifflich nicht eindeutig festlegt und mit *Unsicherheit* und *kognitiver Dissonanz*[127] zwei Konstrukte gleichgesetzt werden, die untereinander sowie im Hinblick auf KVW distinkt sind. Es handelt sich bei Unsicherheit und kognitiver Dissonanz um Phänomene, die dem Konsumenten i.d.R. bewusst sind, was angesichts Berndts Beschreibung zu implizieren scheint, dass KVW ebenfalls als bewusster Zustand einzuordnen ist. Dies wäre mit dem in dieser Arbeit vertretenen Standpunkt, nämlich dass KVW primär bewusst auftritt, konsistent.

---

[122] Zum *Irreführung*sbegriff vgl. Raffée, 1982, S. 335-337 sowie Kuhlmann, 1990, S. 106-108.
[123] Zu einer eingehenden Abgrenzung von KVW und verwandten Konzepten, wie z.B. *Irreführung*, vgl. Kapitel 2.2.
[124] Vgl. Berndt, 1983, S. 36.
[125] Zum menschlichen Verhalten lassen sich *Wenn-Dann-Aussagen* formulieren, bei denen drei Variablenklassen von Bedeutung sind: 1) von außen auf den Organismus einwirkende Stimuli; 2) nicht beobachtbare psychische Prozesse, die im Organismus ablaufen und 3) die beobachtbaren Reaktionen auf die Stimuli. Heute spricht man i.d.R. vom S-I-R-Schema, wobei das *I* für intervenierende Variable oder intervenierende Reaktion steht (vgl. Kroeber-Riel/Weinberg, 1996, S. 418-420).
[126] Berndt, 1983, S. 37.
[127] Vgl. zu einer ausführlichen Erörterung der Begriffe *Unsicherheit* und *kognitive Dissonanz* sowie einer Abgrenzung zu KVW Kapitel 2.2.1 und 2.2.4.

Sproles/Kendall (1986)

Auch Sproles/Kendall betonen den quantitativen Aspekt von KVW, vor allem die Bedeutung von Informationsüberlastung in diesem Kontext, die durch Alternativen i.w.S. (z.B. Geschäfte, Marken) verursacht wird.[128] Dadurch hat die bisher diskutierte Ursachenbasis von KVW eine wichtige Erweiterung erfahren; der Zusammenhang zwischen der Stimulusvielzahl und der Informationsverarbeitung des Konsumenten einerseits und KVW andererseits wird bei Sproles/Kendall deutlicher als bei Berndt[129]. Indem die Vielzahl von Marken und Geschäften als verwirrtheitsverursachend ausgemacht sind, wird der Problembereich um die Größe *begrenzte menschliche Informationsverarbeitungsfähigkeit* erweitert. Dies ist insofern nicht unerheblich, als dass bei negativen Ausprägungen des Konsumverhaltens – wie KVW eine ist – i.d.R. auch die „Schuldfrage" gestellt wird.

Die Schuldfrage ist bei einer ausschließlichen Betrachtung von physischer Produktähnlichkeit als Ursachen von KVW schnell zu beantworten, da die Produktgestaltung in den Verantwortungsbereich der „trittbrettfahrenden" bzw. imitierenden Unternehmen fällt. Bei KVW durch Überangebot („overchoice") und Informationsüberlastung kann Unternehmen nur bedingt die Verantwortung angelastet werden. Zwar können Unternehmen durch eine massive Diversifizierungspolitik die Gesamtproduktzahl erhöhen, doch kann es sich dabei um distinkte Produkte handeln, die von Konsumenten nicht als ähnlich wahrgenommen werden. Damit KVW also entstehen kann, muss die (hohe) Alternativenvielzahl und die sie begleitenden kommunikativen Maßnahmen mit der begrenzten Informationsverarbeitungsfähigkeit des Konsumenten oder situativen Engpassfaktoren (z.B. Zeitmangel) zusammentreffen.

Sproles/Kendall berücksichtigen ebenfalls zumindest implizit den Aspekt der Unsicherheit. Angesichts vieler Marken und Geschäfte hätten die Konsumenten „difficulty making choices"[130]. Nicht also nur der Versuch, die dargebotenen Informationen zu verarbeiten kann KVW verursachen, sondern auch deren Präsenz. Die Alternativenvielzahl kann Konsumenten irritieren, weil diese nicht mehr genau wissen, welches die beste Alternative ist. Zu kritisieren ist an Sproles/Kendalls Beschreibungsversuch jedoch die einseitige Betrachtung quantitati-

---

[128]   Vgl. Sproles/Kendall, 1986, S. 272-274 sowie Kendall Sproles/Kendall, 1990, S. 137.
[129]   Vgl. Berndt, 1983, S. 36.
[130]   Sproles/Kendall, 1986, S. 274.

ver[131] und die Vernachlässigung qualitativer Aspekte der KVW-Verursachung, ohne dabei erstere weiter auszuführen.

Loken/Ross/Hinkle (1986)

In ihrem Erklärungsansatz stellen Loken/Ross/Hinkle[132] als Ursache von KVW ausschließlich auf Stimulusähnlichkeit ab und nehmen zur Erklärung von KVW Anleihen bei der Attributionstheorie[133], die sich mit subjektiven Ursache-Wirkungs-Wahrnehmungen beschäftigt[134]. Unter *Attribution* versteht man die Tendenz der Menschen, eigenes und fremdes Verhalten sowie beobachtbare Ereignisse erklären zu wollen und i.w.S. die Zuschreibung von Merkmalen.[135] Der Wunsch von Menschen, Verhalten und Ereignisse zu erklären, führt dazu, dass sie nach den Ursachen dafür suchen. Die Ursachen wiederum sind häufig nicht klar und müssen aus den zur Verfügung stehenden Informationen geschlossen werden. Attributionen finden i.d.R. bewusst[136] statt und können Einfluss auf Erleben und Verhalten[137] haben.

Bezogen auf KVW durch wahrgenommene Stimulusähnlichkeit bedeuten diese attributionstheoretischen Mechanismen, dass ein Konsument, der mit einer Marke konfrontiert ist die ihm bekannt vorkommt, grundsätzlich zu einem von zwei Schlüssen gelangen kann: a) es handelt sich um die Marke, mit der er bereits (Nutzungs-) Erfahrung hat (Marke$_A$), oder b) es handelt sich um eine andere ihm unbekannte Marke (Marke$_B$). Nun kann es sein, dass der letzte Kontakt des Konsumenten mit Marke$_A$ einige Zeit zurückliegt und er nun Marke$_B$ begegnet. Auch wenn der Konsument u.U. annimmt es sei nicht die ihm bekannte Marke, wird er doch versuchen, sich die Ähnlichkeit zu erklären. Der Konsument könnte sich sagen, dass es sich vermutlich um dieselbe Marke handelt, er sie nur wegen der seit dem letzten Kontakt verstrichenen Zeit nicht eindeutig wiedererkennt. Er schreibt infolgedessen Merkmale der Marke$_A$ der anderen, ähnlichen Marke$_B$ fälschlicherweise zu. Der Grund dafür liegt

---

[131] Nach Berndt (1983, S. 18) kann mit Informations*qualität* die „Art und Weise der Informationsdarbietung verstanden werden". Berndt nimmt bewusst keine wertende Definition vor, da nur schwerlich zwischen „besseren" oder „schlechteren" Informationen unterschieden werden kann, lediglich zwischen „anderen". Zu weiteren Ausführungen zur Informationsqualität vgl. Berndt, 1983, S. 153-180.

[132] Vgl. Loken/Ross/Hinkle, 1986, S. 196.

[133] Vgl. Kelly, 1967; Laczniak/DeCarlo/Ramaswami, 2001 sowie zu einer deutschsprachigen Einbettung der Attributionstheorie in die Konsumentenverhaltensforschung Groß-Engelmann/Wiswede, 1999.

[134] Vgl. Kroeber-Riel/Weinberg, 1999, S. 294.

[135] Vgl. Trommsdorff, 1998, S. 270-273.

[136] Der Begründer der Attributionstheorie, Heider, spricht z.B. auch von *absichtlicher* Attribution (vgl. Heider, 1958, S. 100), was impliziert, dass dem Individuum die vorgenommene Zuschreibung bewusst ist.

[137] Vgl. Meyer/Försterling, 1993, S. 176.

ausschließlich in der äußeren Gestaltung der vom Konsumenten als (sehr) ähnlich wahrgenommenen Produkte.

Inhaltlich gehen Loken et al. von den gleichen Annahmen wie Miaoulis/D'Amato[138] aus, sie greifen lediglich auf ein anderes theoretisches Bezugskonstrukt zurück. Das von Loken/Ross/Hinkle vermutete Stimulus-Reaktionsmuster weist insofern Parallelen zu dem auf, was Miaoulis/D'Amato mit dem Konzept der Stimulusgeneralisierung erklären, wenngleich Letzteres weitreichender ist. Während Stimulusgeneralisierung eine Reaktion auf einen $Stimulus_{II}$ impliziert, der auf einen gelernten $Stimulus_I$ basiert, beschränkt sich Attribution auf eine Merkmalszuschreibung. Diese Zuschreibung kann inkorrekt sein, ist aber nicht unbedingt verhaltensrelevant, d.h. gleichbedeutend mit einer Reaktion. Entsprechend klammern Loken et al. mögliche konsumentenseitige Verhaltenskonsequenzen aus.

Poiesz/Verhallen (1989)

Poiesz/Verhallen betonen, dass KVW „occurs at an individual level (...) and is predominantly non-conscious in nature"[139]. Damit haben die Autoren erstmalig explizit eine Brücke zwischen KVW und individuellen Unterschieden von kognitiven Fähigkeiten von Konsumenten geschlagen. Zudem wird indirekt ein weiterer wichtiger Aspekt von den Autoren in die Diskussion eingeführt, nämlich ob Konsumenten sich bewusst sind, in einem verwirrten Zustand zu sein. Die Aussage, dass KVW *überwiegend* unbewusst auftritt, impliziert, dass KVW den Konsumenten – bisweilen zumindest – bewusst ist. Obgleich Poiesz und Verhallens Beschreibung von Konsumentenverwirrtheit insgesamt etwas schwammig anmutet, bleibt ihr zugute zu halten, dass der individuelle Konsument mit seinen kognitiven Fähigkeiten etwas näher ins Zentrum der Überlegungen gestellt worden ist.

Foxman/Muehling/Berger (1990)

Ähnlich wie Diamonds Beschreibungsversuch ist auch der von Foxman/Muehling/Berger[140] unpräzise, da *verwirrt* mit *irregeführt* gleichgesetzt wird. Indem beide Konzepte, KVW und Irreführung, von den Autoren als dasselbe betrachtet werden, bleibt auch hier zu viel Raum für Missverständnisse. Bei Irreführung wird ein falscher Eindruck über einen bestimmten

---

[138] Vgl. Miaoulis/D'Amato, 1978.
[139] Poiesz/Verhallen, 1989, S. 233.
[140] Vgl. Foxman/Muehling/Berger, 1990, S. 172.

Sachverhalt hervorgerufen, der das Kaufverhalten von Konsumenten beeinflusst, ohne dass diese es jedoch bemerken.[141] Durch eine Anlehnung an das Konstrukt der Irreführung wird unterstellt, dass auch KVW unbewusst auftritt, was nicht notwendigerweise zutreffend sein muss. Keineswegs untypisch für existierende Begriffsbestimmungen – wie etwa die von Foxman/Muehling/Berger – ist, dass Negativdefinitionen von KVW verwendet werden, in denen Phänomene KVW zugeordnet werden, die nicht eindeutig anderen Konstrukten zuzurechnen sind.

Foxman/Berger/Cote (1992)

Eine umfassendere Definition – d.h. eine, die KVW als Ergebnis des Zusammenspiels von Produkt- und Personen bezogenen Faktoren versteht – findet sich bei Foxman/Berger/Cote, die KVW als „one or more errors in inferential processing that lead a consumer to unknowingly form inaccurate beliefs"[142] charakterisieren. Obwohl auch hier von einem unbewussten Auftreten von KVW ausgegangen wird, liefern die Autoren damit die erste Definition, die keine übermäßigen Anleihen bei bestehenden Konzepten nimmt (wie z.B. Irreführung). Die Autoren beschreiben KVW als einen Fehler in Inferenzprozessen, der dadurch ausgelöst wird, dass Konsumenten mit äußerlich ähnlichen Produkten konfrontiert werden. Die Produktähnlichkeit lässt Konsumenten unterschiedliche Produktalternativen unbewusst als unterschiedslos wahrnehmen.

Trotz der Meriten dieses Beschreibungsansatzes ist durch die Fokussierung auf Inferenzschlüsse eine argumentative Inkonsistenz festzustellen. Inferenzprozesse können bewusst oder unbewusst ablaufen.[143] Sie beschreiben „the construction of meaning beyond what is explicitly given"[144]. Anders ausgedrückt, können sie als Wissen oder Überzeugungen verstanden werden, die nicht auf expliziten Informationen beruhen.[145] Dies bedeutet, dass fehlende Informationen kreiert (eingefügt) werden.[146] Auf die Definition von Foxman/Berger/Cote bezogen hieße dies, der Konsument fügt (falsche) Informationen den vorhandenen hinzu, die ihn zwei Marken als identisch wahrnehmen lassen. Daraus folgt, dass kurz vor der Entscheidung dem Konsument wichtige Informationen fehlen (die dann zum Zeitpunkt der Kaufent-

---

[141] Vgl. Raffée, 1982, S. 336; Kroeber-Riel/Weinberg, 1999, S. 283.
[142] Foxman/Berger/Cote, 1992, S. 125.
[143] Vgl. Wilkie, 1994, S. 245.
[144] Dick/Chakravarti/Biehal, 1990, S. 82.
[145] Vgl. Ford/Smith, 1987.

scheiding „hinzugefügt" werden). Dies wiederum impliziert einen Informationsmangel zum (Kauf-) Entscheidungszeitpunkt und widerspricht indirekt jenen Ansätzen (darunter auch dem eigenen)[147], die den Überfluss von Informationen als Ursache von KVW ausmachen[148] und nicht deren Mangel.

Kapferer (1995a)

Kapferer reduziert – ähnlich wie Diamond und Miaoulis/D'Amato – KVW auf Produkt bezogene Aspekte.[149] Auch wenn Kapferer Verarbeitungsfehler des Konsumenten andeutet, so liegt doch der Schwerpunkt seines KVW-Verständnisses auf physischer Produktähnlichkeit. Problematisch an einer solchen Begriffsbestimmung ist, dass individuelle Prädispositionen sowie andere denkbare Ursachen von KVW unterschlagen werden bzw. keine definitorische Einbindung erfahren, z.B. Produkt- und Informationsüberangebote[150]. Kapferer geht in seiner Definition nicht auf den Aspekt des bewussten oder unbewussten Auftretens von KVW ein, obgleich er an anderer Stelle nach „perceptual confusion and (...) behavioral confusion" differenziert[151], wobei Letztere das Ergebnis der wahrgenommen KVW ist. Folglich geht auch Kapferer von KVW als primär bewussten Zustand aus.

Kohli/Thakor (1997)

Kohli/Thakors Beschreibungsversuch erweckt den Eindruck, tautologisch zu sein, da KVW mit „confusingly" erklärt wird.[152] Zudem stellt deren Charakterisierung ausschließlich auf den Kaufakt ab, ohne dabei die Ursachen von KVW oder den KVW-Grad beeinflussende Determinanten zu berücksichtigen. Tatsächlich kann man bei KVW von einem Phänomen ausgehen, das den gesamten Kaufprozess beeinflusst, da es vor, während und nach dem Kaufakt auftreten kann.

---

[146] Vgl. Dick/Chakravarti/Biehal, 1990.
[147] Vgl. Foxman/Berger/Cote, 1992, S. 131.
[148] Vgl. z.B. Sproles/Kendall, 1986.
[149] Vgl. Kapferer, 1995a, S. 101.
[150] Vgl. z.B. Erickson, 1994; Leven, 1988; Settle/Alreck, 1988; Jacoby/Speller/Kohn, 1974.
[151] Kapferer, 1995b, S. 555.
[152] Vgl. Kohli/Thakors, 1997, S. 213.

Balabanis/Craven (1997)

Balabanis/Craven beschränken sich in ihrer Beschreibung auf physische Produktähnlichkeit –
insbesondere auf diejenige, die das Ergebnis einer absichtlichen Imitationsstrategie ist – die
Konsumenten verwirrt.[153] Auch wenn der definitorische Aussagegehalt insgesamt niedrig ist,
da nur Verpackungsähnlichkeiten berücksichtigt werden, ist der explanatorische Gehalt des
Beschreibungsversuchs beachtenswert. Balabanis/Craven legen KVW nicht auf einen Zustand
während der Kaufentscheidungstreffung fest, sondern beschreiben KVW mehr als Kontinuum. Nach Balabanis/Craven wird nicht nur der tatsächliche „Falschkauf" mit eingeschlos-
sen, sondern auch irrtümliche Annahmen des Konsumenten in Bezug auf die Herkunft oder
Eigenschaften eines Produkts.

Huffman/Kahn (1998)

So wie Mitchell/Papavassiliou[154] im Folgenden weisen auch Huffman/Kahn auf die Abhängigkeit zwischen individuellen Verarbeitungseigenschaften und dem Grad von KVW hin.[155]
Ihre Beschreibung zielt unzweideutig auf die Folgen des heute in vielen Märkten vorzufin-
denden Überangebots ab, aber auch auf die Konsumenten, die sich hinsichtlich ihrer kognitiven Fähigkeiten unterscheiden. Konsumentenverwirrtheit wird von Huffman/Kahn als
Produkt der komplexitätsverursachenden Angebotsvielfalt und individuellen Konsumentenmerkmalen aufgefasst.[156] Diese Auffassung scheint zu implizieren, dass die Alternativenzahl
(bzw. Stimulusmenge) und wahrgenommene Komplexität sich wechselseitig bedingen.

Jacoby/Morrins (1998)

Übereinstimmend mit früheren Ansätzen bleibt Jacoby und Morrins[157] Beurteilung auf Marken bezogene Verwirrung beschränkt. Dabei machen sie jedoch nicht klar, ob KVW durch die
bewusste Verwendung *desselben* oder eines *ähnlichen* Markennamens (oder –logos) verursacht wird. Eine solche Charakterisierung lässt leider viel Interpretationsraum.

---

[153]   Vgl. Balabanis/Craven, 1997.
[154]   Vgl. Mitchell/Papavassiliou, 1999.
[155]   Vgl. Huffman/Kahn, 1998.
[156]   Vgl. Huffman/Kahn, 1998, S. 493.
[157]   Vgl. Jacoby/Morrin, 1998, S. 97.

Mitchell/Papavassiliou (1999)

Ein neuerer Beschreibungsversuch findet sich bei Mitchell/Papavassiliou, die KVW als „Informationsverarbeitung und Entscheidungstreffung"[158] beeinflussenden Geisteszustand definieren. Es bleibt jedoch unklar, inwiefern diese beeinflusst werden, vermutlich jedoch negativ.

Trotz des vagen Aussageinhaltes verdeutlicht die Definition von Mitchell/Papavassiliou eine Fokusverlagerung bei der Auseinandersetzung mit KVW. In der Vergangenheit wurden mehrheitlich Produkt bezogene Gesichtspunkte – wie z.b. Etikettendesign, Werbebotschaften – bei der Erörterung von KVW berücksichtigt. Diese Aspekte finden bei Mitchell und Papavassilious Definition keine explizite Berücksichtigung mehr, vielmehr wird unterstrichen, dass KVW sich im Kopf des Konsumenten abspielt. Eine ähnliche Sichtweise findet sich bei Bowen[159], der wohl aufgrund der begrenzten Erklärbarkeit von KVW durch Produkt bezogene Merkmale, KVW auch als „relatives Konzept" bezeichnete, weil einige Menschen stets zu einem gewissen Grad an Verwirrtheit neigen, selbst vis-à-vis sehr distinkter Marken.

Turnbull/Leek/Ying (2000)

Turnbull/Leek/Ying gehen von bewusst auftretender KVW aus, dies ist zumindest aus der vorgenommenen Operationalisierung zu schließen[160]. Im Hinblick auf mögliche Ursachen von KVW ist ein Hinweis auf „verschiedene Facetten"[161] von Produkten oder Dienstleistungen eine gewisse Vagheit der Definition von Turnbull/Leek/Ying nicht abzusprechen, zumal durch einen Verweis auf deren Beispiel Telekommunikationsmarkt solche *Facetten* nicht näher erläutert werden. Turnbull et al. betonen lediglich, dass Konsumenten angesichts vieler Anbieter die wiederum verschiedenen Tarife offerieren, Probleme bei der Bewertung einzelner Angebote hätten. Die Definition von Turnbull et al. gewährt kaum neue Einsichten in das Wesen von KVW; dies wird um so deutlicher, wenn sie im Lichte einer möglichen Operationalisierung betrachtet wird.

---

[158] Mitchell/Papavassiliou, 1999, S. 327.
[159] Bowen, 1961, S. 24.
[160] Die Beschreibung der von Turnbull/Leek/Ying (2000, S. 154) ermittelten KVW deutet auf eine sehr einfache Operationalisierung (d.h. mit lediglich einer Frage) hin; bei einer direkten Befragung wird unterstellt, dass Probanden sich Phänomene zu denen sie befragt werden bewusst sind.
[161] Vgl. Turnbull/Leek/Ying, 2000, S. 145.

Chryssochoidis (2000)

Ein neuerer, hinsichtlich seiner mangelnden theoretischen Fundierung jedoch nicht untypischer Ansatz, ist der von Chryssochoidis[162]. Chryssochoidis' Definition weist Ähnlichkeiten zu der von Kapferer[163] auf, seine Arbeit thematisiert jedoch nicht (ungleich Kapferer) Stimulusähnlichkeit, sondern implizit wahrgenommene *Unklarheit*, die zu einem späteren Zeitpunkt ausführlich erörtert werden wird.

2.1.2.3 Kernmerkmale von Konsumentenverwirrtheit

Eine Analyse der vorliegenden Definitionen von KVW deutet darauf hin, dass es bisherigen Begriffsbestimmung weitgehend an inhaltlicher Kongruenz mangelt. Vor diesem Hintergrund sollen, wie bereits erwähnt, zentrale Begriffsinhalte der hier betrachteten Definitionen extrahiert werden. Begriffsinhalte, die häufiger vorkommen sind ein Hinweis auf konstitutive Merkmale von KVW und bilden den Ausgangspunkt einer zu formulierenden Neudefinition. Die folgenden drei Kernmerkmalsgruppen, die in Tabelle 2-2 jeweils in zwei Untergruppen unterteilt werden, wurden identifiziert:

1) **Allgemeiner Bezugspunkt.** Die erste Merkmalsgruppe mit den Untergruppen *Objekt bezogen* und *Konsumenten bezogen* zeigt zunächst an, welches der inhaltliche Schwerpunkt der jeweiligen Definition ist. So gibt es Definitionen[164], die KVW ähnlichen Produkten zuschreiben, ohne dabei auf die Moderatorrolle individueller Kauferfahrungs- und Wissenshintergründe einzugehen; solche Definitionen wären in der Untergruppe *Objekt bezogen* einzuordnen. In der dritten Gruppe wird später spezifiziert, welches die Ursache (*Quelle*) von KVW ist. Umgekehrt gibt es Definitionen[165], die auf individuelle Konsumenten(merkmale) abstellen, jedoch nicht explizit darauf, wie sie entsteht. Die Mehrzahl der analysierten Definitionen geht jedoch auf beide Schwerpunkte ein, versteht KVW also als Objekt- *und* Konsumenten bezogenes Phänomen. Eine solchermaßen plausible Berücksichtigung von Definitionen in mehr als einer Merkmalsuntergruppe ist mit Hunts[166] drittem Kriterium hinsichtlich der Eignung eines Klassifizierungsverfahrens nicht vereinbar (vgl. Kapitel 2.1), doch sind es gerade jene Definitionen, die sich nicht streng nur ein-

---

[162]   Vgl. Chryssochoidis, 2000.
[163]   Vgl. Kapferer, 1995a, S. 101.
[164]   Vgl. z.B. Diamond, 1981, S. 51.
[165]   Vgl. z.B. Mitchell/Papavassiliou, 1999, S. 327.

zelnen Gruppen zuordnen lassen, die Hinweise auf die konzeptionelle Breite des KVW-Konstrukts liefern.

2) **Bewusstseinsgrad**. In der zweiten Gruppe wird zwischen KVW als *bewussten* und *unbewussten* Zustand unterschieden. Die Berücksichtigung dieser Merkmalsuntergruppen erscheint angebracht, weil die Diskussion hinsichtlich des Bewusstseinsgrads verwirrter Konsumenten durchaus als kontrovers bezeichnet werden kann. Während die meisten Autoren KVW als entweder bewussten oder unbewussten Zustand ansehen, verstehen z.B. Poiesz/Verhallen[166] KVW als Phänomen, welches sowohl bewusst wie auch unbewusst auftritt. Doch bei allzu strenger Anwendung von Hunts Kriterien wäre ihr Beschreibungsversuch lediglich einer Untergruppe zuzuordnen und ein wichtiger Aspekt dadurch unterdrückt, nämlich dass KVW sowohl bewusst wie auch unbewusst auftreten kann. Die Kontroverse ist eine Beleg für die Bedeutung dieses Merkmals hinsichtlich des Verständnis von KVW.

3) **Quelle**. Die letzte Merkmalsgruppe mit den Untergruppen *ähnliche Stimuli* und *zu viele Stimuli* gibt an, auf welche Quelle von KVW in der jeweiligen Definition abgestellt wird.

---

[166] Vgl. Hunt, 1991, S. 184ff.
[167] Poiesz/Verhallen, 1989, S. 233.

Autoren	Allgemeiner Bezugspunkt		Bewusstseinsgrad		Quelle	
	1. Objekt bezogen	2. Konsumenten bezogen	3. bewusst	4. unbewusst	5. ähnliche Stimuli	6. zu viele Stimuli
Miaoulis/D'Amato, 1978	✓	✓			✓	
Diamond, 1981	✓			✓	✓	
Berndt, 1983		✓	✓			✓
Sproles/Kendall, 1986		✓	✓			✓
Loken/Ross/Hinkle, 1986	✓	✓	✓		✓	
Poiesz/Verhallen, 1989		✓	✓	✓		
Foxman/Muehling/Berger, 1990		✓		✓		
Foxman/Berger/Cote, 1992	✓	✓		✓	✓	
Kapferer, 1995a	✓	✓	✓		✓	
Kohli/Thakor, 1997	✓	✓		✓	✓	
Balabanis/Craven, 1997	✓	✓		✓	✓	
Huffman/Kahn, 1998		✓	✓			✓
Jacoby/Morrin, 1998					✓	
Mitchell/Papavassiliou, 1999		✓	✓		✓	
Turnbull/Leek/Ying, 2000	✓	✓	✓			✓
Chryssochoidis, 2000	✓	✓			✓	

Tabelle 2-2: Eine Einteilung von Definitionen von Konsumentenverwirrtheit nach Merkmalen

Um auf die bislang unzureichende marketingwissenschaftliche Auseinandersetzung und unscharfe Bestimmung von KVW hinzudeuten, mögen die angeführten Definitionen und genannten Kritikpunkte genügen. Auffällig ist bei den vorgestellten Begriffsbestimmungen zunächst die fehlende inhaltliche Bezugnahme auf allgemeine *Verwirrtheits*definitionen (Kapitel 2.1.1), in denen einige Merkmale wie „Bewusstseinsstörung" und „zeitliche Begrenztheit" wiederkehrenden Charakter hatten. Auch wenn einige der in diesem Abschnitt diskutierten Definitionen hilfreich bei der Erklärung von KVW sind, so nehmen sie i.d.R. dennoch Beschränkungen auf einzelne Aspekte des KVW-Konstrukts vor, so dass sie (isoliert betrachtet) keine nennenswerten Erkenntnishilfen bei der Erforschung des Konstrukts *Konsumentenverwirrtheit* leisten können.

Dennoch liefern die hier vorgenommene Gesamtbetrachtung und Auseinandersetzung mit relevanten KVW-Definitionen auch forschungstheoretische Erkenntnisse. Neben einem im Laufe der Zeit verändertem KVW-Verständnis konnte die Bandbreite relevanter Merkmale und Teildimensionen von KVW erfasst werden, die insbesondere hinsichtlich der zu formulierenden Neudefinitionen und der darauf aufsetzenden Operationalisierung eine wichtige Grundlage darstellen.

Die arglose und unkritische Verwendung des Begriffs in den mehrheitlich englischsprachigen wissenschaftlichen Beiträgen mag auf die alltagssprachliche Bedeutung von *confusion* im Englischen zurückzuführen sein. Dies mag dazu geführt haben, dass KVW statt als wissenschaftlich eigenständiger und fundierter Ansatz zu gelten wie jedes beliebige umgangssprachliche Wort erscheint, das verwendet wird, um andere Begriffe zu erklären. Auf dieses Problem wurde auch in der jüngeren Literatur hingewiesen. Mitchell/Papavassiliou bspw. bemängeln, dass KVW benutzt wird als „a tool for the definition of related terms or defined in a narrow sense identifying only a few of its elements"[168]. Es scheint fast, als würde der Begriff aufgegriffen, um nicht genau einzuordnende Phänomene zu erklären. Im Hinblick auf diese Kritik scheint eine terminologische Neubestimmung auf Grundlage der identifizierten definitorischen Kernmerkmale vonnöten.

2.1.3 Neudefinition

Eine Auseinandersetzung mit dem sowohl umgangssprachlichen wie auch wissenschaftlichen Terminus *Verwirrtheit* sowie dem verhaltenswissenschaftlichen Begriff *KVW* sollte die Vielschichtigkeit, aber auch den Charakter von KVW dargelegt haben. Dabei ist auch deutlich geworden, dass es sich bei KVW um ein komplexes Konstrukt handelt, das weiterer Elaboration bedarf und für das es zu überprüfen gilt, ob die verschiedenen erfassten Merkmale und Ausprägungen unter einem konzeptionellen Dach zusammengefasst werden können. Da eine weiterführende Untersuchung des vorherrschendes Gebrauchs des Begriffs KVW im Sinne eines Falschkaufs oder einer Informationsüberlastung nicht länger erkenntnisschließend ist, wird eine Neudefinition vorgeschlagen.

Grundsätzlich ist eine Neudefinition gerechtfertigt, wenn sie in Bezug auf Exaktheit, Überschneidungsfreiheit und Einfachheit leistungsfähiger ist als bestehende Definitionen.[169] Dass diesbezüglich – vor allem hinsichtlich der Überschneidungsfreiheit – unter bestehende Definitionen ein Mangel herrscht, sollte das vorangegangene Kapitel verdeutlicht haben. Die Entwicklung gehaltvoller Definitionskriterien orientiert sich an den im Rahmen des Logical

---

[168] Mitchell/Papavassiliou, 1997a, S. 4; zu weiteren Kritiken vgl. Stern/Eovaldi 1994, S. 48-52 sowie Walsh, 1999a, S. 102.
[169] Vgl. Chmielewicz, 1979, S. 51-52.

Partitioning aufgezeigten „Kernmerkmalen" existierender Definitionen (vgl. Tabelle 2-2) einschließlich der Dimensionen, die für KVW postuliert werden. Dazu zählen neben Stimulusähnlichkeit und Stimulusüberlastung auch die bereits erwähnte Stimulusunklarheit (vgl. Kap. 2.1.2), die in Kapitel 3.2.3 ausführlich erläutert wird. Entsprechend kann die Neudefinition mit sieben konstitutiven Merkmalen charakterisiert werden:

- Objekt bezogen

- Konsumenten bezogen

- bewusst

- unbewusst

- wahrgenommene Stimulusähnlichkeit

- wahrgenommene Stimulusüberlastung

- wahrgenommene Stimulusunklarheit

Obgleich die Merkmale *Objekt bezogen* und *Konsumenten bezogen* streng genommen Mediator- bzw. Moderatorvariablen zwischen Ursachen einerseits und der Entstehung von KVW anderseits darstellen, weil sie je nach Ausprägung den Grad der wahrgenommenen KVW bestimmen, werden sie hier zu den konstitutiven Merkmalen gezählt. Als solche gehen sie in die Neudefinition ein und unterstreichen ihre Bedeutung für die Entstehung von KVW.

Um ihre jeweilige Relevanz zur Erklärung des Konstrukts KVW darzulegen, werden die sieben konstitutiven Merkmale nachfolgend kurz beschrieben:

(1) Objekt bezogen

Die Entstehung von KVW geht auf Stimuli, vor allem Produkte[170] und Informationen zu diesen, zurück. Produkte, die zunehmend qualitativ, funktional und äußerlich austauschbar werden, wetteifern um die Aufmerksamkeit und Gunst des Konsumenten, wobei jedes neue Produkt eine sinnvolle Unterscheidung erschwert. Konsumentenverwirrtheit kann durch Verwechslungen von Produktmerkmalen und –attributen geprägt sein und in Falschkäufen

---

[170] Auch wenn KVW vereinzelt im Dienstleistungsbereich konstatiert worden ist (vgl. z.B. Berry/Yadav, 1997; Nuki, 1997), so ist doch der forscherische Fokus auf Produkte gerichtet, weil KVW dort evidenter ist.

resultieren. Zudem ist KVW auch deshalb Objekt bezogen, weil meist ein Produkt Gegenstand einer Kaufentscheidung ist und Zweifel in Bezug auf dessen Herkunft oder Leistungsfähigkeit KVW verursachen können, genauso wie zu viele Informationen zu diesem Produkt bzw. der gesamten Produktkategorie.

(2) Konsumenten bezogen

Zum Definitionskriterium *Objekt bezogen* tritt ein weiteres konstitutives Merkmal. Konsumenten können individuell verschieden auf gleichartige (Marketing-) Stimuli reagieren, weil sie über unterschiedliche kognitive und physiologische Fähigkeiten verfügen und beim Kauf unterschiedlich prädisponiert sind. Unterschiedliche Reaktion bedeutet in diesem Zusammenhang die Wahrscheinlichkeit, durch einwirkende Stimuli verwirrt zu werden. So wird ein kurzsichtiger, wenig involvierter, unter Zeitdruck stehender Konsument bestimmte am Point of Purchase (PoP) dargebotenen Stimuli/Informationen vermutlich weniger effektiv verarbeiten als ein motivierter Konsument ohne Sehschwäche, der ausreichend Zeit für seinen Einkauf zur Verfügung hat. Der gehetzte kurzsichtige Konsument dürfte auch größere Probleme haben, verschiedene (aber äußerlich ähnliche) Marken zu unterscheiden.

(3) bewusst

Vorhandene Beiträge erklären explizit[171] oder implizit[172], dass es sich bei KVW um einen bewussten Zustand handelt. Unter „Bewusstsein" versteht man alle dem Individuum gegenwärtigen bzw. psychischen Vorgänge[173]. Dieser Zustand des „Wachseins"[174] gestattet es dem Menschen, auf seine Umwelt zu reagieren. Im hiesigen Forschungskontext könnten ergriffene KVW-Reduktionsstrategien eine solche Reaktion darstellen. Die Informationsaufnahme und – verarbeitung kann sowohl bewusst wie auch unbewusst erfolgen.[175] Es erscheint sinnvoll, KVW ähnlich zu betrachten. Wenn sich der Konsument einer Beeinträchtigung seiner Informationsverarbeitung bewusst ist, wird er versuchen, etwas dagegen zu unternehmen. Gleichzeitig sind auch unbewusst vom Konsumenten initiierte KVW-Reduktionsstrategien denkbar.

---

[171] Vgl. z.B. Mitchell/Papavassiliou, 1997a; Mitchell/Papavassiliou, 1999.
[172] Vgl. z.B. Poiesz/Verhallen, 1989 oder Huffman/Kahn (1998, S. 493) die von Verwirrtheit sprechen, die „a consumer experiences".
[173] Pschyrembel Klinisches Wörterbuch, 1986, S. 196.
[174] Vgl. Hebb, 1975, S. 305.
[175] Vgl. Kroeber-Riel/Weinberg, 1996, S. 265-267.

(4) unbewusst

Wenn mit „unbewusst" jene psychischen Vorgänge beschrieben werden, die dem Individuum nicht gegenwärtig sind, dann bedeutet dies auf KVW bezogen, dass sie auch ohne „Wissen" des Konsumenten auftreten kann. In einem solchen Fall sind zwar Reaktionen auf KVW möglich, doch werden sie nicht den rational-strukturierten Charakter bewusst initiierter KVW-Reduktionsstrategien haben. Unterbewusste Prozesse sind aber ähnlich wie bewusste nicht über längere Zeit andauernd[176] und somit ist es denkbar, dass ein unterbewusster Prozess in einen bewussten Prozess übergeht, der Konsument Verwirrtheit demnach zuerst als unbewussten und erst späterhin als bewussten Zustand erfährt. Wenn ein Konsument bspw. 'unfähig' ist eine Entscheidung zu treffen, kann dies zum bewussten Erkennen von KVW führen. Allgemeiner ausgedrückt, der Konsument bemerkt anhand seiner Entscheidungsparalyse[177], dass „etwas nicht stimmt".

(5) wahrgenommene Stimulusähnlichkeit

Ähnliche (aber dennoch unterschiedliche) Stimuli können zu einer fälschlichen Wahrnehmung führen. So kann der Konsument durch die äußerliche Ähnlichkeit zweier Marken dazu verleitet sein zu denken, dass es sich entweder um die Selben handelt oder beide irgendwie zusammengehörig sind, d.h. vom selben Hersteller stammen oder von vergleichbarer Qualität sind.[178] In einem solchen Fall würde eine der Marken (die vom Konsumenten zuerst gelernte) die Referenzmarke darstellen. Marken aus derselben Produktkategorie, mit denen der Konsument später konfrontiert ist, werden mit der Referenzmarke verglichen und bei großer wahrgenommener äußerlicher Übereinstimmung einer neuen Marke mit der Referenzmarke kann es zur Verwechslung der beiden kommen. Es kann sich bei durch ähnliche Stimuli ausgelöste KVW um Fehler in Inferenzschlüssen oder schlicht um Verwechslungen handeln, wobei Letztere durch physische Produktähnlichkeit und/oder individuelle Konsumentencharakteristika (z.B. Kurzsichtigkeit) ausgelöst werden können.

---

[176]   Vgl. Freud, 1975, S. 97.
[177]   Vgl. Mitchell/Walsh, 1997.
[178]   Vgl. Simonson, 1994.

(6) wahrgenommene Stimulusüberlastung

Die Darbietung von zu vielen oder zu vielen neuen Stimuli/Informationen kann die Aufnahme- und Verarbeitungskapazität des Konsumenten übersteigen und zu dessen Überlastung führen. Dabei ist nicht primär von Bedeutung, ob ein Konsument mit objektiv zu vielen Stimuli konfrontiert ist, sondern dass er die Stimulimenge als zu umfangreich wahrnimmt. Weiterhin ist unerheblich, ob ein Konsument aktiv nach Informationen sucht oder nicht, da verschiedene Faktoren Stimulusüberlastung bedingen können (verfügbare Zeit beim Einkauf, kognitive Fähigkeit, Komplexität der Informationen etc.).[179] Vor allem Stimuli, die von völlig neuen Produkten ausgehen sind zur Überschreitung der Verarbeitungskapazität geeignet. Gänzlich neue Produkte können vom Konsumenten das Lernen einer neuen Kategorie, neuer Eigenschaften und einer neuen produkt-/kategoriespezifischen Terminologie verlangen,[180] da nicht auf Erfahrungen zurückgegriffen werden kann.

(7) wahrgenommene Stimulusunklarheit

Informationen, die anderen (bereits gelernten) nicht unbedingt ähneln und auch mengenmäßig von „durchschnittlichen Konsumenten" zu verarbeiten sein müssten, können dennoch KVW-verursachend sein, wenn sie als unklar wahrgenommen werden. Wie in Kapitel 3.2.3 ausführlich dargelegt werden wird, wird mit *wahrgenommener Stimulusunklarheit* jene Ausprägung von KVW bezeichnet, die auf mehrdeutige[181], widersprüchliche und komplexe Stimuli zurückzuführen ist; *wahrgenommene Stimulusunklarheit* erfüllt insofern die Funktion eines Gattungsbegriffs.

So ist es denkbar, dass ein Konsument regelmäßig dieselbe Eiscrememarke kauft, von deren Geschmack und Qualität er überzeugt ist. Weiterhin sei angenommen, dass im Kühlregal eine andere, vom Konsumenten als minderwertig befundene Marke, neben seiner Lieblingsmarke platziert ist. Wenn der Konsument, der im Begriff ist „seine" Eiscrememarke zu kaufen, nun bemerkt, dass die von ihm als minderwertig eingestufte Marke einen Hinweis auf ein gutes Testergebnis (z.B. ein „gut" der Stiftung Warentest) trägt, das im Widerspruch zu seinen eignen Erfahrungen oder Annahmen steht, kann dieser wahrgenommene Widerspruch eine

---

[179] Vgl. Hagemann, 1988, S. 126-139.
[180] Kerby, 1975, S. 279.
[181] Vgl. zum Zusammenhang von *Unklarheit* und *mehrdeutigen Informationen* Cox, 1967, S. 67-70.

Form von KVW darstellen. In der beschriebenen Kaufsituation kann die Informationsverarbeitung des Konsumenten insofern gestört sein, als er seine beabsichtigte Kaufentscheidung (Kauf der Lieblings- Eiscrememarke) überdenkt, von ihr Abstand nimmt und u.U. gar nichts kauft. Unter dem Begriff *wahrgenommene Stimulusunklarheit* sind auch Situationen zu fassen, in denen Konsumenten Schwierigkeiten haben, Produkte oder Produktinformationen zu verstehen und zu beurteilen und infolgedessen nicht zu einer für sie befriedigenden Kaufentscheidung gelangen.

Die in den vorangehenden Kapiteln geführte kritische Auseinandersetzung mit bestehenden Begriffsverständnissen von KVW gibt Hinweise auf die Komplexität des KVW-Konstrukts. Die hier gewonnenen Erkenntnisse erfordern, KVW anhand der theoretischen Fundierung des *Verwirrtheits*begriffs und der sieben erarbeiteten konstitutiven Merkmale neu zu definieren:

> *Konsumentenverwirrtheit ist eine durch externe Stimuli ausgelöste bewusste oder unbewusste Störung der Informationsverarbeitung von Konsumenten temporärer Natur, die in ihrer Intensität durch Moderator- und Mediatorvariablen determiniert wird und die zu suboptimalen Kaufentscheidungen führen kann. Wahrgenommene Stimulusähnlichkeit, -überlastung und –unklarheit stellen die drei wichtigsten Ausprägungen von KVW dar. Bei den KVW-relevanten Stimuli handelt es sich insbesondere um Produkte, Werbebotschaften, Produktinformationen und Informationen der interpersonalen Kommunikation.*

Die in der vorgeschlagenen Neudefinition von KVW genannten drei Dimensionen von KVW stellen die vor dem Hintergrund der intensiven Literaturdurchsicht denkbaren Ausprägungen dar. Aus sachlogischen Gründen kann jedoch nicht ausgeschlossen werden, dass weitere Ausprägungen bzw. Dimensionen existieren.

In logischer Konsequenz ist KVW also nicht nur das Ergebnis Produkt bezogner Stimuli die mit individuellen Charakteristika interagieren, sondern von deren wechselseitig beeinflussender und modifizierender Beziehung. Mögliche konkrete Konsequenzen von KVW, wie sie in Definitionen anderer Autoren zu finden sind[182], wurden hier bewusst ausgeklammert, da sich aus der Literatur kein einheitliches Bild ergibt (d.h. es werden in Studien einige potentielle

---

[182]   Vgl. z.B. Balabanis/Craven, 1997, S. 300.

Konsequenzen genannt, die z.T. erheblich voneinander abweichen) und sie auch nicht Bestandteil einer Definition sind. Daher werden mögliche konsumenten- und marketingseitige Konsequenzen[183] nach Diskussion der theoretischen Grundlagen aufgegriffen und systematisiert.

Weiterhin wurde aufgrund ähnlicher Erwägungen in der Neudefinition nicht auf KVW als Nachkaufphänomen eingegangen. Trotz eines zeitlichen Gegenstandbereichs von KVW, der, wie vor allem in der Diskussion der Dimension *Stimulusunklarheit* (vgl. Kapitel 3.2.3) zu sehen sein wird, vor und nach einem Kauf liegen kann, liegt der Untersuchungsschwerpunkt auf der Vorkaufphase. Gründe für die Vernachlässigung der Nachkaufphase sind zum einen in der sich ergebenden Komplexität hinsichtlich einer Operationalisierung zu sehen und andererseits darin, dass das Gros existierender Beiträge inhaltlich auf KVW während des Kaufentscheidungsprozesses abstellt, folglich auf die Vorkaufphase.

2.1.4 Schlussfolgerungen für eine wissenschaftliche Auseinandersetzung mit Konsumentenverwirrtheit

Die vorliegende Neudefinition erweitert vorherige Begriffsbestimmungen dahingehend, dass die oft nicht berücksichtigten Komponenten Stimulusüberlastung und -unklarheit integriert werden. Insofern kann fortan von einer breiteren Ursachenbasis hinsichtlich der Entstehung von KVW und mehr als einer Ausprägung ausgegangen werden. Stimulusüberlastung und -unklarheit können Störungen in der Informationsverarbeitung sowie Verzögerungen im Entscheidungsverhalten verursachen. Fasst man KVW als spezielle Form einer Störung der Informationsverarbeitung und des Entscheidungsverhaltens auf, sind verständlicherweise nicht alle Konsumenten gleich „gefährdet". Manche Konsumenten kaufen habituell oder sind wenig involviert. Unter solchen Bedingungen findet keine umfassende kognitive Verarbeitung statt, die gestört werden könnte. Gleichzeitig steigt bei geringer kognitiver Verarbeitung die Wahrscheinlichkeit, ein „falsches" Produkt zu kaufen (d.h. Kopie statt Original).

Für den weiteren Forschungsverlauf dieser Arbeit ist von Bedeutung, dass sich mit der vorgestellten Definition auch die Anforderungen an eine Operationalisierung erhöht haben, da nun drei statt bisher einer Konstruktdimension berücksichtigt werden müssen. Die begriffliche Auseinandersetzung mit bisherigen Definitionen hat auch verdeutlicht, dass im Hinblick auf

---

[183] Vgl. zu den möglichen Konsequenzen von KVW Kapitel 3.5 und 3.6.

andere verhaltenswissenschaftliche Konstrukte von einer Überschneidungsfreiheit nicht ohne weiteres ausgegangen werden kann. Angesichts der von einigen Autoren postulierten konzeptionellen Nähe zu anderen Konstrukten der Konsumentenverhaltensforschung[184] verlangt eine adäquate wissenschaftliche Auseinandersetzung mit KVW eine Abgrenzung von KVW und verwandten Konstrukten (Kapitel 2.2). Daran anschließend, basierend auf der vorgenommenen Begriffsbestimmung und der Diskussion der Dimensionen von KVW, wird der theoretisch-konzeptionelle Bezugsrahmen dieser Arbeit vorgestellt (Kapitel 2.3).

2.2 Abgrenzung von Konsumentenverwirrtheit und verwandten Konstrukten der Konsumentenforschung

Wie bereits angedeutet wird das in dieser Arbeit behandelte Konstrukt KVW regelmäßig konzeptionell mit anderen Konstrukten wie dem der *Irreführung*[185] gleichgesetzt oder angedeutet, es sei mit anderen Konstrukten der Konsumentenverhaltensforschung verwand. Die Tatsache, dass es solche konzeptionellen Unschärfen gibt, ist u.a. auf die laxe, oft synonyme, Verwendung des KVW-Begriffs in der Konsumentenforschungsliteratur zurückzuführen, was eine wissenschaftlich exakte Einordnung bisher behindert hat.

Ein weiterer Grund für die in der Konsumentenforschungsliteratur häufiger anzutreffende unsaubere Abgrenzung von KVW und verwandten Konstrukten ist, dass einige Autoren eine Messung von KVW vornehmen ohne die Messung vorher theoretisch zu fundieren[186], wobei die empirischen Befunde, vermutlich aus Verlegenheit, dann ex post mit existierenden Konstrukten erklärt werden. Gleichzeitig gibt es jedoch auch Bestrebungen anderer Autoren, KVW klar von bestehenden Konstrukten abzugrenzen.[187]

Vor diesem Hintergrund bemängeln Mitchell/Papavassiliou, dass „Conceptually, confusion has not been treated as a distinct (...) theoretical notion, but rather used as a tool for the definition of related terms or defined in a narrow sense"[188]. Diese Kritik findet in der Analyse der ausgewählten Definitionen (vgl. Kapitel 2.1) Bestätigung, denn KVW wird regelmäßig synonym für und zur Erklärung anderer Konstrukte wie „Irreführung"[189] oder „information

---

[184]   Diamond (1982, S. 52) bspw. setzt KVW mit Irreführung gleich.
[185]   Vgl. Diamond, 1981, S. 51.
[186]   Vgl. z.B. Loken/Ross/Hinkle, 1986; Kapferer, 1995b sowie Rafiq/Collins, 1996.
[187]   Vgl. bspw. Foxman/Berger/Cote, 1992.
[188]   Mitchell/Papavassiliou, 1997a, S. 4.
[189]   Vgl. Foxman/Muehling/Berger, 1990, S. 172.

overload"[190] verwandt. Die theoretische und empirische Durchdringung des Themenbereichs sowie die wissenschaftliche Rechtfertigung für dieses neue Konstrukt innerhalb der Konsumentenforschung verlangen eine eindeutige begriffliche Abgrenzung von bestehenden Konstrukten. Aufgabe der folgenden Kapitel ist es daher, Gemeinsamkeiten und Unterschiede von KVW zu solchen Konstrukten herauszuarbeiten, wobei die vier Konstrukte *Unsicherheit*, *Wahrgenommenes Risiko*, *Irreführung* und *Kognitive Dissonanz* als Vergleichskonstrukte gewählt werden.

2.2.1 Unsicherheit

Synonyme Verwendungen von KVW mit anderen Begriffen finden sich in der Konsumentenforschungsliteratur vor allem dann, wenn Autoren es versäumen, eine Konzeptualisierung von KVW vorzuschlagen oder unkritisch auf vorhandene Definitionen zurückgreifen. Dabei stehen nominale Definitionen und verwendete Operationalisierungen nicht selten im Widerspruch zueinander. Dies trifft auch auf Balabanis/Craven[191] zu, die, basierend auf der Definition von Foxman/Berger/Cote[192], KVW messen wollten, tatsächlich aber nur maßen, wie sicher sich Probanden waren, die richtige (d.h. die beabsichtigte) Marke gekauft zu haben. Folglich wurde ein hohes Maß an Unsicherheit implizit mit einem hohen KVW-Grad gleichgesetzt. Unsicherheit findet sich aber auch in Erklärungsansätzen, in denen sie als (ein) Resultat von Verwirrtheit bezeichnet wird.[193]

Unsicherheit („uncertainty") des Konsumenten wird vor allem im Rahmen der Theorie des wahrgenommenen Risikos[194] als eine seiner Determinanten angesehen (vgl. Kapitel 2.2.2). Unsicherheit wird aber auch als eigenständiges, mehrdimensionales verhaltenswissenschaftliches Konstrukt angesehen. Urbany/Dickson/Wilkie[195] unterstellen die Existenz von zwei

---

190 Vgl. Assael, 1998, S. 249.
191 Vgl. Balabanis/Craven, 1997.
192 Vgl. Foxman/Berger/Cote, 1992, S. 125.
193 Vgl. Klein (1991, S. 58), der „Unsicherheit, Ratlosigkeit und Angst" als Folgen von Verwirrtheit ausmacht.
194 Das Problem von Unsicherheit bei Entscheidungen ist auch Gegenstand einer gesamten Forschungsrichtung, der *Informationsökonomik*, die ihre Wurzeln in der Mikroökonomie hat (vgl. Kaas, 1995). Eine zentrale Annahme des informationsökonomischen Ansatzes ist die, dass Informationsasymmetrien unter Marktteilnehmern herrschen, das (Kauf-) Entscheidungen also mit unvollständigen Information getroffen werden. Seit gut einem Jahrzehnt ist die Informationsökonomik auch im Marketing Forschungsgegenstand, wobei schwerpunktmäßig Austauschprozesse zwischen Marktteilnehmern (vgl. Weiber/Adler, 1995) sowie strategische Fragestellungen wie markenpolitische Entscheidungen (vgl. Schölling, 2000) betrachtet werden. Das Unsicherheitsphänomen bei Kaufentscheidungen einzelner Konsumenten wird bislang hingegen nur ansatzweise berücksichtigt; vgl. Tolle (1994) zu Unsicherheit hinsichtlich der Qualitätseigenschaften von Produkten und Erdem/Keane (1996) zu Unsicherheit bei der Beurteilung von Markenattributen.
195 Vgl. Urbany/Dickson/Wilkie, 1989, S. 208.

Unsicherheitsdimensionen: Unsicherheit über das, was man weiß („knowledge uncertainty")
und Unsicherheit in Bezug darauf, welche Alternative zu wählen ist („choice uncertainty").
Shannon geht davon aus, dass Unsicherheit mit steigender Alternativenzahl zunimmt.[196]
Insofern gibt es eine Überschneidung mit Stimulusüberlastung assoziierter KVW.

Grundsätzlich erfasst Unsicherheit die vom Konsumenten subjektiv eingeschätzte (bewusste)
Wahrscheinlichkeit einer erwarteten Fehlentscheidung[197] oder -wahrnehmung[198]. Unsicherheit
tritt auf, wenn der Konsument sich einer Inkonsistenz oder eines Fehlers in seinen Inferenzschlüssen („inferential processing") bewusst ist und deren Genauigkeit bezweifelt.[199]
Diese Zweifel gehen auf ein vom Konsumenten wahrgenommenes Informationsdefizit zurück, welches die Abschätzung von Entscheidungskonsequenzen erschwert.[200] Unsicherheit
kann Kaufentscheidungen hemmen bzw. verzögern[201], sie führt jedoch nicht zur Verzögerung
des Kaufs, wenn es um den Kauf „notwendiger" Produkte geht.[202]

Der Konsument wendet unsicherheitsreduzierende Techniken an[203], um Unsicherheit auf ein
niedrigeres, aber nicht notwendigerweise minimales Niveau zu senken.[204] Die Unsicherheit
muss lediglich auf einem tolerierbaren Niveau sein, damit der Konsument das Gefühl hat, eine
vertretbare Entscheidung treffen zu können. So wie der unsichere Konsument, kann auch der
verwirrte Konsument die Kaufentscheidung vorübergehend verschieben, um seine bewer-
tungsrelevante Kenntnis von Markeninformationen zu verbessern, indem er sich um zusätzliche Informationen bemüht.[205] Unter gewissen Umständen ist es aber auch denkbar, dass
Unsicherheit zu einem verringerten Informationssuchverhalten führen kann[206], wenn etwa
vorhandene Informationen – z.B. weil sie widersprüchlich sind – nicht zu einer verbesserten
Entscheidungsgrundlage führen.

---

[196] Vgl. Shannon, 1948. Shannon schlägt auch eine mathematische Definition vor, laut der *Unsicherheit* die
Inverse von Informationen ist.
[197] Vgl. Kerby, 1975, S. 130-132.
[198] Vgl. Johnson, 1955.
[199] Vgl. Foxman/Berger/Cote, 1992, S. 125-126.
[200] Vgl. Erdem/Keane, 1996.
[201] Vgl. Mitchell/Papavassiliou, 1997a.
[202] Vgl. Kerby, 1975, S. 131.
[203] Da Risiko-Reduktionsstrategien primär darauf abzielen die *Unsicherheits*komponente von wahrgenommenen Risiko zu reduzieren (vgl. Mitchell/McGoldrick, 1996, S. 5ff.), sind Maßnahmen zur Reduktion von
Unsicherheit mit denen zur Risiko-Reduktion identisch (vgl. dazu Kapitel 2.2.2).
[204] Vgl. Hansen, 1976.
[205] Vgl. Schulz, 1972, S. 71.
[206] Vgl. hierzu z.B. Alba/Hutchinson, 1987; Bettman/Park, 1980; Johnson/Russo, 1984.

Konsumentenverwirrtheit und Unsicherheit unterscheiden sich auch in anderer Hinsicht. Erstens handelt es sich bei Unsicherheit grundsätzlich um einen bewussten Zustand, da Konsumenten wissen, was der Gegenstand ihrer Unsicherheit ist und zweitens sind die zu erwartenden Nachkauf bezogenen (ex post) Konsequenzen bzw. Verhaltensintentionen von Unsicherheit andere. So kann KVW in Vertrauensverlust oder kognitiver Dissonanz resultieren, „whereas uncertainty is likely to delay brand choice until the consumer has cleared whatever she or he is uncertain about"[207]; d.h. ähnlich wie beim wahrgenommenen Risiko kann man bei Unsicherheit nicht davon ausgehen, dass es zu suboptimalen Kaufentscheidungen oder gar Falschkäufen oder aus Marketingsicht negativen Verhaltensweisen kommt, da Konsumenten bemüht sind, eine Kaufentscheidung erst nach Beseitigung ihrer Unsicherheit zu treffen. Doch selbst wenn eine Kaufentscheidung im Zustand der Unsicherheit gefällt wird, wird es nicht zur Verwechslung zweier (ähnlicher) Marken im Sinne des *brand confusion* kommen.

2.2.2 Wahrgenommenes Kaufrisiko

Mit wahrgenommenen Risiko wird die vom Konsumenten erwartete Wahrscheinlichkeit bezeichnet, dass eine Kaufentscheidung zu einem unbefriedigendem Ergebnis führt.[208] In dieser Definition wird von einem *erwarteten* negativem Kaufergebnis ausgegangen, womit wahrgenommenes Risiko implizit als bewusster Zustand des Konsumenten angesehen wird. Der Konsument nimmt Risiko wahr, wenn er mit seinem vorhandenen Wissen Entscheidungskonsequenzen schlecht beurteilen kann und es wird unterstellt, dass er diesen Zustand der Beurteilungsschwierigkeit auszugleichen wünscht[209].

In einer Kaufsituation ist wahrgenommenes Risiko das Produkt zweier Faktoren: das Maß an Unsicherheit und die Schwere der Konsequenzen.[210] In der Betonung auf (Nachkauf-) Konsequenzen beim wahrgenommenen Risiko liegt ein Unterschied zu KVW. Letztere wird auch dann auftreten, wenn (z.B. finanzielle) Konsequenzen eine nur nachgeordnete Rolle spielen. Man stelle sich etwa einen Konsumenten beim Kauf von Honig im mittleren Preissegment vor, der angesichts seiner geringen Honigkauferfahrung und der vielen Marken und Produkt-

---

[207] Foxman/Berger/Cote, 1992, S. 126.
[208] Vgl. Sheth/Mittal/Newman, 1999, S. 617.
[209] Vgl. Kroeber-Riel/Weinberg, 1996, S. 248ff.
[210] Vgl. Cox, 1967, S. 34-81.

merkmale[211] überlastet und verwirrt ist. Selbst wenn dieser Konsument wegen wahrgenommener Stimulusüberlastung nicht die optimale Marke wählt, liegt die negative Konsequenz vermutlich im tolerierbaren Bereich (z.b. wenn der Konsument für eine gegebene Qualität DM 1,50 „zu viel" gezahlt hat).

Der Konsument empfindet Unsicherheit bezüglich des zu kaufenden Produkts und der Frage, ob das Produkt seine Erwartungen erfüllt. Die Unsicherheitskomponente im wahrgenommenen Risiko „stems from imperfect knowledge"[212] und kann demnach als Informationsmangel interpretiert werden. Diese Sichtweise impliziert, dass der Konsument seine Unsicherheit[213] und das wahrgenommene Risiko reduzieren könnte, wenn er seine Wissensbasis durch zusätzliche Informationen verbessern würde. Ähnliches mag auch für KVW gelten, obgleich es in der Marketingliteratur hierfür bisher keinen Beleg gibt. Bis zu einem gewissen Grad kann zusätzliche Information klärend wirken, danach jedoch zu Überlastung und KVW führen.

Des Weiteren haben die antizipierten Konsequenzen einer falschen Kaufentscheidung Einfluss auf die Höhe des wahrgenommenen Risikos.[214] Es wird davon ausgegangen, dass je höher der Preis eines Produkts ist oder das Commitment[215] des Konsumenten, das Produkt zu nutzen, desto höher ist auch das wahrgenommene Risiko.[216] Es kann zwischen physischem, psychischem, sozialem, funktionalem und finanziellem Risiko[217] und Risiko des Zeitverlustes[218] unterschieden werden. Wenn der Grad des wahrgenommenen Risikos höher ist als der

---

[211] Ein Merkmal kann sich etwa auf die *Herkunft* des Honigs beziehen; diese kann nach Herkunftsland (z.B. Griechenland, Schweiz, Deutschland) und Herkunft innerhalb der Flora (z.B. Linden, Obstblüten, Heide) gegliedert werden. Weiterhin kann Honig nach dem Merkmal *Gewinnungsverfahren* unterschieden werden; z.B. Seim-, Press- oder Tropfhonig.
[212] Mitchell, 1995, S. 116.
[213] Es sei an dieser Stelle angemerkt, dass in der Literatur die Konstrukte *Risiko* und *Unsicherheit* nicht immer klar von einander abgegrenzt vorzufinden sind, bisweilen sogar zur Erklärung des jeweils anderen Konstrukts herangezogen werden. Exemplarisch sei hier die Definition von Schiffman/Kanuk (1997, S. 183) aufgeführt: „Perceived risk is defined as uncertainty that consumers face".
[214] In der Konsumentenverhaltensliteratur gibt es auch eine alternative Operationalisierung des Risiko-Konstrukts. Dort findet man anstelle von 'Konsequenzen' die Komponente 'Wichtigkeit'. Letztere bezieht sich auf die Bedeutung, die der Konsument der getroffenen Wahl beimisst (vgl. z.B. Bettman, 1973, S. 184-190; Hansen, 1972, S. 89).
[215] Der *Commitment*begriff findet aufgrund einer mangelnden allgemein akzeptierten Definition bzw. abweichender Übersetzungen aus dem Englischen keine einheitliche Anwendung in der Literatur (vgl. hierzu Hennig-Thurau/Klee, 1997, S. 24 sowie Schuchard-Ficher, 1979, S. 24). Allgemein ausgedrückt, wird unter *Commitment* „eine starke Bindung" des Konsumenten an ein Produkt oder Hersteller verstanden (Homburg, 1995, S. 129) bzw. der Wunsch eine (Geschäfts-) Beziehung aufrecht zu erhalten (vgl. Sheth/Mittal/Newman, 1999, S. 745). Zu einer ausführlichen Diskussion des *Commitment*begriffs vgl. Hennig-Thurau, 1998, S. 135-140.
[216] Vgl. Dommermuth, 1965.
[217] Vgl. Trommsdorf, 1989, S. 218.
[218] Vgl. Jacoby/Kaplan, 1972.

des (individuell) tolerierbaren Risikos, dann nimmt der Konsument Risiko-Reduktionsstrategien auf.[219] Je nachdem, welche möglichen Kauffolgen vom Konsumenten antizipiert werden und welche Wichtigkeit er ihnen zuschreibt, wird er unterschiedliche (kurz- und langfristige) Risiko-Reduktionsstrategien einschlagen[220], z.B.: zusätzliche kaufrelevante Informationen suchen, eine stärkere Markenloyalität[221] bzw. –orientierung[222] oder Einkaufsstättenloyalität[223] entwickeln, ein geringwertiges Produkt kaufen, quasi probeweise[224] oder eine teure Marke kaufen[225].

Angesichts von KVW könnten die konsumentenseitigen Reaktionen ähnlich ausfallen. Ein durch Überangebot verwirrter Konsument könnte versuchen, durch Geschäfts- und Markenloyalität die Alternativenzahl überschaubarer zu machen oder durch den Kauf einer teuren Marke die Kaufentscheidung vereinfachen, da er andere Alternativen nicht mehr zu berücksichtigen und zu bewerten braucht. Wenn KVW durch ambiguose Informationen hervorgerufen wird, könnten zusätzliche Informationen von einer kompetenten Quelle (z.B. Verkäufer) helfen, für mehr (Entscheidungs-) Klarheit zu sorgen.

Die Risiko-Reduktionsstrategie *Informationssuche* ist im Hinblick auf die Entstehung von KVW relevant. Es ist denkbar, dass ein Konsument wahrgenommenes Risiko zu reduzieren versucht, indem er zusätzliche kaufentscheidungsrelevante Informationen sucht. Je höher das wahrgenommene Risiko, desto größer wird vermutlich auch die gesuchte Informationsmenge sein. Nun ist es denkbar, dass der Konsument angesichts einer anstehenden teuren Anschaffung (z.B. Videorecorder) viele Informationen sucht, um eine möglichst „informierte" Kaufentscheidung zu treffen. In einer solchen Situation könnte der Konsument versuchen, mehr Informationen zu verarbeiten als er bewältigt und dadurch überlastet (und schließlich verwirrt) werden. Anders ausgedrückt, durch den Wunsch nach Risikoreduktion wird KVW ausgelöst. Diese theoretische Beziehung zwischen Risiko-Reduktionsstrategien und KVW wird in Abbildung 2-1 dargestellt.

---

[219] Vgl. Popielarz, 1967 sowie Mitchell/McGoldrick (1996, S. 5ff.) für eine ausführliche Diskussion von Risiko-Reduktionsstrategien.
[220] Vgl. Rosenstiel/Ewald, 1979, S. 93.
[221] Vgl. Weinberg, 1980.
[222] Vgl. Mowen, 1995, S. 216.
[223] Vgl. Mowen, 1995, S. 216.
[224] Vgl. Locander/Hermann, 1979.
[225] Vgl. Mowen, 1995, S. 216.

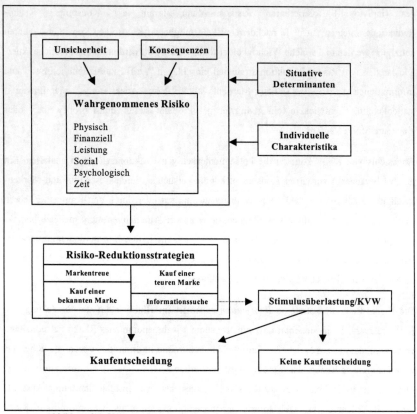

Abbildung 2-1: Konsumentenverwirrtheit als Folge von Risiko-Reduktionsstrategien

Ein augenscheinlicher Unterschied zwischen KVW und wahrgenommenen Risiko ist der, dass Letzteres stets bewusst auftritt und es dadurch für den Konsumenten die Möglichkeit der Risiko-Reduktionsstrategien gibt. Der verwirrte Konsument kann u.U. nichts von seiner Verwirrtheit mitbekommen und somit dann auch keine systematischen Maßnahmen zu deren Reduzierung initiieren. Weiterhin dürfte wahrgenommenes Risiko weniger potentiell gravierende Konsequenzen haben, da es zwar zu einer anderen als beabsichtigten[226] Kaufentscheidung kommen kann, die geänderte Kaufentscheidung jedoch vom Konsumenten bewusst getroffen wurde. Verwirrte Konsumenten hingegen können Kaufentscheidungen treffen, die sie nicht beabsichtigten und die sie im Nachhinein als schlecht bewerten. Die Regel ist, dass

---

[226]   Vgl. Monhemius, 1993, S. 94-95.

es erst zu einer Kaufentscheidung kommt, wenn der Konsument Risiko auf ein tolerierbares Maß reduziert hat.[227]

Abweichend von dem in Abbildung 2-1 skizzierten Fall und der genannten Unterschiede, ist auch ein gleichzeitiges Auftreten von KVW und wahrgenommenen Risiko denkbar. Ein Konsument kann bei einem geplanten Computerkauf durch die große Auswahl von Alternativen und deren zahlreiche unterschiedlichen Merkmale überlastet und verwirrt werden und gleichzeitig finanzielles Risiko wahrnehmen. Nichtsdestotrotz erfordert die Existenz von KVW nicht die von wahrgenommenen Risiko, obgleich Letztere vermutlich positiv von KVW beeinflusst wird. So wird der geplante Kauf von Frühstückszehrealien i.d.R. arm an wahrgenommenen Risiko sein, kann aber angesichts der großen Auswahl KVW verursachen. Es ist denkbar, dass wenn wahrgenommenes Risiko und KVW zusammen auftreten, sie in einem hierarchischen Verhältnis zueinander stehen. Ein verwirrter Konsument könnte die wahrgenommene KVW reduzieren, etwa durch Elimination von Alternativen aus dem Evoked Set, und dennoch Risiko wahrnehmen. In diesem Sinne kann der verwirrte Konsument versuchen, KVW, sofern er sich ihrer bewusst ist, auf das Niveau von wahrgenommenen Risiko zu reduzieren. Auch wenn beide Phänomene im Inneren ablaufende Prozesse darstellen und in dem beschriebenen Verhältnis zueinander stehen, sind sie nicht als Teil desselben Kontinuums zu verstehen. Eine dergestalt verstandene Beziehung zwischen KVW- und Risikoreduktion ist im Folgenden skizziert (vgl. Abbildung 2-2).

---

[227] Denkbar sind jedoch auch Situationen, in denen wahrgenommenes Risiko nicht hinlänglich reduziert werden kann, bspw. bei hoher Kaufdringlichkeit und/oder unter Zeitdruck.

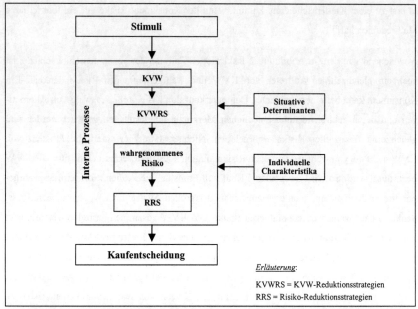

Abbildung 2-2: Kaufentscheidung nach Konsumentenverwirrtheit-Reduktionsstrategien und Risiko-Reduktionsstrategien

2.2.3 Irreführung

Der *Irreführungs*begriff ist hierzulande weder juristisch noch in der (deutschsprachigen) Marketingliteratur eindeutig bestimmt. Das hängt wohl auch damit zusammen, dass man sich bei seiner Untersuchung häufig an amerikanischen Untersuchungen orientiert hat, es aber versäumte, die unterschiedlichen Belegungen des Begriffs zu übersetzen. So wird in der amerikanischen Literatur zwischen *Misleadingness*[228], *Deception*[229] und *Miscomprehension*[230] unterschieden; eine solche Differenzierung ist in der deutschsprachigen Literatur nicht anzutreffen.

---

[228] Vgl. zum Begriff *Misleadingness* z.B. Gaeth/Heath, 1987; Russo/Metcalf/Stephens, 1981; Preston, 1976.

[229] Vgl. zum Begriff *Deception* z.B. Preston, 1976; Assael, 1998, S. 374. Der *Deception*begriff ist vergleichbar mit dem der (arglistigen) Täuschung (§ 123, BGB), dem es jedoch auch an einer allgemein akzeptierten Definition mangelt (vgl. hierzu von Lübtow, 1973, S. 249-255).

[230] Vgl. zum Begriff *Miscomprehension* z.B. Jacoby/Hoyer, 1989; Ford/Yalch, 1982; Jacoby/Hoyer/Sheluga, 1980, S. 22.

In ihrer amerikanischen Studie zu Einflussfaktoren von KVW schlagen Fox-
man/Muehling/Berger[231] eine Begriffsbestimmung vor, die sich an der Definition von *Irreführ-
rung* bzw. *Täuschung* (*Deception*) der amerikanischen *Federal Trade Commission* (FTC)[232]
orientiert[233]. So kommen Foxman/Muehling/Berger zu dem Schluss, dass „consumers who are
misled clearly are confused".[234]

Hierzulande wird von Irreführung gesprochen, „wenn die vermittelten Informationen einen
falschen, das heißt der Wirklichkeit nicht entsprechenden Eindruck über einen Sachverhalt
hervorrufen oder bestätigen"[235] und dieser Eindruck zum Kauf eines bestimmten Produkts
führt. Raffée spezifiziert dies, indem er sagt, der falsche Eindruck muss ursächlich sein für
eine Beeinflussung des Konsumentenverhaltens (ohne dass der Konsument es bemerkt).[236]
Demnach ist laut Raffée nicht der Inhalt einer Botschaft ausschlaggebend, sondern deren
Wirkung auf den Empfänger.[237] Da Irreführung zweifelsohne etwas Negatives darstellt, kann
davon ausgegangen werden, dass der Konsument sie zu vermeiden versucht. Dies impliziert
jedoch ein Erkennen bzw. ein sich bewusst sein der Irregeführtheit. Man kann demnach von
einem unbewussten Auftreten von Irreführung ausgehen[238], da es bei ihrer Erkennung erst gar
nicht zur Irreführung kommen würde. Konsumentenverwirrtheit, wie bereits dargelegt, kann
dem Konsumenten bewusst oder unbewusst sein.

Es wird im Fall von Irreführung davon ausgegangen, dass der Sender der Botschaft absichtlich einen falschen Eindruck über ein Produkt zu erwecken versucht (und somit den Konsumenten irreführt). Bei KVW hingegen kann sowohl der Inhalt von Botschaften eine Rolle
spielen, z.B. wenn widersprüchliche Informationen kommuniziert werden, wie auch die
Menge von Stimuli; d.h. einerseits können ambiguose Botschaften – absichtlich oder unab-
sichtlich – wie mitunter im Fall vergleichender Werbung[239] einen falschen Eindruck vermit-

---

[231] Vgl. Foxman/Muehling/Berger, 1990, S. 172.
[232] Die FTC, 1914 gegründet, ist als amerikanische Bundesbehörde für die Durchsetzung von Kartellgesetzen
       zuständig (vgl. Hippel, 1986, S. 106-110).
[233] Vgl. Foxman/Muehling/Berger, 1990, S. 171-173.
[234] Foxman/Muehling/Berger, 1990, S. 172.
[235] Kroeber-Riel/Weinberg, 1996, S. 283.
[236] Vgl. Raffée, 1982, S. 336.
[237] Das Ausmaß der Kommunikation kann dadurch erfasst werden, indem eine tatsächlich erreichte Kommuni-
       kationswirkung zu einem Vergleichsstandard in Beziehung gesetzt wird. Entsprechend kann Irreführung als
       Differenz zwischen tatsächlich erreichter Wirkung und Vergleichsstandard verstanden werden (vgl. Kuhl-
       mann, 1990, S. 106-107).
[238] Vgl. Raffée, 1982, S. 336.
[239] Vergleichende Werbung war in Deutschland lange Zeit verboten. Mit Beschluss des Bundesgerichtshofs
       vom Februar 1998, nach dem die entsprechende EU-Richtlinie auf deutsches Werberecht anzuwenden sei,

teln und KVW verursachen, andererseits können auch objektiv korrekte Botschaften zu KVW führen, etwa wenn es zu viele sind. Parallelen zwischen den zwei Konstrukten sind insofern vorhanden als das irreführende Botschaften oder Bezeichnungen auch zu wahrgenommener Stimulusunklarheit führen können.

Ein wesentlicher Unterschied der Begriffe *KVW* und *Irreführung* ergibt sich aus dem jeweiligen Einsatzbereich. Der Irreführungsbegriff ist primär im rechtlichen Kontext relevant, wenn geprüft wird, ob Unternehmen sich unlauterer Inhalte von Werbebotschaften oder Produktbezeichnungen[240] schuldig gemacht haben und aufgrund dessen rechtlich gegen sie vorzugehen ist. Beim Auftreten von KVW ist die Frage nach der rechtlichen Relevanz sekundär, da es zunächst verhaltenswissenschaftlich zu klären gilt, ob KVW vorliegt und dann erst auf mögliche Ursachen eingegangen wird. Bei der Analyse der Ursachen können dann rechtliche Aspekte, etwa im Fall von Produktimitationen oder absichtlich mehrdeutiger Produktinformationen, eine Rolle spielen. In Bezug auf die KVW-Dimension Stimulusüberlastung liegt hingegen keinerlei rechtliche Relevanz vor, da Unternehmen durch die Bereitstellung von vielen Produkten und Informationen grundsätzlich keine Irreführungsabsicht unterstellt werden kann. Daraus folgt, dass bestimmte Facetten von Irreführung durch KVW erklärt werden können, aber nicht umgekehrt.

2.2.4 Kognitive Dissonanz

Die meisten Untersuchungen zu KVW stellen auf Ursachenaspekte ab, während in einigen Studien zu KVW[241] und verwandten Bereichen wie etwa Informationsüberlastung[242] auch die Nachkaufphase im Hinblick auf mögliche Verhaltensintentionen und psychologische Konsequenzen berücksichtigt wird. Jacoby/Speller/Kohn haben in ihrer Arbeit zu Informationsüber-

---

      ist vergleichende Werbung jedoch auch hierzulande gestattet. Ihre Grenzen findet vergleichende Werbung in bindenden Richtlinien, laut denen Konsumenten nicht irregeführt und Wettbewerber (oder ihre Leistungen) nicht verunglimpft oder herabgesetzt werden dürfen. Weiterhin sind Vergleichen objektivierbare Kriterien (Größe, Verkaufszahlen etc.) zugrunde zu legen. Zu KVW kann es kommen, wenn widersprüchliche Botschaften in vergleichender Werbung kommuniziert werden. So kann ein Widerspruch wahrgenommen werden, wenn zwei im gleichen Segment vertretene Autohersteller regelmäßig damit werben, sie seien die Zuverlässigsten und Besten.

[240]   Beispiele für irreführende Produktbezeichnungen finden sich regelmäßig im Kosmetikbereich, wo oft mit für den Konsumenten nur schwer nachprüfbaren Bezeichnungen gearbeitet wird. So wurde der *Lancaster Group* gerichtlich untersagt ein Produkt mit der Bezeichnung „Monteil Firming Action Lifting Extreme Creme" zu vertreiben, da das Wort „Lifting" irreführend sei, weil die Wirkung der Creme nicht der eines operativen Lifting entspreche (vgl. Kühn, 2000, S. 24).

[241]   Vgl. z.B. Balabanis/Craven, 1997.

[242]   Vgl. z.B. Jacoby/Speller/Kohn, 1974.

lastung[243] auch die Zufriedenheit der Probanden mit ihren eigenen Kaufentscheidungen abgefragt und daran anschließend, wie sicher die Probanden sich ihrer Entscheidung waren. Die Berücksichtigung von Nachkaufeffekten rückt solche Arbeiten in die Nähe des *Dissonanz*-Konstrukts.

Der Begriff *Dissonanz* wurde vom Psychologen und Konsistenztheoretiker Festinger[244] verwendet, um kognitive Inkonsistenzen zu beschreiben, also Situationen, in denen Einstellungen, innere Erfahrungen und Kognitionen (Meinungen, Gedanken, Wissensinhalte) nicht widerspruchsfrei miteinander in Beziehung stehen. Auch wenn es in der Literatur, trotz der umfangreichen Forschungsarbeit auf dem Gebiet der Dissonanz, relativ wenig präzise Erklärungen für deren Ursachen gibt[245], kann wohl, allgemein ausgedrückt, die Existenz widersprüchlicher Informationen dafür verantwortlich gemacht werden.

Je mehr widersprüchlichen Informationen der Konsument ausgesetzt ist, oder je mehr sich Informationen ähneln und deswegen hinsichtlich ihrer unterschiedlichen Nutzenniveaus schwieriger beurteilt werden können, desto stärker ist die wahrgenommene Dissonanz. Letzteres findet sich in der Literatur besonders akzentuiert: „Je mehr sich Alternativen gleichen, je mehr Vorteile beide aufweisen, um so stärker wird der ausgelöste gedankliche Konflikt.“[246] Insofern gibt es Parallelen zu KVW. Stimuli, die als zu umfangreich oder widersprüchlich wahrgenommen werden, können zu Verarbeitungsproblemen führen und Stimuli, die als zu ähnlich wahrgenommen werden, führen zu einem Beurteilungsproblem hinsichtlich der Qualität und der Herkunft der Alternativen.

Grundsätzliche lässt sich zwischen Dissonanzeffekten unterscheiden, die *vor* einer (endgültigen) Entscheidung und die *danach* auftreten:

- auf eine in der Vorkaufphase auftretende kognitive Dissonanz kann geschlossen werden, da Untersuchungen belegen, dass Umbewertungen von Informationen z.T. schon vor der

---

[243] Vgl. z.B. Jacoby/Speller/Kohn, 1974.

[244] Vgl. Festinger, 1957.

[245] Eine relativ genaue Annäherung an die dissonanzverursachenden Bedingungen erfolgte durch die Bestimmung von Antezedensbedingungen. So wurde postuliert kognitive Dissonanz entsteht, wenn eine Entscheidung freiwillig gefällt worden ist (vgl. Brehm/Cohen, 1962, S. 7-10) oder wenn sich ein Individuum für seine Entscheidung verantwortlich fühlt (vgl. Wicklund/Brehm, 1976).

[246] Kroeber-Riel/Weinberg, 1996, S. 184.

endgültigen, aber nach einer *vorläufigen* (Kauf-) Entscheidung auftreten können.[247] Vorkauf-Dissonanzen sind i.d.R. aber weniger beständig und ausgeprägt als die in der Nachkaufphase.[248]

- mit kognitiver Dissonanz in der Nachkaufphase wird i.d.R. die „wahrgenommene Diskrepanz beim Vergleich zwischen den Vorzügen der gewählten und der ausgeschlagenen Alternative"[249] beschrieben.

Kognitive Dissonanz setzt demnach eine Entscheidung voraus, sei es auch nur eine vorläufige. Konsumentenverwirrtheit hingegen kann die Unfähigkeit bedeuten, eine (Kauf-) Entscheidung zu treffen.[250] Auch wenn der zeitliche Gegenstandsbereich von KVW primär in der Vorkaufphase liegt – wenn Konsumenten eine Kaufentscheidung zu treffen haben – so lassen sich in der Literatur dennoch Hinweise für Nachkauf-KVW finden. Beispielsweise fällt der Begriff der *KVW* regelmäßig in Bezug auf die Bedienbarkeit von (elektrischen) Geräten[251] oder unzulänglichen Bedienungsanleitungen[252]. Insbesondere Bedienungsanleitungen zu technischen Geräten wie Videorecorder, Stereoanlagen oder Computer werden häufig als zu komplex, zu informationsüberfrachtet oder unklar empfunden.[253] Insofern weisen beide Konzepte hinsichtlich des Zeitpunkts ihres Auftretens Parallelen auf.

Wenn die wahrgenommene Dissonanz eine individuelle Schwelle überschreitet, wird der Konsument diese zu reduzieren versuchen. In der Literatur werden mannigfaltige Formen der Dissonanzreduktion diskutiert, von denen hier nur die Wichtigsten genannt werden sollen. Die Meidung dissonanter und Beschaffung konsonanter Informationen ist eine Form der Dissonanzreduktion.

---

[247] Vgl. Grabitz, 1971 sowie Irle, 1975, S. 319-321. Zudem vertreten Kroeber-Riel/Weinberg (1996, S. 386-387) die Auffassung, die Unsicherheitskomponente des wahrgenommenen Risikos könnte als *Vor-Entscheidungsdissonanz* interpretiert werden, was einer impliziten Bestätigung von Vorkaufdissonanz entspricht.

[248] Vgl. Hammann/Schuchard-Ficher, 1980.

[249] Trommsdorff, 1989, S. 62.

[250] Vgl. Mitchell/Walsh, 1997.

[251] Vgl. Mitchell/Papavassiliou, 1999, S. 323.

[252] Nicht selten gelten Produktinformationen als „missverständlich" oder ist von „verwirrenden Gebrauchsanweisungen" die Rede (vgl. Leendertse, 1999, S. 127 sowie Walsh, 1999a, S. 215-218).

[253] Vgl. z.B. Walsh, 1999a, S. 215-218; Hennig-Thurau, 1998, S. 2-4. Mit Bezug auf eine empirische Untersuchung haben laut Gebert (1988, S. 25) mehr als die Hälfte der Befragten schon mindestens einmal Schwierigkeiten mit Bedienungsanleitungen gehabt.

Dissonante Informationen, die nicht im Einklang mit den Einstellungen und Kognitionen des Konsumenten sind, werden gemieden, da sie sonst Widersprüche hervorrufen. Umgekehrt bewirken konsonante Informationen (jene, die die getroffene Entscheidung positiv erscheinen lassen) eine Bestätigung der Entscheidung und gestatten, die Einstellungen und Kognitionen beizubehalten. Eine mögliche Reduktionsstrategie besteht auch darin, Einstellungen und Kognitionen zu ändern, damit diese „conform with their behavior".[254] Damit erhält die gefällte Entscheidung im Nachhinein eine Bestätigung. Es erscheint wahrscheinlich, dass angesichts ambiguoser Stimuli verwirrte Konsumenten ebenfalls nach Informationen suchen und zwar nach solchen, die klärend wirken. Bei zwei ähnlichen Alternativen können dies Hinweise auf deren Qualität und oder Herkunft sein.

Ein letzter Unterschied, der nicht die Konstruktabgrenzung selbst, sondern mögliche Konse-quenzen betrifft, bezieht sich auf die potentielle Gefahr der für Anbieter unerwünschten negativen Mundpropaganda. Ein Konsument, der Dissonanz erfährt und diese nicht wir-kungsvoll wird reduzieren können, wird letztlich vermutlich mit seiner Kaufentscheidung (d.h. mit der gewählten Alternative) unzufrieden sein. Unzufriedene Konsumenten wiederum sind eine häufige Quelle unvorteilhafter Mundpropaganda[255], weil sie ihrer Unzufriedenheit dadurch Luft machen, indem sie darüber reden bzw. andere warnen. Während dissonante Konsumenten dies bewusst aufgrund ihrer Unzufriedenheit tun, muss dies nicht auch auf verwirrte Konsumenten zutreffen. Letztere könnten unbewusst KVW erfahren und ebenso unbewusst ungünstige oder falsche Informationen verbreiten; man denke etwa an jemanden der nicht alle Funktionen seines neuen Videorecorders versteht und zu anderen sagt, das Gerät wäre technisch eher bescheiden.

2.2.5 Zusammenfassung und Schlussfolgerung

Während kognitive Dissonanz, Unsicherheit und wahrgenommenes Risiko als motivationale Konzepte einen Einfluss auf die Aufnahme und Verarbeitung von Stimuli ausüben, kann KVW als Limitationsfaktor interpretiert werden[256], der die Informationsverarbeitung und

---

[254] Schiffmann/Kanuk, 1997, S. 271.
[255] Vgl. Hoyer/MacInnis, 1997, S. 286-287; Walker, 1995; Hennig-Thurau/Walsh/Wruck, 2001.
[256] Wenn KVW auf zu viele oder ambiguose Stimuli zurückgeführt werden kann; bei Stimulusähnlichkeit ist die individuelle Verarbeitungskapazität kein gravierendes Problem, obwohl sie auch dabei eine Moderator-rolle spielt.

Entscheidungstreffung hemmt. Die wichtigsten Unterschiede zwischen KVW und den oben diskutierten verwandten Konzepten sind in Tabelle 2-3 zusammengefasst.

	Vor- oder Nachkaufphase	Fehler in Inferenzprozessen des Konsumenten	Unbewusst	Beinhaltet inkorrekten Vergleich zweier Marken	Kann die Kaufentscheidung des Konsumenten ohne dessen Wissen ändern
KVW	sowohl als auch	möglich*	sowohl unbewusst als auch bewusst	nein/ja	ja
Wahrgenommenes Kaufrisiko	Vorkaufphase	nein	nein	nein	nein
Unsicherheit	Vorkaufphase	nein	nein	nein	nein
Irreführung	Vorkaufphase	ja, Fehler ist ausgelöst durch mind. ein Element des Marketing-Mix[257]	ja	möglich*	ja
Kognitive Dissonanz	sowohl als auch	nein	nein	nein	nein

* KVW in ihrer Ausprägung als wahrgenommene Stimulusähnlichkeit kann einen Inferenzfehler und einen inkorrekten Markenvergleich beinhalten.

Tabelle 2-3: Vergleich von Konsumentenverwirrtheit mit verwandten verhaltenswissenschaftlichen Konstrukten

Wie sich aus der vorangegangenen Diskussion verwandter Konstrukte ergeben hat und Tabelle 2-3 zu entnehmen ist, kann Konsumentenverwirrtheit von verwandten Konstrukten hinsichtlich fünf zentraler Kriterien abgegrenzt werden. Vor allem die Möglichkeit, unbewusst veränderter Kaufentscheidungen unterstreicht die Relevanz von KVW, deren verhaltensrelevante Folgen insofern weitreichender sind als die der anderen diskutierten Konstrukte (mit Ausnahme der rechtlich relevanten Irreführung). Auf Grundlage existierender Erkenntnisse und der hier vorgenommenen Verknüpfungen möglicher Ursache-Wirkungszusammenhänge kann angenommen werden, dass KVW über mehr Merkmale verfügt als die anderen Konstrukte. Konsumentenverwirrtheit kann zu einer unbewussten Änderung der Kaufentscheidung führen; ein Merkmal, das sonst nur noch auf Irreführung zutrifft, wobei es sich bei Letzterem i.d.R. aber um die Folge einer gesetzwidrigen Praxis handelt.

Ein weiterer Unterschied ist der zeitliche Gegenstandsbereich von KVW. Von den genannten anderen Konstrukten ist lediglich kognitive Dissonanz ebenfalls in der Nachkaufphase relevant. Hierin besteht Ähnlichkeit zu KVW, obgleich es grundsätzlich in jeder Phase des Kaufentscheidungsprozesses zu KVW kommen kann. Dieser Aspekt wird durch Abbildung 2-3 verdeutlicht.

---

[257] Beispielsweise einer (Werbe-) Botschaft zu einem Produkt.

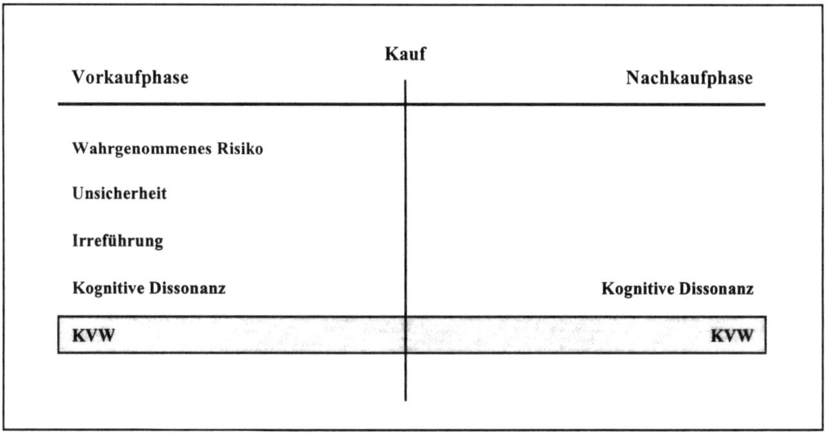

Vorkaufphase	Kauf	Nachkaufphase

Wahrgenommenes Risiko

Unsicherheit

Irreführung

Kognitive Dissonanz   Kognitive Dissonanz

KVW   **KVW**

Abbildung 2-3: Zeitlicher Gegenstandsbereich einzelner Konstrukte

3 Ansatzpunkte zur Erklärung von Konsumentenverwirrtheit und Ausdifferenzierung des allgemeinen Bezugsrahmens

3.1 Darstellung des allgemeinen Bezugsrahmens der Untersuchung

In den vorherigen Kapiteln wurde das Konstrukt Konsumentenverwirrtheit begrifflich ausge-
leuchtet, seine Hauptdimensionen vorgestellt und skizziert sowie seine Distinktheit von
anderen Konstrukten des Konsumentenverhaltens dargestellt. Dabei wurde weitgehend auf die
ausführliche Diskussion von potentiellen Einflussfaktoren und Determinanten verzichtet;
diese wurden ausgeklammert, weil einfache Ursache-Wirkungszusammenhänge selten vorliegen, sondern vielmehr von einer Interaktion verschiedener Faktoren ausgegangen werden
muss.

Wie in den vorherigen Kapiteln aufgezeigt worden ist, stellt der Bereich der KVW-Forschung
ein relativ junges (Konsumentenverhaltens-) Forschungsgebiet dar, das durch wenig kohären-
te Beiträge gekennzeichnet ist. Häufig werden einzelne Ursachen von KVW aus spezifischen
Blickwinkeln untersucht, ohne eine Integration dieser fragmentierten Erkenntnisse in einen
ganzheitlichen Ansatz vorzunehmen. Deshalb scheint es geboten, einen Bezugsrahmen zu
erstellen, der die einzelnen Ursachen (verschiedene Stimuli) und Determinanten (Personen
bezogene Charakteristika, situative Determinanten etc.) von KVW integriert und in Beziehung zueinander setzt.

Dieser Bezugsrahmen kann als Grundgerüst für die weitere Bearbeitung des Themas verstanden werden, der dazu dient, komplexe Zusammenhänge zu erfassen und zu systematisieren.
Der Vorteil eines Bezugsrahmens im Vergleich zu einem Modell liegt in der Möglichkeit,
eine Vielzahl von Einflussfaktoren eines sich theoretisch oder praktisch stellenden Problems
eruieren zu können[258]; Modelle hingegen gestatten nur, wenige Schlüsselvariablen ausführlich
zu analysieren. Ausgangspunkt eines solchen theoriegeleiteten Bezugsrahmens ist ein reali-
tätsnaher, kognitiv geprägter Kaufentscheidungsprozess.

Für die Erklärung der Entstehung und möglicher Auswirkungen (d.h. offenes Verhalten und
Verhaltensintentionen) von KVW ist es notwendig, die relevanten Einflussgrößen zu erfassen.
Diese sowie mögliche Ursache-Wirkungszusammenhänge von Einzelgrößen im Hinblick auf

---

[258] Vgl. zum Konzept konzeptioneller Bezugsrahmen Abel, 1979.

die Entstehung von KVW werden im Folgenden diskutiert und beziehen sich auf den in Abbildung 3-1 dargestellten und im Anschluss inhaltlich auszugestaltenden theoretischen Bezugsrahmen. Erläuterungen erfolgen auch zum mäßigenden/verstärkenden Effekt individueller Konsumentenmerkmale und kaufsituativer Determinanten. Im Zentrum steht das Konstrukt der KVW, das die Dimensionen *wahrgenommene Stimulusähnlichkeit, -überlastung, und -unklarheit* umfasst; diese Dimensionen, die erheblich zur Erklärung des vorgestellten Bezugsrahmens beitragen, wurden bislang nur vergleichsweise oberflächlich erläutert und sollen deshalb in den folgenden Abschnitten aufgegriffen und elaboriert werden.

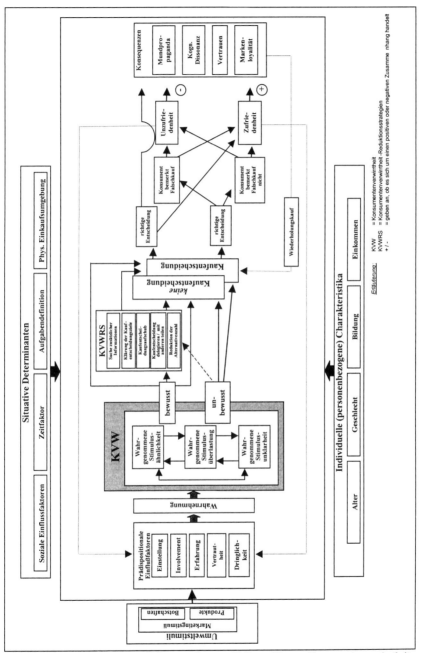

Abbildung 3-1: Bezugsrahmen zur Erfassung relevanter Einflussgrößen von Konsumentenverwirrtheit

3.2   Theoretische Grundlagen zur Erfassung und Analyse der Dimensionen von Konsumentenverwirrtheit

Die vorangegangene Begriffserörterung hat gezeigt, dass es sich beim KVW-Konstrukt um eine vielgestaltige Verhaltensdeterminante[259] handelt. Insgesamt können mehrere Variablen unterschieden werden, die in der Literatur zur Erklärung bzw. zur Konzeptualisierung von KVW herangezogen und teilweise auch mit dem Konstrukt gleichgesetzt werden. Im Einzelnen sollen folgende verhaltenstheoretische Dimensionen von KVW unterschieden und elaboriert werden: wahrgenommene Stimulusähnlichkeit, Stimulusüberlastung und Stimulusunklarheit.

Zunächst bleibt zu klären, inwieweit die Verhaltensdeterminante KVW mit diesen drei Dimensionen assoziiert ist. Dieser Frage wurde z.T. schon im Rahmen der Begriffsexplikation nachgegangen. Eine weiterführende Klärung wird in den folgenden Abschnitten vorgenommen, indem die drei Dimensionen dargestellt werden und der Stellenwert des KVW-Begriffs im jeweiligen Gebiet heraus gearbeitet wird. Der Versuch, diese drei Konstrukte als Dimensionen in das KVW-Konstrukt zu integrieren, geht im wesentlichen auf die folgenden Überlegungen zurück:

1) Bei allen drei Dimensionen handelt es sich um nicht beobachtbare Größen, die vor allem im psychisch vollzogenen Kaufentscheidungsprozess eine Rolle spielen. Diese drei Dimensionen sind Teil eines Konstrukts höherer Ordnung, der wahrgenommenen Konsumentenverwirrtheit.

2) Für alle drei Dimensionen einerseits und KVW anderseits finden sich in der Konsumentenverhaltensliteratur synonyme Begriffsverwendungen[260]. Assael[261] sagt: „information overload, that is, confusion". Aber auch hinsichtlich der Dimension Stimulusähnlichkeit gibt es Belege für eine postulierte Übereinstimmung mit KVW. So meinen Miaoulis/D'Amato „confusion that is in effect stimulus generalization"[262].

---

[259]   Trotz regelmäßiger Verwendung des Begriffs *Verhaltensdeterminante* in der Konsumentenverhaltensliteratur gibt es erstaunlich wenig Anhaltspunkte hinsichtlich der Größen, die konkret damit beschrieben werden. Nach Kerby (1975, S. 354) werden mit Verhaltensdeterminanten jene Produkteigenschaften und Einstellungen des Konsumenten beschrieben, die die stärkste Verhaltensrelevanz besitzen.

[260]   Vgl. Jacoby/Speller/Kohn, 1974, S. 63; Jacoby, 1977, S. 569; Grether/Wilde, 1983, S. 116.

[261]   Assael, 1998, S. 249.

[262]   Miaoulis/D'Amato, 1978, S. 49.

3) Mit allen drei Dimensionen wird weitgehend identisches (negatives) Verhalten und werden Verhaltensintentionen in Verbindung gebracht. Sowohl mit Stimulusähnlichkeit[263] als auch mit Stimulusüberlastung[264] werden verzögerte Kaufentscheidungen, mit Stimulusüberlastung[265] und Unklarheit[266] die Anwendung von Kaufentscheidungsheuristiken assoziiert.

Weiterhin ist der Versuch der Integration der Variablen Stimulusähnlichkeit, Stimulusüberlastung und Stimulusunklarheit in das KVW-Konstrukt von der Überlegung getragen, dass die drei Variablen sich konzeptionell nicht von KVW unterscheiden, sie also Dimensionen und nicht Determinanten von KVW darstellen. Bei einer Interpretation von Stimulusähnlichkeit, Stimulusüberlastung und Stimulusunklarheit als *Determinanten* von KVW würde ein kausaler Zusammenhang zwischen den drei Variablen und KVW unterstellt, wobei die drei Erstgenannten die unabhängigen Variablen und KVW die Zielvariable wäre.

Ein kausaler Zusammenhang wäre dadurch gekennzeichnet, dass eine Veränderung (Zunahme) einer oder aller drei unabhängigen Variablen KVW *zeitlich voranginge* und KVW beeinflusst[267] (zunimmt); ein Konsument würde demzufolge zunächst Stimulusunklarheit und dann erst, zeitlich verzögert, KVW wahrnehmen. Bei dem hier vertretenen Verständnis von Stimulusähnlichkeit, Stimulusüberlastung und Stimulusunklarheit als *Dimensionen* von KVW wird davon ausgegangen, dass eine Veränderung von einer der drei Größen *gleichzeitig* (d.h. ohne zeitliche Verzögerung) zu einer Veränderung von KVW führt und insofern die drei Dimensionen die wahrgenommene KVW eines Konsumenten konstituieren.

Die ausführliche Erläuterung der drei KVW-Dimensionen unter Berücksichtigung marketingpraktischer Beispiele soll zu einem erweiterten Verständnis von KVW beitragen. Zudem kann eine nähere Untersuchung dieser drei verhaltenstheoretischen Dimensionen verdeutlichen, warum eine Integration in das Konstrukt KVW sinnvoll erscheint.

---

[263] Vgl. Jacoby/Morrin, 1998.
[264] Vgl. Hawkins/Best/Coney, 1995, S. 228; Kirsch, 1971, S. 173.
[265] ·Vgl. Louden/Della Bitta, 1993, S. 228.
[266] Vgl. Chryssochoidis, 2000, S. 706.
[267] Vgl. Benninghaus, 1996, S. 274ff.; Aaker/Kumar/Day, 1995, S. 322-325; Backhaus et al., 1990, S. 227-228.

3.2.1   Wahrgenommene Stimulusähnlichkeit

3.2.1.1   Stimulusgeneralisierung und Konsumentenverwirrtheit

Aus der verhaltenstheoretischen Forschung ist bekannt, dass Menschen lernen, auf bestimmte Reize entsprechend zu reagieren.[268] Ähnliche visuelle oder auditive Stimuli können assoziative Ähnlichkeit bzw. ähnliche Reaktionen hervorrufen, ein Vorgang der in der Konsumentenforschungsliteratur als *Stimulusgeneralisierung*[269] bezeichnet wird.[270] Bei Stimulusgeneralisierung kommt es zu einem Reaktions-(oder Response-)Transfer bzw. einer Übertragung von Bewusstseinsinhalten, der das Individuum auf einen neuen (ähnlichen) Stimulus so reagieren lässt, als wäre es der Originalstimulus (vgl. Abbildung 3-2 zur Illustration von Stimulusgeneralisierung).

Ähnliche Stimuli als Auslöser von Stimulusgeneralisierung

„Ähnlichkeit" wird durch die jeweilige subjektive Wahrnehmung bestimmt und hat demnach keinen objektiven Charakter[271]; d.h. dieselben Stimuli können in Abhängigkeit von individuellen Faktoren (Motive, Kauferfahrung, soziales Umfeld etc.) von verschiedenen Konsumenten unterschiedlich wahrgenommen werden. Diese Feststellung ist begrifflich und konzeptionell von Bedeutung, denn die Dimension *Stimulusähnlichkeit* kennzeichnet keinen Sachverhalt außerhalb der intrapsychischen Sphäre des Konsumenten, sondern stellt ein Wahrnehmung bezogenes und somit intrapsychisches Konstrukt dar; mit *Stimulusähnlichkeit* ist demnach eine durch als ähnlich wahrgenommene Stimuli bedingte KVW gekennzeichnet.

---

[268]   Vgl. Shimp, 1991; Corman, 1967.

[269]   Vgl. zum Prinzip der *Stimulusgeneralisierung* Foxall/Goldsmith/Brown (1998, S. 91-92) sowie Schiffman/Kanuk (1997, S. 199), Kerby (1975, S. 207-208), Kroeber-Riel/Weinberg (1996, S. 318-323).

[270]   Das Prinzip der Reizgeneralisierung setzt auf die Lerntheorie der *Konditionierung* auf, die Verhalten als Reiz-Reaktionsmuster versteht. Laut Pawlows [engl. Schreibweise: Pavlov, Anm. d. Verf.] (1927) Theorie lernen Individuen durch die Verbindung zwischen Reizen und Reaktionen (vgl. auch Swenson, 1980). Bei der sog. *klassischen Konditionierung* wird unterstellt, dass ein neutraler Reiz, wenn er zuvor einige Male mit einem unkonditionierten (unbedingten) Reiz gemeinsam, oder kurz davor dargeboten wurde, dann allein die gleiche, nunmehr konditionierte Reaktion auslöst, wie dies zuvor der unkonditionierte Reiz getan hat. Aus dem unkonditionierten Reiz wird ein konditionierter Reiz. Das Prinzip der Konditionierung kann am konkreten Beispiel illustriert werden: Ein Kunde geht regelmäßig in dieselbe Konditorei, wo er stets Sachertorte und Kaffe bestellt (unkonditionierter Reiz). Beim Verzehr läuft stets die gleiche Hintergrundmusik: Vivaldis Vier Jahreszeiten (neutraler Reiz). Nach einigen Wiederholungen dieser Kauf- und Verzehrsituation kann es sein, dass der Kunde beim Hören des ursprünglich neutralen Reizes (Vivaldis Vier Jahreszeiten) Appetit auf Kaffee und Kuchen bekommt.

[271]   Vgl. Wedell, 1996, S. 34; Wimmer, 1975, S. 3.

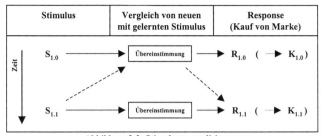

Abbildung 3-2: Stimulusgeneralisierung

Angenommen, Stimulus $S_{1.0}$ hat ein charakteristisches Merkmal, das der Konsument bereits gelernt hat. Beim Wahrnehmen dieses Stimulus wird dieses Merkmal dann bewusst, denn es wurde schon einmal gelernt. Unter Verwendung der Bezeichnungen aus Abbildung 3-2 lässt sich dieser Vorgang folgendermaßen beschreiben: Der Konsument trifft auf einen Stimulus $S_{1.0}$, der mit einem bereits gelernten übereinstimmt. Der Stimulus wird wiedererkannt ($R_{1.0}$) und es kommt ggf. zum Kauf ($K_{1.0}$).

Stimulusähnlichkeit durch ähnliche Produkte und Botschaften

Nimmt der Konsument nun $S_{1.1}$ wahr, dessen charakteristisches Merkmal ähnlich dem von $S_{1.0}$ ist, kommt es zu einem Transfer von Inhalten, da der Konsument annimmt, diesen Stimulus bereits gelernt zu haben; d.h. der Konsument nimmt auch die weiteren Merkmale von $S_{1.1}$ als ähnlich war. Das kann soweit führen, dass der Konsument zwei Marken oder einzelne Elemente der Marken (zwei Stimuli) als übereinstimmend wahrnimmt und deshalb die „Falsche" kauft. Das Individuum stellt also eine Übereinstimmung zwischen Stimulus $S_{1.1}$ und den Merkmalen, die für $S_{1.0}$ gelernt worden sind, fest (vgl. linke, aufsteigende gestrichelte Linie in Abbildung 3-2). Entsprechend kommt es zu Reaktion $R_{1.1}$, also der zu $S_{1.1}$ „passenden".[272] Es bleibt jedoch zu betonen, dass es im Fall von Stimulusgeneralisierung nicht zu einem Kauf kommen muss, eine Reaktion demnach nicht mit einem Kauf gleichbedeutend ist. Eine Reaktion kann bedeuten, dass ein neuer Stimulus als ein bekannter wahrgenommen wird.

Neben den Produkten selbst, können (Werbe-) Botschaften zu diesen zu Stimulusgeneralisierung und KVW führen. In der Literatur lassen sich Untersuchungen finden, die ähnliche

---

[272] Es kommt nicht zum Kauf $K_{1.0}$, da der Konsument in der Kaufsituation zunächst mit Stimulus $S_{1.1}$ konfrontiert ist, den er für $S_{1.0}$ hält.

Werbebotschaften und zu nahe Produktpositionierungen als Ursache von KVW diskutieren.[273] Poiesz/Verhallen[274] haben nachgewiesen, dass Konsumenten nicht immer in der Lage sind, Werbebotschaften aufgrund ihrer Ähnlichkeit den entsprechenden Produkten korrekt zuzuordnen. Als Hauptgrund dafür werden häufig die oft ähnlichen und in ihrer Zahl nicht mehr zu überblickenden Werbebotschaften genannt; dabei geht es um Botschaften aus Fernseh-, Rundfunk- oder Printwerbung. Man spricht von *Kumulation* („clutter")[275].

Dieser Wettbewerbs*clutter*[276] kann zu Schwierigkeiten bei der Diskriminierung von Reizen und der Informationsverarbeitung führen und schließlich zu KVW, und je höher der Grad des Clutter ist, so wird vermutet, desto mehr Konsumenten werden KVW erfahren[277]. Clutter – also die Flut ähnlicher Werbebotschaften und häufig zu naher Positionierungen – ist im Grunde die logische Konsequenz einer heute in vielen Produktkategorien anzutreffenden Nachahmungspolitik vieler Hersteller.[278]

Die vorangegangenen Überlegungen zeigen, dass es plausibel erscheint, von zwei zentralen Stimulusähnlichkeit-Determinanten auszugehen, eine die auf ähnliche Produkte und eine die auf ähnliche Botschaften abstellt. Abbildung 3-3 zeigt den hier unterstellten Zusammenhang.

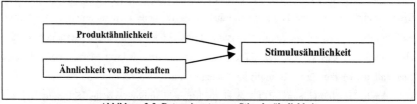

Abbildung 3-3: Determinanten von Stimulusähnlichkeit

---

273   Vgl. z.B. Poiesz/Verhallen (1989); Kent/Allen, 1994; Keller, 1991. Kotler (2000, S. 300) spricht in diesem Zusammenhang von „Confused Positioning"; damit ist neben einer zu nahen Positionierung an die Position des Wettbewerbs auch das zu häufige Wechseln der eigenen Position gemeint, das es dem Konsumenten kaum noch gestattet zu begreifen, welche Position ein Unternehmen/Produkt besetzen bzw. wofür es stehen möchte.

274   Vgl. Poiesz/Verhallen, 1989.

275   Engel/Blackwell/Miniard (1990, S. 207) beschreiben *Clutter* als „the problem of simply too many advertisements in the viewing environment. This increase in the number of ads can interfere with the consumer's ability to process an ad's selling point".

276   Vgl. Burke/Srull, 1988; Kent/Allen, 1994; Keller, 1991.

277   Vgl. Ray/Webb, 1986.

278   Typische Bereiche sind Mobiltelefone (vgl. Turnbull/Leek/Ying, 2000; Nuki, 1997), Computer (vgl. Herbig/Kramer, 1994), verpackte Lebensmittel (vgl. Lomax/Sherski/Todd, 1999; Kapferer, 1995b) und Waschmittel (vgl. Harrison, 1995).

Auch im Hinblick auf ihre Handlungsrelevanz können ähnliche Stimuli sinnvoll nach Botschaften und Produkten unterschieden werden. Eine solche Unterscheidung bietet sich deshalb an, weil ähnliche Botschaften und ähnliche Produkte zu verschiedenen Zeitpunkten handlungsrelevant sind. Letztere sind vermutlich gravierender, da sie unmittelbar den Kaufentscheidungskontext betreffen, d.h. Konsumenten werden in der Kaufsituation, in der sie nur bedingt Zeit für Vergleiche und Merkmalsüberprüfungen haben, mit zwei oder mehreren Alternativen konfrontiert. Botschaften hingegen wirken zumeist abseits des Kaufkontextes auf Konsumenten ein; z.b. Werbebotschaften beim abendlichen Fernsehen oder am Wochenende beim Lesen der Sonntagszeitung. Die Unterscheidung von ähnlichen Stimuli nach Botschaft und Produkt sowie nach Zeitpunkten ist in Abbildung 3-4 schematisch dargestellt.

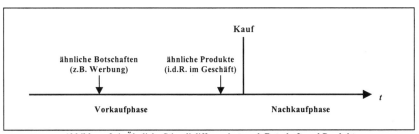

Abbildung 3-4: Ähnliche Stimuli differenziert nach Botschaft und Produkt

Stimulusähnlichkeit und Ausweitung von Markennamen auf neue Produkte

Je weniger Stimuli (z.b. physische Produkteigenschaften) voneinander abweichen, desto stärker ist i.d.r. auch die vom Konsumenten wahrgenommene Ähnlichkeit und desto wahrscheinlicher, dass es zu Stimulusgeneralisierung kommt. Dieses Prinzip machen sich Marketer zunutze, wenn sie bspw. eine Dachmarkenstrategie verfolgen und Synergiepotentiale einer starken Marke ausnutzen möchten; wenn Konsumenten also ähnlich stark und positiv auf nicht gleichartige Produkte derselben (Dach-) Marke reagieren sollen (z.b. Milka Vollmilchschokolade, Lila Pause, Tender etc.).

Stimulusgeneralisierung, ausgelöst durch die Hersteller der Originalmarke selbst (z.b. durch Markenerweiterung) oder durch die weniger legitimen Imitationen[279], finden im Marketing vor

---

[279] Nachahmungen von bekannten Marken sind nicht selten im (marken-) rechtlichen Grenzbereich. Ein rechtliches Vorgehen gegen Nachahmer erfolgt meist auf Grundlage einer unterstellten Irreführung des Konsumenten gemäß § 3 UWG.

allem auch deshalb zunehmend Anwendung, weil Flopraten neuer Artikel sehr hoch[280] sind, echte Neuprodukteinführungen 40%-80% kostenintensiver und häufig auch risikobehafteter sind als Produktvariationen[281] unter einem bestehenden Markennamen.[282] Das heißt, Dachmarken- und Imitationsstrategien[283] werden u.a. deshalb verfolgt, um das Floprisiko bei Neueinführungen zu minimieren. Die verschiedenen Varianten des Transfers einer Marke auf andere Produkte sind in Tabelle 3-1 zusammengefasst.

Variante	Abgrenzung
Produktlinienerweiterung („line extension" „brand leveraging")	Ausweitung der eigenen Produktgruppe mit einem neuen Produkt unter Ausnutzung eines bereits gut eingeführten und gängigen Markennamens (z.B. Mars → Mars Mandel).
Markenerweiterung („brand extension")	Unter einem geläufigen, gut eingeführten Markennamen wird eine komplett unterschiedliche Produktgruppe positioniert (z.B. Exquisa Streichkäse → Käsekuchen).
Dachmarkenstrategie	Sonderform der Markenerweiterung: Ein und derselbe Markenname wird für zahlreiche Produkte aus unterschiedlichen Produktgruppen verwendet (z.B. Braun).

Tabelle 3-1: Varianten des Markentransfers[284]

Ähnliche Stimuli und ihre Wirkung auf die Beurteilung durch Konsumenten

Auch wenn bei diesen drei Strategien des Markentransfers bewusst Reaktionsmuster der Konsumenten ausgenutzt werden sollen, so kann nicht von einer unfairen oder manipulativen Praxis gesprochen werden, da Konsumenten das bekommen, was ausgelobt ist (d.h. ein Produkt eines Markenherstellers). Anders verhält es sich, wenn Me-too-Anbieter ihre Produkte absichtlich in Anlehnung an das Original gestalten, eine Strategie, die häufig auch mit Handelsmarken verfolgt wird. Dabei soll versucht werden, die vom Originalprodukt vorgenommene Konditionierung der Konsumenten auszunutzen.

Der „erfolgreiche" Einsatz einer solchen Strategie setzt jedoch voraus, dass den Konsumenten der Originalstimulus bekannt und von ihnen gelernt worden ist. Insofern kann eine wichtige

---

[280]   Vgl. Esch/Fuchs, 1999, S. 673; Miller, 1993; BBDO, 1993.
[281]   Man spricht auch von einer Strategie der *Markenausdehnung* („brand stretching") oder *Produktlinienerweiterung* („brand leveraging", „line extension"). Vgl. hierzu z.B. Park/Milberg/Lawson, 1991; Quelch/Kenny, 1994.
[282]   Vgl. Assael, 1998, S. 217.
[283]   Vgl. Gröppel-Klein, 1999, S. 879-880.
[284]   Quelle: in Anlehnung an Trommsdorff, 1998, S. 161.

Bedingung für das Auftreten von Stimulusähnlichkeit-KVW formuliert werden: Damit es zu KVW kommen kann reicht es also nicht, wenn ein Stimulus bzw. Produkt (der/das große Ähnlichkeit zu einem anderen Stimulus/Produkt hat) lediglich wahrgenommen wird, der wahrgenommene Stimulus muss mit einem in der Vergangenheit gelernten Stimulus korrespondieren. Für Konsumenten, bei denen diese Bedingung erfüllt ist, können negative Reaktionen (i.S. von Falschkäufen) die Folge sein, wenn sie annehmen:

- die (Me-too-) Kopie sei das Original,

- bei dem einen Produkt handelt es sich um eine Zweitmarke[285] (d.h. Kopie und Original sind vom selben Hersteller),

- beide Alternativen seien von identischer Qualität *und* vom selben Hersteller[286] oder

- zwei Alternativen seien von identischer Qualität.

Wenn nur eine dieser Annahmen zum Kauf des Produkts geführt hat und diese vom Produkt nicht erfüllt wird, dann kann der Konsument als Opfer einer fragwürdigen Marketingpraxis angesehen werden. Eine Konsumentenbenachteiligung, die daraus resultiert, wenn eine Nachahmermarke auf Nutzungserfahrung des Konsumenten (mit dem Original) basierende Qualitätserwartungen nicht erfüllt, liegt auf der Hand, denn in einem solchen Fall wäre die Kopie von minderer Qualität. Es ist auch denkbar, dass der Konsument beim Kauf nicht bemerkt, die falsche Marke zu kaufen, sondern erst späterhin bei der Nutzung. Auch wenn dann die Qualität der Kopie der des Originals entspricht und der Konsument finanziell nicht geschädigt ist, hätte er guten Grund zur Unzufriedenheit; z.B. wenn er mit seiner Kaufentscheidung sein Commitment zu einem bestimmten Hersteller ausdrücken möchte oder wenn Dissonanzen hinsichtlich der bisher präferierten Marke auftreten[287].

---

[285] Als „Zweitmarken" gelten vereinfachte, preiswertere Varianten von Erstmarken (Herstellermarken), die mit eigenständiger Markierung vertrieben werden, wobei eine Vereinfachung sich regelmäßig auf äußere Merkmale wie z.B. Verpackung und Farbe bezieht, nicht notwendigerweise auch auf die Qualität (vgl. Höhl-Seibel, 1994, S. 584-587). Herstellerseitig besteht aus nahe liegenden Gründen wenig Interesse daran, den selben Ursprung der Erst- und Zweitmarke offen zu legen.

[286] Die (irrtümliche) Annahme von Konsumenten, zwei Marken stammten vom selben Hersteller, wird in den USA auch unter der Bezeichnung „source confusion" gefasst (vgl. Simonson, 1994, S. 3).

[287] Wenn die Nachahmermarke, die i.d.R. günstiger ist als das Original, von identischer Qualität ist, könnte dies zu Dissonanz führen, da der Konsument zu dem Schluss gelangen könnte, in der Vergangenheit zuviel (für das Original) bezahlt zu haben.

Für den Hersteller der Originalmarke wäre KVW in jedem Fall nachteilhaft, denn sobald der Konsument den Falschkauf tätigt, entgehen dem Unternehmen Einnahmen. Zudem können negative Erfahrungen, die der Konsument mit der Nachahmermarke macht ungünstig auf das Original wirken: „If purchasers never become aware that they have mistakenly purchased goods that were not produced by the owner of the trademark, and if those goods do not meet the expectations (...) as to quality, the owner of the trademark has suffered a loss of reputation and might lose revenue and profits."[288] Der Konsument, der nicht bemerkt, eine Kopie bzw. die falsche Marke gekauft zu haben und dessen Erwartungen enttäuscht werden, wird die Schuld beim Originalhersteller suchen (dessen Produkt er glaubt, gekauft zu haben), dessen Reputation[289] somit beschädigt wird. Aber auch wenn der Konsument bemerken sollte, eine Kopie gekauft zu haben, wird er u.U. seine negative Produkterfahrung und Unzufriedenheit mit dem Originalhersteller assoziieren, nämlich dann, wenn er diesen auch für den Hersteller der Kopie hält (vgl. Abbildung 3-5).

Die hier beschriebenen verschiedenen potentiellen Reaktionen der Konsumenten auf KVW durch ähnliche Stimuli (insbesondere Produkte) zeigen an, dass es sinnvoll ist, diese Stimulusähnlichkeit-KVW (oder *Marken-KVW*) als Kontinuum zu begreifen. Dies erlaubt es, von KVW zu sprechen, auch wenn die wahrgenommene Stimulusähnlichkeit sowie Reaktionen des Konsumenten in ihrer Intensität variieren.

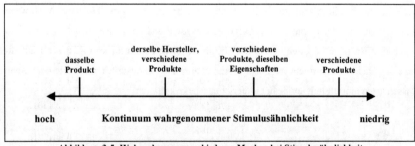

Abbildung 3-5: Wahrnehmung verschiedener Marken bei Stimulusähnlichkeit

---

[288] Stern/Eovaldi, 1984, S. 48.
[289] Zu Unternehmensreputation vgl. Fombrun/Wiedmann, 2001; Wiedmann, 1996a, S. 19-29.

Zur Entstehung von „Marken-Konsumentenverwirrtheit"

Den zu Stimulusähnlichkeit und Marken-KVW und möglicherweise Falschkäufen führenden Prozess hat Kapferer[290] grafisch zu veranschaulichen versucht (vgl. Abbildung 3-6), wobei er zwischen zwei Szenarien unterscheidet: In einem hat der Konsument in der Vergangenheit bereits Merkmale des Originals gelernt, wenn er der Kopie begegnet und im anderen sind ihm die dargebotenen Alternativen (Original und Kopie) unbekannt; d.h. er wird mit ihnen erst in der Einkaufssituation konfrontiert.

Aus Sicht der Originalmarke sind beide Szenarien problematisch, denn die Kopie macht sich die vom Konsumenten gemerkten Merkmale zu nutze, die mit einer bestimmten (Original-) Marke assoziiert sind. Wenn der Konsument dem Original und der Kopie im Laden gegenübersteht, schlussfolgert er Übereinstimmungen, z.B. der Qualität oder des Herstellers (Szenario 1). Wenn der Konsument nun zwei Alternativen das erste Mal begegnet und diese als ähnlich wahrnimmt (Szenario 2) wird er bei der Kaufentscheidung vermutlich die günstigere Alternative wählen, welches i.d.R. die Kopie ist.

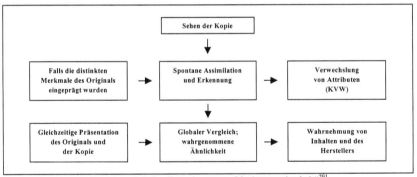

Abbildung 3-6: Zur Entstehung von „Markenverwirrtheit"[291]

Man kann daher grundsätzlich von einer bewussten Anwendung des Prinzips der Stimulusgeneralisierung sprechen, wenn einige Hersteller „making their brand look and sound like a competitor, hoping that the consumer's feelings for the competitor's brand will be generalized

---

[290] Vgl. Kapferer, 1995a.
[291] Quelle: Kapferer, 1995a, S. 101.

to their own brand"[292]. In solchen Fällen hoffen Hersteller, von den gelernten Reaktionen der Konsumenten zu profitieren, indem sie Stimuli aussenden (in Form von Produkten bzw. Produktmerkmalen und Botschaften[293]), die den Originalstimuli sehr ähnlich sind. Nachahmerprodukte, wie z.b. Eigenmarken des Handels, kopieren die Symbolik von Herstellermarken oder integrieren Elemente in ihre Werbung, die an Markenartikel erinnern sollen.[294]

Imitatoren werden durch die bewusste Anwendung einer solchen Strategie - d.h. sich an erfolgreiche Produkte „dran hängen" – begünstigt, da sie ihr Produkt identisch gestalten und positionieren, ohne vorher jedoch Kosten für Forschung und Produktneuentwicklung gehabt zu haben bzw. große Summen für Werbung bereitzustellen. Schließlich ist es leichter und günstiger, äußere Ähnlichkeit als qualitative Äquivalenz zu erreichen.

3.2.1.2 Stimulusähnlichkeit in der Praxis

Stimulusähnlichkeit am Beispiel ISANA und NIVEA

Ein aktuelles Beispiel für eine Imitationsstrategie findet sich bei der Drogeriekette *Rossmann*, die eine eigene Serie von Körperpflegeprodukten (Duschgel, Seife, Creme etc.) unter dem Handelsmarkennamen ISANA anbietet. Die Produkte der ISANA-Serie weisen in vielerlei Hinsicht gestalterische Ähnlichkeiten zu entsprechenden (oder anderen) NIVEA-Produkten[295] auf.

Zunächst einmal verwendet Isana eine ähnliche Schriftart (vgl. Pfeil ① in Abbildung 3-7) und auf der *Isana Creme*-Dose ist, ähnlich wie bei *Nivea Creme,* ein gerundeter Kasten mit Text[296] aufgebracht (vgl. Pfeil ② in Abbildung 3-7). Zudem finden sich auf der *Isana Creme*-Dose sowie bei anderen Isana Produkten weitere Gestaltungselemente, die sowohl typisch für *Nivea Creme* sind, aber auch für andere Nivea-Produkte (z.B. *Visage Creme-Peeling*). Auf der in

---

[292]   Foxall/Goldsmith/Brown, 1998, S. 91-92.
[293]   Funktional und/oder äußerlich ähnliche Marken, die zudem ähnlich positioniert sind, werden i.d.R. auch in ähnlicher Weise (d.h. mit ähnlichen Botschaften) beworben, was Konsumenten wiederum eine Differenzierung von Werbebotschaften erschwert.
[294]   Vgl. Sommer, 1998, S. 24.
[295]   Mehrere Anfragen beim Hersteller von Nivea, der Hamburger Beiersdorf AG, auf die mit zwei Schreiben geantwortet worden ist (siehe Anhang 1A und 1B), belegen, dass die Isana-Produkte der Firma Rossmann in keiner Weise mit Nivea bzw. Beiersdorf assoziiert sind.
[296]   Der gerundete Kasten auf der Nivea-Dose enthält den Text „ohne Konservierungsstoffe", während es bei der Isana-Version heißt: „Ihre Qualitätsmarke von ROSSMANN".

blau gehaltenen *ISANA Creme*-Dose[297] sowie anderen Isana-Produkten (Deospray, Seife, Vital Bad etc.) etwa ist ein zweigeteilter rechteckiger, silber-gerahmter Kasten abgebildet, der in der oberen Hälfte den Namen *ISANA* und im unteren Teil den Schriftzug *Pflege* (in Times New Roman und *kursiv*) trägt.

Obgleich das Original von Nivea (Nivea Creme) keinen silbernen Kasten und *Pflege*-Schriftzug aufweist, gibt es frappierende Ähnlichkeiten zu Gestaltungselementen anderer bekannter Produkte der Nivea Pflegeserie; bspw. zu Nivea VISAGE oder *body* LOTION. Isanas ungenierte Anlehnung an den Markenauftritt von Nivea wird auch durch einen Vergleich der Produkte Isana Seife sowie HAND & NAGEL BALM und Nivea VISAGE deutlich (vgl. Pfeile ③, ④, und ⑤ in Abbildung 3-7). Ebenso auffällig ist die Verwendung derselben Schriftart zur Produktbeschreibung, bspw. für Isana CREME oder Nivea body LOTION (vgl. Pfeil ⑥ in Abbildung 3-7). Diese Ähnlichkeiten könnten den Konsumenten zu der Annahme verleiten, dass die Pflegeserien von Nivea und Isana (dem günstigeren Nachahmer) vom selben Hersteller stammen und/oder von identischer Qualität sind und somit KVW konstituieren.

---

[297] Das Blau der *ISANA Creme*-Dose ist etwas blauer (d.h. dunkler) als das typische „Niveablau".

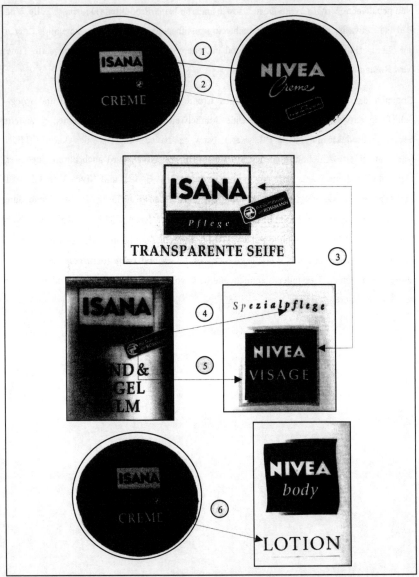

Abbildung 3-7: Gegenüberstellung von Produkten der Marke NIVEA und ISANA

Wollte man davon ausgehen, dass Rossmann nicht vorhatte, mit ihrer Handelsmarke Isana Nivea zu imitieren, so stellt sich dennoch die Frage, warum so typische Gestaltungselemente

Errata zum Titel

Gianfranco Walsh, Konsumentenverwirrtheit als
Marketingherausforderung
ISBN 3-8244-7509-X

Seite 80

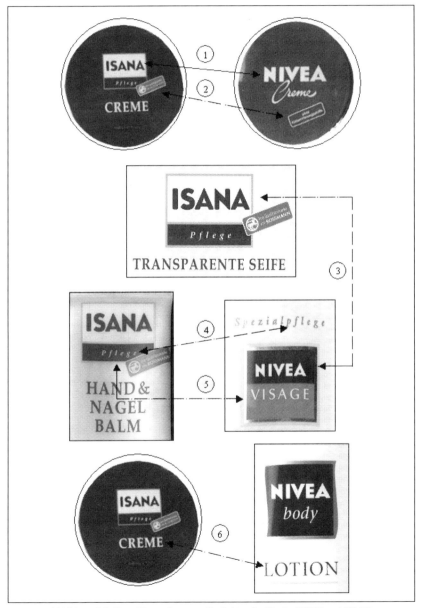

Abbildung 3-7: Gegenüberstellung von Produkten der Marke NIVEA und ISANA

Abbildung 3-8: Assoziationsstärke von NIVEA

Abbildung 5-9: Vorgelegtes Produkt während der Befragung

von Nivea übernommen worden sind. Das ist wohl kein Zufall, schließlich handelt es sich bei Nivea nicht um irgendeine Marke, sondern um „die größte Körperpflegemarke der Welt"[298].

Weitere Beispiele für Stimulusähnlichkeit in der Praxis

Die assoziative Kraft der blauen Nivea Cremedose ist so groß, dass sie auch von anderen Unternehmen für Werbung verwandt wird. In Abbildung 3-8 etwa sieht man eine Printanzeige eines Online-Anbieters für Körperpflegeprodukte, der mit seinen Aussagen bewusst auf die Bekanntheit von Nivea setzt. Die Aussage „Schützt empfindliche Haut" bei gleichzeitigem Zeigen einer blauen Dose soll beim Leser die gewünschte Assoziation hervorrufen; die Verwendung der blauen Dose kombiniert mit dem Slogan gestattet Konsumenten, Rückschlüsse auf die vom Unternehmen *vitago* angebotenen Leistungen zu schließen.

Abbildung 3-8: Assoziationsstärke von NIVEA

Imitationen betreffen häufig das Gesamterscheinungsbild einer Marke (wie z.B. oben im Isana-Nivea-Fall erläutert), können aber auch auf nur einzelne Elemente des Markenauftritts wie das Logo abstellen[299]. Weitere Beispiele für Imitationsstrategien sind produktgruppenunabhängig vielfach dokumentiert.

---

[298] Kirchbaum, 1998, S. 64.
[299] Die Duales System Deutschland AG, Eigentümerin der Marke *Der Grüne Punkt*, hat bspw. einen markenrechtlichen Unterlassungsanspruch gegen die Vereinigung für Werststoffrecycling erstritten. Letztere hatte Entsorgungsdienstleistungen unter der Bezeichnung *Der Grüne Pfeil* angeboten, welche laut Gericht einen zu großen Grad an Übereinstimmung mit der Bezeichnung und dem Bildbestandteil von *Der Grüne Punkt* aufwies (vgl. o.V., 2000d).

So hat etwa das französische Lebensmittelunternehmen *Saint-Hubert* 1986 seinen *B'A-Joghurt* in den Markt eingeführt, einen aktiveren und organischeren Joghurt als die bis dahin erhältlichen. Nachdem *B'A* sich erfolgreich am Markt durchsetzen konnte, begannen zahlreiche Wettbewerber mit Me-too-Kopien nachzuziehen; die erste Kopie kam im Jahre 1988 auf den Markt und zwölf weitere bis 1990.[300] Nun verhält es sich nicht so, dass all diese Me-too-Kopien äußerlich vollkommen mit dem *B'A*-Joghurt übereinstimmten und zu KVW geführt haben. Gleichwohl haben sie in dieser speziellen Produktgruppe zu einer Produkthäufung und teilweise zu einem Qualitätsrückgang beigetragen, ohne den Konsumenten jeweils einen neuen oder erhöhten Nutzen zu bieten (außer einen u.U. niedrigeren Preis). Für Konsumenten war aber bei einer Auswahl von einem guten Dutzend Produkte die Kaufentscheidung schwieriger geworden, vor allem hinsichtlich einer Burteilung anhand relevanter Attribute (Hersteller, Qualität, Geschmack etc.).

Ein weiterer Bereich, in dem häufig Nachahmerprodukte zu finden sind, ist der der Lebensmittelspezialitäten[301]. Diese stellen einen speziellen Problembereich dar, weil viele Produkte zwar eine äußerliche Ähnlichkeit zum Original aufweisen, jedoch hinsichtlich Zutaten, Herstellungsverfahren, Qualität und Preis erheblich variieren. Für Konsumenten ist es indes kaum möglich, „Original und Fälschung"[302] zu unterscheiden. So wird traditioneller *Mozzarella*-Käse aus Büffelmilch hergestellt, während für Nachahmerprodukte die weit billigere Kuhmilch verwendet wird. Kuhmilch kommt auch bei der Herstellung von imitiertem *Feta*-Käse zum Einsatz, dabei wird der griechische Käse ursprünglich aus teurer Schafsmilch hergestellt.[303] Konsumenten, die sich nicht die Mühe machen, die Zutatenliste solcher Produkte zu lesen, können aufgrund der optischen Aufmachung ein Nachahmerprodukt als das Original wahrnehmen oder zumindest für qualitativ ebenbürtig halten.

Wahrgenommene Konsumentenverwirrtheit in Abhängigkeit der Markenähnlichkeit

Wie bereits dargelegt, scheint es hinsichtlich der möglichen Auswirkung von Imitationen auf das Konsumentenverhalten zweckmäßig, von einem Ähnlichkeitskontinuum auszugehen (vgl. Abbildung 3-5). Bei geringer Produktähnlichkeit wird der Konsument zwei Alternativen als

---

[300]   Vgl. Corstjens/Corstjens, 1995, S. 54.
[301]   Vgl. Schneider, 2000.
[302]   Schneider, 2000.
[303]   Vgl. Schneider, 2000.

distinkt wahrnehmen, mit zunehmender Ähnlichkeit jedoch steigt die Wahrscheinlichkeit, dass beiden Alternativen dieselben Attribute/Eigenschaften zugerechnet werden; z.B., dass sie von gleicher Qualität oder demselben Hersteller sind. Es wird in diesem Kontext auch von „Markenblindheit" gesprochen, die dazu führt, dass Konsumenten in Bezug auf Marken „fail to recognize any differences at all"[304]. Bei hoher Ähnlichkeit kann es regelrecht zu Verwechslungen kommen. Vor allem dem Konsumenten nicht vertraute und deshalb schwieriger zu differenzierende Marken[305], können verwechselt werden.

In diesem Kontext kann von einem positiven Produktähnlichkeit-KVW-Zusammenhang ausgegangen werden, d.h. mit zunehmender Produktähnlichkeit wächst auch die Wahrscheinlichkeit, dass der Konsument KVW erfährt.[306] Es scheint plausibel, zunächst von einem nicht-linearen Zusammenhang auszugehen. Wenn Marken sich hinsichtlich allgemeiner Merkmale wie Farbe, Größe, Form ähneln, so dürfte dies i.d.R. noch keine KVW verursachen. Wenn jedoch für einen Markenauftritt grundlegende Elemente imitiert werden (z.B. das Logo, typische Schriftarten etc.), so steigt auch überproportional die Wahrscheinlichkeit, KVW zu erfahren (vgl. zu diesem Zusammenhang Abbildung 3-9).

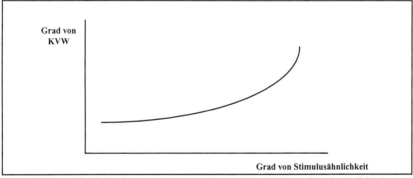

Abbildung 3-9: Marken-Konsumentenverwirrtheit in Abhängigkeit von Stimulusähnlichkeit

Eine Produktunterscheidung wird für den Konsumenten schwieriger wegen des Fehlens von Signalen, die etwa eine Unterscheidung zwischen Hersteller- und Handelsmarken erlauben.[307] Neuere Untersuchungen aus Großbritannien belegen, dass eine beträchtliche Zahl von Kon-

---

[304] Farquhar, 1994, S. 11.
[305] Vgl. Murphy/Wright, 1984.
[306] Vgl. Foxman/Muehling/Berger, 1992.
[307] Vgl. Sommer, 1998, S. 24.

sumenten Handelsmarken, deren Verpackung ähnlich denen der Originale gestaltet sind, versehentlich kaufen, weil sie annehmen, es handle sich tatsächlich um die Markenversionen oder annehmen, auch die Handelsmarke stamme Hersteller des Originals.[308]

Zusammenfassend lässt sich in Bezug auf die KVW-Dimension wahrgenommene Stimulus-ähnlichkeit festhalten, dass beim Vorliegen bestimmter Bedingungen, ähnliche Stimuli vom Konsumenten als gleich wahrgenommen werden und es zu Reaktionsschemata im Sinne der Stimulusgeneralisierung kommt, die den Konsumenten im Extremfall eine andere Marke wählen lässt als dieser geplant hat oder annimmt, gekauft zu haben.

3.2.2 Wahrgenommene Stimulusüberlastung

3.2.2.1 Zum Phänomen der Informationsüberlastung

Das Konstrukt der *Informationsüberlastung* stellt seit den siebziger Jahren ein zentrales Diskussions- und Untersuchungsobjekt der Konsumentenforschung dar. Die Annahme, Konsumenten würden um so bessere (Kauf-) Entscheidungen fällen, je mehr Informationen ihnen zur Verfügung stehen, ist bis heute ein Leitprinzip pragmatischer Verbraucherpolitik geblieben.

Als Reaktion auf die vermeintlichen Informationsdefizite der Konsumenten[309] sowie die verbraucherpolitische Forderung nach mehr Informationen[310] für die Konsumenten[311] zur Verbesserung ihrer Entscheidungsgrundlage folgten empirische Überprüfungen zum Phänomen Informationsüberlastung in Anlehnung an Erkenntnisse der allgemeinen Informationsverarbeitungsforschung.[312] Diese Untersuchungen lieferten Belege für die Existenz und Kaufverhalten bezogene Relevanz von Informationsüberlastung.[313]

---

[308] Murphy (1997) berichtet von den Ergebnissen einer telefonischen Befragung von knapp 1000 Konsumenten, in der 17% angaben, schon mindestens einmal die falsche Marke gekauft zu haben. Und über 40% der Befragten gaben an, äußerlich ähnliche Marken dem selben Hersteller zurechnen.

[309] Vgl. Imkamp, 1986.

[310] Zu einer kritischen Kommentierung dieser Forderung vgl. Bettman, 1979, S. 294.

[311] Vgl. z.B. Thorelli (1979, S. 227), der meint: „Informed consumers are protected consumers - more than that, they are liberated consumers". Nach Gottschalk/Schneider (1982, S. 12) erleichtern Informationen, Konsumenten Kaufentscheidungen zu treffen und Nickel (1999, S. 60-61) sieht Werbung als geeignete Informationsquelle, die dem Konsumenten vermeintlich zu Markttransparenz und einem höheren Konsumniveau verhilft.

[312] Vgl. z.B. Jacoby/Speller/Kohn, 1974; Jacoby/Speller/Berning, 1974; Scammon, 1977; Berndt, 1984.

[313] Vgl. Jacoby/Speller/Kohn, 1974; Jacoby/Speller/Berning, 1974; Berndt, 1984; Best/Ursic, 1987; Hage-

Der menschlichen Informationsverarbeitung[314] sind (interindividuell variierende) Grenzen gesetzt, die im Fall der Überschreitung sich negativ auf die Entscheidungsgüte auswirken können. Zu einer Überschreitung dieser Kapazitätsgrenze kann es kommen, wenn der Konsument in einer bestimmten Zeiteinheit eine zu große Informationsmenge verarbeiteten möchte oder muss[315]. Mit Überschreitung der Kapazitätsgrenze tritt Informationsüberlastung („information overload")[316] ein, es kommt zum sog. „Overload-Effekt".

In der psychologischen Literatur und späterhin in der Literatur der Konsumentenforschung finden sich Belege für die These der beschränkten Informationsverarbeitungskapazität des Menschen. Die bekanntesten experimentellen Untersuchungen gehen auf Miller[317] zurück, der nachwies, dass nicht mehr als fünf bis sechs *information chunks*[318] fehlerfrei verarbeitet werden können.[319] Während das Thema der Verarbeitungskapazität wissenschaftlich punktuell wieder aufgegriffen wurde, vergingen fast zwei Dekaden bis eine Auseinandersetzung im verbraucherpolitischen bzw. marketingwissenschaftlichen Kontext durch die Arbeiten von Jacoby/Speller/Kohn[320] und Jacoby/Speller/Berning[321] erfolgte.

---

[314] mann, 1988.
Die Informationsverarbeitung des Konsumenten, die auch als *Kognition* bezeichnet wird (vgl. Neisser, 1966, S. 4), umfasst „steps by which information is encountered in the external world, attended to by the consumer, interpreted, understood, and stored in memory for future use in buying decisions" (Foxall/Goldsmith/Brown, 1998, S. 79). Demnach beschreibt der Begriff *Informationsverarbeitung* nicht einen speziellen mentalen Vorgang, sondern eine Abfolge von Prozessen, die mit der „Begegnung" mit Informationen beginnt und deren Speicherung für späteren Gebrauch endet.

[315] Wenn jemand z.B. auf der Suche nach einem Geschenk ist, das am selben Tag verschenkt werden soll, dann „muss" er die dargebotenen Informationen verarbeiten (vorausgesetzt es soll eine „informierte" Wahl getroffen werden), da die Entscheidung nicht aufgeschoben werden kann.

[316] Vgl. Jacoby/Speller/Kohn, 1974; Malhotra/Jain/Lagakos, 1982; Best/Ursic, 1987.

[317] Vgl. Miller, 1956, S. 92ff.

[318] Mit *Chunking* wird der Vorgang beschrieben, in dem mehrere Informationseinheiten zu einer, für den Menschen leichter zu verarbeitenden, Einheit zusammengefasst oder aufgeteilt werden. Diese gebündelte/aufgeteilten Informationseinheit(en) wird/werden „Informations-chunk(s)" genannt (vgl. z.B. Louden/Della Bitta, 1993, S. 406; Assael, 1998, S. 226-227; Bernhard, 1978, S. 60-61). Die Methode des *Chunking* kann anhand eines einfachen Beispiels dargestellt werden; die Telefonnummer 00495117624540 könnte sinnvoll in drei Einheiten aufgeteilt (d.h. „ge-chunkt") werden: 0049-511-7624540. In der neueren Marketingliteratur, insbesondere in der deutschsprachigen, ist jedoch ein vom Miller (1956) abweichendes Verständnis des *Chunking*begriffs anzutreffen, nach dem Informations-Chunks mit *Schlüsselinformationen* gleichgesetzt werden. Diese Schlüsselinformationen stellen zum einen ausschließlich das Ergebnis einer Informations*zusammenfassung* (und nicht –*aufteilung*) dar und zum anderen wird auf Informationen verschiedenen Typs abgestellt. So gelten z.B. der Preis oder Markenname eines Produkts als Schlüsselinformation, die den Konsumenten erlauben, auf die Qualität des Produkts zu schließen (vgl. Bänsch, 1989, S. 65; Kuß, 1987, S. 25). In diesem Sinne stellen Schlüsselinformationen eine Bündelung oder Substituierung anderer Informationen dar (Kroeber-Riel, 1980, S. 279); vor allem von einer Informationssubstituierung geht Miller (1956) jedoch in seinem Ansatz nicht aus.

[319] Vgl. Miller, 1956.

[320] Vgl. Jacoby/Speller/Kohn, 1974.

Im Kern ging es Jacoby und seinen Kollegen um eine kritische Überprüfung der Forderung des amerikanischen Konsumerismus[322] der 70er Jahre, dem Konsumenten müssen möglichst viele Informationen als Kaufhilfe verfügbar gemacht werden. In Anlehnung an verhaltenswissenschaftliche Erkenntnisse, die u.a. auf die Arbeit von Miller[323] zurückgingen, versuchten Jacoby/Speller/Kohn[324] empirisch zu überprüfen, ob auch beim Konsumenten „zu viele" Informationen, (d.h. Informationsüberlastung) zu sinkender Entscheidungsqualität führen.

Jacoby/Speller/Kohn kamen zu dem Ergebnis, dass die Fähigkeit des Konsumenten, seine bevorzugte Marke auszuwählen nur bis zu einem bestimmten Punkt mit der zu verarbeitenden Gesamtinformationsmenge[325] anwächst, danach sinkt die Entscheidungsgüte. Obgleich die Entscheidungsqualität mit zunehmender Informationsmenge abnimmt, steigt das Vertrauen der Konsumenten in die eigenen Kaufentscheidungen; d.h. die Probanden fühlen sich bei zunehmender Informationsmenge besser und weniger verwirrt in ihrer Entscheidungstreffung[326]. Dieses Ergebnis könnte ein Indiz dafür sein, dass sich Konsumenten unbewusst (stimuli-) überlasten und verwirren, weil sie sich mit mehr Informationen subjektiv besser fühlen. Diese Ambivalenz ist nicht unproblematisch, z.B.:

1) wenn der Kunde mehr Informationen verlangt, obwohl er schon „genug" hat;

2) bei Diskrepanzen zwischen objektiven und subjektiven Optimum; d.h. wie soll die optimale Informationsmenge bestimmt werden?

Interessanterweise kann sich für den Konsumenten mit steigender Informationsmenge eine zweifache Benachteiligung ergeben:

- die Entscheidungsgüte nimmt ab und

---

[321]   Vgl. Jacoby/Speller/Berning, 1974.
[322]   Mit *Konsumerismus* werden von vielen Interessensgruppen – vor allem Konsumenten – getragene, mehr oder minder organisierte, Aktionen bezeichnet, mit dessen Hilfe versucht wird, Einfluss auf gesellschaftliche Produktion (und ihre Folgen) zu nehmen (vgl. Selter, 1982, S. 23-25; Kotler, 1982, S. 58).
[323]   Vgl. Miller, 1956.
[324]   Vgl. Jacoby/Speller/Kohn, 1974.
[325]   Die Gesamtinformationsmenge wurde als Attribute per (Produkt-) Alternative mal Anzahl der Alternativen operationalisiert (vgl. Jacoby/Speller/Kohn, 1974, S. 64).
[326]   Vgl. Jacoby/Speller/Kohn, 1974, S. 67.

- die Suchkosten[327] steigen.

Dieser Zusammenhang wird durch Abbildung 3-10 illustriert. Die Suchkosten steigen in Abhängigkeit von der Informationsmenge; damit steigt aber auch die Wahrscheinlichkeit, Informationsüberlastung und KVW zu erfahren.

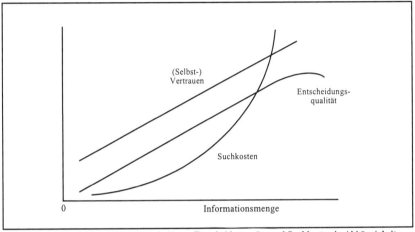

Abbildung 3-10: Vertrauen in die Entscheidung, Entscheidungsgüte und Suchkosten in Abhängigkeit zur Informationsmenge[328]

Wenn das Auftreten von KVW hier im Sinne von nachlassender Entscheidungsgüte interpretiert wird, dann kann von einem subjektiven bzw. unbewussten Vorgang ausgegangen werden. Unbewusst, weil der Konsument nicht aufhört, Informationen zu verarbeiten. Wäre ihm die abnehmende Entscheidungsqualität jedoch bewusst, dann könnte man davon ausgehen, dass er die Informationszufuhr bzw. -verarbeitung einstellen würde, um dysfunktionales Verhalten und suboptimale Kaufentscheidungen zu vermeiden.

---

[327] Mit *Suchkosten* werden üblicherweise die vom Konsumenten eingesetzte Zeit und die Geldmittel (z.B. zum Kauf eines Stiftung Warentest-Heftes) bezeichnet. Berndt (1983, S. 37) vertritt die Auffassung, dass auch kognitive Aktivitäten der Informationsverarbeitung, die mit steigendem Informationsinput zunehmen, zu den Suchkosten zu rechnen sind, weil auch diese kognitive Aktivität in Zeiteinheiten zu bemessen ist. Vgl. hierzu auch das Phänomen der *Thinking Costs* (Ailawadi/Neslin/Gedenk, 2001, S. 75).

[328] Quelle: in Anlehnung an Antonides/van Raaij, 1998, S. 259.

3.2.2.2 Zusammenfassung von Informations- und Stimulusüberlastung

Unter dem Begriff der *Informationsüberlastung* wird im Allgemeinen ein Zuviel an Informationen für ein Verarbeitungssystem in einer gegebenen Zeiteinheit verstanden. Es wird implizit[329] oder explizit[330] davon ausgegangen, dass es sich bei den Informationen, die die Überlastung verursachen, um kommerzielle, Produkt bezogene Informationen handelt. Der Begriff der *Informationsüberlastung* stellt demnach auf die Anzahl von Produkten und Informationen zu diesen Produkten ab. Dies scheint eine sehr eng gefasste Beschreibung, da zahlreiche Informationsquellen, die potentiell überlastend sein können, nicht berücksichtigt werden. Deshalb wird in dieser Arbeit der Begriff *Stimulusüberlastung* gewählt. Stimulusüberlastung schließt Informationen aus der Werbung, aus interpersonaler Kommunikation, Verpackungsinformationen, neutralen Informationsquellen und die Vielzahl von Geschäften mit ein.

Mit Stimulusüberlastung ist hier, analog zur Informationsüberlastung, die Situation gemeint, in der Konsumenten mit mehr entscheidungsrelevanten Stimuli konfrontiert sind als sie verarbeiten können. Als Stimulus wird jeder Reiz bezeichnet, der auf die Sinnesorgane wirkt.[331] Sie können externer (z.B. Werbung) oder interner Natur sein, ausgelöst durch (a) innere Mangelerscheinungen oder Spannungszustände (z.B. in Form von Hunger und Durst)[332] oder (b) in Form interner Informationsquellen, die aus dem Gedächtnis abgerufen werden können oder externer.

In dieser Arbeit wird für eine Integration von Stimulusüberlastung in das KVW-Konstrukt plädiert. Eine solche Integration scheint nicht zuletzt deshalb angebracht, weil das bisherige Begriffsverständnis KVW und Stimulusüberlastung häufig als konkurrierende Konzepte erscheinen lässt, obwohl beiden identische Konsequenzen zugeschrieben werden.[333] Es finden sich zudem zahlreiche Literaturstellen, die KVW als Folge von Informationsüberlastung

---

[329] Es gibt eine Reihe von Definitionen von Informationsüberlastung aus dem Bereich Marketing, in denen nicht auf die Art der Informationen selbst eingegangen wird, sondern allgemein von Informationen gesprochen wird (vgl. z.B. Jacoby, 1977, S. 569; Grether/Wilde, 1983, S. 116).

[330] Vgl. z.B. Arnold, 1990, S. 150.

[331] Vgl. Kroeber-Riel/Weinberg, 1996, S. 316.

[332] Vgl. Bebiè, 1978, S. 101.

[333] Verschiedene *Information Overload*-Untersuchungen, in denen von Probanden verlangt wurde, die ökonomischste oder „beste" Alternative auszuwählen (bei variierender Alternativenzahl), zeigten regelmäßig eine überlastungsbedingte Verschlechterung der Entscheidungsgüte (vgl. Hutchinson/Alba, 1991; Keller/Staelin, 1987). Ein solcher Effekt wird häufig auch beim Auftreten von KVW unterstellt, obgleich eine KVW-

ausmachen, so bei Schiffman/Kanuk: „The result of this overload is confusion, resulting in poor purchase decisions"[334].

Einem solchen Verständnis wird hier nicht gefolgt, da in dieser Arbeit von Stimulusüberlastung als Dimension und nicht als Determinante von KVW ausgegangen werden soll. Häufig finden sich aber auch synonyme Verwendungen der Begriffe *Informationsüberlastung* und *Konsumentenverwirrtheit*, die das hier vertretene Verständnis unterstützen, so z.B. bei Jacoby/Speller/Kohn: „behavior tends to become confused and dysfunctional. Conceivably, such a state of information overload"[335]. Diese Beispiele sind ein Hinweis darauf, dass es sich bei Stimulus-/Informationsüberlastung um eine Dimension von KVW handelt. Zudem verdeutlicht dies nochmals, dass eine Integration in das KVW-Konzept gerechtfertigt ist.

Im hiesigen Forschungskontext interessieren insbesondere externe Stimuli, zu denen insbesondere Produkte, Verpackungen, Markennamen, Anzeigen und Werbespots zählen[336]. Diese externen Stimuli sind in den letzten zwei Dekaden quantitativ dermaßen angestiegen, dass davon ausgegangen werden kann, dass Konsumenten Stimulusüberlastung erfahren und unter bestimmten Umständen außerstande sind:

- alle für sie relevanten Alternativen in eine Kaufentscheidung mit einzubeziehen,

- alle für sie relevanten Attribute der in Frage kommenden Alternativen zu berücksichtigen (d.h. zu verarbeiten),

- zu einer Kaufentscheidung zu gelangen, die sie als optimal ansehen.

Das Phänomen von Stimulizuwachs und Überangebot („overchoice") ist in der Marketingliteratur relativ gut dokumentiert. So konstatierten etwa Hafstrom/Chae/Chung: „Consumers are besieged by advertising, news articles (...) that provide an abundance of information (...). In addition, increases in the number and variety of goods, stores (...) have broadened the sphere

---

[334] bedingte Verschlechterung von Kaufentscheidungen empirisch bislang nicht eindeutig untermauert worden ist (vgl. Mitchell/Papavassiliou, 1999; Mitchell/Walsh, 1997).
Schiffman/Kanuk, 1997, S. 210. Weitere Belege für ein Verständnis von Informationsüberlastung als Determinante von KVW finden sich bei Herbig/Kramer (1994, S. 54), Kuß (1987, S. 166; „...wenn also Informationsüberlastung auftritt, kann es sein, dass sich Verwirrung einstellt.") und Hagemann (1988, S. 182-183). Hagemann verwendet in seiner empirischen Arbeit zur Messung von Informationsüberlastung u.a. folgendes Item: „Die Vielzahl der Testinformationen im Testbericht hat mich verwirrt".
[335] Jacoby/Speller/Kohn, 1974, S. 63.
[336] Vgl. Schiffman/Kanuk, 1997, S. 146.

for consumer choice and have complicated decision making."[337] Nachdrücklicher formuliert es Berg[338], der die Zunahme an Marktinformationen hinsichtlich ihrer Wirkung für Konsumenten kritisch beurteilt: „(...) nimmt ständig zu und sorgt dafür, daß die Menschen mit einer Menge an Informationen überschwemmt werden, die es unmöglich macht, alles Gelesene, Gehörte und Gesehene reflektierend zu verarbeiten."

3.2.2.3 Stimulusüberlastung in der Praxis

Die Umwelt, so wie sie sich dem Konsumenten heute präsentiert, hält unzählige Stimuli für diesen bereit. Bestimmte Stimuli sucht er, anderen wünscht er sich auszusetzen und wieder andere erreichen ihn ohne sein Zutun. Das Marketing kann nicht auf alle Stimuli Einfluss nehmen, weder direkt noch indirekt. Für den hiesigen Forschungskontext sind daher mit Bezug auf beeinflussbare Stimuli drei Hauptursachen von *zu vielen* Stimuli von Interesse, nämlich solche, die dem Marketing eine Handlungsmöglichkeit bieten:

(1) **Produkte**, die Informationen tragen (und jedes für sich eine Schlüsselinformation[339] darstellt). Dazu zählen sowohl Hersteller- wie auch Handelsmarken. Letztere, weil sie immer häufiger eine den Herstellermarken ebenbürtige Markenführung genießen, so etwa die Marken *Mibell* und *Rio Grande* von EDEKA oder *Erlenhof* von REWE.

(2) Zu den **Werbebotschaften**[340] werden all die über die verschiedenen Medien kommunizierten kommerziellen Botschaften gezählt, die dazu dienen, Konsumenten über die Existenz von Produkten und Dienstleistungen zu informieren oder sie zum Kauf dieser zu animieren. Mit neuen Produkten und Dienstleistungen kommen auch zwangsläufig zusätzliche, neue Informationen, da neue Angebote auf dem Markt für Konsumenten sonst

---

[337] Hafstrom/Chae/Chung, 1992, S. 146.

[338] Berg, 1995, S. 50.

[339] Mit Schlüsselinformationen sind vom Konsumenten kognitiv zu Blöcken zusammengefasste Informationen gemeint, die die Informationsverarbeitung, Orientierung und Wiedererkennung erleichtern. Typische Schlüsselinformationen sind der Preis, Markenname oder das Logo (vgl. Trommsdorff, 1998, S. 82; Bänsch, 1989, S. 65).

[340] Die Zahl der in Deutschland ausgestrahlten Werbespots bspw. ist von Januar 1998 bis Januar 1999 um 31% gestiegen (o.V., 1999a, S. 8); die Anzahl ausgestrahlter Werbespots liegt bei weit über 5.000 am Tag (o.V., 2000b, S. 22). Ungefähr im gleichen Zeitraum ist im Printbereich bei den 20 anzeigenstärksten Verlagen die Zahl der Seiten mit Werbeanzeigen um gut 5% auf über 200.000 gestiegen (vgl. Hoffmann, 2000, S. 46).

nicht wahrnehmbar wären[341]. Diese neuen Informationen werden durch ein dichtes Netz von Medien diffundiert[342].

(3) **Produktinformationen**, die keinen werbenden Charakter haben, aber für eine ordnungsgemäße Verwendung notwendig sind (Nährwertangaben auf Diätprodukten, Test-Urteile etc.) und solche, die gesetzlich vorgeschrieben sind (Gebrauchsanweisungen, Packungsbeilagen etc.).

Stimulusüberlastung durch zu viele Produkte

zu 1) Jedes Produkt oder jede Dienstleistung besteht aus verschiedenen Produktmerkmalen (sog. „Cues"), die dem Konsumenten in der Kaufsituation zur Entscheidungsfindung zur Verfügung stehen. Bei einem Produkt wie Joghurt können dies bspw. sein: Markenname, Herkunftsland, Verpackungsart (Glas, Polyethylen etc.), Verpackungsdesign, Preis, Haltbarkeitsdatum, Geschmacksrichtung, Fruchtgehalt, Farbe des Joghurts, Nährwerttabelle (z.B. Eiweiß-, Fettgehalt), Gütezeichen und viele andere. Beim Vergleich von Alternativen multipliziert sich die Zahl der zu berücksichtigen Cues entsprechend den zur Auswahl stehenden Alternative (vgl. Abbildung 3-11); d.h. wünscht ein Konsument z.B. fünf Attribute bei der Produkt-/Markenwahl zu berücksichtigen, sind dies bei nur drei Alternativen schon 15 Attribute, die gleichzeitig verarbeitet werden müssen.

---

[341] Vgl. Berg, 1995, S. 51.
[342] Es gehört heute zum kommunikationspolitischen Standard von Unternehmen, alle verfügbaren Medien (Fernsehen, Hörfunk, Internet, Zeitschriften etc.) in die Kommunikationsstrategie zu integrieren (sog. *cross media*-Ansatz). Die Zahl der Medien in Deutschland ist in den letzten Jahren dramatisch angestiegen; allein im Jahre 1999 starteten über 350 neue Titel im Zeitschriftenmarkt (o.V., 2000a, S. 4). Die Zahl der Fernsehsender ist in Deutschland von den zwei öffentlich-rechtlichen Sendern ZDF und ARD (wobei die ARD in zehn weitere Regionalsender, sog. *Landesrundfunkanstalten*, unterteilt ist) auf derzeit über 20 angestiegen, wovon die meisten Privatsender sind, die sich ausschließlich über Werbung finanzieren. Diese Entwicklung geht einher mit wachsenden Werbebudgets, die in immer mehr Anzeigen, Werbespots etc. resultieren, denen der Konsument ausgesetzt ist. Inhaltlich unterscheiden sich die neuen Sender jedoch nur marginal; es findet eine „Pseudo-Differenzierung" statt (Berg, 1995, S. 52), die nicht eine Medienvielfalt, sondern Medienhäufung zum Ergebnis hat.

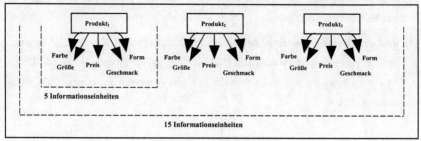

Abbildung 3-11: Informationseinheiten in Abhängigkeit von der Alternativenzahl

In Deutschland liegt die Zahl der wöchentlich neu auf den Markt kommenden Produkte bei über 900[343], wobei der Lebensmittelbereich mit jährlich weit über 20.000 neuen Artikeln[344] an der Spitze steht. Gleichzeitig ist in vielen Produktkategorien eine kaum zu überschauende Angebotsvielfalt zu konstatieren; so werden hierzulande rund 40.000 verschiedene Süßwaren[345] oder 800 Automodelle[346] angeboten. In einzelnen Produktkategorien hat es deutliche Angebotsvervielfachungen gegeben. So hat sich die Zahl der Zahnpastamarken seit 1950 nahezu verfünffacht (14 vs. 93)[347].

Ähnliche Entwicklungen haben in nahezu allen entwickelten Ländern stattgefunden. In den 50er Jahren konnten britische Konsumenten bei ihren Einkäufen zwischen gut 500 verschiedenen Produkten auswählen, heute sind es um die 20.000.[348] Die britische Café-Kette *Coffee Republic* bietet ihren Kunden eine Auswahl aus 6.000 verschiedenen Kaffeezubereitungen.[349] In den USA kommen jährlich über 25.000 neue Produkte auf den Markt[350] und US-amerikanische Konsumenten können heute bei einem Einkauf im Supermarkt zwischen durchschnittlich 25.000 Artikeln auswählen, vor einer Dekade waren es 9.000. Allein in einer Kategorie wie Frühstückszerealien sind häufig mehr als 200 Alternativen verfügbar.[351]

---

[343]   Vgl. BBDO, 1993.
[344]   Vgl. MADAKOM, 1999.
[345]   Vgl. Mehler, 1999, S. 8.
[346]   Vgl. Esch/Wicke, 1999, S. 12.
[347]   Vgl. Esch/Wicke, 1999, S. 13.
[348]   Vgl. Bainbridge, 1998, S. 37.
[349]   Vgl. o.V. 2000h.
[350]   Vgl. Fellman, 1998.
[351]   Vgl. Assael, 1998, S. 250.

Diese Angebotsflut macht Einkaufen für viele Konsumenten zu einem „decision-making marathon"[352]. Nicht nur für jene Konsumenten, die eine „informierte" Entscheidungstreffung anstreben wird die Kaufentscheidungstreffung immer schwieriger bzw. zeitaufwendiger, sondern auch für wenig involvierte Konsumenten. Wenn Letztere angesichts einer sehr großen Alternativenzahl das gesuchte Produkt nicht auf Anhieb finden und, falls sie es wünschen, nicht in relativ kurzer Zeit mit anderen Produkten vergleichen können, ist ihre Kaufentscheidungsfindung vom Produktüberangebot betroffen. Da auch die wenig involvierten Konsumenten keine „schlechten" Kaufentscheidungen treffen möchten, sind sie gezwungen, mehr Zeit dafür zu verwenden als sie möchten.

Der Handel trägt durch die zunehmende Einführung von Eigenmarken[353] zu einer Erhöhung der Produkt-/Markenzahl bei. Der Marktanteil von Handelmarken ist in Deutschland seit Mitte der 70er Jahre von knapp 12% auf über 20% gestiegen[354] und eine Trendwende ist nicht in Sicht[355]. Problematisch ist auch eine Nebeneinanderplatzierung von ähnlichen Marken (Original und Kopie; z.B. Rossmann: Nivea vs. Isana) im Supermarktregal[356].

Stimulusüberlastung durch zu viele Werbebotschaften

zu 2) Es wird davon ausgegangen, dass alleine die mengenmäßige Zunahme von Stimuli in Form von kommerziellen Botschaften Überlastungen des Konsumenten bewirken und seine Entscheidungen negativ beeinflussen können. „Soaked in this cultural rain of marketing communications, consumers face increasing demands on their decision making faculties, demands which may have an ultimately debilitating effect on their ability to make rational and morally coherent decisions,"[357] wie es Hackey/Kitchen treffend ausdrücken. Hackey/Kitchen unterstreichen zwei wichtige Aspekte, nämlich die aufgrund der wachsenden Alternativenzahlen gestiegene Anforderung an die das Entscheidungsverhalten des Konsumenten und die daraus möglicherweise resultierenden suboptimalen Kaufentscheidungen.

---

[352]   Vgl. Goodman (1987) zitiert in Engel/Blackwell/Miniard, 1995, S. 159.
[353]   Vgl. Corstjens, 1999; AC Nielsen, 2000.
[354]   Vgl. GfK Panel Services, 1998, zitiert in Esch/Wicke, 1999, S. 38.
[355]   Vgl. Corstjens, 1999.
[356]   Vgl. Sommer, 1998, S. 29.
[357]   Hackley/Kitchen, 1999, S. 16.

Warnungen vor einer Entwicklung der Alternativenschwemme werden zunehmend drasti-
scher. So wird die ständig wachsende Werbeinformationsmenge als „social pollution"[358] oder
„Informations-Smog"[359] bezeichnet oder als „scary"[360] charakterisiert. Bettman meint, der
Konsument „is constantly being bombarded with information (...) relevant for making choices"[361] und Kotler behauptet sogar, die Sinne der Menschen „are constantly assaulted by
advertising"[362]. Kritische Stimmen zu dieser Entwicklung sind kaum zählbar, oft beziehen sie
sich auf bestimmte Bereiche oder spezifische Produktkategorien. Es ist deshalb anzunehmen,
dass eine Vielzahl auf den Menschen einwirkender Stimuli, wie z.B. in Form von Werbebotschaften, in einer kognitiven Überlastung und Verwirrtheit dafür anfälliger Konsumenten
resultieren kann.

Stimulusüberlastung durch Produktinformationen

zu 3) Die unter den Punkten 1-3 diskutierten Stimuli haben gemein, dass sie dem Konsumenten fortwährend begegnen, und zwar nicht nur beim Einkaufen, dabei um seine Aufmerksamkeit buhlen und versuchen, in sein Verarbeitungssystem zu gelangen (d.h. wahrgenommen)
und von ihm eingeprägt zu werden.

Individuen unterliegen entsprechend ihren intellektuellen Fähigkeiten mehr oder weniger
starken Beschränkungen ihrer Informationsverarbeitungskapazität. Daraus folgt eine Begrenzung der Fähigkeit, rationale Entscheidungen zu fällen[363].

Verbraucherpolitische Maßnahmen, die auf die Stärkung des Konsumenten im Verhältnis zum
Anbieter abzielen, streben eine Zielerreichung häufig mittels zusätzlicher Informationen an.
Ein solcher Ansatz ist grundsätzlich nicht problematisch, sofern die zusätzlichen Informationen die Form von Schlüsselinformationen haben und somit eine Bündlungsfunktion wahrnehmen. Diese Bündlungsfunktion gestattet es Konsumenten, mit weniger
Einzelinformationen eine gleichwertige oder gar bessere Kaufentscheidung zu treffen. So
weiß ein Konsument, der einen Gebrauchtwagen kaufen möchte, dass ein angebotenes Fahr-

---

[358]   Hackley/Kitchen, 1999, S. 15.
[359]   Berg, 1995, S. 50.
[360]   Bednash, 1997, S. 16.
[361]   Vgl. Bettman, 1979, S. 4.
[362]   Kotler, 1984, S. 467-468.
[363]   Nach Simon (1957) wird dieses Phänomen als „bounded rationality" oder begrenzte Rationalität bezeich-
        net.

zeug mit neuer TÜV-Plakette verschiedene funktions- und sicherheitsrelevante Kriterien erfüllt; der Konsument muss beim Kauf deshalb nicht alle Kriterien einzeln überprüfen.

Wenn zusätzliche Informationen jedoch nicht in Form von Schlüsselinformationen präsentiert und kommuniziert werden, tragen diese zu einer Erhöhung der kommunizierten Informationsmenge bei und können somit wahrgenommene Reizüberlastung und KVW (mit)verursachen. Eine solche Sichtweise findet in der verbraucherpolitischen Diskussion allerdings selten Berücksichtigung, denn entsprechend dem verbraucherpolitischen Verständnis gestattet ein Mehr an Produkt- und Unternehmensinformationen eine „bessere" Kaufentscheidung. So werden bestimmte Informationen vom Gesetzgeber vorgeschrieben, die

-   *die Gesamtinformationsmenge erhöhen*: Eine Zunahme von Informationen ist vor allem durch die Bemühungen der Europäischen Union, Konsumenten umfassend über Herkunft und Inhalt von Produkten zu informieren, festzustellen.[364] Solche Bemühungen treten vor allem dann auf, wenn ein spezieller Lebensmittelbereich eines Landes durch Skandale kompromittiert worden ist, z.B. die britische und deutsche Rinderzucht durch die Angst vor BSE[365] oder die französische Schweinezucht durch in Schweinefutter enthaltene Klärschlämme.

    Neue Kennzeichnungen und Qualitätssiegel erscheinen jedoch nur dann sinnvoll, wenn sie aus Sicht der Konsumenten eine Verbesserung ihrer Entscheidungsposition oder eine kognitive Entlastung darstellen; wenn sie also eine bessere Beurteilung des Produktangebots erlauben oder die Möglichkeit bieten, mit einer geringeren Informationsmenge Kaufentscheidungen zu treffen. Angesichts einer Inflationierung von Kennzeichnungen, Qualitätssymbolen und -siegeln werden diese Anforderungen immer seltener erfüllt: „Immer dichter wird der Dschungel von Qualitätssiegeln und Prüfzeichen, die Verbraucher beim Lebensmitteleinkauf vorfinden"[366].

-   *Hersteller auf ihre Produkten aufbringen müssen bzw. produktbegleitende Informationen*: Im Produktbereich Bekleidung werden Konsumenten eine Vielzahl von Wasch- und Pflegeinformationen mitgeteilt, die häufig in Text- und/oder Symbolform am Produkt aufgebracht sind. Zu viele Informationen bzw. Symbole können zu Überlastung führen und

---

[364]   Vgl. Wessel, 2000.
[365]   Bovine Spongiforme Enzephalopathie, schwammartige Veränderung des Hirns beim Rind.

wenn Konsumenten zudem Probleme haben, diese Informationen oder Symbole zu verstehen, kann es auch zu wahrgenommener Unklarheit kommen.

Zur Überprüfung der Annahme, Konsumenten hätten Schwierigkeiten einen Überblick über die Vielzahl der gängigen Produktinformationen und Symbole zu behalten, wurde im Dezember 2000 eine begrenzte Untersuchung mit einer nicht repräsentativen Stichprobe (n = 32), bestehend aus wissenschaftlichem Personal und Studenten der Universität Hannover, durchgeführt. Von den in Anhang 2 aufgeführten waschbezogenen Kennzeichnungen wurden den Probanden die ersten fünf[367] ohne weitere Erläuterung vorgelegt und sie wurden anschließend gefragt, ob sie die Kennzeichnungen kennen und wenn ja, ob sie wüssten was sie bedeuten; die Antwortzeit der Probanden war nicht begrenzt. Lediglich 35% der Antworten waren korrekt; d.h. durchschnittlich wurden 1,75 der fünf Kenzeichnungen gekannt bzw. richtig erkannt. Dieses Ergebnis ist ein Hinweis darauf, dass Konsumenten nicht alle Produktkennzeichnungen oder Symbole kennen oder verstehen, auch wenn diese ihnen regelmäßig beim Kauf von oder im Umgang mit Produkten begegnen.

Des Weiteren können Hersteller vom Gesetzgeber zur Angabe von bestimmten Produkt bezogenen Informationen verpflichtet werden; z.B. müssen in der Europäischen Union verkaufte Nahrungsmittel, die einen GVO (**G**entechnisch **V**eränderte **O**rganismen)-Anteil von mehr als einen Prozent aufweisen, zukünftig entsprechend gekennzeichnet sein.[368]

Hersteller können aber auch von sich aus aktiv eine Erhöhung der Produkt- und Informationsmenge, die KVW verursachen kann, betreiben. Oft enthalten Produkte bzw. Verpackungen Informationen die vom Gesetzgeber nicht ausdrücklich vorgeschrieben sind, von denen man sich jedoch eine verkaufsfördernde Wirkung verspricht (*Light, Natürlich* etc.) oder einer Unterscheidung von anderen Herstellern dienen soll und die deshalb zusätzlich auf Produkten platziert werden.

- *der Handel zusätzlich bereitstellen muss*: Zu solchen Informationen zählen etwa die Angabe von Grundpreisen, die zusätzliche Preisinformationen darstellen. Durch die Grundpreisregelung werden Preise nicht nur in einer Währung ausgewiesen; d.h. solange

---

[366]   Vgl. Welsing, 2000.
[367]   Es wurden nur die ersten fünf der zehn Symbole in Anhang 2 verwendet, weil die Symbole 6-10 das jeweilige „Unterlassungspendant" darstellen (z.B. steht das Symbol Nr. 3 für „Bügeln/kann gebügelt werden", während Nr. 8 „nicht Bügeln/kann nicht gebügelt werden" bedeutet). Eine Untersuchung unter Verwendung aller zehn Symbole erschien wenig zweckmäßig, da davon auszugehen war, dass Probanden, die eines der ersten fünf Symbole richtig einordnen konnten, auch das Pendant kennen würden.

der EURO (€) nicht einzige Währung geworden ist, müssen Preise in €, €/Einheit, DM und DM/Einheit ausgewiesen werden.

Vor dem Hintergrund der betrachteten drei Ursachenfelder von Stimulusüberlastungs-KVW – Produkte, kommerzielle Informationen und nicht kommerzielle Informationen – kann schließend festgehalten werden, dass vom Konsumenten wahrgenommene Stimulusüberlastung auf Produkte oder Informationen zurückzuführen ist. Sowohl das Produktangebot wie auch die auf den Konsumenten einwirkenden Informationen können wegen ihres großen Umfangs die individuelle Verarbeitungsgrenze überschreiten und KVW verursachen (vgl. Abbildung 3-12).

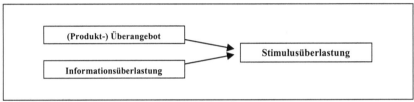

Abbildung 3-12 :Determinanten von Stimulusüberlastung

Der in Abbildung 3-12 dargestellte Zusammenhang stellt insofern eine Vereinfachung dar, als die Komponenten *(Produkt-) Überangebot* und *Zuviel an Informationen* sich ihrerseits weiter gliedern ließen. Letztere könnte bspw. nach Informationsquellen unterteilt werden, etwa in Werbeinformationen, Informationen der interpersonalen Kommunikation (z.B. von Freunden und Bekannten), nicht-kommerzielle Informationen (z.B. Verbrauchermagazinen wie *Stiftung Warentest*) usw.

3.2.3 Wahrgenommene Stimulusunklarheit

3.2.3.1 Zum Begriff der Stimulusunklarheit

Die dritte und letzte in das KVW-Konstrukt zu integrierende Dimension, die hier in Anlehnung an Cox[369], der von „cognitive unclarity" spricht, als *wahrgenommene Stimulusunklarheit* bezeichnet wird, soll vorgestellt werden. Der Begriff der *Unklarheit* wird seit der Vorstellung durch Cox regelmäßig in der verhaltenswissenschaftlichen Literatur verwendet, doch ist die

---

[368]   Vgl. o.V., 2000c, S. 26.
[369]   Cox, 1967, S. 67-70.

Formulierung einer allgemein anerkannten und von den Verwendern des Begriffs getragenen Definition nicht ohne weiteres möglich. Deshalb soll im Folgenden auf Grundlage der vorliegenden Literatur ein eigenes Begriffsverständnis hinsichtlich der Dimension *wahrgenommene Stimulusunklarheit* entwickelt werden.

Begriffliche Herleitung

Cox definiert kognitive Unklarheit nicht genau, siedelt sie konzeptionell jedoch nahe dem Konstrukt der Unsicherheit[370] an: „uncertainty is a special instance of cognitive unclarity."[371] Demnach handelt es sich bei kognitiver Unklarheit um ein allgemeineres Konzept, in dem Unsicherheit aufgeht und das „covers more types of cognitive conflict than does uncertainty"[372]. Der Unterschied zwischen Unsicherheit und Unklarheit kann folgendermaßen zusammengefasst werden: Während Unsicherheit die subjektive Einschätzung des Konsumenten hinsichtlich einer möglichen Fehlentscheidung darstellt[373], beschreibt Unklarheit ein eher allgemeines oder diffuses, durch widersprüchliche oder mehrdeutige Stimuli ausgelöstes, Unwohlsein in einer Kaufentscheidungssituation, welches der Konsument zu vermeiden bestrebt ist.

Nach Kelman/Cohler strebt ein Mensch nach kognitiver Klarheit, weil er „is made uncomfortable by ambiguity and incongruity and is motivated to restore a state of cognitive clarity in which the different elements fit together and make sense"[374]. Diese quasi Negativdefinition von kognitiver Unklarheit unterstreicht, dass das Individuum angesichts *ambiguoser oder widersprüchlicher Informationen* ein Unwohlsein empfindet, welches entscheidungshemmend wirken kann und das man auszugleichen bestrebt ist. So kann die Tatsache, dass Marken, die in verschiedenen, nicht konsistenten Werbeträgern beworben werden, beim Konsumenten ein Gefühl der Ambiguität verursachen.[375] Für eine schweizer Luxusuhr der Marke *Patek Philippe* etwa würde der Konsument nicht erwarten, Printwerbung in der *Sport Bild* oder Fernsehwerbung während der Sendung *Arabella* (auf Pro7) zu sehen; und sähe er diese Werbung dort

---

[370] Zum *Unsicherheits*begriff vgl. auch Kapitel 2.2.1.
[371] Cox, 1967, S. 69. *Unsicherheit* wird auch im Kontext von Stimulusüberlastung als Hilfskonstrukt bemüht. So spricht Sommer von einem wachsenden „Unsicherheitsfaktor" bei Produkteinschätzungen, der auf einen permanenten Angebotswechsel zurückzuführen ist und der es kaum noch gestattet, auf gemachte Erfahrungen zurückzugreifen (vgl. Sommer, 1998, S. 26).
[372] Cox, 1967, S. 69.
[373] Vgl. Kerby, 1975, S. 130-132.
[374] Kelman/Cohler, 1959 zitiert in Cox, 1967, S. 70.

doch, würde der fehlende Fit zwischen dem Produkt und dem Medium, in dem es beworben wird, beim Konsumenten ein Gefühl der Unklarheit hervorrufen.

Stimulusunklarheit als Ergänzung zum existierenden Verständnis von Konsumentenverwirrtheit

Der Begriff der *Unklarheit* taucht auch in existierenden Definitionen von Verwirrtheit auf, wobei Verwirrtheit als „vorübergehende Störung des Denkens, das *unklar* ist"[376] definiert wird. [Hervorhebung durch d.V.] Anders als bei Stimulusüberlastung wird hier nicht der quantitative Aspekt der Informationsverarbeitung betont, sondern der qualitative. Tatsächlich wird Konsumentenverwirrtheit häufig mit Informationen und Produkten in Verbindung gebracht, die Konsumenten nicht aufgrund ihres Umfangs oder ihrer Ähnlichkeit zu anderen Stimuli Verarbeitungsprobleme bereiten[377]. In solchen Fällen geht es, vereinfacht ausgedrückt, um die Komplexität von Stimuli, die beim Konsumenten in Verständnisproblemen resultieren.

Mit *Komplexität* wird der Umfang der Bemühungen von Konsumenten bezeichnet, die notwendig sind, um ein Produkt während des Kaufprozesses verstehen und bedienen zu können.[378] Komplexität hat zwei Dimensionen, zum einen die Anzahl der Leistungsdimensionen und zum anderen den Umfang des speziellen bzw. Fachwissens, das für das Verstehen der Leistungsdimensionen notwendig ist.[379] Ein Konsument mit einem hohen Maß an Fachwissen kann demnach angesichts vieler zu vergleichender Alternativen (die wiederum verschiedene Leistungsdimensionen aufweisen) Verständnisprobleme bekommen, ebenso wie ein Konsument mit wenig Fachwissen, der nur zwischen wenigen Alternativen vergleicht und deren Leistungsdimensionen verstehen möchte.

Diese Ausführungen zu Komplexität, die Unklarheit und KVW verursachen kann, haben gezeigt, dass es Fälle geben kann, in denen sowohl die Stimulibeschaffenheit wie –menge eine Rolle spielen kann. Dahinter steckt die Überlegung, dass ein Konsument vermutlich keine oder nur wenig KVW wahrnimmt, wenn er lediglich *ein* kompliziertes Produkt zu verstehen versucht. Möchte er jedoch vier oder fünf komplizierte Produkte gleichzeitig

---

[375]   Vgl. Biel, 1999, S. 76.
[376]   Brockhaus Enzyklopädie, 1994, S. 296.
[377]   Vgl. Mitchell/Papavassiliou, 1999, S. 323 sowie die dort genannte Literatur.
[378]   Vgl. Sheth/Mittal/Newman, 1999, S. 617.
[379]   Vgl. Sheth/Mittal/Newman, 1999, S. 617-618.

verstehen, um sie hinsichtlich bestimmter Leistungsdimensionen miteinander vergleichen zu können, so steigt auch die KVW-Wahrscheinlichkeit. Für eine Berücksichtigung der Stimulusmenge hinsichtlich des Auftretens von Unklarheit sind auch Lloyd/Jankowski[380].

Gemeinhin werden Botschaften oder Produkte demnach als komplex bezeichnet, wenn sie schwer zu verstehen bzw. zu benutzen sind[381]. Nach Bettman kann es bei Stimuli, die nur schwer von Konsumenten zu verstehen sind, dazu kommen, dass Konsumenten einen Großteil der Stimuli ignorieren.[382] Auf die Problematik komplexer Produkte hat bereits Kannacher[383] vor fast zwei Dekaden verwiesen: „bei Konsumgütern technische Details aufgeführt werden, die letztlich (...) vom Konsumenten nicht mehr verarbeitet werden." Stimuli können demnach KVW-verursachend sein, ohne dass der Konsument überlastet ist oder (zu) ähnlich zu sein, sondern aufgrund einer mangelnden Verständlichkeit[384].

Auf Grundlage der Ausführungen zum Phänomen der Unklarheit kann nun die dritte KVW-Dimension *wahrgenommene Stimulusunklarheit* definiert werden. Unter wahrgenommener Stimulusunklarheit kann ein Unwohlsein des Konsumenten verstanden werden, welches durch kaufentscheidungsrelevante unpräzise, mehrdeutige und widersprüchliche sowie schwer verständliche (komplexe) Informationen und Produkte hervorgerufen wird.

Wie die vorangegangenen Ausführungen zeigten, kann auch bei der dritten KVW-Dimensionen, Stimulusunklarheit, von zwei Hauptdeterminanten ausgegangen werden, einer Informationen- und einer Produkt bezogenen. Diese lassen sich durch die folgende Abbildung veranschaulichen.

---

[380] Vgl. Lloyd/Jankowski, 1999, S. 204. Einen solchen Zusammenhang sehen auch Herbig/Kramer (1994, S. 54): „The result [of information overload, d.V.] is very few consumers really *comprehend* what is being said". [Hervorhebung durch d.V.]

[381] Vgl. Engel/Blackwell/Miniard (1995, S. 882) sowie Eagly, 1974.

[382] Vgl. Bettman, 1979, S. 294.

[383] Kannacher, 1982, S. 263.

[384] *Verständlichkeit* ist ein Begriff, der teilweise auch synonym für *Klarheit* verwendet wird. Verständlichkeit hängt nach Hagemann (1988, S. 137-140) von endogenen (z.B. Informationsverarbeitung des Konsumenten) und exogenen (Informationsniveau) Faktoren ab. In der Literatur wird Verständlichkeit häufig als Behaltensleistung (des Konsumenten) operationalisiert (vgl. z.B. Teigeler, 1968, S. 54).

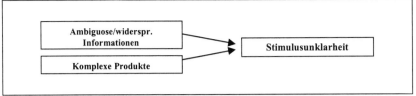

Abbildung 3-13: Determinanten von Stimulusunklarheit

3.2.3.2 Stimulusunklarheit in der Praxis

Die im vorherigen Abschnitt formulierte Definition war bewusst breitgefasst; sie gestattet es, verschiedene KVW-Ursachen unter das begriffliche Dach der wahrgenommenen Stimulusunklarheit zu fassen. Exemplarisch für unklarheitsverursachende Marketingpraktiken können verschiedene, im Folgenden erläuterte, Bereiche aufgeführt werden; z.B.:

- *Vergleichende Werbung.* Nicht selten reklamieren in einer Produktkategorie mehrere Marken für sich jeweils die Spitzenstellung („der Beste", „der Einzige"), was den Konsumenten fast zwangsläufig widersprüchlich erscheinen muss, da es i.d.R. nur einen „Besten" geben kann. Aktuelle Beispiele finden sich auch im Telekommunikationsmarkt, wenn Konsumenten nicht verstehen, für welche Zeiten bestimmte Tarife gelten bzw. welche Anbieter tatsächlich am günstigsten sind.[385]

- *Die uneinheitliche und widersprüchliche Verwendung von Begriffen und Qualitätssiegeln.* Es ist in vielen Produktgruppen (z.B. Körperpflegeprodukte) gängige Praxis, mit pseudo-wissenschaftlichen und pseudo-medizinischen[386], gesundheits-[387] oder qualitätsindizierenden Begriffen Werbung für Produkte zu machen (*Light, Frisch, Öko* etc.)[388]. Diesen Begriffen, die vom Gesetzgeber nicht immer ausdrücklich vorgeschrieben sind und die aus

---

[385]   Vgl. z.B. Horizont.Net, 26.01.2000.

[386]   Die Tendenz, medizinisch anmutende Begriffsbezeichnungen oder Markennamen zu verwenden ist vor allem im Pflegeproduktebereich evident; etwa bei Zahnpasta (z.B. odol med 3, meridol).

[387]   Vor allem im Bereich der (Diät-) Lebensmittel werden Konsumenten häufig mit Produkten, Begriffen und Versprechen konfrontiert, die einen besonderen, i.d.R. gesundheitsfördernden, Nutzen in Aussicht stellen. Solche Versprechen betonen etwa den Nutzen von Produkten hinsichtlich: der Verhinderung von Krebs, reduzierter Risiken von Herzkrankheiten, eines gestärkten Immunsystems oder einer verbesserten Potenz (vgl. Vladeck, 2000, S. 132). Auf der Verpackung des Danone-Getränks *Actimel* steht bspw.: „Actimel regt Stoffwechselfunktionen an und unterstützt die natürlichen Abwehrkräfte des Körpers." Und das Enzymgetränk *Kombucha* wird derzeit als das „Wundergetränk aus (...)" angepriesen (So u.a. in einer ganzseitigen Anzeige in der Lebensmittel Zeitung vom 08.12.2000). Problematisch ist hierbei, dass solche Behauptungen in den seltensten Fällen wissenschaftlich-empirisch untermauert sind.

Konsumentensicht zusätzliche Stimuli darstellen, wird eine verkaufsfördernde Wirkung zugerechnet und sie werden deshalb zusätzlich auf Produkten platziert. Zudem führt eine scheinbar willkürliche Verwendung solcher Begriffe dazu, dass Konsumenten nicht genau wissen, was sie bedeuten. So bezieht sich beim britischen Handelsunternehmen ASDA der Begriff *Light* bei Pflanzenöl auf die Farbe und nicht den Kalorien- oder Fettgehalt[389]. Chryssochoidis glaubt, dass Konsumenten häufig hinsichtlich der Erkennung von biologischen Lebensmitteln sowie deren Unterscheidung von nicht biologischen verwirrt sind.[390]

Eine weitere Ursache von KVW ist auch die von Unternehmen eingesetzte Praktik, durch die *Verknüpfung von Informationen* Konsumenten zu einer inkorrekten Schlussfolgerung zu verleiten.[391] So wurde aus den USA berichtet, dass *Kraft* seinen Scheibenkäse damit bewarb, jede Käsescheibe enthielte fünf Unzen Milch, während die Käsescheiben von Nachahmern kaum Milch enthielten; diese (Werbe-) Aussage entsprach den Tatsachen. Gleichzeitig wurden Konsumenten aufgefordert, Kraft-Scheibenkäse zu essen, damit die Knochen Kalzium bekämen. Konsumenten, die diese Werbung sahen, folgerten daraus, Kraft-Scheibenkäse enthielte mehr Kalzium als der Käse von Wettbewerbern, was jedoch nicht den Tatsachen entsprach.[392]

Zu Verständnisproblemen bei Konsumenten kann es auch kommen, wenn objektiv korrekte Begriffe von Anbietern wahrheitsgemäß verwendet werden, diese den Konsumenten jedoch nicht geläufig sind und deshalb nichts sagen. So wird von Seiten der Hersteller und des Handels zunehmend versucht, durch Hinweise auf hochwertige Inhaltsstoffe die Qualität des jeweiligen Produkts zu verdeutlichen; diese Inhaltsstoffe sind Konsumenten häufig nicht bekannt bzw. werden von diesen nicht verstanden: „Begriffe wie Bruchanteil, Milchtrockenmasse oder Hartweizenanteile müssen (...) erst in eine Sprache übersetzt werden, die der Verbraucher versteht."[393]

Der Mangel an gesetzlich geregelten Begriffsbestimmungen führt auch immer wieder dazu, dass herstellerseitig ein scheinbar willkürlicher Gebrauch von Bezeichnungen prakti-

---

[388]   Monhemius (1993, S. 187) sieht in der Tatsache, dass Begriffe wie *biologisch* oder *ökologisch* vom
        Hersteller nicht näher erläutert zu werden brauchen, eine Ursache für kundenseitiges Misstrauen.
[389]   Vgl. Mitchell/Papavassiliou, 1999, S. 322.
[390]   Vgl. Chryssochoidis, 2000.
[391]   Vgl. Jacoby/Hoyer, 1982; Gaeth/Heath, 1987; Crowley/Hoyer, 1994.
[392]   Vgl. Pechmann, 1996, S. 151.
[393]   Hanke, 2000.

ziert wird. So wird Marmelade trotz Rückständen von Pestiziden als *naturrein*[394] etikettiert oder Schokoküsse als *frisch*, obwohl sie mit einem Mindesthaltbarkeitsdatum von 3-4 Wochen[395] versehen sind.

Ein Problem stellt auch die Verwendung von Qualitätszeichen und Symbole dar, die scheinbar das Gleiche verbürgen, vom Konsumenten aber nur selten verstanden werden und inhaltlich für diese kaum unterscheidbar sind. Wenig verwunderlich wird in diesem Zusammenhang von einem dichter werdenden „Dschungel von Qualitätssiegeln und Prüfzeichen"[396] gesprochen, der zu Unklarheit auf Seiten der Konsumenten führt.

Zu einer Häufung uneinheitlicher Symbole und Prüfzeichen kann es kommen, wenn Anbieter auf nationaler Ebene versuchen, sich durch eigene Kennzeichnungen von ausländischen Anbietern abzugrenzen, bspw. deutsche Eierproduzenten. So werden bei Eiern in Deutschland derzeit (landesweit) fünf verschiedene Symbole zur Herkunftskennzeichnung verwendet, von denen eines EU-weit verwendet wird. Für Konsumenten ist es indes kaum möglich, die Bedeutung aller Symbole, die inhaltlich erheblich variieren, nachzuvollziehen. Während einige Symbole Hinweise auf die Herkunft der Eier oder Halteform der Hennen geben, stehen andere für ein ganzes Qualitätsbündel. So verbürgt das KAT (**K**ontrollierte **A**lternative **T**ierhaltungsform)-Siegel, dass Eier von Hennen aus Boden- oder Freilandhaltung stammen, für deren Ernährung auf Tiermehl oder –fett verzichtet wird, während das CMA[397]-Gütezeichen „Kontrollierte Hennenhaltung" lediglich auf eine tiergerechte Haltungsform hinweist.[398]

- *Strategie des Trittbrettfahrens* bzw. *Ambush-Marketing*. Beim Ambush-Marketing versuchen Unternehmen, mit einem bestimmten Event (Olympische Spiele, Fußball Weltmeisterschaft etc.) assoziiert zu werden (i.d.R. als offizielle Sponsoren), indem sie sich oder ihre Marken nahe den offiziellen Sponsoren platzieren, ohne dass tatsächlich ein offizielles Engagement vorliegt (d.h. die dafür nötigen Tantiemen an den Veranstalter gezahlt zu

---

[394] Der österreichische Konfitürehersteller Darbo darf (mit Urteil vom Europäischen Gerichtshof) auf dem Etikett seines Produkts d'Arbo den Begriff *naturrein* verwenden, obwohl die Konfitüre (geringe) Rückstände von Blei und Cadmium aufweist (vgl. o.V., 1999b; Wiechmann, 2000).

[395] Vgl. Wiechmann, 1999a, S. 26.

[396] Vgl. Welsing, 2000.

[397] Centrale Marketing-Gesellschaft der Deutschen Agrarwirtschaft.

[398] Zu einer detaillierten Erläuterung der Bedeutung der einzelnen „Eier-Symbole" vgl. Driesen, 2000.

haben). Die Praxis des Ambush-Marketing kann KVW verursachen[399]. Es gibt Konsumenten, die ein positives Produktcommitment (häufig verbunden mit stärkerer Kaufabsicht) haben, wenn Produkte in Form von Sponsoring ihr soziales Engagement demonstrieren[400]. Wenn nun beim Konsumenten Unklarheit darüber herrscht, wer tatsächlich offizieller Sponsor ist, dann kann es zu einer *falschen* Allokation von Goodwill und letztlich Finanzmittel der Konsumenten kommen[401].

- *Persönlicher Verkauf.* Beispielsweise wenn beim geplanten Kauf von Elektrogeräten Produkte empfohlen werden, die von anderer Stelle schlecht bewertet worden sind. In einer Untersuchung von *Verbraucher Aktuell* konnte gezeigt werden, dass in vielen Geschäften Kunden explizit Geräte empfohlen wurden, die kurz vorher von der *Stiftung Warentest* die Testnote „mangelhaft" erhalten hatten[402]. Beim Kunden, der um das Testergebnis weiß und im späteren Beratungsgespräch mit neuen, inkonsistenten Informationen konfrontiert wird, kann dies Unklarheit auslösen.

Die Integration des *Unklarheit*sbegriffs in das KVW-Konzept ermöglicht es, ein erweitertes Ursachenfeld von KVW auszumachen, denn bislang wurden ausschließlich Stimulusähnlichkeit und -überlastung als Ursachen berücksichtigt. Tatsächlich wird aus der Marketingpraxis über dysfunktionales Konsumentenverhalten berichtet, das weder Stimulusähnlichkeit noch – überlastung zugeordnet werden kann. Die Einbeziehung von Unklarheit in das KVW-Konstrukt gestattet es deshalb, „to expand the cause of confusion to include inadequate, misleading, conflicting, ambiguous"[403] Informationen als KVW-Ursache. Auch wenn diese Erweiterung weitere begriffliche Fragen aufwirft[404], wird dennoch deutlich, dass sich Unklarheit von Stimulusähnlichkeit und -überlastung unterscheidet, da es um die „Beschaffenheit"

---

[399] Vgl. z.B. Stottar, 1993. Während der im Sommer stattfindenden EURO 2000 bspw. hat eine Vielzahl von Herstellern im Windschatten des Events für ihre Produkte geworben; für Konsumenten war häufig unklar, ob es sich jeweils um einen offiziellen Sponsor handelte. Für den Whisky *Ballantines* etwa warb man in Printanzeigen damit, dass „Karten für Deutschland gegen England" zu gewinnen seien. Dieses Angebot entpuppte sich „erst beim genauen Hinsehen (...) als Einladung zum Weltmeisterschaftsqualifikationsspiel im Herbst" (o.V., 2000f).

[400] Vgl. Ross/Patterson/Stutts, 1992.

[401] McDaniel/Kinney (1998) bspw. berichten, dass Frauen eine relativ starke Kaufabsicht von Marken haben, die mittels Ambush-Marketing beworben wurden, weil sie Schwierigkeiten haben, diese Marken als *Trittbrettfahrer* zu identifizieren.

[402] Vgl. o.V., 1997. Es ist in Bezug auf (Test-) Informationen von unabhängigen Institutionen wie der *Stiftung Warentest* jedoch auch anzumerken, dass solche Informationen, die i.d.R. für unparteiisch und objektiv gehalten werden, dem Konsumenten unklar sind (vgl. Boecken, 1998) und insofern eine Ursache von KVW darstellen können.

[403] Mitchell/Papavassiliou, 1997a, S. 8.

[404] Eine Definition von *inadäquaten* Informationen dürfte sich bspw. schwierig gestalten.

(d.h. Struktur, Komplexität) von Stimuli geht und nicht um deren schiere Menge oder Ähnlichkeit untereinander.

3.2.4 Darlegung des Gegenstandsbereichs und Zusammenführung der Dimensionen

Wie die Diskussion der drei skizzierten Konstruktdimensionen in den vorangegangenen Kapiteln sowie die der konstitutiven Merkmale *bewusst* und *unbewusst*[405] gezeigt hat, lässt sich der Gegenstandsbereich von KVW als der Kaufentscheidungsprozess von Konsumenten definieren.

Mit einer solchen Definition findet implizit eine zeitliche Differenzierung statt: in KVW, die *vor*, *während* oder *nach* dem Kauf auftritt. Konsumenten können bei der Kaufvorbereitung, etwa beim Konsum von Werbung oder der Informationssuche, mit KVW-verursachenden Stimuli konfrontiert sein. Beim tatsächlichen Kaufakt im Geschäft kann es ebenfalls zu KVW kommen, wenn Konsumenten bspw. durch die Nebeneinanderplatzierung ähnlicher Marken Unterscheidungsprobleme haben. In der Nachkaufphase bzw. bei der Produktnutzung kann KVW hinsichtlich der Funktionsweise oder Eigenschaften eines Produktes hervorgerufen werden.

Dimensionen von Konsumentenverwirrtheit und der Bewusstseinsgrad von Konsumenten

Weiterhin erscheint es zweckmäßig, die Wahrscheinlichkeit des Auftretens und die Intensität von KVW differenziert nach den drei postulierten Konstruktdimensionen zu betrachten, da jede Dimension eine unterschiedliche Ausprägung von KVW darstellt. Nach der im Folgenden vorgenommenen Untergliederung kann KVW von Konsumenten relativ ausgeprägt, schwach oder eher *diffus* wahrgenommen werden (vgl. Tabelle 3-2); bei diffuser KVW wird unterstellt, dass quasi-unbewusste KVW vorliegt und Konsumenten wissen, dass etwas nicht stimmt, die Gründe dafür aber nicht unmittelbar ausgemacht können. Die vorgenommene Unterteilung basiert auf vorhandenen Erkenntnissen zur Konsumentenverwirrtheit und auf Plausibilitätsüberlegungen. Ob und unter welchen Bedingungen Konsumenten tatsächlich eine diffuse oder nur schwache Verwirrtheit wahrnehmen, kann nur empirisch nachgewiesen werden.

---

[405] Vgl. Kapitel 2.1.2 und 2.1.3.

	bewusst	unbewusst
Wahrgenommene Stimulusähnlichkeit	*Mittlere KVW*; primär in der Vorkaufphase. Ähnliche Alternativen werden als unterschiedlich wahrgenommen; weitere Merkmale wie z.B. Qualität, Herkunft können jedoch schlecht beurteilt werden.	*Starke KVW*; primär in der Vorkaufphase. Konsument nimmt unterschiedliche Alternativen (z.B. ISANA und NIVEA Creme) als identisch wahr und kauft u.U. die Falsche.
Wahrgenommene Stimulusüberlastung	*Schwache KVW*; primär in der Vorkaufphase. Konsument weiß, dass er durch eine Stimulusvielzahl verwirrt ist und deshalb Probleme bei der Beurteilung von Alternativen hat. *Starke KVW*; denkbar sind Situationen (z.B. Zeitdruck), in denen der Konsument zwar bemerkt, durch die anhaltende Informationsaufnahme und -verarbeitung verwirrt zu werden, jedoch diese nicht abbrechen kann, weil er eine Kaufentscheidung treffen muss.	*Diffuse KVW*; primär in der Vorkaufphase. Konsument überlastet und verwirrt sich durch eine Überschreitung der eigenen Kapazitätsgrenze; etwa weil eine Unterbrechung der Informationsaufnahme und -verarbeitung nicht möglich ist[406].
Wahrgenommene Stimulusunklarheit	*Schwache KVW*; sowohl in der Vorkauf- wie auch in der Nutzungsphase. Konsument weiß, dass er durch widersprüchliche oder mehrdeutige Stimuli verwirrt ist und deshalb Probleme bei der Beurteilung von Alternativen hat. *Starke KVW*; auch im Fall von Stimulusunklarheit kann es Situationen geben, in denen weitere (widersprüchliche und komplexe) Informationen aufgenommen werden, obwohl der Konsument weiß, er kann sie nicht akkurat verarbeiten (z.B. wenn man das *richtige* Geschenk kaufen möchte, jedoch über nur wenig Kompetenz in der Produktkategorie verfügt).	*Diffuse KVW*; sowohl in der Vorkauf- wie auch in der Nutzungsphase. Konsument bemerkt zunächst nicht, dass widersprüchliche oder mehrdeutige Stimuli der Grund für seine Verständnisprobleme sind. Indirekt kann er seiner KVW jedoch gewahr werden, weil er bemerkt, dass er Verständnis- und/oder Entscheidungsprobleme hat.

Tabelle 3-2: Unterschiedliche Prägung der Konsumentenverwirrtheit nach Bewusstseinsgrad

Zum Verständnis von Konsumentenverwirrtheit als dreidimensionales Konstrukt

Im Rahmen der Diskussion der drei Variablen Stimulusähnlichkeit, -überlastung und -unklarheit wurde mehrfach die Auffassung vertreten, dass es sich dabei um *Konstruktdimensionen* und nicht um *Determinanten* von KVW handelt und daher von der Multidimensionalität des KVW-Konstrukts ausgegangen wird. Diese Sichtweise soll hier zum Abschluss der Ausführungen zu den drei Variablen verdeutlicht werden.

Bei einem Verständnis, nach dem diese drei Variablen als Determinanten von KVW interpretiert werden, wäre von Bedingungen auszugehen, die in diesem Fall als nicht erfüllt angesehen werden können. Zunächst würde eine Unabhängigkeit der drei Variablen unterstellt sowie ein Kausalzusammenhang zwischen den einzelnen Variablen und KVW.

---

[406]   Vgl. Keller/Staelin, 1987.

Eine *Variablenunabhängigkeit* (d.h. keine Korrelation zwischen den drei Variablen) kann a priori nicht unterstellt werden und erscheint auch wenig plausibel. Bei wahrgenommener Stimulusähnlichkeit, -überlastung und -unklarheit handelt es sich um Verarbeitungsprobleme des Konsumenten, die durch Stimuli verursacht werden. In der Realität können solche Stimuli in großen Mengen auf Konsumenten einwirken und dabei *gleichzeitig* schwer verständlich oder ähnlich zu anderen Stimuli sein. Eine Korrelation zwischen den Variablen erscheint deshalb nicht nur möglich, sondern auch wahrscheinlich. Aus methodologischer Sicht ist bedeutsamer, dass es sich bei den drei Variablen um *eigenständige* Variablen handelt; dieses Kriterium wird später auf diskriminanzanalytischem Wege überprüft (vgl. Kapitel 5.5.1).

Weiterhin wird die Annahme, es liege ein Kausalzusammenhang zwischen den Variablen Stimulusähnlichkeit, -überlastung und –unklarheit einerseits und dem KVW-Konstrukt andererseits vor, hier abgelehnt. Ein Kausalzusammenhang impliziert das Vorhandensein einer *Zeitdifferenz* zwischen Konstrukten; d.h. bei einem Konsumenten, der etwa Stimulus-ähnlichkeit wahrnimmt, wird dann kurze Zeit später KVW hervorgerufen. Eine solche Sicht-weise wird hier als wenig realistisch eingeschätzt. Vielmehr wird davon ausgegangen, dass der Grad der KVW sich *gleichzeitig* mit der Zu- bzw. Abnahme einer der drei Variablen bzw. Dimensionen verändert. Insofern kann konzeptionell nicht unterschieden werden zwischen dem Grad der KVW eines Konsumenten und dessen Grad an bspw. Stimulusähnlichkeit.

In Abbildung 3-14 sind aus Gründen der Übersichtlichkeit die Konstruktdimensionen und deren jeweilige Determinanten als eigenständige Entitäten dargestellt, die zusammen KVW repräsentieren. Wie bereits erwähnt, ist es tatsächlich theoretisch möglich, dass bestimmte Einflussgrößen auf mehr als eine Dimension wirken bzw. Dimensionen sich wechselseitig beeinflussen. So ist es denkbar, dass ein aufgrund von Alternativenvielzahl stimulusüberlaste-ter Konsument im Geschäft nicht mehr in der Lage ist, klar zwischen physisch ähnlichen Alternativen zu unterscheiden; d.h. der Konsument nimmt nicht nur zu viele Stimuli wahr, sondern diese auch als ähnlich. Ebenso erscheint eine wechselseitige Beziehung von Stimu-lusüberlastung und Stimulusunklarheit plausibel[407]. Auch kann ein mit ambiguosen oder widersprüchlichen Informationen konfrontierter Konsument, der Probleme hat, diese richtig einzuordnen, mit der Informationsmenge überfordert sein.

---

[407] Vgl. Lloyd/Jankowski, 1999, S. 204.

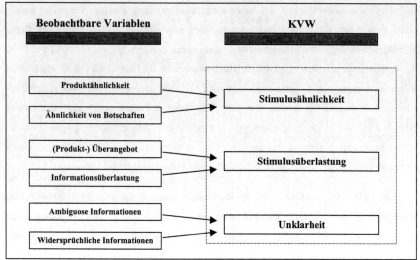

Abbildung 3-14: Dimensionen von Konsumentenverwirrtheit und korrespondierende Einflussgrößen

Trotz der angedeuteten Gemeinsamkeiten scheint es angemessen, zunächst die Eigenständigkeit jeder Dimension zu unterstreichen, vor allem im Hinblick auf eine spätere Hypothesenformulierung und Operationalisierung des KVW-Konstrukts. Aufgrund der Vielzahl mit dem Objekt der KVW verbundenen Einflussgrößen und Kaufverhalten bezogenen Konsequenzen sollte hinsichtlich des Einflusses zunächst eine nach Dimensionen differenzierte Betrachtung von KVW erfolgen. Diese differenzierte Betrachtung ist deshalb zweckmäßig, weil jede der drei diskutierten KVW-Dimensionen eine andere Ausprägung von Konsumentenverwirrtheit darstellt und jeweils andere Ursachen zu ihrer Entstehung führen.

3.3 Stimuli als Ausgangspunkt von Konsumentenverwirrtheit

Der Ursprung von KVW kann in dem Einwirken von Stimuli auf das Individuum bzw. dessen Verarbeitungssystem gesehen werden. Diese Stimuli können nicht-kommerzieller Natur sein (in Form von Nachrichten, Verbraucherschutzinformationen, Gesprächen zwischen Konsumenten etc.) oder marketinginduziert. Letztere können den Konsumenten auf verschiedenen Wegen erreichen, entweder über das zu kaufende *Produkt*, als *Werbebotschaft* oder durch interpersonale Kommunikation.[408] Die Gesamtheit der auf den Konsumenten einwirkenden Stimuli ist im Bezugsrahmen als *Umweltstimuli* gekennzeichnet (vgl. Abbildung 3-1).

Wie Stimuli dann – oder ob sie überhaupt wahrgenommen werden – hängt nicht nur von ihrer Menge und Beschaffenheit, sondern u.a. auch von verschiedenen *prädispositionalen Einflussfaktoren* ab (vgl. Kapitel 3.4.1). Prädispositionale Einflussfaktoren (z.b. Motivation) variieren in Abhängigkeit von dem zu kaufenden Produkt und, als Teil der internen Prozesse, interagieren sie mit *personenspezifischen Charakteristika* (vgl. Kapitel 3.4.3) und *kaufsituationsspezifischen Determinanten* (vgl. Kapitel 3.4.4). Anders ausgedrückt, findet Konsumentenverhalten i.d.R. nicht nur aufgrund Produkt- oder Personen bezogener oder situativer Einflussfaktoren statt, also isoliert, sondern in einem Zusammenspiel derer. In Abbildung 3-15 wird das Zusammenwirken dieser Einflussfaktoren veranschaulicht.

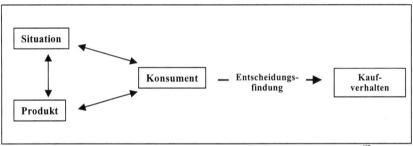

Abbildung 3-15: Ein Modell zentraler Determinanten des Konsumentenverhaltens[409]

Die Relevanz dieser potentiellen Einflussfaktoren auf das Kauf bezogene Verhalten und KVW soll anhand eines einfachen Beispieles aufgezeigt werden. Man stelle sich vor, ein älterer Konsument möchte ein Geschenk für seinen Enkel kaufen, wobei ihm ein Produkt vorschwebt mit dem er nicht vertraut ist (z.B. eine Sony PlayStation); mit dessen Kauf er ergo noch keinerlei Erfahrungen gemacht hat. Im Geschäft liegen Prospekte zu diesem Produkt aus, über Lautsprecher wird die neueste Version des Produkts angepriesen, der Verkäufer nennt ihm im Gespräch Produkt bezogene Fakten und führt in einer Produktdemonstration

---

[408] Die im Bezugsrahmen unter *Umweltstimuli* subsumierten Stimuli lassen sich nach Abplanalp (1978, S. 97-99) auch klassifizieren in: 1) *konsumentengebundene*; hierzu zählen Informationen aus Testzeitschriften und Broschüren, aus den Massenmedien (aus Sendungen) und von Beratungsstellen; 2) *anbietergebundene*; diese sind vor allem Informationen aus der Werbung (TV, Radio, Internet, Print) und von Verkaufspersonal; 3) *publizistische*; hierzu gehören Konsumentensendungen, kommerzielle und redaktionelle Marktkommunikation (auch Schleichwerbung) sowie informale Kommunikation.

[409] Quelle: in Anlehnung an Belk, 1975, S. 158.

einzelne Features vor. All diese Stimuli können einzeln und zusammen potentiell KWV-verursachend sein (d.h. den Konsumenten überlasten und zu KVW führen). Obgleich der betagte Konsument (altersbedingt) eine eingeschränkte Informationsverarbeitung hat, kommt es nicht zu KVW, denn: der Konsument ist leicht schwerhörig und alterskurzsichtig (personenspezifisch), so dass er die Lautsprecheransage nicht hört und die ausliegenden Prospekte nicht sieht. Die einzigen Informationen/Stimuli, die er tatsächlich wahrnimmt sind die Produkt bezogenen, die er vom Verkäufer bekommt. Da der Konsument zudem viel Zeit für den Geschenkkauf eingeplant hat (situationsspezifisch), hat er keinerlei Probleme, die erhaltenen Informationen zu überdenken, zu bewerten bzw. zu verarbeiten (personenspezifisch) und zu einer Kaufentscheidung zu gelangen.

Dieses Beispiel zeigt, dass sich bestimmte Effekte im Zusammenspiel von Personen bezogenen Merkmalen und kaufsituationsspezifischen Faktoren aufheben können. Umgekehrt sind auch Kaufsituationen denkbar, in denen interagierende Faktoren die Wahrscheinlichkeit von KVW erhöhen. Wollte der kurzsichtige ältere Konsument (personenspezifisch) aus dem vorherigen Beispiel etwa in großer Eile (situationsspezifisch) eine Dose Nivea Creme kaufen, statt dessen jedoch die äußerlich ähnliche Isana Creme aus dem Regal nehmen, dann tritt KVW als Ergebnis zweier unabhängiger Ereignisse auf.

Aus der Begriffsbestimmung (vgl. Kapitel 2-1) sowie der Abgrenzung von KVW von verwandten Konstrukten (vgl. Kapitel 2-2) wissen wir, dass nicht nur Produkt bezogene Faktoren für das Auftreten von KVW verantwortlich sein können, sondern auch solche, die auf den Konsumenten selbst zurück gehen. Da eine systematische Untersuchung dieser Faktoren im Kontext von KVW bisher nicht vorliegt, sollen im folgenden Abschnitt ausgewählte Kaufsituation- und Personen bezogene Faktoren hinsichtlich ihrer möglichen Wirkung auf die Entstehung bzw. Verstärkung von KVW erörtert werden.

3.4   Determinanten von Konsumentenverwirrtheit

3.4.1   Prädispositionale Einflussfaktoren und Konsumentenverwirrtheit

Aktivierung und Kognition

Die psychischen Determinanten des Konsumentenverhaltens werden grundsätzlich in aktivierende und kognitive Prozesse unterteilt.[410] Hierbei handelt es sich um eine übliche begriffliche Dichotomisierung des Konsumentenverhaltens[411]. Damit soll jedoch nicht der realitätsfernen Annahme, dass entweder aktivierende *oder* kognitive Prozesse ablaufen[412], Vorschub geleistet werden, sondern dient dazu, Konsumentenverhalten zum besseren Verständnis zu systematisieren. In der Realität ist das Verhalten von Konsumenten von Anteilen beider Prozesse und einer Wechselwirkung der Komponenten geprägt (vgl. Abbildung 3-16).

Dies deutet darauf hin, dass eine solche Trennung eher analytischer Natur ist. Die Begriffe der *Aktivierung* bzw. *Aktiviertheit* und *Kognition* sollen hier dennoch kurz erläutert werden, da sie für die Erklärung bzw. das Verständnis von nachfolgend erörterten prädispositionalen Einflussfaktoren (Motivation, Involvement etc.) von Bedeutung sind.

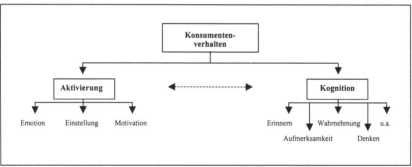

Abbildung 3-16: Konsumentenverhalten als Aktivierung und Kognition

Mit *Aktivierung* wird ein physiologischer Grund(erregungs)zustand gekennzeichnet, und zwar „i.S. entstehender Bereitschaft und Fähigkeit zur Reizaufnahme durch Antriebskräfte"[413]. Sie

---

[410]   Vgl. Kroeber-Riel/Weinberg, 1996, S. 49.
[411]   Vgl. z.B. Kroeber-Riel/Weinberg, 1996, S. 49-52; Trommsdorff, 1998, S. 42.
[412]   Vgl. z.B. Gehm, 1991, S. 57.
[413]   Bänsch, 1989, S. 11.

versetzt den Menschen lediglich in Leistungsbereitschaft und befähigt ihn, Reize aufzunehmen und zu verarbeiten.[414] Es wird also deutlich, dass ein nicht aktivierter Konsument nicht
verwirrt werden kann, da die dazu notwendige Stimulusaufnahme nicht stattfindet.

Kognition ist jene Komponente des Konsumentenverhaltens, die sich mit der menschlichen
Informationsverarbeitung und ihren Vorgängen befasst.[415] Nach Koeppler[416] umfasst der
*Kognition*sbegriff all jene Vorgänge, durch die der sensorische Input kodiert, reduziert und
gespeichert sowie mit bereits gespeicherten Informationen verknüpft wird. Zu den Zustand-
konstrukten Aktivierung und Kognition zählen eine Reihe von psychischen Aktivitäten wie
einerseits Wahrnehmung, Erinnerung, Problemlösung (Kognition) und anderseits Motivation
oder Emotion (Aktivierung), und nach Festinger vor allem die Erwartungen eines Menschen
an sich und seine Umwelt: „the things a person knows about himself, about his behavior, and
about the surroundings."[417]

Prädispositionen

Es wird davon ausgegangen, dass jeder Konsument eine Grundhaltung gegenüber äußeren
Einflüssen hat (Produkten, Werbebotschaften, Menschen etc.), die den Grad der Aufmerksamkeit bestimmen und die weitere Informationsverarbeitung. Diese Haltung gegenüber
äußeren Einflüssen wird nach Nicosia als *Prädisposition*[418] eines Konsumenten bezeichnet.[419]

Die Wahrnehmung wird entsprechend der Prädisposition des Konsumenten gesteuert. So wird
ein *positiv prädisponierter* Konsument eine Werbebotschaft oder ein Produkt *eher wahrnehmen* als ein negativ prädisponierter,[420] da Konsumenten dazu neigen, nur solche Stimuli zu

---

[414]   Vgl. Kroeber-Riel/Weinberg, 1996, S. 58-62.
[415]   Die Begriffe *Kognition* und *Informationsverarbeitung* bzw. *Kognition* und *Erkennen* finden in der Literatur
        z.T. eine synonyme Verwendung (vgl. z.B. Neisser, 1966, S. 4; Johnson, 1955, S. 19-21).
[416]   Vgl. Koeppler, 1980, S. 337.
[417]   Festinger, 1957, S. 9.
[418]   Bänsch (1989, S. 115) bezeichnet *Prädispositionen* als passive kognitive Strukturen, die das Individuum in
        seinem Gleichgewichtszustand belassen und nicht direkt zu Aktivitäten wie Kaufhandlungen veranlassen.
        Zu den Prädispositionen zählen z.B. Erfahrung und Motivation (vgl. Nicosia, 1966, S. 120 u. 171). Nach
        Howard/Sheth (1973, S. 526) sind Prädispositionen ein „summary effect" verschiedener Lernkonstrukte:
        Nichtspezifische Motive, spezifische Motive, Mediatorvariablen und dem Evoked Set eines Konsumenten.
        Prädispositionen, so Howard/Sheth (1973, S. 526), drücken die Präferenz eines Konsumenten aus hinsicht-
        lich der Marken in seinem Evoked Set; diese werden durch Einstellungen ausgedrückt. Vgl. auch Bänsch,
        1989, S. 115.
[419]   Vgl. Nicosia, 1966, S. 120 u. 171.
[420]   Vgl. Clement, 1970.

sehen und wahrzunehmen, die bestätigend bzw. unterstützend auf die eigenen Prädisposition wirken oder in einem positiven Verhältnis zu denselben stehen.[421]

Man stelle sich einen Konsumenten vor, der ein Elektronik-Kaufhaus betritt und zielgerichtet in die Computer-Abteilung geht, um sich einen neuen PC zu kaufen auf den er sich schon lange freut (positiv prädisponiert). Auf den Weg dorthin kommt er u.a. an den Abteilungen „Kleingeräte" und „HiFi" vorbei; obwohl er sich dessen bewusst ist, schenkt er diesen jedoch keine Beachtung, da ihn ein anderes Produkt interessiert. Die positive Prädisposition des Konsumenten führt also zu einer stärkeren Informationssuche, -aufnahme und –verarbeitung von PC bezogenen Informationen. Entsprechend können Prädispositionen Einfluss auf die Entstehung bzw. den Grad von KVW nehmen. Ein negativ prädisponierter Konsument wird u.U. weniger leicht stimulusüberlastet werden, weil er weniger kommerzielle Botschaften wahrnimmt bzw. wahrnehmen möchte.

Prima facie gibt es Parallelen zwischen Prädisposition und Kognition, da beide Einfluss auf die Fähigkeit des Konsumenten Informationen aufzunehmen und zu verarbeiten haben, jedoch ist der Geltungsbereich von Prädispositionen ein breiterer, da sie zudem auch die Neigung des Konsumenten zu dessen geistigen Aktivitäten mit einschließen.

3.4.1.1 Einstellung und Konsumentenverwirrtheit

Verknüpft mit dem Begriff der *Prädispositionen* ist der *Einstellung*sbegriff. Mit dem Konstrukt *Einstellungen* werden „systembedingte und erlernte Reaktionsweisen eines Individuums, die dessen Denken, Behalten, Empfindungen und Handeln bestimmen"[422] bezeichnet. Eine ähnliche, wenngleich allgemeiner gefasste, Definition bieten Eagly/Chaiken[423] an: „[An attitude is] a psychological tendency that is expressed by evaluating a particular entity with some degree of favor or disfavor" [Klammer durch d.V.].

In Abbildung 3-16 wurden Einstellungen zu den aktivierenden Vorgängen gezählt, weil der Auffassung gefolgt wird, dass sie primär von emotionalen Haltungen gegenüber Objekten geprägt werden[424]. Gleichzeitig haben Einstellungen jedoch auch eine kognitive und konative

---

[421] Vgl. Berelson/Steiner, 1967, S. 34.
[422] Bledjian/Stosberg, 1972, S. 111.
[423] Eagly/Chaiken, 1993, S. 1.
[424] Vgl. Kroeber-Riel/Weinberg, 1996, S. 167.

Komponente.[425] Die *kognitive* Komponente bezieht sich auf Wissen und Vorstellungen des Individuums, die sich in Urteilen niederschlagen, während sich die *affektive* in Gefühlshaltungen äußert. Die *konative* Komponente bezieht sich auf eine Handlungstendenz bzw. auf eine grundsätzliche Bereitschaft, die aber nicht zu einer Handlung führen muss.

Ein Konsument kann eine positive oder negative Einstellung zu einem Produkt oder Medium haben und entsprechend motiviert sein, Informationen (nicht) aufzunehmen. Jemand, der bspw. eine stark positive Einstellung zu Videorecordern hat, wird u.U. eher Stimulusüberlastung erfahren, weil er bestrebt ist, möglichst viele Produkt bezogene Informationen zu bekommen, gleichzeitig wird er aber besser zwischen Videorecordern verschiedener Hersteller differenzieren und Funktionen verstehen können.

Einstellungen basieren auf den Kenntnissen und Erfahrungen, die ein Konsument in Bezug auf ein Produkt besitzt. Positive Produkterfahrungen in der Vergangenheit führen zu positiven Gegenwart bezogenen Einstellungen zu dem jeweiligen Produkt. Diese können mit Markenloyalität einher gehen und bedeuten für den Konsumenten eine verringerte Vorkauf-Informationssuche sowie weniger bzw. gar keine Produktvergleiche (in der jeweiligen Kategorie). Die Wahrscheinlichkeit durch ähnliche oder zu viele Stimuli verwirrt zu werden ist folglich gering.

Ein ähnliches Handlungsschema kann auch bei negativen Einstellungen vorliegen; diese können den Konsumenten dazu motivieren, nur noch „bewährte" Produkte bei Kaufentscheidungen mit einzubeziehen, wodurch das Auftreten von KVW weniger wahrscheinlich wird. Andererseits können negative Einstellungen den Konsumenten zu einer intensiven Auseinandersetzung mit einer Produktgruppe motivieren, wenn etwa erneute schlechte Erfahrungen bzw. ein weiterer schlechter Kauf vermieden werden soll. Die Folge hiervon kann Stimulusüberlastung-KVW sein.

Die möglichen Zusammenhänge zwischen (positiven und negativen) Einstellungen und KVW sind in der folgenden Abbildung dargestellt. In der Abbildung sind auch mögliche Rückkoppellungen berücksichtigt. In der neueren Konsumentenverhaltensforschung wird nicht mehr von einem einseitigen Wirkungszusammenhang ausgegangen (Einstellungen → Verhalten),

---

[425]   Vgl. Sheth/Mittal/Newman, 1999, S. 395.

sondern auch von einem Einfluss von Konsumenterverhalten auf Einstellungen, die wiederum zukünftiges Verhalten beeinflussen (Verhalten → Einstellungen → Verhalten).[426]

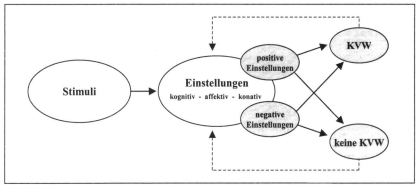

Abbildung 3-17: Einstellungen und Konsumentenverwirrtheit

Die Verarbeitung von Informationen, die den Konsumenten zur Verfügung stehen bzw. in Form von Stimuli erreichen erfolgt interindividuell mit unterschiedlicher Verarbeitungstiefe. Die Verarbeitungstiefe wird wesentlich von der Bereitschaft des Konsumenten sich kognitiv anzustrengen beeinflusst. Im engen Zusammenhang mit der Verarbeitungstiefe steht das Konstrukt *Involvement*, das wegen seiner Bedeutung für den Grad und die Güte der Informationsverarbeitung im Folgenden ausführlicher untersucht werden wird.

3.4.1.2 Involvement und Konsumentenverwirrtheit

In den vergangenen Jahren ist dem *Involvement*-Konzept im Rahmen der Konsumentenforschung ein vergleichsweise hohes Maß an Aufmerksamkeit zuteil geworden. Dies hängt vor allem mit seiner Bedeutung in verschiedenen Bereichen des Konsumentenverhaltens zusammen. Es wird etwa davon ausgegangen, dass Involvement[427] einen Einfluss auf Einstellungen[428], Markenloyalität[429], Kundenzufriedenheit[430] oder wahrgenommenes Risiko[431] haben kann.

---

[426] Vgl. Kroeber-Riel/Weinberg, 1999, S. 170-174.
[427] Vgl. Houston, 1978; Andrews/Durvasula/Akhter, 1990.
[428] Vgl. Louden/Della Bitta, 1993, S. 448-454.
[429] Vgl. Oliver, 1980; Oliva/Oliver/MacMillan, 1992.
[430] Vgl. Hong/Rucker, 1995.
[431] Vgl. Richins/Bloch, 1986.

In Abwesenheit einer von breiten Teilen der Forschung akzeptierten Definition,[432] können hier zur besseren Einordnung des Involvementbegriffs der allgemeine Beschreibungsversuch von Sheth/Mittal/Newman[433] und der präzisere von Trommsdorff[434] gewählt werden. Erstere definieren Involvement als den Grad der persönlichen Relevanz, die ein Produkt oder eine Dienstleistung für einen Konsumenten hat[435], während Trommsdorff die hier interessierende Informationsverarbeitung fokussiert: „Involvement ist der Aktivierungsgrad bzw. die Motivstärke zur objektgerichteten Informationssuche, -aufnahme, -verarbeitung und -speicherung."[436]

Involvement und Informationsverarbeitung

Diese Definitionen lassen erkennen, dass der Involvementgrad eines Konsumenten dessen Informationsverarbeitungsintensität und -gründlichkeit erheblich determinieren kann, diese wiederum haben unmittelbaren Einfluss auf die Entstehung von Stimulusähnlichkeit, -überlastung oder -unklarheit und somit KVW. Trommsdorffs Definition impliziert, dass ein hoher Aktivierungsgrad in einer hohen Informationsneigung des Konsumenten resultiert (d.h. die Bereitschaft, Informationen zu einem bestimmten Produkt zu suchen). Im KVW-Kontext kann dies zweierlei bedeuten:

1) der stark involvierte Konsument versucht, viele Informationen aufzunehmen und zu verarbeiten, was ihn u.U. überlastet und verwirrt[437];

2) der stark involvierte Konsument verarbeitet die dargebotenen Informationen gründlicher als der weniger Involvierte[438], so dass es nicht zu Stimulusähnlichkeit, -überlastung oder -unklarheit kommt.

---

[432] Vgl. Foxall/Goldsmith/Brown, 1998, S. 84-85. So gibt es zwei Auffassungen über die Ursache- Wirkungs-Beziehung von Involvement: Einerseits wird für eine *prozessorientierte* und andererseits für eine *zustandsorientierte* Konzeptualisierung plädiert (vgl. Antil, 1984, S. 205; Matzler, 1997, S. 193-194). Erstere unterstellt, dass Involvement sich aus dem Grad bzw. der Tiefe der kognitiven Aktivität ergibt, während bei Letzterem davon ausgegangen wird, dass die Höhe des Involvement die Tiefe der Informationsverarbeitung bestimmt.

[433] Sheth/Mittal/Newman, 1999, S. 361.

[434] Vgl. Trommsdorff, 1998, S. 50.

[435] Sheth/Mittal/Newman, 1999, S. 361.

[436] Trommsdorff, 1998, S. 50.

[437] Diese Auffassung vertreten Mitchell/Papavassiliou (1999, S. 319): „[consumer confusion] can be particularly acute in high-involvement and complex purchases where consumers devote more time and effort to gathering and processing information and have a higher propensity to become overloaded". [Klammer durch den Verfasser]

Wenn berücksichtigt wird, dass mit steigendem Involvement auch die Motivation zunimmt, aus einem Entscheidungsprozess zu lernen und dadurch zukünftige Entscheidungen zu verbessern, erscheint die zweite Annahme plausibler.[439] Welche dieser zwei konträren Annahmen letztlich zutreffend ist, müsste empirisch untersucht werden. Im Folgenden sollen auf Grundlage bestehender Erkenntnisse die Bedeutung des Involvement-Konstrukts für die Entstehung von KVW diskutiert werden.

Situatives und andauerndes Involvement

Nach Foxall/Goldsmith/Brown kann sinnvoll zwischen *situativem* („situational") und *andauerndem* („enduring") Involvement unterschieden werden[440] (vgl. Abbildung 3-18).

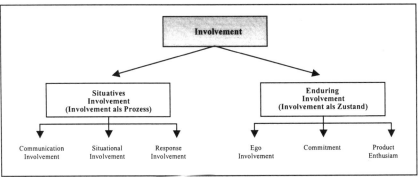

Abbildung 3-18: Situatives und anhaltendes Involvement

Situationsspezifisches Involvement dauert nur so lange, wie es die jeweilige Situation erfordert.[441] Das Involvement kann hoch in Bezug auf die Produkt bezogene Kommunikation sein („Communication Involvement") oder auf die erhaltenen Informationen und die eigene Bemühung, diese richtig zu verstehen und darauf zu reagieren („Response Involvement")[442]. Andauerndes Involvement hingegen ist auf feste Motive zurückzuführen und hat über einen längeren Zeitraum Bestand[443]. So kann es die Form von *Ego Involvement* annehmen, wenn ein

---

438 Foxman/Muehling/Berger (1990, S. 184) bspw. argumentieren, dass Konsumenten „who are less involved with a product category are more likely to experience confusion".
439 Vgl. Huffman/Houston, 1993, S. 190-192.
440 Vgl. Foxall/Goldsmith/Brown, 1998, S. 85-87.
441 Vgl. Foxall/Goldsmith/Brown, 1998, S. 86; Zaichkowsky, 1985.
442 Vgl. Houston/Rothchild, 1978.
443 Vgl. Antil, 1984.

Produktbereich von hoher persönlicher Bedeutung für den Konsumenten ist, weil sein Lebensstil davon berührt ist.[444] Ein hohes *Commitment* wird der Konsument zeigen, wenn er mit bestimmten Produkten seine Überzeugungen ausdrücken kann. Von hoher persönlicher Relevanz ist ein Produkt auch für Enthusiasten[445].

Konsumentenverwirrtheit differenziert nach High- und Low-Involvement

Es erscheint wahrscheinlich, dass ein hoher Grad an Produktinvolvement zumindest die KVW-Dimension Stimulusähnlichkeit ausklammert, da der Konsument sich intensiv mit einem Produkt bzw. einer Produktklasse auseinandersetzt und daher auch in der Lage sein dürfte, verschiedene Marken richtig zu erkennen bzw. zu unterscheiden.

Unter spezifischer Berücksichtigung der Informationsverarbeitung kann (vor allem situatives) Involvement auch nach *High* und *Low* differenziert werden. Weiterhin kann nach zwei grundsätzlichen Folgen dieser Involvementausprägungen in *extensive* und *limitierte Informationsverarbeitung* bzw. Entscheidungstreffung differenziert werden. Letztere wiederum können Einfluss auf die Entstehung von Stimulusüberlastung und KVW haben.

Ein hoher Aktiviertheits- bzw. Involvementgrad kann zu einer gründlicheren Informationsverarbeitung führen oder zu Überlastung, Letzteres, wenn die individuelle Aufnahmeschwelle überschritten wird. In einem solchen Fall unterscheidet sich der involvierte Konsument nicht sehr vom uninvolvierten: „The limitations of our processing capabilities may cause the involved consumer to be no better informed than the uninvolved consumer."[446]

Bei komplexen Kaufentscheidungen geht hohes Involvement mit extensiven Kaufentscheidungen einher. Habitualisierten Kaufentscheidungen geht hingegen eine limitierte Informationsverarbeitung voraus, auch wenn es sich um ein High-Involvement-Produkt handelt (vgl. Abbildung 3-19). Wegen ihrer wichtigen Funktion hat bspw. der (habituelle) Kauf von Kontrazeptiva für Frauen einen hohen Involvementcharakter, auch wenn sie stets das Produkt desselben Herstellers wählen. Auch Chaiken geht von einer hohen Konsumentenmotivation

---

[444]   Produkte (oder Stimuli im Allgemeinen) die der Konsument als konsistent mit seinen Werten, Interessen usw. wahrnimmt, führen zu höheren Involvementgraden. Daraus kann geschlossen werden, dass ein bestimmtes Produkt bzw. ein bestimmter Stimulus bei verschiedenen Personen nicht den gleichen Involvementgrad auslöst.

[445]   Vgl. z.B. Wiedmann/Walsh/Hennig-Thurau/Mitchell, 2001, S. 128.

[446]   Munch, 1990, S. 145 zitiert in: Elliott/Warfield, 1993, S. 207.

bei wichtigen High-Involvement-Käufen aus, die zu einer gründlicheren Bewertung und Verarbeitung von Informationen führt.[447]

Aber auch in Situationen geringen Involvements ist KVW möglich. Nicht involvierte Konsumenten sind vermutlich weniger in der Lage, ähnliche Stimuli zu unterscheiden und somit eher anfällig für Stimulusähnlichkeit und KVW[448].

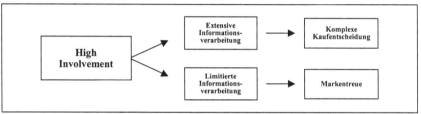

Abbildung 3-19: High-Involvement und Kaufentscheidungen

Involvement in low und high sowie KVW in seine drei postulierten Dimensionen unterteilt, ergibt sechs mögliche „Kombinationen", die sich hinsichtlich der Wahrscheinlichkeit, dass KVW auftritt, unterscheiden lassen (vgl. Tabelle 3-3).

		KVW		
		Stimulusähnlichkeit	**Stimulusüberlastung**	**Stimulusunklarheit**
Involvement	**High**	Konsument wird äußerliche Unterschiede erkennen. *Gefahr von KVW gering.*	Konsument könnte versuchen, soviel wie möglich über ein Produkt oder eine Produkt-gruppe zu erfahren und sich dabei informationsüberlasten. Es ist auch denkbar, dass der stark involvierte Konsument nur wenig Zeit hat, Informationen zu verarbeiten. *Gefahr von KVW.*	Konsument wird ambiguose oder widersprüchliche Informa-tionen als solche erkennen, außer er hat zu wenig Zeit dafür. *Moderate Gefahr von KVW.*
	Low	Konsument wird äußerliche Unterschiede u.U. nicht erken-nen, da er sich nur wenig mit einzelnen Produkten beschäftigt. *Gefahr von KVW gegeben.*	Ein wenig involvierter Konsu-ment wird i.d.R. nicht versuchen große Informations-mengen zu verarbeiten, die ihn dann überlasten und verwirren könnten. *Gefahr von KVW gering.*	Obgleich der Konsument eine nur geringe Neigung zur Infor-mationsaufnahme und – verarbeitung hat, findet i.d.R. doch Kognition statt. Wenn dabei ambiguose oder wider-sprüchliche Informationen ver-arbeitet werden, kann Unklarheit und KVW die Folge sein.

Tabelle 3-3: Konsumentenverwirrtheit in Abhängigkeit vom Involvementgrad

---

[447] Vgl. Chaiken, 1980.
[448] Vgl. zu einer möglichen Involvement-KVW-Beziehung Balabanis/Craven, 1997.

3.4.1.3 Erfahrung/Vertrautheit und Konsumentenverwirrtheit

Die ferner in Bezug auf die Entstehung von KVW wichtigen prädispositionalen Einflussfaktoren *Erfahrung* und *Vertrautheit* sind in diesem Abschnitt Diskussionsgegenstand. Obgleich der *Vertrautheit*sbegriff in der Literatur in Abhängigkeit von der zu Grunde liegenden Konzeptualisierung und Operationalisierung unterschiedlich gefasst sein kann[449], wird er häufig im Sinne von Kauf- und Produkterfahrung interpretiert[450]. Einem solchen Verständnis wird auch hier gefolgt, so dass die Begriffe Erfahrung und Vertrautheit synonym verwendet werden.

Im Hinblick auf das Verhältnis von KVW und *Erfahrung* legen theoretische Überlegungen zunächst nahe, von einer negativen Beziehung auszugehen. Ein Konsument, der Erfahrungen mit Einkaufen im Allgemeinen und bestimmten Produkten im Speziellen hat, wird neue Stimuli vermutlich besser zuordnen können, da vorhandene Informationen (Erfahrungen) als Referenzinformationen dienen können und eine entsprechend geringere KVW-Neigung haben.

Der Begriff der *Erfahrung* schließt auch vom Konsumenten in der Vergangenheit wahrgenommene Konsumentenverwirrtheit mit ein. Es kann unterstellt werden, dass Konsumenten, die bereits Erfahrungen mit KVW haben sammeln können, anders als „KVW-Novizen" damit umgehen werden. Unterschiede erscheinen etwa hinsichtlich möglicher Konsumentenverwirrtheit-Reduktionsstrategien wahrscheinlich.

Erfahrungen mit KVW gestatten dem Konsumenten etwa, Zuflucht bei Entscheidungsheuristiken zu suchen. Denkbar ist aber auch, dass KVW, nachdem sie mehrmals von einem Konsumenten erfahren wurde, mit der Zeit ihre (negative) Wirkung mit Blick auf die Entscheidungsfähigkeit verliert. Wenn KVW-erfahrene Konsumenten Kaufentscheidungen zu treffen haben, werden sie vermutlich potentiell KVW-verursachende Stimuli oder Kaufsituationen zu vermeiden suchen. So könnten Konsumenten, die in der Vergangenheit aufgrund von Stimulusüberlastung-KVW Kaufentscheidungsprobleme hatten, zur Verfügung stehende Informationsquellen nach empfundener Wichtigkeit oder Kompetenz sortieren und auf weniger wichtige oder kompetente Informationsquellen (z.B. Kollegen oder die Tageszeitung) verzichten.

---

[449] Vgl. zu alternativen Vertrautheits-Operationalisierungen Bleicker, 1983, S. 183-185.
[450] Vgl. Alba/Hutchinson (1987, S. 411), die Vertrautheit definieren als „product-related experiences that have been accumulated by the consumer".

3.4.2 Wahrnehmung und Konsumentenverwirrtheit

Stimuli, die wahrgenommen werden, befinden sich bildhaft gesprochen im Inneren des menschlichen Verarbeitungssystems und müssen dort irgendwie „behandelt" werden. Stimuli werden wahrgenommen, entschlüsselt und bekommen einen Informationsgehalt für den einzelnen Konsumenten. Dieser Vorgang ist in Abbildung 3-1 durch die Komponente *Wahrnehmung* dargestellt. Wenn ein Reiz stark genug ist, wird die Aufmerksamkeit des Konsumenten geweckt und damit eine willentlich gesteuerte Verarbeitung des Reizes hervorgerufen.[451]

Stimuluswahrnehmung und Konsumentenverwirrtheit

In Abhängigkeit von der Stimulusmenge und der Situation in der Stimuli vom Konsumenten wahrgenommen werden, wird determiniert, ob KVW auftritt und in welcher Höhe. Werden bspw. mehr Informationen wahrgenommen als der Konsument in einer bestimmten Zeiteinheit verarbeiten kann, kann es zu Stimulusüberlastung und KVW kommen.

Die auf den Konsumenten einwirkenden Stimuli können distinkt sein, und damit relativ gut unterscheidbar, oder sich ähneln. Zu KVW kann es auch kommen, wenn wahrgenommene Stimuli bereits gespeicherten/gelernten Stimuli ähneln; ja so sehr ähneln, dass seitens des Konsumenten eine Unterscheidung nicht stattfindet, ein neuer Stimulus demnach als ein bekannter/alter wahrgenommen wird. Stimulusähnlichkeit und KVW können die Folge sein.

Schließlich können widersprüchliche oder ambiguose Stimuli wahrgenommen werden, vor allem dann, wenn neue Stimuli mit bereits gemachten Erfahrungen bzw. gelernten Stimuli nicht übereinstimmen. So kann ein neues Format der Informationsdarbietung dazu führen, dass bekannte Informationen anders wahrgenommen werden. Der Name *SONY* bspw. stellt ein bekanntes Format dar, wobei zu beachten ist, dass die in diesem Namen enthaltenen Buchstaben nur in dieser Reihenfolge die gewünschte Wahrnehmung erreichen. Sieht der Konsument etwa den Namen *ONSY*, ein ihm unbekanntes Format, wird die Information verzögert oder gar nicht wahrgenommen. Diese Diskrepanz zwischen alten und neuen Stimuli kann zu Unklarheit und KVW führen. Die Rolle der Wahrnehmung in Bezug auf die Entstehung von KVW soll in diesem Abschnitt ausführlich diskutiert werden.

---

[451] Vgl. Leven, 1983; Buxel, 1999, S. 18-21; Wiedmann/Walsh/Polotzek, 2000, S. 9-11.

Bei der Verarbeitung von Stimuli sowie der Beurteilung von Wirkungsweisen von Informationen ist Wahrnehmung die Schlüsselgröße, da sie „den zeitlichen Anfang aller psychischen Aktivitäten bildet"[452]. Vereinfacht ausgedrückt, ist mit Wahrnehmung[453] der „process of information extraction"[454] gemeint. Da jeder Mensch in Abhängigkeit von seinen Prädispositionen und kognitiven Fähigkeiten aus gegebenen Stimuli andere Informationen extrahiert und diese anders interpretiert, ist es schwierig vorherzusagen, wie der Einzelne auf bestimmte Stimuli reagiert.[455] Einer reinen visuellen und auditiven Wahrnehmung („physical perception") schließt sich eine geistige Verarbeitung („cognitive perception") an.[456] Dieser Prozess kann nach Neisser bildlich dargestellt werden (vgl. Abbildung 3-20). Der visuellen Wahrnehmung kommt hinsichtlich des Konsumentenverhaltens eine Schlüsselrolle zu, da visuell die meisten und die komplexesten Informationen wahrgenommen werden.[457]

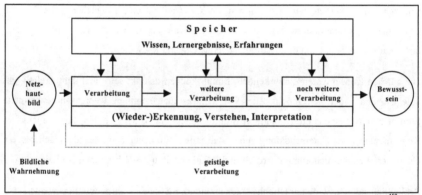

Abbildung 3-20: Modell der visuellen Wahrnehmung und inneren Informationsverarbeitung[458]

Durch die mehrmalige Interaktion eines Stimulus mit verschiedenen Abschnitten des Speichers[459] erhält jeder Reiz eine individuelle Bedeutung; d.h. die Wahrnehmung desselben Stimulus resultiert in interindividuell unterschiedlichen Realitäten[460].

---

452 Prinz, 1990, S. 27.
453 Vgl. zu einer ausführlichen Übersicht zur menschlichen Wahrnehmung Buxel (1999, S. 4-9) und die dort genannte Literatur.
454 Forgus, 1966, S. 1. Eine prozessorientierte (und dabei detailliertere) Definition von Wahrnehmung findet sich bei Harrell (1986, S. 66): „the process of recognizing, selecting, organizing, and interpreting stimuli in order to make sense of the world around us." Ähnlich wird Wahrnehmung auch von Berelson/Steiner (1974, S. 61-63) sowie Hajos (1980, S. 14) beschrieben.
455 Vgl. Kerby, 1975, S. 247-275.
456 Vgl. Bebié, 1978, S. 449.
457 Vgl. Behrens, 1982, S. 16.
458 Quelle: in Anlehnung an Neisser, 1976, S. 23.

Individuelle Faktoren oder *Individuelle Wahrnehmungsprädispositionen*, wie kognitive Orientierung, Erwartungen, Motive oder Lernen, die auf gemachten Erfahrungen basieren[461], determinieren die Wirkung von Stimuli und somit die Wahrnehmung. Diese Wahrnehmungsdispositionen können von Mensch zu Mensch variieren, während *Stimulusfaktoren* (z.b. Charakteristika des wahrgenommenen Objekts wie etwa Farbe, Größe, Verpackung, Markenname) i.d.R. konstant sind, auch wenn sie u.U. subjektiv unterschiedlich wahrgenommen werden.

Zentrale Merkmale der Wahrnehmung und das Phänomen der selektiven Wahrnehmung

Da sie sich im Kopf der Menschen abspielt und somit nicht direkt beobachtbar ist, bleibt *Wahrnehmung* ein theoretischer Begriff[462]. Um sich dem *Wahrnehmung*sbegriff weiter anzunähren bzw. ihn weiter zu systematisieren, soll hier eine in der Literatur häufig aufgegriffene Systematisierung diskutiert werden.

Wahrnehmung ist durch drei Kernmerkmale gekennzeichnet:

1) **Subjektivität.** Objektiv gleiche Sachverhalte werden von Menschen unterschiedlich (d.h. subjektiv) wahrgenommen.[463]

2) **Aktivität.** Umweltstimuli werden sowohl passiv wie auch aktiv im Zuge von Informationsaufnahme und –verarbeitung wahrgenommen.

3) **Selektivität.** In Abhängigkeit von Erfahrung und Motivation zu einem bestimmten Zeitpunkt, variiert auch die Wahrscheinlichkeit eines Stimulus, wahrgenommen zu werden.

Der Aspekt der *Selektivität* verdient im hiesigen Forschungskontext besondere Berücksichtigung, da sie aufgrund ihrer Filterfunktion prima facie komplexitäts- und quantitätsmindernd wirken könnte, was wiederum das Auftreten von KVW durch Stimulusüberlastung weniger

---

[459] In der Realität wird von mindestens drei Speichern ausgegangen: Langzeitspeicher, sensorischer Speicher und Arbeits- bzw. Kurzzeitspeicher (vgl. Buxel, 1999, S. 7).

[460] Vgl. Wittling, 1976, S. 11.

[461] Vgl. Bebié, 1978, S. 25.

[462] Vgl. Irle, 1975, S. 59.

[463] Zur Subjektivität der Wahrnehmung lässt sich humoristisch Klix (1992, S. 25) zitieren: „Menschlichem Philosophieren ist es anheim gestellt, ob Prozesse des Wahrnehmens (...) ein Stück Realität einfangen oder

wahrscheinlich macht. Ob selektive Wahrnehmung bzw. Informationsaufnahme einen hinrei-
chenden Abwehrmechanismus vor Stimulusüberlastung und KVW darstellt, ist ein kontrovers
diskutiertes Thema. Bejaht wird dies u.a. von Grether/Wilde[464], die meinen, dass Konsumenten „are generally quite capable of ignoring irrelevant information". Obwohl als theoretisch
möglich eingeschätzt, schließt auch Jacoby ein Auftreten von KVW-bewirkender Stimulusüberlastung beim Konsumenten in der Realität aus; er behauptet: „no, they will not. This is
because they are highly selective in how much and just which information they access."[465]

Andere Autoren[466] widersprechen dem vehement und verweisen auf Bedingungen, in denen
die Informationsaufnahme über eine optimale Schwelle hinweg stattfinden kann. Konsumenten, die z.B. (Kauf-) Interesse an einer bestimmten Produktkategorie haben, in der es viele
Alternativen gibt und die aktiv nach Informationen suchen, sind u.U. empfänglicher für
Stimulusüberlastung und KVW. Denn häufig werden solche Konsumenten keine Stimuli
übergehen, die „are relevant to one's needs and interests"[467]. Auch im Falle eines motivierten
und involvierten Konsumenten, der in einer für die heutige Zeit typischen produkt- und
informationsgesättigten Kaufumgebung eine Kaufentscheidung treffen möchte, kann es sein,
dass er mehr Informationen aufzunehmen versucht als er verarbeiten kann und sich so infor-
mationsüberlastet. In einem solchen Fall wären Konsumenten „not able to shield themselves
from being overloaded"[468].

Inkonsistenzen in der Literatur sind auch im Hinblick auf die Triebfedern selektiver Wahrnehmung evident. Die Wahrnehmung ist vermeintlich zum Zweck der Informationsreduktion
selektiv.[469] Durch die Auswahl von relativ wenigen aus den nahezu unzähligen auf den Konsumenten einwirkenden Stimuli, soll das menschliche Informationsverarbeitungssystem
entlastet werden. Es wird davon ausgegangen, dass Stimuli/Informationen „aussortiert" (d.h.
nicht wahrgenommen) werden, die:[470]

-   bedrohend, schmerzlich oder unsympathisch sind,

---

ob sie sich, mehr oder weniger auf gut Glück, die Realität konstruieren und dann staunend begründen, dass
doch eines zum anderen passt."
[464] Grether/Wilde, 1984, S. 141.
[465] Jacoby, 1984, S. 435.
[466] Vgl. z.B. Malhotra, 1984; Keller/Staelin, 1987.
[467] Schiffman/Kanuk, 1997, S. 161.
[468] Keller/Staelin, 1987, S. 212.
[469] Vgl. Foxall/Goldsmith/Brown, 1998, S. 53-55 sowie Assael, 1998, S. 220-223.

- zu Produkten gehören, die nicht die Bedürfnisse des Konsumenten befriedigen oder

- nicht seinen Wünschen und Bedürfnissen entsprechen.

Ob angesichts des Informationsüberangebots dem Konsumenten ausgesetzt sind, der selektiven Wahrnehmung tatsächlich die unterstellte Entlastungsfunktion zukommt, darf bezweifelt
werden. Insbesondere die unterstellte Funktion, Stimulusüberlastung und somit KVW pauschal zu senken, ist im hiesigen Forschungskontext als problematisch einzuschätzen. Auf die
einzelnen Kritikpunkte wird hier kurz eingegangen, ohne jedoch das Konzept der selektiven
Wahrnehmung grundsätzlich in Frage stellen zu wollen.

Dem Konzept der selektiven Wahrnehmung, so scheint es, liegt die Vorstellung eines statischen Marktgeschehens zugrunde. Die Annahme, dass unbefriedigende Stimuli bzw. Stimuli
zu unbefriedigenden Produkten vermieden werden, scheint von einer sich nicht verändernden
Produkt- und Stimuluszahl auszugehen, denn die Vielzahl von stimuliaussendenden Neuprodukten bleibt unberücksichtigt. In einem dynamischen Marktgeschehen, wie es in der Realität
vorzufinden ist, kommen Neuprodukte ununterbrochen in allen Produktkategorien auf den
Markt, während andere (temporär oder permanent) verschwinden. Unter solchen Bedingungen
kann der Konsument gar nicht wissen, ob ein Neuprodukt seinen Wünschen und Bedürfnissen
entspricht oder nicht, solange er sich nicht inhaltlich damit und ergo mit den Produktstimuli
auseinandergesetzt hat. So meint Kerby, dass ein Konsument im Grunde gar nicht wissen
kann, ob bestimmte Stimuli unerwünscht oder unbefriedigend sind „unless he first perceives
them"[471]. Das heißt, selbst im Falle der Stimulusablehnung bzw. Aussortierung müsste mindestens *eine* Auseinandersetzung mit einem Stimulus stattgefunden haben (auf die die Ablehnung basiert). Wird dies aber unterstellt, dann ist auch Stimulusüberlastung und somit KVW
als Folge möglich.

Informationsverweigerung und subliminale Wahrnehmung

Ein weiterer hier relevanter Punkt ist der der Informationsverweigerung oder des „perceptual
blocking-out"[472] bspw. in Form von Zapping[473] beim Fernsehen. Eine solche Wahrnehmungs-
abwehr oder –blockade wendet der Konsument an, um sich zu schützen. Dazu kann man in

---

[470]   Vgl. z.B. Schiffman/Kanuk, 1997, S. 164; Kroeber-Riel/Weinberg, 1996, S. 271.
[471]   Kerby, 1975, S. 293.
[472]   Vgl. Schiffman/Kanuk, 1997, S. 164.

Bezug auf Werbung bei Schiffman/Kanuk lesen: „Research shows that enormous amounts of advertising are screened out by consumers; they mentally tune out."[474] Die Autoren erhärten dies aber nicht durch Angabe von Quellen oder eigenen Untersuchungen, so dass Zweifel an der Allgemeingültigkeit einer solchen Behauptung bleiben. Überhaupt ist es fraglich, ob der Konsument jederzeit auf seine Reizwahrnehmung oder Informationsverarbeitung Einfluss nehmen kann: „information processing can be viewed as a process one cannot simply switch on and off."[475]

Es ist denkbar, dass Stimulusüberlastung und KVW auch durch unbewusst in das Verarbeitungssystem gelangende Stimuli ausgelöst werden können. Stimuli, die zu schwach oder flüchtig sind um bewusst gesehen oder gehört zu werden „may nevertheless be strong enough to be perceived by one or more receptor cells"[476]. Dies ist ein Vorgang, der *subliminale Wahrnehmung* genannt wird. Verschiedene Untersuchungen weisen auf individuelle Unterschiede in der Anlage zur subliminalen Wahrnehmung hin.[477]

In der Konsumentenforschungsliteratur finden sich Hinweise auf die Verwendung subliminaler Werbung[478], obgleich deren Nutzen und Steuerbarkeit im Sinne des Initiators bezweifelt wird[479]. Eine Steuerbarkeit wird ihr vor allem im Hinblick auf die selektive Wahrnehmung abgesprochen, die interindividuell identische und vom Initiator gewünschte Reaktionen auf subliminale Werbung unwahrscheinlich macht. Barthol/Goldstein etwa halten die Menschen zumindest in Bezug auf subliminale Werbung nicht für gefährdet: „we are staunchly protected by our insufficient nervous systems, our prejudices, our lack of attention, and the inalienbale right to completely misunderstand, misinterpret and ignore what we don't see clearly."[480]

Hinsichtlich der Rolle der Wahrnehmung im Kontext der KVW-Entstehung kann zusammenfassend festgehalten werden, dass es kaum möglich ist, den Wahrnehmungsvorgang zu objektivieren. Im Hinblick auf eine Operationalisierung von KVW ist dies eine Herausforderung, da potentiell KVW-verursachende Stimuli nur schwer eindeutig zu bestimmen sind.

---

[473]   Vgl. Brockhoff/Dobberstein, 1989.
[474]   Schiffman/Kanuk, 1997, S. 164.
[475]   Walsh, 1999a, S. 37. Vgl. auch Bargh/Thein (1985, S. 1144): „We do not normally have buttons with
          which to stop the world when something puzzles us."
[476]   Schiffman/Kanuk, 1997, S. 152-153.
[477]   Vgl. z.B. Merikle/Cheesman, 1987.
[478]   Vgl. Brown, 1963, S. 181-191; Moore, 1982.
[479]   Vgl. Brown, 1963.
[480]   Barthol/Goldstein, 1959, S. 35.

3.4.3 Personenspezifische Charakteristika und Konsumentenverwirrtheit

Konsumentenverwirrtheit wird nach Foxman/Berger/Cote[481] durch eine Reihe von Faktoren beeinflusst, wobei die Autoren insbesondere individuellen Konsumentenmerkmalen wie kognitiven Fähigkeiten und demografischen Merkmalen eine wichtige Rolle zuschreiben.

Soziodemografische Variablen beeinflussen Konsumentenverhalten im Allgemeinen und können daher auch Einfluss auf die Entstehung von KVW haben. Ein geringer Bildungsgrad bspw. determiniert vermutlich auch die Fähigkeit des Konsumenten, bestimmte Informationen, etwa in großen Mengen oder in komplexen Formaten, zu verarbeiten.[482]

In Kapitel 3.4.3.1 sollen einige ausgesuchte Personen bezogene Variablen mit KVW verknüpft und mögliche Zusammenhänge diskutiert werden. Da mit kognitiven und affektiven Prozessen unmittelbar auf die Fähigkeit Stimuli aufzunehmen und zu verarbeiten abgestellt wird, stellen auch kognitive Fähigkeiten im KVW-Kontext einen relevanten Bereich dar, der in Kapitel 3.4.3.2 diskutiert wird.

3.4.3.1 Soziodemografische Merkmale und Konsumentenverwirrtheit

Bislang existieren so gut wie keine gesicherten Erkenntnisse hinsichtlich des Einflusses soziodemografischer Charakteristika auf die Entstehung von KVW. Auch wenn soziodemografische Merkmale nicht per se verhaltensrelevant sind[483], können sie u.U. einen Erklärungsbeitrag zur Entstehung von KVW leisten und sollten deshalb Berücksichtigung finden.

In der Marketingforschung werden soziodemografische Merkmale primär zur Zielgruppenunterscheidung herangezogen. Untersuchungen, die KVW systematisch im Hinblick auf soziodemografische Variablen untersuchen sind jedoch kaum vorhanden. Gründe dafür sind sicherlich die für eine solche Analyse häufig unzureichende Datenbasis[484]. Dabei ist ein

---

[481]   Vgl. Foxman/Berger/Cote, 1992.

[482]   Vgl. z.B. Lussier/Olshavsky, 1979; Wallendorf, 2001. Der Bildungsgrad wird in vielen Bereichen der Konsumentenverhaltensforschung als wichtige Einflussgröße angesehen. Aufgrund des Einflusses des Bildungsgrades auf die Fähigkeit, bestimmte Aufgabenstellungen zu bearbeiten bzw. zu lösen, werden in empirischen Untersuchungen mitunter auf Samples, die sich mehrheitlich oder vollständig aus Probanden mit höherem Bildungsgrad zusammensetzen (z.B. Studentenstichproben), verzichtet (vgl. z.B. Walsh/Mitchell/Hennig-Thurau, 2001, S. 74-75).

[483]   Vgl. Sandor, 1994; Freter, 1992, S. 739.

[484]   So wurden in Untersuchungen zu *brand confusion* häufig reine Frauenstichproben verwandt (vgl. Kapferer, 1995a; 1995b; Poiesz/Verhallen, 1989; Loken/Ross/Hinkle, 1986), obwohl die Untersuchungen nicht mit „typischen" Frauenprodukten durchgeführt wurden, oder mit Stichproben, die ausschließlich aus Studenten

Zusammenhang zwischen KVW und demografischen Merkmalen nahe liegend, vor allem im Hinblick auf altersbedingte physiologische Unterschiede oder bildungsabhängige kognitive Unterschiede.

In diesem Abschnitt werden die im KVW-Kontext als relevant ausgemachten soziodemografischen Variablen hinsichtlich ihrer möglichen Wirkung auf die Entstehung von KVW diskutiert und Variablen bezogene Hypothesen[485] formuliert.

3.4.3.1.1 Alter

Intuitiv würde man ältere Konsumenten in Bezug auf KVW vermutlich für anfälliger halten, da mit zunehmendem Alter die kognitiven Fähigkeiten nachlassen, insbesondere die der Informationsaufnahme, -verarbeitung und des -behaltens[486]. So wissen wir aus den Arbeiten von Phillips/Sternthal[487], dass Menschen ab etwa 45 Jahren reduzierte bzw. abnehmende Informationsverarbeitungsfähigkeiten haben. Dies würde auf eine erhöhte KVW-Neigung älterer Konsumenten hindeuten. Dennoch bedeutet ein höheres Alter häufig auch eine größere Erfahrung beim Einkaufen im Allgemeinen und mit bestimmten Produktkategorien im Speziellen, was wiederum für eine verringerte KVW-Anfälligkeit spräche.[488]

Im Hinblick auf existierende Arbeiten zum Phänomen KVW gibt es Hinweise auf eine positive Alters-KVW-Korrelation, vor allem in Bezug auf Stimulusähnlichkeit. Jedoch sind die Ergebnisse solcher Studien z.T. mit Vorbehalt zu betrachten, da sie teilweise methodische Zweifel aufwerfen. So berichten Balabanis/Craven von einer höheren Wahrscheinlichkeit älterer Konsumenten, durch Imitationen („lookalikes") verursachte KVW zu erfahren[489], obgleich *älter* nicht definiert wurde und die Stichprobengröße mit 50 relativ gering ausfiel.

Die Art und Weise einzukaufen oder Kaufentscheidungen zu treffen kann einen Einfluss darauf haben, wie anfällig ein Konsument für KVW ist. Es gibt Hinweise darauf, dass ältere

---

bestanden (vgl. z.B. Foxman/Muehling/Berger, 1990). Vgl. zur Problematik unzureichender Samples Kapitel 4.4.

[485] Da die in diesem Abschnitt zu formulierenden Hypothesen nicht auf den Zusammenhang zwischen den einzelnen KVW-Dimensionen und Verhaltenskonsequenzen abstellen und nicht auf kausalanalytischem Wege untersucht werden (vgl. Kapitel 5), sind sie mit einer eigenen Kennzeichnung versehen. Die Hypothesen sind, je nachdem sie sich auf das Merkmal *Alter*, *Geschlecht* oder *Bildung* beziehen, mit einem kleinen A, G oder B versehen (z.B. H_B statt H1).

[486] Vgl. Botwinick, 1978, S. 278.

[487] Vgl. Phillips/Sternthal, 1977.

[488] Vgl. Kapitel 3.4.1.3 zum, Verhältnis von KVW und Erfahrung.

Konsumenten beim Einkaufen weniger nach Abwechslung suchen als jüngere[490] - vermutlich aufgrund ihrer ausgeprägteren Markentreue[491] - also einen kleineren Evoked Set haben und sich i.d.R. mit weniger Alternativen auseinandersetzen; Alternativen, die zu verarbeiten sind und die Stimulusüberlastung hervorrufen können. Zudem erhöht die bei älteren Konsumenten häufig langsamere Informationsverarbeitung die KVW-Wahrscheinlichkeit, vor allem wenn die Informationsverarbeitung unter besonderen Bedingungen wie Zeitdruck stattfindet[492]. Nach Kermis[493] haben Betagte vor allem dann Schwierigkeiten, Informationen aus dem Langzeitgedächtnis abzurufen, wenn sie dazu wenig Zeit zur Verfügung haben.

Gaeth/Heath[494] untersuchten altersbedingte Unterschiede in Bezug auf die Anfälligkeit für irreführende Werbung und fanden heraus, dass jüngere Konsumenten signifikant mehr Elemente aus Werbung korrekt behalten als ältere. In einer anderen Studie konnten Hoyer/Srivastava/Jacoby zeigen, dass ältere Konsumenten eher dazu neigen, den Inhalt von Fernsehwerbung falsch zu verstehen.[495] Überhaupt scheint die Fähigkeit, Produkt bezogene Informationen zu verarbeiten bei jüngeren Konsumenten ausgeprägter zu sein. So gibt es Hinweise darauf, dass jüngere Konsumenten eher in der Lage sind, Nährwertinformationen bei der Wahl von Produkten mit präferierten Charakteristika zu verarbeiten bzw. zu benutzen.[496] Des Weiteren nutzen ältere Konsumenten tendenziell weniger Verarbeitungsstrategien und verarbeiten Informationen langsamer, vor allem bei größeren Informationsmengen.[497]

Im Hinblick auf Mediennutzungsverhalten, das insbesondere hinsichtlich überlastungsbezogner KVW von Bedeutung ist, ist festzustellen, dass Betagte einen deutlich höheren Fernsehkonsum als jüngere Konsumenten aufweisen.[498] Ein hoher Fernsehkonsum bedeutet auch einen höheren Konsum von Werbung, die bei älteren Konsumenten, mit ihren abnehmenden kognitiven Fähigkeiten, zu KVW führen kann.

---

[489]   Vgl. Balabanis/Craven, 1997.
[490]   Vgl. Givon, 1984, S. 16-20.
[491]   Vgl. Schlösser, 1987; Weinberg, 1977.
[492]   Zur Kauf bezogenen Informationsverarbeitung unter Zeitdruck vgl. Knappe, 1981; Engel/Blackwell/Miniard, 1995, S. 313f.
[493]   Vgl. Kermis, 1984, S. 214.
[494]   Vgl. Gaeth/Heath, 1987.
[495]   Hoyer/Srivastava/Jacoby, 1984, S. 24.
[496]   Vgl. Moorman, 1990; Cole/Balasubramanian, 1993.
[497]   Vgl. John/Cole, 1986.
[498]   Vgl. Institut für Demoskopie Allensbach, 1993, S. 46.

Andererseits sind jüngere Konsumenten als attraktive Zielgruppe das Ziel massiver Werbung, die zu Überlastung führen kann. Harrison berichtet von Ergebnissen einer Studie im Waschmittelbereich, in der die Altersgruppe der 25-34-Jährigen als besonders anfällig für KVW ausgemacht wurde, während die Älteren (55+) am wenigsten verwirrt waren.[499] Solchen Ergebnissen stehen wiederholte Hinweise auf Probleme älterer Konsumenten mit der eindeutigen Identifizierung von Produkten gegenüber[500]. Lassek[501] weist auf Produktkategorien wie Schokolade hin, in denen bestimmte Sorten oder Geschmacksrichtungen mit einem Farbcode[502] versehen sind, der Betagten Identifizierungsschwierigkeiten bereitet und zu Verwechslungen führen kann.

Die in Bezug auf das Merkmal Alter als heterogen einzustufenden vorliegenden Erkenntnisse erlauben es nicht, eindeutige Thesen hinsichtlich der KVW-Neigung in Abhängigkeit vom Alter aufzustellen. Deshalb:

H_{A1}: *Ältere Konsumenten weisen einen höheren Grad an wahrgenommener Konsumentenverwirrtheit auf als jüngere.*

H_{A2}: *Jüngere Konsumenten weisen einen höheren Grad an wahrgenommener Konsumentenverwirrtheit auf als ältere.*

3.4.3.1.2 Geschlecht

Ein Großteil der Unterschiede zwischen Frauen und Männern im Konsumentenverhalten kann durch internalisierte Geschlechterrollen[503] sowie die unterschiedliche Physiologie[504] erklärt werden. Im Hinblick auf die Wahrscheinlichkeit, KVW zu erfahren können solche Erkenntnisse jedoch nur einen bedingten Erklärungsbeitrag leisten. Aber auch von Konsumentenverhalten bezogenen Beiträgen lässt sich häufig kein unmittelbarer Bezug zum Phänomen KVW herstellen.

---

[499]   Vgl. Harrison, 1995.
[500]   Vgl. z.B. Biester/Dawson, 1998; Lassek, 1992.
[501]   Vgl. Lassek, 1992.
[502]   Bei der Schokoladenmarke *Ritter Sport* etwa sind die verschiedenen Geschmacksrichtungen durch unterschiedliche Farben erkennbar, bspw. rot = Marzipan, weiß = Joghurt; hellblau = Alpenmilch.
[503]   Vgl. Venkatesh, 1985.
[504]   Produkte wie Tampons oder After Shave werden fast ausschließlich von nur einem Geschlecht benutzt.

Zwar gibt es eine Reihe von Beiträgen, die sich mit Unterschieden im Konsumentenverhalten zwischen den Geschlechtern befassen, jedoch sind diese selten systematisch und machen einen insgesamt unaufgeräumten Eindruck. Dennoch ist es möglich, auf deren Grundlage abzuleiten, ob und unter welchen Bedingungen weibliche oder männliche Konsumenten anfälliger für KVW sind.

Es wird etwa darauf hingewiesen, dass Frauen die große Werbemenge aus Fernsehen und Zeitschriften („clutter") eher wahrnehmen[505] und sich auch eher inhaltlich mit Werbebotschaften auseinandersetzen[506] als Männer, eventuell weil Frauen diese als weniger störend empfinden[507]. Gleichzeitig gibt es Hinweise darauf, dass Frauen eher Probleme haben, Werbeinhalte richtig zu verstehen[508]. Beim Kauf von High-Involvement- und High-Risk-Produkten nutzen Frauen verschiedene Informationsquellen eher als Männer.[509] Zudem ist die durchschnittliche Einkaufzeit von Frauen höher[510], möglicherweise weil sie größere Unsicherheit beim Einkaufen verspüren[511]. Im Hinblick auf Kaufverhalten, das als „schädlich" oder „negativ" eingestuft wird, wie etwa zwanghaftes Kaufen, wird ein Auftreten häufiger bei Frauen konstatiert.[512] Gleichzeitig neigen Männer eher als Frauen dazu, kognitiv entlastende Kaufentscheidungsheuristiken anzuwenden.[513]

Vor dem Hintergrund dieser fragmentarischen Erkenntnisse ist es daher denkbar, dass KVW häufiger bei Frauen auftritt, die sich freiwillig Werbeinformationen, und durch die längere Einkaufszeit, auch mehr Produkten aussetzen. Gleichzeitig spricht die i.d.R. größere Einkaufserfahrung von Frauen[514] bei vielen Produktgruppen für eine verringerte KVW-Neigung. Entsprechend werden die folgenden Forschungshypothesen formuliert:

H$_{G1}$: Weibliche Konsumenten weisen einen höheren Grad an wahrgenommener Konsumentenverwirrtheit auf als männliche.

---

[505] Vgl. Elliott/Speck, 1998.
[506] Vgl. Meyers-Levy/Maheswaran, 1991; Gilligan, 1982.
[507] Vgl. Bauer/Greyser, 1968, S. 271.
[508] Vgl. Reece/Ducoffe, 1987.
[509] Vgl. Wiedmann/Walsh, 2000, S. 56-57.
[510] Vgl. Wells/Prensky, 1996, S. 135.
[511] Vgl. Kribben, 1994, S. 143.
[512] Vgl. O'Guinn/Faber, 1989; Scherhorn/Reisch/Raab, 1995.
[513] Vgl. Meyers-Levy/Maheswaran, 1991.
[514] Vgl. z.B. Henley Centre, 1991; American Enterprise, 1994; Otnes/McGrath, 2001.

H_{G2}: *Männliche Konsumenten weisen einen höheren Grad an wahrgenommener Konsumentenverwirrtheit auf als weibliche.*

3.4.3.1.3 Bildungsgrad

Untersuchungen, die darauf abstellen den Zusammenhang zwischen Bildungsgrad und KVW zu ermitteln liegen bisher nicht vor. Dennoch scheint eine Verbindung zwischen dem Persönlichkeitsmerkmal *Bildung*, die approximativ Rückschlüsse auf Verhaltensweisen, Persönlichkeitsmerkmale[515] und das Informationsverarbeitungsniveau eines Konsumenten zulässt, und KVW nahe liegend.

Grundsätzlich handelt es sich bei Bildung um eine dauerhafte Determinante des Konsumentenverhaltens, die nur langsam geändert werden kann, weshalb sie sich gut als Differenzierungsvariable eignet. Es gibt Hinweise darauf, dass die Fähigkeit Informationen zu verarbeiten oder komplexe Problemstellungen zu bearbeiten erheblich in Abhängigkeit vom Bildungsgrad variieren kann.[516] Beispielsweise kann mit abnehmenden Bildungsgrad die Wahrscheinlichkeit steigen, Informationsüberlastung zu erfahren[517] oder Fernsehwerbung falsch zu verstehen[518]. Auch das Informationssuchverhalten scheint zwischen unterschiedlichen Bildungsgraden zu variieren. Kupsch/Hufschmied/Mathes/Schöler[519] berichten von einer stärkeren Neigung weniger gebildeter Konsumenten, Informationsquellen zu nutzen bzw. Informationen zu suchen. Dies wird indirekt durch Moorman bestätigt, die ein weniger intensives Suchverhalten von Konsumenten mit höherem Bildungsgrad feststellte, wahrscheinlich weil diese „may already have sufficient information and, hence, are less motivated to search for more"[520]. Mit der stärkeren Tendenz, Kauf bezogene Informationen zu suchen und zu verarbeiten könnte bei bildungsschwachen Konsumenten auch eine höhere Wahrscheinlichkeit von überlastungsbedingter KVW einhergehen.

Eine KVW bezogene These hat demnach von einer höheren KVW-Neigung bei Konsumenten mit niedrigerem Bildungsniveau auszugehen:

---

[515]   Vgl. Meulermann, 1990, S. 105-107.
[516]   Vgl. z.B. Lussier/Olshavsky, 1979; Gordon/Slade/Schmitt, 1986.
[517]   Vgl. Hagemann, 1988, S. 198-208.
[518]   Vgl. Hoyer/Srivastava/Jacoby, 1984, S. 24.
[519]   Vgl. Kupsch/Hufschmied/Mathes/Schöler, 1978.
[520]   Moorman, 1990, S. 373.

H_B: *Weniger gebildete Konsumenten weisen einen höheren Grad an wahrgenommener Konsumentenverwirrtheit auf als gebildete.*

3.4.3.2 Kognitive Fähigkeiten des Konsumenten und Konsumentenverwirrtheit

Im Anschluss an die bisherige theoretische Diskussion wird in diesem Abschnitt versucht, weitere wesentliche Variablen hypothetisch mit KVW zu verknüpfen. Eine zentrale Rolle für die Entstehung von KVW dürften dabei die kognitive Fähigkeiten bzw. Stile[521] des individuellen Konsumenten spielen. Vor allem die Fähigkeit, Stimuli (in größeren Mengen) zu unterscheiden und zu verarbeiten dürfte für die Wahrscheinlichkeit KVW zu erfahren, entscheidend sein. Der Ansatz, die kognitiven Fähigkeiten von Konsumenten unabhängig von Demografika zu untersuchen und zu systematisieren ist vor allem in der angelsächsischen Literatur verbreitet.[522]

Vorwiegend in der kognitionspsychologischen Literatur finden sich Einteilungen von Konsumenten auf Grundlage von kognitiven Fähigkeiten. So werden Konsumenten in *Levellers* und *Sharpeners*[523] oder in mehr oder wenige *Komplexe*[524] gegliedert. Im Folgenden soll sich eine Diskussion auf die KVW-Neigung komplexer und weniger komplexer Konsumenten beschränken.

Allgemein ausgedrückt, neigen kognitiv komplexere Konsumenten eher zur Verarbeitung komplizierter kommerzieller Informationen; vor allem sind sie eher bereit, neue und/oder widersprüchliche Informationen zu akzeptieren. Dabei vermögen es die kognitiv Komplexen besser, Unterschiede zwischen Informationen zu erkennen und mehr Informationen beim Treffen der Kaufentscheidung zu berücksichtigen. Auf die interindividuell unterschiedliche Anzahl von Informationen die bei einer Kaufentscheidung berücksichtigt werden, haben Capon/Davis[525] hingewiesen. Weniger komplexe Konsumenten tendieren bei Kaufentscheidungen demnach dazu, eine geringere Anzahl von Attributen zu berücksichtigen, während komplexe Konsumenten bei ihren extensiveren Kaufentscheidungen auf eine größere Attribu-

---

[521]   In der angelsächsischen Konsumentenverhaltensliteratur wird auch häufig von *kognitiven Stilen* („cognitive styles") der Konsumenten gesprochen, die nach Kogan (1971, S. 244) definiert werden als „individual modes of perceiving, remembering and thinking (...) or distinctive ways of apprehending, storing, transforming, and utilising information".

[522]   Vgl. z.B. Kelman/Cohler, 1959; Kogan, 1971, S. 244; Engel/Blackwell/Miniard, 1995, S. 440.

[523]   Vgl. Foxman/Berger/Cote, 1992, S. 131-132; Marx, 1976; Gardner/Long, 1960.

[524]   Vgl. Hirschman, 1981.

[525]   Vgl. Capon/Davis, 1984.

tezahl zurückgreifen. Beim Kauf eines schottischen Maltwhiskys bspw. würde ein weniger komplexer Konsument vermutlich nur die Attribute Marke und Preis berücksichtigen, der Komplexe jedoch zusätzlich das Alter, die Herkunftsregion und die Farbe.

Grundsätzlich muss also davon ausgegangen werden, dass komplexe Konsumenten die besseren Informationsverarbeiter sind und deshalb auch weniger anfällig sind, KVW wahrzunehmen. Gleichzeitig kann nicht ausgeschlossen werden, dass komplexe Konsumenten ihre Verarbeitungsfähigkeit überschätzen, ihren Kaufentscheidungen zu viele Informationen zugrunde legen und sich somit selbst überlasten.

Wie in den vorherigen Kapiteln dargelegt, ist es unmittelbar einleuchtend, dass zwischen den Variablen Bildung und Alter einerseits und kognitiven Fähigkeiten andererseits Interdependenzen bestehen. Es erscheint etwa plausibel, dass Konsumenten mit niedrigem Informationsverarbeitungsniveau[526] wie ältere Konsumenten, anfälliger für KVW sind, z.B. weil sie angebotene Stimuli nicht verstehen oder unterscheiden können.

3.4.4 Kaufsituationsspezifische Determinanten der Konsumentenverwirrtheit

Das Kaufentscheidungsverhalten des Konsumenten wird durch verschiedene Einflussgrößen determiniert[527], auf die Hersteller keinen oder nur bedingt Einfluss nehmen können. Solche Größen lassen sich bei Operationalisierungen i.d.R. nur schwer kontrollieren, weshalb in der Forschungspraxis im Hinblick auf möglichst realitätsnahe Operationalisierungen häufig ein Trade-Off von niedriger interner Validität zu Gunsten einer hohen externen Validität akzeptiert wird.[528] Zu diesen für Hersteller nur schwer antizipierbaren und kontrollierbaren Einflussgrößen zählen insbesondere die Merkmale der Kaufsituation.

Häufig entscheidet sich erst in der Situation des Zusammenwirkens von situativen Faktoren mit individuellen Konsumentencharakteristika, ob Konsumenten überlastet werden oder Stimuli als unklar oder ähnlich wahrnehmen und somit KVW entsteht. Auf die im Inneren des

---

[526] Nach Schroder/Driver/Streufert (1975, S. 33) lassen sich Personen, basierend auf ihrer Informationsverarbeitungsfähigkeit, in vier Gruppen unterteilen. Und zwar in Personen mit: *niedrigem, gemäßigt niedrigem, gemäßigt hohem* und *hohem* Informationsverarbeitungsniveau.

[527] Vgl. Assael, 1998, S. 186-193 und zu einer ausführlichen Diskussion situativer Einflussfaktoren Belk, 1974 sowie Belk, 1975, S. 157ff.

[528] Ein hohes Maß an interner Validität wird i.d.R. nur in Laboruntersuchungen erreicht, da dort mögliche Störvariablen leichter auszuschalten und die Untersuchungsbedingungen zu kontrollieren sind (vgl. Berekoven/Eckert/Ellenrieder, 1999, S. 88; Aaker/Kumar/Day, 1995, S. 343-347).

Konsumenten ablaufenden Prozesse wirken situative Faktoren ein. Daher ist auch von einem Zusammenhang zwischen situativen Faktoren und der subjektiv vom Konsumenten wahrgenommen KVW auszugehen. Zu solchen Situationen zählen:

- Soziale Einflussgrößen – kauft man alleine oder in Begleitung oder gar wegen der Begleitung?

- Zeitfaktor – steht ausreichend Zeit zur Verfügung oder erfordert Zeitdruck kurze Kaufentscheidungsprozesse bzw. schnelle Kaufentscheidungen?

- Aufgabendefinition – handelt es sich um einen Routinekauf oder nicht (z.b. Geschenkkauf) und liegt eine hohe *Kaufdringlichkeit* vor?

- Physische Einkaufsumgebung.

Das Verhalten des Konsumenten wird auch von sozialen Einflussgrößen beeinflusst[529]; diese sind jedoch nicht permanenter Natur, da der Konsument diesen nicht ständig ausgesetzt ist. So kann ein sozialer Einfluss dann vorliegen, wenn Konsumenten beim Einkauf durch Freunde oder Bekannte begleitet werden. Soziale Einflussgrößen sind im Bezugsrahmen zu den *situativen Determinanten* gerechnet (vgl. Abbildung 3-1). Soziale Normen bestimmen z.B. häufig, welche Produkte in einer Gesellschaft konsumakzeptabel[530] sind, und auch Bezugsgruppen üben Einfluss aus, etwa durch ihre Bedeutung als Lieferanten informaler Kommunikation.

Der Faktor *Zeit* spielt im Hinblick auf Konsumentenverhalten in verschiedenen Kaufentscheidungsphasen eine wichtige Rolle[531]:

• bei der Informationssammlung zur Kaufvorbereitung;

• bei der Informationsverarbeitung, die mit der Kaufvorbereitung zusammenhängt;

• bei der Kaufentscheidung bzw. beim Kauf selbst;

• in der Nachkaufphase beim Verbrauch bzw. der Nutzung des gekauften Produkts.

---

[529] Vgl. z.B. Engel/Blackwell/Miniard, 1995, S. 386-388.
[530] Exemplarisch für zunehmend nicht toleriertes/akzeptiertes Konsumverhalten kann Rauchen in den USA genannt werden; Rauchen wird durch Hinweise auf mögliche (gesundheitliche) Folgen stigmatisiert.

Wenn Konsumenten unter Zeitdruck einkaufen, dann ist es denkbar, dass sie bestimmte Produktmerkmale nicht gänzlich verstehen oder dargebotene Informationen nicht vollständig verarbeiten können und eine Kaufentscheidung fällen, die sie bei Wegfall des Zeitdrucks nicht gefällt hätten. Zeitdruck kann vor allem in Bezug auf die (Kauf-) Aufgabendefinition eine Rolle spielen. *Aufgabendefinition* stellt auf den Zweck eines Kaufes ab und kann nach verschiedenen Kriterien differenziert werden, etwa ob der Konsument für sich oder jemand anderes, etwas Dringendes oder Unwichtiges einkauft.

In Abhängigkeit von der *Dringlichkeit* der Kaufentscheidung und dem zu kaufenden Produkt kann auch das Informationsverarbeitungsniveau des Konsumenten variieren und die Wahrscheinlichkeit, dass KVW wahrgenommen wird. Das bereits bemühte Beispiel des Geschenkkaufs „auf den letzten Drücker" hat gezeigt, dass unumgängliche Kaufentscheidungen, die zudem unter Zeitdruck getroffen werden, die Wahrscheinlichkeit von wahrgenommener Stimulusüberlastung und KVW erhöhen[532]. Umgekehrt kann eine dringliche Anschaffung bei ausreichendem Zeitbudget den Konsumenten zu einem Alternativenvergleich und einer gründlichen Informationsverarbeitung motivieren, was einer geringen KVW-Wahrscheinlichkeit entspricht. Ein nicht untypisches Kaufverhalten ist etwa, ein Geschäft erst dann aufzusuchen, wenn mehrere Artikel gebraucht werden.

Weiterhin kann die Einkaufsstättenwahl als situative Determinante angesehen werden. So wissen Konsumenten mit geringer Einkaufsstättenloyalität im Vorfeld häufig nicht, welches Sortiment sie im Geschäft vorfinden werden. Entsprechend sind diese Konsumenten regelmäßig mit neuen Sortimenten und anderen Produkten konfrontiert und deshalb weniger in der Lage, kognitiv entlastende Sortimentserfahrung aufzubauen.

Am PoS spielt auch der Verkäufereinfluss eine Rolle, wenn die Verkaufsperson etwa im Verkaufsgespräch den verwirrten Konsumenten auf viele (für den Konsumenten) irrelevante Produktmerkmale hinweist und somit zu einer Erhöhung der wahrgenommenen KVW beiträgt. Umgekehrt kann eine Verkaufsperson auch eine Hilfe für den verwirrten Konsumenten

---

[531] Vgl. zum Faktor „Zeit" und Kaufentscheidung Engel/Blackwell/Miniard, 1995, S. 313-315 und 802-804 sowie Kroeber-Riel/Weinberg, 1996, S. 382 und 400. Nach Juster/Stafford (1991, S. 471) ist Zeit im Hinblick auf wirtschaftliches Handeln des Menschen „the fundamental scarce resource".

[532] Verschiedene Untersuchungen zeigen, dass Konsumenten beim Kauf von Geschenken angesichts der vom Empfänger an ein Geschenk gemachten Erwartungen häufig verunsichert sind und sich bei der Suche eines geeigneten Geschenks gestresst fühlen (vgl. Wooten, 2000; Sherry/McGrath/Levy, 1993). Dieser Stress in Kombination mit Zeitdruck kann die wahrgenommene KVW erhöhen.

darstellen, etwa wenn ein komplexes Produkt, das dem Konsumenten erhebliche Verständnisprobleme bereitet, anhand von Schlüsselinformationen erklärt wird.

Schließlich können auch In-Store-Aktionen des Handels oder Aktivitäten im Geschäft das
Kaufverhalten beeinflussen und KVW auslösen. Sonderangebote etwa, auf die Konsumenten
im Geschäft aufmerksam werden, können Impulskäufe stimulieren[533], was wiederum die
Wahrscheinlichkeit von Stimulusähnlichkeit und KVW erhöhen kann, wenn Konsumenten
nämlich annehmen, eine ihnen bekannte Marke zu kaufen, es sich bei dem Aktionsprodukt
aber um eine andere handelt. Auch die in Geschäften häufig abgespielte Hintergrundmusik
kann einen Einfluss auf das Kaufverhalten haben. Nach Cane Smith/Curnow[534] führt laute
Hintergrundmusik dazu, dass Konsumenten schneller einkaufen. Dies wiederum bedeutet die
Erledigung eines gegebenen Einkaufspensums in weniger Zeit und bedeutet entsprechend
weniger Zeit für die Informationsverarbeitung und den Vergleich von Alternativen. Die Folge
kann eine höhere Wahrscheinlichkeit von Stimulusüberlastung und KVW sein.

3.5 Konsumentenverwirrtheit nach Bewusstseinszustand und Verhaltenskonsequenzen

In den folgenden Abschnitten sollen die Komponenten des theoretischen Bezugsrahmens
diskutiert werden, die im KVW-Prozess vor allem im Anschluss an die KVW-Entstehung
eine Rolle spielen. Konsumentenverwirrtheit bezogene Konsequenzen lassen sich danach
klassifizieren, ob sie *während* des Prozesses der zur Kaufentscheidung führt (bzw. zu der
Entscheidung, nichts zu kaufen) oder an *dessen Anschluss* auftreten. Zu Ersteren zählen
Konsumentenverwirrtheit-Reduktionsstrategien und zu Letzteren mögliche KVW-bedingte
Nachentscheidungs-Reaktionen bzw. Verhalten und Verhaltensintentionen des Konsumenten
(vgl. Abbildung 3-1).

3.5.1 Konsumentenverwirrtheit nach Bewusstseinsgrad

Wenn es zu KVW gekommen ist, ist für das weitere Verhalten von Bedeutung, ob sie dem
Konsumenten bewusst ist oder nicht, denn der KVW-Bewusstseinszustand determiniert, wie
der Konsument weiter verfährt.

---

[533] Vgl. Rook/Hoch, 1985; Bartlam, 1996.
[534] Vgl. Cane Smith/Curnow, 1966.

Angesichts von KVW sind drei konsumentenseitige Reaktionen möglich:

- eine *Kaufentscheidung* treffen,

- *keine Kaufentscheidung* treffen,

- Ergreifen von *Konsumentenverwirrtheit-Reduktionsstrategien* bevor es zu einer Kaufentscheidung kommt bzw. die Kaufentscheidung aufschieben oder aufheben (d.h. Nichtkauf).

Diese drei Reaktionen können entweder *bewusst* oder *unbewusst* ablaufen. Interessant ist
hierbei, dass es Umstände geben kann, in denen ein Konsument trotz KVW eine Kaufentscheidung trifft. Somit lassen sich Reaktionen nach Aspekten des Bewusstseins in acht
typische Bereiche gliedern (vgl. Tabelle 3-4).

		Kaufentscheidung		Keine Kaufentscheidung	
		bewusste KVW	unbewusste KVW	bewusste KVW	unbewusste KVW
Reaktion	KVW-Reduktions-strategien	Dieses Feld beschreibt vermutlich den typischen Fall. Der Konsument kann in einer Kaufsituation KVW verspüren, aber auch genügend Zeit haben, etwas gegen sie zu unternehmen.	Es ist denkbar, dass bestimmte Konsumenten zu KVW neigen und im Laufe der Zeit Reaktionsheuristiken entwickelt haben, die unbewusst ablaufen. Betagte Konsumenten, die bspw. zunehmend Schwierigkeiten haben Alternativen zu vergleichen, könnten unbewusst dazu über gehen, weniger Alternativen im Geschäft zu vergleichen.	Ein Konsument, der KVW wahrnimmt, kann sich dazu entschließen den geplanten Kauf nicht zutätigen (oder nur zu verschieben).	Der Fall, dass ein Konsument nicht bemerkt verwirrt zu sein, aber dennoch KVW-Reduktionsmaßnahmen initiiert, ist denkbar, obgleich er als unwahrscheinlich einzustufen ist. So könnte ein erfahrener Konsument intuitiv richtig auf KVW-verursachende Stimuli reagieren, etwa durch Unterbrechung des Kaufentscheidungsprozesses.
	Keine KVW-Reduktions-strategien	Ja, z.B. beim Kauf eines Geschenks, das noch am selben Tag verschenkt werden soll und dessen Kauf keinen Aufschub gestattet.	Wenn der Konsument nicht bemerkt, Probleme mit der Identifizierung der richtigen Marke zu haben und folglich keine KVW-Reduktionsmaßnahmen ergreift (und die falsche Marke kauft, z.B. ISANA statt NIVEA Creme).	Ja, wenn der Konsument bemerkt, sich in einem verwirrten Zustand zu befinden, sich aber bewusst gegen Maßnahmen zur Reduktion von KVW entscheidet, etwa weil Letztere als zu aufwendig angesehen werden.	Diese Möglichkeit erscheint nur für Situationen denkbar, in denen der Konsument seine KVW zwar nicht bemerkt, jedoch ein diffuses Gefühl hat, dass ihn auf momentane Probleme im Entscheidungsverhalten oder Alternativenbewertung hinweist.

**Tabelle 3-4: Mögliche Reaktionen auf Konsumentenverwirrtheit in Abhängigkeit vom Bewusstseinszu-
stand**

Der KVW bezogene Bewusstseinszustand spielt vor allem im Hinblick auf die vom Konsumenten zu ergreifenden Konsumentenverwirrtheit-Reduktionsstrategien eine Rolle, welche im
Folgenden Diskussionsgegenstand sind.

3.5.2 Reduktionsstrategien von Konsumentenverwirrtheit

Dem verwirrten Konsumenten stehen eine Reihe denkbarer Reaktionsoptionen – die hier als Konsumentenverwirrtheit-Reduktionsstrategien bezeichnet werden – zur Verfügung. Obgleich es denkbar ist, dass ein verwirrter Konsument Konsumentenverwirrtheit-Reduktionsstrategien unbewusst (quasi intuitiv) ergreift[535] (vgl. Abbildung 3-1), soll im Folgenden von bewusster KVW und deshalb bewusst vom Konsumenten initiierten KVW-Reduktionsstrategie ausgegangen werden.

In einer Systematisierung wahrscheinlicher Reaktionen auf KVW können nach Mitchell/Papavassiliou[536] fünf grundlegende Konsumentenverwirrtheit-Reduktionsstrategien unterschieden werden:

1) Aufschub oder Aufgabe der Kaufentscheidung;

2) Klärung der Kaufentscheidungsziele;

3) Die Suche zusätzlicher Informationen;

4) Eine Reduktion der zur Auswahl stehenden Alternativen;

5) Die Kaufentscheidung delegieren oder mit jemand anderes teilen.

ad 1) Es ist unmittelbar ersichtlich, dass diese Konsumentenverwirrtheit-Reduktionsstrategien nicht vollkommen überschneidungsfrei sind. So wird ein Kaufentscheidungsaufschub nicht per se KVW-reduzierend wirken. Plausibler erscheint die Nutzung des Aufschubs, um gezielte Maßnahmen zu ergreifen (z.B. einen Freund oder Bekannten in den Kaufentscheidungsprozess involvieren).

Im Fall von KVW bei Kaufentscheidungen von geringer Dringlichkeit ist ein Aufschub der Kaufentscheidung nahe liegend, da ein Aufschub das Prüfen und Abwägen weiterer Schritte gestattet. Im Extremfall wird der Konsument auf einen Kauf verzichten und den Kaufentscheidungsprozess abbrechen. In den meisten Fällen jedoch wird es schließlich

---

[535] Andere Autoren gehen explizit von bewusst initiierten Konsumentenverwirrtheit-Reduktionsstrategien aus: „A prerequisite for the use of confusion-reduction strategies (CRS) is that the consumer is aware of the confusion" (Mitchell/Papavassiliou, 1999, S. 327). Einem derart restriktiven Verständnis wird hier aufgrund der bislang vergleichsweise begrenzten theoretischen Erkenntnisse zu KVW und möglichen Reduktionsstrategien nicht gefolgt.

[536] Vgl. Mitchell/Papavassiliou, 1999, S. 327-329.

zu einer Kaufentscheidung kommen; diese kann dann „richtig" oder „falsch" i.S. einer dem erwarteten Nutzen entsprechenden Entscheidung sein.

ad 2) KVW kann dazu führen, dass Konsumenten sich nochmals genau zu vergegenwärtigen versuchen, was sie genau haben kaufen wollen. Man stelle sich etwa einen Konsumenten vor, der ein Geschäft betritt, um dort ein Shampoo zu kaufen. Am PoP bemerkt er die riesige Auswahl verschiedener Shampoos von verschiedenen Herstellern, die ihn zunächst verwirrt. Konsumentenverwirrtheit führt dann dazu, dass der Konsument seinen Kaufwunsch konkretisiert und sich klarzumachen versucht, welche der vielen ähnlichen Marken seine Stammmarke ist oder was für ein Shampoo (z.B. gegen Schuppen, für fettiges oder normales Haar) er eigentlich benötigt.

Es gibt nach Kelman/Cohler[537] zwei kognitive Stile mit Unklarheit fertig zu werden: klarifizieren und simplifizieren. Ein *Clarifier* wird versuchen, mehrdeutigen und widersprüchlichen Informationen dadurch zu begegnen, indem er versucht zu verstehen, was unklar ist (d.h. was hinter der Unklarheit steckt). Dies beinhaltet auch die Suche nach Informationen. Ein *Simplifier* hingegen wird eher defensiv vorgehen und bestrebt sein, widersprüchliche Informationen zu vermeiden „or misperceive it so that it no longer presents a problem, or denying its challenging implications"[538]. Für Vertreter beider Stile kann der Prozess der KVW-Reduktion u.U. unbefriedigend sein. Ein Clarifier, der nach zu vielen klärenden Informationen sucht, könnte Stimulusüberlastung bei sich hervorrufen, während ein Simplifier bei dem Versuch, mehrdeutige oder widersprüchliche Informationen zu vermeiden, zu wenig brauchbare Informationen für eine Kaufentscheidung übrig behält. Die KVW-Reduktionsstrategie „Klärung der Kaufentscheidungsziele" dürfte vor allem bei wahrgenommener Stimulusunklarheit angemessen sein.

ad 3) Die Wirksamkeit von Konsumentenverwirrtheit-Reduktionsstrategien muss differenziert nach den drei postulierten KVW-Dimensionen betrachtet werden. Die Suche nach zusätzlichen Informationen dürfte angesichts von Stimulusähnlichkeit oder -unklarheit zweckmäßig sein, da neue Informationen helfen können, die KVW-verursachenden Stimuli zu überprüfen bzw. besser zu beurteilen. Bei Stimulusüberlastung können zusätzliche Informationen aber eher verschlimmernd wirken, vor allem bei Konsumenten die zu überlastungsbedingter KVW neigen.

---

[537] Vgl. Kelman/Cohler, 1959 zitiert in Cox, 1967.

ad 4) Die Verkleinerung des Evoked Set wird tendenziell eher in Situationen von wahrgenommener Reizüberlastung von Bedeutung sein, da reizüberladene Situationen, etwa
ausgelöst durch zu viele Alternativen, kognitive Minderung beim Menschen erzeugen[539].

ad 5) Indem der Konsument eine Kaufentscheidung delegiert, erhofft er sich einen Zugewinn
von Kaufentscheidungskompetenz, die ein anderer Konsument in die Kaufentscheidungssituation einbringt oder die Verteilung der Stimulusmenge auf mehrere Verarbeitungssysteme.

Eine systematische Auseinandersetzung mit Konsumentenverwirrtheit-Reduktionsstrategien
ist bislang nur ansatzweise erfolgt. In einer explorativen Studie haben Mit-
chell/Papavassiliou[540] KVW-Reduktionsstrategien beim Kauf von Uhren erfasst, indem
Kunden beim Kauf begleitet und dabei befragt wurden. Obgleich der begleitete Einkauf
(„accompanied shopping") einen in der empirischen KVW-Forschung neuen und interessanten Ansatz darstellt, ist zu bemängeln, dass Mitchell/Papavassiliou nicht klar definiert haben,
welches konsumentenseitige Verhalten KVW darstellt. Ohne diese notwendige Festlegung
kann nahezu jedes „ungewöhnliche" Konsumentenverhalten als KVW deklariert werden.

3.5.3 Zur Verhaltensrelevanz von Konsumentenverwirrtheit

Trotz der uneinheitlichen Begriffsverwendung in der Marketingliteratur herrscht weitgehend
Einigkeit darüber, dass KVW auf vielfältige Weise die Kaufentscheidungsgüte nachteilig
beeinflussen kann. Der verwirrte Konsument „might make suboptimal purchase decisions,
require more time to make such decisions, or elect or forgo decision making altogether"[541].
Neben unmittelbaren Konsequenzen wie „schlechten" Kaufentscheidungen[542] sind auch
mittelbare denkbar, etwa kognitive Dissonanz oder ein rückläufiges Vertrauen in marktliche
Interaktionspartner.

Eine Systematisierung möglicher Verhaltenskonsequenzen auf Grundlage einer Literaturdurchsicht resultiert in den folgenden mit KVW assoziierten Reaktionen (vgl. Tabelle 3-5).
Diese Reaktionen umfassen nicht nur mögliches *offenes Verhalten*, sondern auch mögliche

---

[538]   Cox, 1967, S. 68.
[539]   Vgl. Trommsdorff, 1989, S. 218.
[540]   Vgl. Mitchell/Papavassiliou, 1997b.
[541]   Jacoby/Morrin, 1998, S. 99.
[542]   Vgl. Schiffman/Kanuk, 1997, S. 210.

Verhaltensintentionen. Diese Differenzierung ist zweckmäßig, denn die Intention des Konsumenten etwas zu tun bedeutet nicht, dass es auch zu diesem Verhalten (z.B. negative Mundpropaganda) kommt, da zwischen der Intention und der Verhaltensausführung ungeplante Ereignisse liegen können, die zur Unterlassung der Verhaltensausführung führen. Mit Konsumentenverwirrtheit assoziiertes offenes Verhalten und Verhaltensintentionen werden im Folgenden diskutiert und teilweise in Kapitel 5.1 bei der Formulierung forschungsleitender Hypothesen nochmals aufgegriffen.

Verhalten / Verhaltensintention	Autoren
Aufschub oder Abbruch von Kaufentscheidung	Mitchell/Papavassiliou (1999, S. 327)
	Mitchell/Papavassiliou (1997b)
	Jacoby/Morrin (1998, S. 100)
	Huffman/Kahn (1998, S. 506)
	Leven (1984, S. F6)
Abnehmende Loyalität	Mitchell/Papavassiliou (1999, S. 320)
	Mitchell/Papavassiliou (1997b)
	Foxman/Muehling/Berger (1990, S. 171)
Negative Mundpropaganda	Turnbull/Leek/Ying (2000, S. 157)
	Mitchell/Papavassiliou (1999, S. 327)
	Mitchell/Papavassiliou (1997b)
Unzufriedenheit	Mitchell/Papavassiliou (1999, S. 320)
	Foxman/Muehling/Berger (1990, S. 171)
	Zaichkowsky (1995)
Andere Konsumenten verwirren	Mitchell/Papavassiliou (1999, S. 327)
	Foxman/Berger/Cote (1992, S. 136)
Kaufmüdigkeit bzw. -frust	Mitchell/Papavassiliou (1997b)
Kognitive Dissonanz	Mitchell/Papavassiliou (1999, S. 327)
Kaufentscheidungen delegieren	Mitchell/Papavassiliou (1999, S. 328)
Impulsive Kaufentscheidungen	Mitchell/Walsh (1997)
Reaktanz	Settle/Alreck (1988, S. 15)
Abnehmendes Vertrauen (in marktliche Interaktionspartner)	

Tabelle 3-5: Mit Konsumentenverwirrtheit assoziierte Verhaltensintentionen im Überblick

Die Reihenfolge der in Tabelle 3-5 aufgeführten Verhaltensintentionen spiegelt gleichzeitig die Häufigkeit der Nennungen in der relevanten Literatur wider. Demzufolge können ein Kaufentscheidungsaufschub[543], ein negativer Einfluss auf die (Geschäfts- oder Marken-)

---

[543] In der Vergangenheit wurde der Kaufentscheidungsaufschub von Autoren einfach als mögliche Reaktion

Loyalität und negative Mundpropaganda als wahrscheinlichste Reaktionen auf KVW angesehen werden. Ein Konstrukt, das im Reaktionen bezogenen Kontext nur vergleichsweise
geringe Berücksichtigung findet – welches jedoch im hier vertretenen Verständnis des KVW-
Prozesses eine zentrale Rolle als Brücke zwischen KVW und möglichen Verhaltensintentionen spielt – ist das der *(Un-) Zufriedenheit*[544]. Deshalb sollen die im Folgenden mit KVW
assoziierten Verhaltensintentionen in Anlehnung an Zufriedenheit erörtert werden.

3.5.3.1 Konsumentenverwirrtheit und Zufriedenheit

Kundenzufriedenheit ist ein innerhalb der Konsumentenforschung etabliertes Konstrukt, das
zunehmend auch in der unternehmerischen Praxis im Fokus steht.[545] Obgleich angesichts der
konzeptionellen Komplexität von Kundenzufriedenheit verschiedene Modelle und Definitionen dazu entwickelt worden sind, hat das „disconfirmation"-Paradigma die größte Akzeptanz
gefunden.[546] Grundgedanke dieses Ansatzes ist, dass Kundenzufriedenheit die Diskrepanz
zwischen erwarteter und wahrgenommener (Produkt- oder Dienstleistungs-) Qualität darstellt.
Werden die Erwartungen des Konsumenten nicht erfüllt, entsteht ein Gefühl der Unzufriedenheit.

Eine Kaufentscheidung (im Zustand der KVW oder nicht) kann sowohl funktional bzw.
richtig als auch dysfunktional oder *falsch* ausfallen. Außerdem kann sie jeweils Zufriedenheit
oder Unzufriedenheit beim Kunden und somit nachgelagertes Verhaltes hervorrufen (vgl.
Abbildung 3-21).

---

auf KVW aufgefasst, in dieser Arbeit hingegen wird er ausdrücklich zu den Konsumentenverwirrtheit-
Reduktionsmaßnahmen gezählt (vgl. Kapitel 3.5.2).

[544] In weiten Teilen der Kundenzufriedenheitsforschung wird die Auffassung vertreten, dass es sich beim
Zufriedenheitskonstrukt um ein eindimensionales Konstrukt mit den Polen *Zufriedenheit* und *Unzufriedenheit* handelt (vgl. Stauss, 1999, S. 10).

[545] Vgl. Marr/Crosby, 1993; Stauss, 1999; Szymanski/Henard, 2001.

[546] Vgl. z.B. Erevelles/Leavitt, 1992, S. 105; Tse/Wilton, 1988, S. 204; Kaas/Runow, 1984, S. 452.

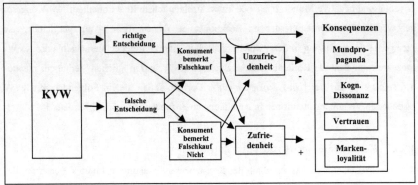

Abbildung 3-21: Konsequenzen von Konsumentenverwirrtheit auf Verhaltensebene

So kann ein verwirrter Konsument eine Alternative auswählen, die das günstigste Preis-Mengenverhältnis bietet (funktionale Entscheidung) nicht aber die Erwartungen des Konsumenten erfüllt (Unzufriedenheit). Umgekehrt ist es denkbar, dass der Konsument eine objektiv dysfunktionale Entscheidung fällt (z.B. aufgrund physischer Ähnlichkeit die falsche Marke kauft), mit dieser Wahl im Nachhinein aber zufrieden ist. Zudem sind Situationen denkbar, in denen der Konsument zwar die richtige Marke wählt, dieses aber dennoch negative Gefühle (z.B. nachlassendes Vertrauen) zur Folge hat. Ein zunächst verwirrter Konsument, der erst im Anschluss an zeitraubende Konsumentenverwirrtheit-Reduktionsstrategien zu einer befriedigenden Kaufentscheidung gelangt, könnte genervt sein und seine Unzufriedenheit in Bezug auf den hohen Kaufentscheidungsaufwand anderen Konsumenten mitteilen, also negative Mundpropaganda betreiben[547].

Da KVW zu Kaufentscheidungen führen kann, mit denen der Konsument zufrieden oder unzufrieden ist, sind auch eine Reihe möglicher Folgen, die ebenfalls eng mit dem *Zufriedenheits*konstrukt[548] verknüpft sind, denkbar.

3.5.3.2 Konsumentenverwirrtheit und Vertrauen

Vertrauen wird in der Literatur verschieden definiert, wobei Definitionen ein breites Spektrum abdecken, das von pauschalen Beschreibungen bis zu mehrdimensionalen Konzeptuali-

---

547   Vgl. zum Zusammenhang von (Un-)Zufriedenheit und negativer Mundpropaganda Szymanski/Henard, 2001, S. 18-19.
548   Vgl. z.B. Stauss, 1999; Perkins, 1991.

sierungen reicht. Nach Rotter[549] ist Vertrauen eine allgemeine Erwartung des Konsumenten, Howard/Sheth[550] definieren es als das Ausmaß mit welchem der Konsument meint, einen Produktnutzen oder Geschäftspartner richtig einschätzen zu können und an anderer Stelle wird Vertrauen als wahrgenommene(s) Glaubwürdigkeit bzw. Wohlwollen interpretiert[551]. Moorman/Zaltman/Deshpandé[552] verstehen Vertrauen als „willingness to rely on an exchange partner in whom one has confidence". Häufig wird ein Erfahrungs-Vertrauenszusammenhang postuliert; d.h., dass Konsumenten mit zunehmender (positiver) Produkterfahrung ein größeres Maß an Vertrauen haben[553].

Es scheint plausibel, dass verwirrte Konsumenten, die eine Kaufentscheidung getroffen haben die sie selbst als suboptimal einstufen, Unzufriedenheit verspüren und diese zu kanalisieren versuchen, indem sie sie mit anderen teilen. Unabhängig von den spezifischen Ursachen, kann vom Konsumenten erfahrene Unzufriedenheit zu *Vertrauen*sverlust in bestimmte Produkte oder marktliche Interaktionspartner führen und Konsequenzen nach sich ziehen[554].

Ein Vertrauensverlust kann damit erklärt werden, dass ein Konsument, der z.B. Stimulusähnlichkeit-KVW erfahren und infolgedessen ein anderes (Produkt B) als das beabsichtige Produkt (Produkt A) gekauft hat, nicht genau weiß, wie er mit dieser Kauferfahrung umgehen soll. Für den Konsumenten setzt Vertrauen voraus, dass er sich auf die Aussagen und Versprechungen des Herstellers, z.B. hinsichtlich der Einzigartigkeit von Produkt A, verlassen kann[555]. Wenn der Konsument selbst nach dem Kauf nicht genau einschätzen kann, ob Produkt B vom selben Hersteller stammt wie Produkt A, wird er das bislang Produkt A (und dessen Hersteller) entgegengebrachte Vertrauen nicht länger aufrechterhalten können. Wichtig erscheint in diesem Zusammenhang auch die Absicht, die der Vertrauende dem jeweiligen Unternehmen unterstellt. Eine nicht schädliche, aber nach Überzeugung des Vertrauenden „schlechtgemeinte" Handlung kann einen Vertrauensverlust nach sich ziehen (z.B. wenn Produkt B in Bezug auf Qualität Produkt A ebenbürtig ist). Wenn der Konsumenten jedoch in jedem Fall der Überzeugung ist, Produkt A und Produkt B seien qualitativ sowie hinsichtlich ihrer Herkunft unterschiedlich, kann ein erhöhtes Vertrauen in Produkt A die Folge sein.

---

[549]   Vgl. Rotter, 1967, S. 653.
[550]   Vgl. Howard/Sheth, 1969, S. 144.
[551]   Vgl. Doney/Canon, 1997.
[552]   Vgl. Moorman/Zaltman/Deshpandé, 1992, S. 315.
[553]   Vgl. Howard/Sheth, 1969, S. 195.

Mit Blick auf die KVW-Dimensionen Stimulusüberlastung und Stimulusunklarheit können ebenfalls Konsequenzen für das konsumentenseitige Vertrauen abgeleitet werden. Nach Mühle[556] setzt Vertrauen Kompetenz und Glaubwürdigkeit des Vertrauten voraus. Unternehmensseitige Maßnahmen, die die eigene Kompetenz und Glaubwürdigkeit schädigen, können somit zu einem Vertrauensverlust beim Konsumenten führen. So können komplexe, vom Konsumenten nicht verstandene Produkte (Stimulusunklarheit) die Kompetenz eines Unternehmens in Frage stellen, woraufhin Konsumenten ihr bisheriges Vertrauen überprüfen sowie ggf. reduzieren. Konsumenten, die das Gefühl haben, von einem Hersteller mit (Produkt-) Informationen „überschüttet" zu werden (Stimulusüberlastung), werden sich fragen, ob ein glaubwürdiges Unternehmen dies nötig hat und ebenfalls das bisher dem Unternehmen entgegengebrachte Vertrauen kritisch überprüfen.

3.5.3.3 Konsumentenverwirrtheit und negative Mundpropaganda

Neben ihrer Wirkung auf Vertrauen kann Unzufriedenheit auch die Triebfeder *negativer Mundpropaganda* sein. Mundpropaganda bzw. -werbung wird ein vergleichsweise großer Einfluss auf das Verhalten von Konsumenten zugesprochen[557]. Konsumenten neigen bspw. eher dazu, negative als positive Erfahrungen mit anderen zu teilen.[558] Aufgrund der vergleichsweise hohen Glaubwürdigkeit des Senders, gelten Informationen, die im Rahmen der interpersonellen Kommunikation vermittelt werden, als besonders effektiv[559]; entsprechend wird solchen Informationen von anderen Konsumenten mehr Aufmerksamkeit geschenkt[560]. Demnach ist Unzufriedenheit des Konsumenten nicht nur in Bezug auf verwirrte Konsumenten problematisch, die von Wiederholungskäufen absehen werden, sondern auch auf andere Konsumenten.

3.5.3.4 Konsumentenverwirrtheit und Markenloyalität

Aus Sicht des Konsumenten nehmen Marken eine Reihe wichtiger Funktionen wahr; Marken:

---

[554]   Vgl. z.B. Nicholson/Compeau/Sethi, 2001, S. 3f.
[555]   Vgl. Rotter, 1980, S. 1.
[556]   Vgl. Mühle, 1968, S. 125.
[557]   Vgl. Brown/Reingen 1987; Tax/Chandrashekaran/Christiansen 1993, S. 74; Hennig-Thurau/Walsh/Wruck, 2001.
[558]   Vgl. Richins, 1983.
[559]   Vgl. z.B. Walsh, 1999b, S. 419.
[560]   Vgl. Mizerski, 1982.

- vermitteln Konsumenten Vertrauen durch implizite Qualitätsgarantien,

- erleichtern das Kaufentscheidungsverhalten, da sie als Wahrnehmungsanker fungieren, individuelle Attribute nicht bei jedem Kauf überprüft werden müssen und

- erlauben dem Konsumenten eine psychologisch wichtige Selbstdarstellung.[561]

Als Folge von KVW kann es jedoch dazu kommen, dass diese Funktionen nur noch eingeschränkt oder gar nicht mehr von Marken wahrgenommen werden und es aufgrund dessen zu Unzufriedenheit und einer *verringerten Produkt- und Einkaufsstättenloyalität*[562] und schließlich Umsatzeinbußen[563] kommt.

Unmittelbar verknüpft mit KVW und der Unzufriedenheit des Konsumenten ist das Phänomen der Geschäfts-, Produkt- bzw. Markenloyalität. Als *loyal* gelten jene Konsumenten, die eine Marke wiederholt kaufen.[564] Dieses Kaufverhalten kann umgekehrt als eine geringere Neigung zum Markenwechsel interpretiert werden. Das aus Anbietersicht erwünschte und ökonomisch vorteilhafte[565] geschäfts- und markenloyale Kaufverhalten ist grundsätzlich mit Unzufriedenheit unvereinbar.

Obgleich auch Konsumenten, die mit ihrer bisherigen Marke zufrieden sind, regelmäßig zu Markenwechslern werden können[566], kann häufig von einem positiven Zufriedenheits-Markenloyalitäts-Zusammenhang ausgegangen werden[567]. Der durch KVW verursachte

---

[561] Vgl. Biel, 1999, S. 69.
[562] Vgl. Homburg/Rudolph, 1995, S. 46.
[563] Vgl. Singh, 1988.
[564] Vgl. zum Brand-Loyal-Kaufverhalten z.B. Sproles/Kendall, 1986; Jacoby/Chestnut, 1978; Moschis, 1976. In der Konsumentenverhaltensliteratur finden sich zwei grundsätzliche Ansätze zum Verständnis von Marken-/Produktloyalität. Erstere interpretieren Loyalität als quantitative Größe, die in Wiederholungskäufen ihren Ausdruck findet, während ein anderer Ansatz Loyalität weniger als rein Verhalten bezogenes, sondern eher als kognitives Phänomen betrachten, das für ein starkes kundenseitiges Commitment spricht (vgl. zu einer ausführlicheren Diskussion Assael, 1998, S. 130-137).
[565] Da das Halten von Kunden i.d.R. günstiger ist als die Akquisition von Neukunden (vgl. Hoyer/ MacInnis, 1997, S. 253; Wells, 1993; Kotler/Bliemel, 1992, S. 26; Rosenberg/Czepiel, 1984), ist Markenloyalität aus Anbietersicht wegen ihrer ökonomischen Relevanz von großer Bedeutung.
[566] Dass Markenloyalität häufig kein wirklich zeitstabiles Phänomen darstellt, ergibt sich aus marktlichen Gegebenheiten. Der Konsument hat häufig guten Grund, seine Stammmarke zu wechseln, sei dies freiwillig oder unfreiwillig; so führen kürzer werdende Produktlebenszyklen dazu, dass viele Produkte nur für einen begrenzten Zeitraum im Markt präsent sind, sich Markenloyalität also erst gar nicht entwickeln kann. Auch ein stetig aktualisiertes bzw. erweitertes Produktangebot kann Markenloyalität hemmen, z.B. wenn der Konsument auf eine neue Marke trifft, die seiner bisherigen Stammmarke überlegen ist. Zu einer ausführlichen Erörterung des Phänomens abnehmender/mangelnder Loyalität trotz Zufriedenheit vgl. Hennig-Thurau/Klee, 1997.
[567] Vgl. z.B. Selnes, 1993; Halstead/Page, 1992.

Falschkauf, der vom Konsumenten bemerkt oder auch unbemerkt bleibt[568], kann Zufrieden-
oder Unzufriedenheit auslösen.

Wenn der Konsument bemerkt, die falsche Marke gekauft zu haben, jedoch mit dieser zufrieden ist, könnte er sich dazu entschließen, bei dieser Marke zu bleiben und seine bisherige
Stammmarke aufzugeben. Dieser Markenwechsel wird dem Konsumenten auch aufgrund des
häufig niedrigeren Preises der Nachahmermarke leichter gemacht.[569] Umgekehrt ist es denkbar, dass der Konsument mit der gekauften Marke (die er für seine Stammmarke hält) unzufrieden ist, aber nicht bemerkt, die falsche Marke gekauft zu haben und deshalb beschließt,
seine Markenloyalität einzustellen. Diese zwei möglichen negativen Auswirkungen von KVW
auf die Markenloyalität sind in Abbildung 3-22 wiedergegeben. Obgleich nicht in der Abbildung berücksichtigt, da diese auf negative Folgen der Unzufriedenheit abstellt, ist auch eine
positive Wirkung möglich, z.B. wenn der Konsument bemerkt die Falsche gekauft zu haben
und mit dieser unzufrieden ist. Dies dürfte dazu führen, dass der Konsument seine bisherige
Stammmarke noch mehr wertschätzt und noch markenloyaler wird.

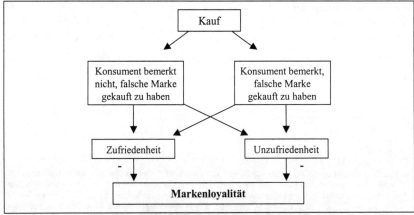

Abbildung 3-22: Konsumentenverwirrtheit und Markenloyalität

---

[568] „(Un-) bemerkt" bezieht sich auf die Nachkaufphase.
[569] Es gibt Untersuchungen die belegen, dass markenloyales Kaufverhalten mit Sonder- und Aktionsangebo-
       ten, in denen Wettbewerbermarken angeboten werden, durchbrochen werden kann (vgl. z.B. Meier, 1999,
       S. 36).

Eng verknüpft mit Marken- ist häufig auch die Geschäftsloyalität von Konsumenten[570]. Demnach kann es zu Abstrahlungseffekten in dem Sinne kommen, dass eine schwindende Markenloyalität auch zu einer geringeren Frequentierung von Geschäften führt, womit der Handel also auch negativ betroffen wäre. Negative Abstrahlungseffekte können dann auftreten, wenn der Konsument das Gefühl bekommt, vornehmlich mit dem Sortiment und den Marken eines Geschäfts oder einer Handelskette Entscheidungsschwierigkeiten zu haben. Ein solcher Zusammenhang zwischen der Marken- und Geschäftsloyalität fordert natürlich dazu auf, die vom Handel vielfach praktizierte Eigen- bzw. Handelsmarkenpolitik, die zur Erhöhung der Markenzahl beiträgt und regelmäßig in bewussten Nachahmungen von Herstellermarken ihren Ausdruck findet, kritisch zu hinterfragen.

3.5.3.5 Konsumentenverwirrtheit und kognitive Dissonanz

Eine Folge von KVW kann auch *kognitive Dissonanz* sein, etwa wenn der verwirrte Konsument aufgrund von Stimulusähnlichkeit unbewusst die falsche Alternative kauft (z.B. eine Imitationsmarke). Wenn der Konsument bemerkt, eine schlechte oder irrationale Entscheidung getroffen zu haben, könnte er motiviert sein, seine Entscheidung im Nachhinein zu rationalisieren. Der Konsument könnte etwa versuchen, die empfundenen Dissonanz zu reduzieren indem er dissonanzverursachende Informationen vermeidet (z.B. Informationen, die die Originalmarke loben) oder absichtlich falsch interpretiert.

Es ist etwa denkbar, dass der Konsument nach dem Kauf seinen Fehler bemerkt – entweder unmittelbar nach dem Kauf oder bei Gebrauch, wenn die gekaufte Alternative nicht seinen Erwartungen entspricht – und zum Zweck der Dissonanzreduktion die Wichtigkeit des Kaufs reevaluiert bzw. minimiert. Eine solche Reevaluation kann in Form einer gemachten Erfahrung auf späteres Kaufverhalten wirken, vor allem wenn der Konsument darum bemüht ist, Dissonanz zukünftig zu vermeiden: „Past experience may lead a person to fear, and hence to avoid, the initial occurence of dissonance."[571] Die beim vorherigen Kauf wegen der aufgetretenen KVW nicht gewählten Alternative (das Original), könnte dauerhaft als schlechter bewertet werden als die gewählte Alternative (die Kopie), obwohl Letztere objektiv schlechter

---

[570] Eine Reihe von Untersuchungen bestätigen die positive Beziehung zwischen Geschäfts- und Markenloyalität (vgl. z.B. Carman, 1970; Diller/Goerdt, 1999, S. 943ff.).
[571] Festinger, 1957, S. 30.

ist. Eine dergestalt vorgenommene ex post Anreicherung des Verhaltens mit Rationalität[572], benachteiligt primär die abgelehnten Alternativen, welche beim Falschkauf oft die Originale sind.

3.5.3.6 Konsumentenverwirrtheit und weitere Verhaltenskonsequenzen

Im Hinblick auf Konsumenten, die bei sich eine Neigung zu KVW bemerken, sind neben den dargestellten Verhaltenskonsequenzen Reaktionen denkbar, die eine dauerhafte Senkung oder Vermeidung von KVW zum Ziel haben. Dazu können Entscheidungsheuristiken zählen, wie etwa Impulskäufe[573]. Konsumenten können Impulskäufe als dauerhaft probates Mittel hinsichtlich KVW ansehen, wenn sie etwa keine Zeit oder Lust haben, den Prozess der Reduktionsstrategien zu durchlaufen.

Auch wenn Impulskaufverhalten von Menschen regelmäßig als positiv bewertet und bewusst eingesetzt wird[574], gilt es dennoch in der verhaltenswissenschaftlichen Literatur als negativ konnotiert. Vor dem Hintergrund der regelmäßig mit Impulskaufverhalten assoziierten negativen Konsequenzen[575] (Mehrkäufe, Nutzeneinbußen etc.) muss eine auf Impulskäufe reduzierte Entscheidungsheuristik als problematisch eingestuft werden. Aber auch eine Entscheidungsheuristik wie der Kauf von Markenprodukten kann unter gewissen Umständen keine Abhilfe bedeuten, wenn nämlich Konsumenten zu wahrgenommener Stimulusähnlichkeit neigen.

Als Begleitphänomene von KVW sind schließlich Konsumfrust, Kaufmüdigkeit („shopping fatigue")[576] oder eine Abwendung und Entfremdung des Konsumenten vom marktlichen Geschehen i.S. einer „Alienation"[577] denkbar. Keine dieser Folgen ist wünschenswert, da sie mit einer nachhaltig verringerten Konsumneigung einhergehen. Dennoch erscheinen diese konsumentenseitigen Reaktionen nicht gänzlich abwegig, denn verwirrte Konsumenten

---

[572] Vgl. Wiswede, 1995, S. 40
[573] Vgl. z.B. Walsh/Mitchell/Hennig-Thurau, 2001, S. 85.
[574] Mit Impulskaufverhalten werden etwa Gefühle der Euphorie assoziiert (vgl. Rook, 1987) und es wird von Konsumenten berichtet, die Impulskäufe tätigen, um ihre Stimmung zu verbessern und die sich nach dem Kauf besser fühlen (vgl. Gardner/Rook, 1988). Impulskaufverhalten hat auch einige sehr praktische Vorzüge; so kann es zeitsparend wirken (weil Kaufentscheidungen nicht geplant werden) und Konsumenten sind u.U. empfänglicher für Sonderangebote die ihnen im Laden begegnen, da sie nicht nur streng nach ihrem Einkaufszettel einkaufen.
[575] Vgl. Hoch/Loewenstein, 1991; Rook, 1987.
[576] Vgl. Mitchell/Papavassiliou, 1997b, S. 10.
[577] Vgl. Pruden/Shuptrine/Longman, 1974; Allison, 1978.

könnten zu dem Schluss gelangen, dass Hersteller und Handel zwar Interesse an ihnen als Käufer und Verbraucher haben, jedoch nicht als Konsument mit spezifischen Leistungs- und Informationsbedürfnissen.

3.5.3.7 Zusammenfassende Betrachtung der Verhaltenskonsequenzen

Die bisher in diesem Kapitel geführte Diskussion hat gezeigt, dass komplexe Zusammenhänge zwischen KVW einerseits und Verhaltenskonsequenzen andererseits vorliegen. Diese Zusammenhänge liegen i.d.R. nicht in direkter Form vor, sondern indirekt durch ein Einwirken auf die Kauf bezogene *Zufriedenheit* des Konsumenten. Die postulierten Zusammenhänge sind in Abbildung 3-23 wiedergegeben. Die Kreise stellen in dieser Abbildung latente (d.h. nicht direkt messbare) Variablen dar. Die Plus- und Minussymbole geben an, ob es sich jeweils um einen positiven (+) oder um einen negativen (-) Zusammenhang handelt.

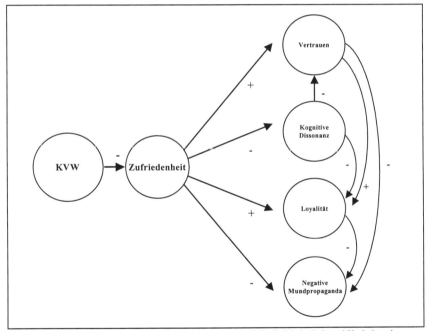

Abbildung 3-23: Beziehung zwischen Konsumentenverwirrtheit, Zufriedenheit und Verhaltenskonsequenzen

3.6 Marketing bezogene Auswirkungen von Konsumentenverwirrtheit

Vor dem Hintergrund des offenen Verhaltens bzw. der Verhaltensintentionen, die in den vorherigen Abschnitten erläutert wurden, sollen im Folgenden mögliche makroökonomischen und Markenmanagement bezogenen Auswirkungen von KVW diskutiert werden.

3.6.1 Makroökonomische Auswirkungen von Konsumentenverwirrtheit

In der Bundesrepublik Deutschland belaufen sich die jährlichen Ausgaben von Konsumenten für Güter des täglichen Gebrauchs wie Nahrungsmittel, Getränke und Genussmittel sowie Bekleidung und Schuhe auf über DM 470 Milliarden.[578] Wenn nun aufgrund von KVW bestimmte Konsumentensegmente, die eine stärkere KVW-Neigung aufweisen, regelmäßig Fehlkäufe tätigen bzw. suboptimale Kaufentscheidungen treffen, dann stellt dies eine Fehlallokation[579] von Mitteln dar; diese kann kumuliert beträchtliche Ausmaße annehmen. Bei nur einem Prozent KVW-bedingter suboptimaler Kaufentscheidungen wären dies schon DM 4,7 Milliarden. Selbst wenn man lediglich unterstellte, dass diese suboptimalen Kaufentscheidungen keine (100%-igen) Fehlkäufe darstellen, sondern lediglich Nutzeneinbußen, und unterstellte man weiterhin diese Nutzeneinbußen seien quantifizierbar, so entsprächen Nutzeneinbußen in der Größenordnung von zehn Prozent (der suboptimalen Kaufentscheidungen) noch immer DM 470 Millionen.

Es kommt auch in dem Sinne zu einer Fehlallokation, dass nicht dem besten Hersteller (d.h. dem mit dem qualitativ besten Produkt zu einem gegebenen Preis) oder dem Pionierunternehmen die finanziellen Mittel zufließen, sondern mittelmäßigen Anbietern, die als Nachahmer auftreten. Konsumenten werden geschädigt, weil sie häufig nicht die gewünschte Qualität bzw. die für die sie bezahlt haben bekommen, denn es ist für Nachahmer leichter, die Verpackung oder den Namen des Originals zu imitieren als eine hohe Produktqualität zu erreichen. Langfristig kann die Tatsache, dass Imitatoren erfolgreiche Marken kopieren, ohne ernsthafte Konsequenzen befürchten zu müssen, zu einer Stagnation von Produktinnovationen führen. Innovativen Unternehmen wird der Anreiz genommen, neue und verbesserte Produkte zu

---

[578] Vgl. Statistisches Bundesamt, 2000a.
[579] Mit *Allokation* ist die möglichst optimale Zuordnung von (Produktions-) Mitteln zu Produzenten gemeint (vgl. Geigant/Sobotka/Westphal, 1979, S. 34). *Optimal* heißt in diesem Kontext, dass der Produzent die Produktionsaufgabe für ein gegebenes Produkt (in gegebener Qualität) wahrnimmt, der dieses Produkt am Günstigsten herstellen kann.

entwickeln und in den Markt einzuführen, da sie kaum noch die Möglichkeit haben, Pioniererträge zu erwirtschaften.

Aber auch in Märkten mit hoher technologischer Dynamik, die durch eine Vielzahl nationaler und internationaler Anbieter sowie durch Produkthomogenität und kurze Produktlebenszyklen gekennzeichnet sind, haben viele Konsumenten Schwierigkeiten, Produkte anhand relevanter Leistungsdimensionen zu vergleichen, Produktinnovationen zu verstehen und Produktdifferenzierungen wahrzunehmen. Auf der Suche nach Wettbewerbsvorteilen versuchen jedoch immer mehr Unternehmen, in ihrem Markt die Tempoführerschaft[580] zu erlangen, womit die skizzierte Dynamik weiter forciert wird.

Wenn Konsumenten feststellen, dass sie zunehmend Schwierigkeiten haben, Kaufentscheidungen zu treffen, insbesondere wenn diese sich hinterher als suboptimal herausstellen, dann kann dies zu „Konsumfrust bzw. –verweigerung" führen. Konsumfrust und eine damit einhergehende allgemeinen Abkehr vom marktlichen Geschehen als Breitenphänomen (d.h. die Menschen kaufen nur das Nötigste) – auch wenn sie aus heutiger Sicht nicht sehr wahrscheinlich erscheint – hätte gravierende ökonomische Folgen in Form von Absatzeinbrüchen und Arbeitsplätzeverlusten.

3.6.2 Wertewandel und Einstellungsänderung

Die im vorangehenden Abschnitt beschriebenen Folgen von KVW, insbesondere Konsumfrust und eine Begrenzung des Konsums auf bedarfsorientierte Anschaffungen, können auch durch Werteveränderungen und Einstellungsänderungen hervorgerufen werden.

Konsumentenverwirrtheit und Werteveränderungen

Grundsätzlich kann ein Einfluss von KVW auf das Wertesystem von Konsumenten unterstellt werden. Werte sind Vorstellungen vom Wünschenswerten, die sich in Einstellungen, Zielvor-

---

[580] Mit Tempoführerschaft (auch mit *Turbo Marketing* oder *Timing*-Strategie umschrieben) wird die Strategie bezeichnet, die Führung in einem Markt zu erlangen bzw. durch eine konsequente Innovationsorientierung zu verteidigen: ein Unternehmen versucht durch Verkürzung der Innovationszeit, neue Produkte vor der Konkurrenz auf den Markt zu bringen, um sich dadurch Marktanteile und Pioniergewinne zu sichern. Andernfalls geraten Unternehmen in die sog. Zeitfalle; durch zu lange Prozesszeiten gelangen Innovationen zu spät zur Marktreife und verhindern somit einen erfolgreichen Markteintritt (vgl. Kotler/Bliemel, 1995, S. 482; Simon, 1989).

stellungen sowie Bedürfnissen des Menschen konkretisieren[581]. Typische Werte sind z.B. Selbstachtung, Pflichterfüllung, soziale Anerkennung, Weisheit. Werte repräsentieren ein konsistentes Einstellungssystem bzw. eine „Über-Einstellung"[582], welche(s) einen Einfluss auf das Kauf bezogene Verhalten von Konsumenten ausübt und die durch beobachtbares Konsumentenverhalten bestimmbar werden. So kann sich etwa ein hohes Maß an Hedonismus in demonstrativem Konsum oder Pflichtbewusstsein in extensive Kaufentscheidungen niederschlagen. Weiterhin verbinden Werte das Individuum mit seiner sozial-gesellschaftlichen Umwelt.[583]

Es ist denkbar, dass KVW zu einem Wertewandel[584] führt, der sich mittelfristig umsatz- und gewinnmindernd auswirken. Ein Wertewandel würde sich zunächst in einer Werteverschiebung (d.h. einer Verschiebung der Bedeutung einzelner Werte in einer Wertehierarchie des individuellen Konsumenten) äußern. Wenn ein pflichtbewusster Konsument z.B. merkt, dass er trotz umfangreicher Bemühungen keine aus seiner Sicht optimalen Kaufentscheidungen treffen kann, könnte eine Folge eine Werteveränderung sein. So könnte aus einem extensiven ein impulsiver oder laxer Kaufentscheider werden.

Konsumentenverwirrtheit und Einstellungsänderungen

Ein durch KVW ausgelöster oder verstärkter Wertewandel wird sich in Einstellungsänderungen konkretisieren, etwa in Bezug auf die Einstellung zum Einkaufen.[585] Einkaufen gehört zu den gesellschaftlich akzeptierten Freizeitaktivitäten.[586] Eine ausgeprägte Freizeitorientierung[587] und der Trend zum Einkaufen als Freizeitbeschäftigung wird durch eine Reihe von gesellschaftlichen Entwicklungen gestärkt: Eine kürzere Wochen- und Lebensarbeitszeit - u.a. durch eine technologiebedingt gestiegene Arbeitsproduktivität – sowie die steigende Lebenserwartung der Menschen resultieren in mehr Freizeit, die „sinnvoll" ausgefüllt werden möchte. Der Wunsch des Konsumenten, Einkaufen als erholsamen Vorgang zu begreifen findet

---

[581] Vgl. Wiedmann/Raffée, 1986, S. 13ff.; Raffée/Wiedmann, 1989; Kroeber-Riel/Weinberg, 1999, S. 548; Kahle/Goff Timmer, 1983; McCort/Malhotra, 1993.
[582] Vgl. Trommsdorff, 1998, S. 175.
[583] Vgl. Trommsdorff, 1998, S. 174.
[584] Vgl. zum Phänomen des Wertewandels Wiedmann/Raffée, 1986, S. 19ff.; Raffée/Wiedmann, 1989; Trommsdorff, 1998, S. 175.
[585] Vgl. zum Zusammenhang von Einstellungen und KVW auch Kapitel 3.4.1.1.
[586] Vgl. Trommsdorff, 1998, S. 184ff.
[587] Vgl. z.B. Dialoge 4 - Gesellschaft, Wirtschaft, Konsumenten 1995, S. 398.

seinen Ausdruck u.a. in Kaufentscheidungstypologien wie den „Recreational Shopper"[588], dem Konsumenten der seine Kaufentscheidungen primär erholungsorientiert und aufgrund hedonistischer Motive trifft.

Diese bei breiten Bevölkerungsschichten anzutreffende positive Einstellung gegenüber dem Einkaufen ist aus Marketingsicht begrüßenswert, denn Konsum als Freizeitbeschäftigung führt zu höheren Umsätzen. Gleichwohl erscheint es plausibel, dass KVW, zumindest wenn sie kein vereinzelt auftretendes Phänomen darstellt, zu einer Einstellungsänderung bei Konsumenten und somit zu negativen Einstellungen gegenüber dem Einkaufen und schließlich Umsatzeinbußen führen kann. Wenn Konsumenten nicht länger Freude und Erholung mit Einkaufen verbinden, sondern Stress, Frustration und Unzufriedenheit, dann sind negative Einstellungen ein wahrscheinliches Ergebnis.

3.6.3 Abnehmende Markenprägnanz und Markenstärke

Nach Unger[589] kann von einer Marke gesprochen werden, wenn bei Nennung der Marke Konsumenten spezifische Eigenschaften damit verbinden. Eine Marke kann nur erfolgreich sein, wenn sie wiederholt gekauft wird; dazu muss sie wieder erkennbar sein und Wiedererkennung ist die Voraussetzung, um beim Konsumenten Wissen über die Marke aufzubauen.[590] Wenn Konsumenten bestimmte Eigenschaften mit nur einer Marke assoziieren, diese Eigenschaften mit ihren Präferenzen kompatibel sind, und es deshalb zum Kauf kommt, dann sind die zentralen Merkmale einer starken[591] bzw. prägnanten[592] Marke erfüllt.

Konsumentenverwirrtheit jedoch kann zu einer geschwächten Markenstärke und –prägnanz führen, wenn Konsumenten:

---

[588] Vgl. z.B. Walsh/Mitchell/Hennig-Thurau, 2001, S. 84-85; Sproles/Kendall, 1986, S. 272f.
[589] Vgl. Unger, 1986, S. 6.
[590] Vgl. Unger, 1986, S. 7.
[591] Die Stärke einer Marke entspricht dem Wert einer Marke, wenn dieser verhaltenswissenschaftlich operationalisiert wird. Nach Riedel (1996, S. 61) kann die Markenstärke definiert werden als „die Gesamtheit aller positiven und negativen Vorstellungen, die im Konsumenten ganz oder teilweise aktiviert werden, wenn er das Markenzeichen wahrnimmt, und die sein Markenwahlverhalten beeinflussen". Die Determinanten eines derart definierten Markenwertes sind die Bekanntheit und Assoziationen, die man mit einer Marke verbindet sowie Markenloyalität (vgl. Keller, 1993; Aaker, 1992).
[592] Eine Marke kann dann als prägnant bezeichnet werden, wenn Konsumenten einzigartige Unterscheidungsmerkmale bzw. Eigenschaften mit ihr assoziieren, die dazu führten, dass Konsumenten auf sie günstiger reagieren als auf andere (markierte oder unmarkierte) Produkte. Mit „günstiger reagieren" ist in erster Linie eine höhere Kaufwahrscheinlichkeit gemeint.

- entweder aufgrund unklarer Informationen und/oder physischer Ähnlichkeit bestimmte Eigenschaften mehr als nur einer Marke zuschreiben, also der Original- und einer oder mehreren Nachahmermarke(n);

- zwei Marken wegen ihrer äußeren Ähnlichkeit verwechseln.

Die Folge kann abnehmende Markenstärke der Herstellermarke sein. Ähnlich dem Prinzip der Reihenschaltung, bei der sich die Gesamtspannung auf die in einem Stromkreis befindlichen Stromverbraucher verteilt, und bei zunehmender Zahl der Stromverbraucher die Spannung je Verbraucher abnimmt, so kann auch die Prägnanz und Wiedererkennbarkeit einzelner Marken geschwächt werden, wenn zu viele bzw. zu viele ähnliche Marken zur Auswahl stehen. Anders ausgedrückt: Markenprägnanz hängt negativ von der Anzahl der Marken in einer Produktkategorie ab. Eine solche Sichtweise hat unmittelbare Bedeutung für markenpolitische Entscheidungen im Hinblick auf Markenerweiterungen und Dachmarkenstrategien sowie Nachahmer- bzw. Me-too-Strategien.

3.7 Zusammenfassung

Die Analyse der im theoretischen Bezugsrahmen (vgl. Abbildung 3-1) vorgestellten KVW bezogenen Einflussgrößen und Determinanten hatte zum Ziel, KVW als Kaufverhalten beeinflussende Variable theoretisch herzuleiten. In der theoretischen Diskussion konnte vielfach exemplarisch gezeigt werden, dass KVW nicht durch einzelne Variablen erklärt werden kann, sondern häufig eine bestimmte Konstellation von KVW-determinierenden personen- und situationsspezifischen Einflussgrößen zu KVW führt.

Entsprechend der postulierten Mehrdimensionalität des KVW-Konstrukts können Einfluss-größen auf eine einzelne oder mehrere Dimensionen wirken und nachfolgendes Verhalten beeinflussen. Im Hinblick auf die Hypothesenformulierung und eine Operationalisierung ist es deshalb unerlässlich, eine bestimmte Konstellation von Bestimmungsfaktoren zu definie-ren.

Schließlich haben die hier angestellten Überlegungen gezeigt, dass KVW eine Reihe ertrags-relevanter Wirkungen haben kann. Diese Wirkungen können das direkte oder indirekte Ergebnis von KVW sein. Liegt ein direkter Zusammenhang vor, handelt es sich um einen Nicht- bzw. Falschkauf; ein indirekter wenn bspw. andere Konsumenten informiert werden oder der Kunde mangels Vertrauen von einem Wiederholungskauf absieht.

Gerade solche negativen Konsequenzen unterstreichen die zentrale Bedeutung des KVW-Konstrukts aus marketingpraktischer Sicht und sind ein deutlicher Hinweis darauf, dass es hinsichtlich einer validen empirischen Erfassung geeigneter Instrumente bedarf.

4 Die Messung von Konsumentenverwirrtheit

4.1 Anforderungskriterien an ein Verfahren zur Messung von Konsumentenverwirrtheit

Wie in den voran gegangenen Kapiteln mehrfach veranschaulicht, handelt es sich bei KVW um ein internationales und Produktbereich übergreifendes Phänomen, das sowohl von Seiten der Marketingforschung wie auch –praxis sowie aus rechtlicher und verbraucherpolitischer Sicht von Bedeutung ist.

Der Begriff *Konsumentenverwirrtheit* findet eine relativ selbstverständliche Anwendung in der Konsumentenforschungsliteratur, vor allem in der angelsächsischen Marketingliteratur. Trotz einer in der Vergangenheit mehr oder weniger genauen Vorstellungen vieler Autoren, um was für ein Phänomen es sich bei KVW genau handelt, herrscht weitgehend Einigkeit darüber, dass es einen negativen Zustand des Konsumenten darstellt. Insgesamt lässt sich jedoch feststellen, dass dieser negative Zustand hinsichtlich seiner möglichen Wirkungen und Ursachen wenig elaboriert wurde und definitorisch wenig Übereinstimmung herrscht. Aufgrund fehlender theoretischer Bezugssysteme war deshalb für Autoren häufig nicht ableitbar, was unter dem hypothetischen Konstrukt *KVW* konkret verstanden werden soll und wie beobachtbare, mit diesem Konstrukt verbundene Phänomene empirisch erfasst bzw. gemessen werden können. Entsprechend gibt es bisher keine einheitliche Operationalisierung, sondern vielmehr verschiedene Ansätze, die sich an dem jeweiligen disziplinären Verwendungszusammenhang orientieren.

Wenig verwunderlich ist daher die Kritik an bestehenden Messansätzen, die als „highly unstructured"[593] bezeichnet werden, so wie der regelmäßig wiederkehrende Ruf nach einem leistungsfähigen Instrument, das KVW präzise und verlässlich zu messen vermag: „Research should begin with the development of appropriate measures."[594] Ein solches Messinstrument sollte aufgrund der verschiedenen Kontexte in denen KVW eine Rolle spielt, idealerweise vielseitig einsetzbar sein: „Accurate measurement is required not only for marketing purposes, but also for public policy makers to re-examine the laws surrounding trademark infrin-

---

[593] Bierman/Wexler, 1990, S. 2.
[594] Foxman/Berger/Cote, 1992, S. 137. Ähnlich formulieren es auch Poiesz/Verhallen (1989, S. 242), die dazu auffordern der Frage nachzugehen „[how] (...) confusion should be measured". [Klammer durch d.V.]

gement and other consumer protection legislation designed to regulate companies' activities and allow consumers to make optimal and informed choices."[595] Auch wenn die Forderung nach einem Messinstrument, das für verschiedene Interessensgruppen, mit häufig unvereinbaren Zielvorstellungen, gleichermaßen relevant ist, illusorisch erscheint, wird zunächst untersucht, welche Interessensgruppen bezogenen Anforderungen an ein Messinstrument existieren.

Eine zentrale Schwierigkeit hinsichtlich der Operationalisierung und Überprüfung des KVW-Konzepts, ist die unterschiedliche Operationalisierung der abhängigen Variablen (hier: KVW)[596]. Die häufig anzutreffende Aussage, dass KVW-Effekte sich in direkter oder indirekter Aktion ausdrücken, ist nicht sehr aussagekräftig. Vor dem hier skizzierten messbezogenen Problembereich lassen sich für die Messung die folgenden Anforderungskriterien formulieren:

- Definitionsbasiert. Eine in der Vergangenheit häufig nicht erfüllte[597] Anforderung an eine Messung, nämlich dass einer Operationalisierung des KVW-Konstrukts eine theoretisch fundierte Definition zugrunde zu legen ist.

- Für verschiedene Interessensgruppen relevant.

- Eine theoriebasierte Operationalisierung sollte auf eine solide Konzeptualisierung aufsetzen sowie den drei postulierten Konstruktdimensionen und möglichst vielen (zumindest aber den zentralen) der im Bezugsrahmen aufgezeigten Einflussgrößen und Komponenten Rechnung tragen.

- Einfache Einsetzbarkeit und internationale Generalisierbarkeit.

- Multi-Item-Messung.

- Sollte reliabel und valide sein.

Im Folgenden wird aufgezeigt, welches die wesentlichen Interessengruppen eines zu entwickelnden KVW-Messinstruments sind und anschließend werden die bekannten Messansätze

---

[595] Mitchell/Papavassiliou, 1999, S. 331.
[596] In ihrer Untersuchung zur Informationsüberlastung haben Jacoby/Speller/Kohn (1974, S. 64) bspw. confusion anhand einer Frage bestimmt: „How confused did you feel while performing the task?" Eine Operationalisierung die der hier vorgenommenen Konzeptualisierung folgt, wird naturgemäß komplexer ausfallen.
[597] Vgl. z.B. Friedman, 1966; Miaoulis/D'Amato, 1978; Foxman/Muehling/Berger, 1990; Kapferer, 1995b; Balabanis/Craven, 1997.

systematisiert und es wird geprüft, auf welche Ansätze für die in dieser Arbeit zugrunde gelegte Konzeptualisierung zurückgegriffen werden kann. Auch wenn die vorgestellten Messungen auf anderen als der hier entwickelten Konzeptualisierung basieren, so liefern sie dennoch Hinweise auf methodologische Schwächen bei der Operationalisierung von Konsumentenverwirrtheit, die in dieser Arbeit vermieden werden können.

4.2 Interessengruppen für die Messung von Konsumentenverwirrtheit

Bestehende Verfahren zur Bestimmung von KVW sind meist im Hinblick auf die spezifischen Interessen einzelner (z.t. länderspezifischer) Zielgruppen entwickelt worden. So wurde in den USA[598] aber auch in Europa[599] die Entwicklung von Verfahren fokussiert, die eine einheitliche Messung von durch Imitationen ausgelöste KVW ermöglichen sollten. Solche Verfahren hatten zum Ziel, bei Gericht größere Entscheidungssicherheit in Fällen von Schutzrechtverletzungen zu schaffen. Insofern haben die Gerichte sowie Hersteller, die Wettbewerbern eine unzulässige Nachahmung einer Marke nachweisen möchten, Bedarf an ein KVW-Messansatz. Andere Verfahren wiederum dienen Verbraucherschutzzielen und der Verbraucherbildung[600], wobei KVW i.d.R. mit suboptimalem Kaufverhalten gleichgesetzt wird, über das es die Konsumenten aufzuklären gilt.

Demnach würden sich die mit einem übergreifenden Messinstrumentarium erhobenen Daten an verschiedene Interessensgruppen richten, die die Informationen für unterschiedliche Aufgaben nutzen könnten. Die potentiellen Einsatzfelder für die jeweilige Interessensgruppe sind in Tabelle 4-1 im Überblick zusammengestellt und werden anschließend kurz erörtert.

---

[598] Vgl. Miaoulis/D'Amato, 1978; Boal, 1983; Loken/Ross/Hinkle, 1986; Bierman/Wexler, 1990.
[599] Vgl. Kapferer, 1995a; 1995b.
[600] Sproles/Kendall (1986) haben ein Instrument entwickelt, das *Consumer Styles Inventory* (CSI), mit dessen Hilfe der Kaufentscheidungsstil von Konsumenten („decision-making style") profiliert werden kann (vgl. zum Konstrukt des Kaufentscheidungsstils auch Walsh/Hennig-Thurau, 2001). 'Confused by Overchoice' war in der Originalstudie (vgl. Sproles/Kendall, 1986) eine von acht nachgewiesenen Kaufentscheidungsdimensionen (d.h. eine von acht Skalen innerhalb des CSI). Mit Hilfe des CSI können Konsumenten mit problematischem Kaufverhalten identifiziert und entsprechend geschult werden. Sproles/Kendall halten den Einsatz des CSI insbesondere bei der Finanzberatung für sinnvoll, z.B. um Konsumenten von Verschuldung abzuhalten.

Verbraucher-Gesetzgebung	Verbraucherbildung	Markenhersteller	Konsumenten
• Überprüfung ob und inwieweit (neue) Produkte durch Schutzrechtverletzung KVW auslösen.	• Identifikation 'schutz-bedürftiger' (KVW-anfälliger) Konsumenten.	• Begrenzung der Anzahl der Informationen auf Produkten.	• Informationen für Kaufentscheidungen (die vorher u.U. suboptimal waren).
• Begrenzung der Anzahl der Informationen auf Produkten.	• Entwicklung verbrau-cherpolitischer Maß-nahmen.	• Unverwechselbarkeit eigener Marken (Erhöhung der Marken-prägnanz).	• Kaufentscheidungs-verbesserung.
• Beurteilung verglei-chender Werbung.	• Eintritt für stärkere Regulierung.	• Klare Sprache bei Produktinformationen.	
		• Zusätzliche Hilfe bei Positionierungsent-scheidungen.	
		• Confusion-Audit.	

Tabelle 4-1: Interessensgruppen und Einsatzfelder eines Verfahrens zur Messung von Konsumentenver-wirrtheit

(1) Nutzung durch Verbrauchergesetzgebung[601]

Ein Instrument zur Erfassung von KVW könnte eingesetzt werden um zu überprüfen, inwie-weit neue Produkte KVW auslösen, etwa weil Schutzrechte anderer Marken verletzt werden. Eine praktische Anwendung könnte ein solches Instrument bei der Beurteilung vergleichender Werbung finden, bei der eine wichtige Bedingung ist, dass keine Verwechslungen verursacht werden[602]. Zudem sind auf Grundlage der mit einem solchen Instrument gewonnenen Er-kenntnisse gesetzliche Maßnahmen – etwa mit dem Ziel einer Reduktion angebotener Produk-te oder einer Standardisierung widersprüchlicher Begriffe – zu Gunsten des Konsumenten denkbar.

---

[601] In einer Reihe von Staaten gibt es spezifische Verbraucherschutzgesetze bzw. -maßnahmen, so wie das *Konsumentenschutzgesetz* vom 08.03.1979 in Österreich (vgl. Hippel, 1986, S. 364-382), das japanische *Grundgesetz über Verbraucherschutz* vom 30.05.1968 (vgl. Hippel, 1986, S. 291-295) oder den *Consumer Protection Act* von 1987 in Großbritannien. Deutschland jedoch hat kein umfassendes Verbraucherschutz-gesetz, sondern individuelle Gesetze, die auf einzelne Aspekte von Transaktionen zwischen Verbrauchern und Unternehmen abstellen; z.B. *das Gesetz gegen den unlauteren Wettbewerb* (UWG), das zum Ziel hat, Verbraucher und Wettbewerber zu schützen. In § 3 des UWG bspw. ist das *Verbot irreführender Werbung* formuliert. In Ermangelung eines umfassenden Verbraucherschutzgesetzes kann deshalb in Deutschland streng genommen nicht von *der* Verbrauchergesetzgebung gesprochen werden.

[602] Vgl. Köhler, 1999, S. 157.

(2) Nutzung durch Institutionen der Verbraucherbildung[603]

Institutionen der Verbraucherbildung und -erziehung könnten ein solches Instrument für die Identifikation von besonders schutzbedürftigen Konsumenten nutzen, woraufhin Forderungen nach entsprechenden verbraucherpolitischen Maßnahmen formuliert werden könnten, wie etwa:

- Bildungsprogramme für diese Konsumenten, die ihnen helfen könnten, KVW bei der Entscheidungsfindung zu vermeiden bzw. besser damit umzugehen;

- für stärkere Regulierungen in bestimmten Bereichen einzutreten, die etwa einen ungehemmten Zustrom von neuen Produkten verhindern könnten oder

- für eine Standardisierung von Begriffen und Kennzeichnungen (z.B. *Frisch, Light, Okö*) die Unklarheit und KVW verursachen können.

(3) Nutzung durch Markenhersteller

Unternehmen könnten ein solches Instrument im Rahmen eines „Confusion-Audit"[604] einsetzen, um zu überprüfen inwieweit neue oder umgestaltete Marken bzw. Verpackungen sowie Werbebotschaften aus Konsumentensicht Ähnlichkeiten zu bereits vorhandenen aufweisen. Dabei ist es unerheblich, ob es sich bei existierenden Marken um die eigenen handelt oder um Wettbewerbsmarken. Weiterhin ist ein Einsatz bei der Gestaltung von Werbebotschaften und der Formulierung einer Positionierungsstrategie denkbar; eine zu nahe Positionierung an bestehende Wettbewerber könnte erkannt und vermieden werden. Weiterhin kann noch überprüft werden, ob Produktinformationen (z.B. auf Etiketten) oder produktbegleitende Botschaften Konsumenten Verarbeitungsprobleme bereiten.

Schließlich ist eine offensive Nutzung durch Markenhersteller denkbar, wenn Wettbewerbern nachgewiesen werden soll, dass ein Element aus deren Marketing-Mix KVW verursacht.

---

[603] Institutionen der Verbraucherberatung, -bildung, -politik bzw. –erziehung lassen sich nicht pauschal als *Verbraucherorganisation* klassifizieren, da sie in Bezug auf Organisation und Zielsetzung häufig heterogen sind. Obgleich z.B. die *Stiftung Warentest, Deutsche Gesellschaft für Ernährung* oder *Verbraucherzentralen* ein ähnliches Globalziel verfolgen – nämlich die Verbesserung der Entscheidungsgrundlage von Verbrauchern durch Stärkung der Informationsbasis – unterscheiden sie sich hinsichtlich der Aktivitäten zur Erreichung des Ziels.

[604] Vgl. Mitchell/Walsh, 1997 sowie Mitchell/Papavassiliou, 1999.

(4) Nutzung durch Konsumenten

Da mit einem KVW-Messinstrument vor allem auf eine konsumentenseitige Problematik reagiert würde, ist auch der Konsument (indirekter) Nutzer. Die Messergebnisse eines solchen Instruments könnten den Konsumenten Informationen über das eigene Kaufverhalten vermitteln, außerdem könnten dysfunktionales Kaufverhalten und suboptimale Kaufentscheidungen offengelegt werden, was zu verbessertem Kaufverhalten führen kann. Es ist aber auch eine eigenorganisierte Nutzung durch Konsumenten denkbar.[605]

4.3 Bekannte Verfahren zur Messung von Konsumentenverwirrtheit

Die Messung von KVW ist deshalb schwierig, weil es sich bei ihr um ein verdecktes, der direkten Beobachtung nicht zugänglichem Phänomen handelt. Ähnliches gilt im Übrigen auch für die meisten Strategien der KVW-Reduktion. Wo sie beobachtbar sind – bspw. im Falle der Informationssuche – kann das Ergebnis einer solchen Bemühung auf kognitiver Ebene auch nur indirekt ermittelt werden.

Klassifiziert man existierende Messverfahren nach Erhebungsmethode in Befragungen, Feld- und Laborexperimente, Beobachtung und kombinierte Verfahren, so liegt ein tendenzieller Schwerpunkt auf Letzteren; das sind solche, die eine Kombination von Methoden darstellen (z.B. Beobachtung mit anschließender Befragung).

Bekannte Messansätze und Autoren, die eine Überprüfung des von ihnen vertretenen Begriffsverständnisses von KVW vorgenommen haben, sind in Abbildung 4-1 gegenübergestellt.

---

[605] Verbraucherschutzorganisationen können aus Gründen der Ressourcenknappheit i.d.R. nicht alle Interessen wahrnehmen. Dies kann zu Situationen führen, in der eine Gruppe von Konsumenten auf spezifische – insbesondere für sie selbst akute – Probleme hinweisen möchte, dafür jedoch keine Unterstützung bekommt (z.B. wenn Hundebesitzer auf minderwertige, jedoch nicht als solche gekennzeichnete, Zutaten in Tiernahrung hinweisen möchten). In solchen Situationen könnte eine selbstorganisierte Anwendung eines KVW-Messinstruments stattfinden.

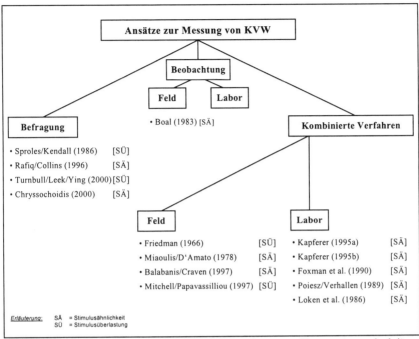

Abbildung 4-1: Systematisierung bekannter Ansätze zur Messung von Konsumentenverwirrtheit

Inhaltlich-konzeptionell lassen sich bestehende Befragungstechniken grob in zwei Gruppen einteilen: in jene die auf Stimulusähnlichkeit [SÄ] abstellen und solche, die KVW durch Stimulusüberlastung [SÜ] messen. Zu den reinen Befragungsansätzen können die von Sproles/Kendall[606], Rafiq/Collins[607], Turnbull/Leek/Ying[608] sowie Chryssochoidis[609] gezählt werden.

Die meisten existierenden Ansätze zur Messung von KVW wurden für die markenrechtliche Anwendung entwickelt und sollten vor allem bei Rechtsstreitigkeiten nachweisen helfen, dass bestimmte Markennamen oder Produkt- bzw. Verpackungsdesigns von Nachahmern bzw.

---

[606] Vgl. Sproles/Kendall, 1986.
[607] Vgl. Rafiq/Collins, 1996.
[608] Vgl. Turnbull/Leek/Ying, 2000.
[609] Vgl. Chryssochoidis, 2000. Chryssochoidis' Studie wird hier zur Gruppe *Stimulusähnlichkeit* gezählt, obgleich darin nicht nur auf die Wirkung von Produktähnlichkeit abgestellt wird, sondern ebenso auf Verständnisprobleme der Konsumenten (angesichts ähnlicher Produkte). Verständnisprobleme würden nach der in dieser Arbeit vorgestellten Konzeptualisierung von KVW durch die Dimension *Stimulusunklarheit* erfasst. Da diese Dimension in der Vergangenheit bei Messungen von Konsumentenverwirrtheit nicht explizit berücksichtigt wurde, kann die Studie von Chryssochoidis auch keiner solchen *Stimulusunklarheit-*

Wettbewerbern, Ähnlichkeiten zum „Original" bzw. Pionier aufweisen und daher zur Verwechslung der beiden durch Kunden führen. Angesichts von Streitfällen, die sich z.T. erheblich von einander unterschieden[610], gab es schon früh die Forderung nach standardisierten Messmethoden[611]. In Abwesenheit solcher Methoden verließ man sich oft auf Expertenaussagen, Konsumenten die als Zeugen auftraten und nicht selten versuchten die Gerichte, sich in die Rolle des Konsumenten zu versetzen[612].

Aber auch die Auslegung der durch diese Ansätze generierten Ergebnisse durch die einzelnen Gerichte war uneinheitlich. In vielen Fällen genügte der Nachweis, dass KVW wahrscheinlich ist („likelihood of confusion")[613], in anderen wiederum hatte der Kläger nachzuweisen, dass es tatsächlich zu KVW im Sinne von Falschkäufen kam („actual/behavioral confusion"). Dies hat zu einer Fülle von Messverfahren geführt, die sich z.T. substituieren aber auch ergänzen. Bis heute gibt es aber in den USA kein einheitliches Instrument zur Messung von tatsächlicher oder wahrscheinlicher KVW[614].

Die Mehrzahl der entwickelten Messverfahren stammt aus den USA, wo sie vor allem in den späten 70er und frühen 80er Jahren entwickelt worden sind. Angesichts einer zunehmenden Sensibilisierung für Markenschutzprobleme sind auch in Europa Verfahren zur Messung von KVW entwickelt worden.[615] Die meisten Verfahren basieren auf verschiedenen Konzeptualisierungen von KVW und sind daher nur bedingt miteinander vergleichbar. Vor allem gibt es unterschiedliche Annahmen zum Charakter und der Manifestation der theoretischen Variablen KVW, die einige Autoren für beobachtbar halten (weil sie sich in Falschkäufen äußert) und andere als intervenierende Variable ansehen.[616]

Gruppe zugeordnet werden, sondern nur zur Gruppe *Stimulusähnlichkeit.*

[610] Es gab Fälle in denen KVW innerhalb einer Produktgruppe wie Softdrinks ermittelt wurde, bspw. zwischen QUIRST und SQUIRT (vgl. Boal, 1983, S. 409), aber auch zwischen verschiedenen Produktarten, z.B. zwischen ALPHA Käse und BETA Orangensaft oder zwischen Domino Zucker und Domino's Pizza (vgl. Boal, 1983, S. 413). Zu Vorwürfen i.S. einer unerlaubten Ruf-Ausbeutung kann es auch kommen, wenn derselbe Markenname für völlig verschiedene Produktgattungen verwendet wird, z.B. wenn die Astra Brauerei (Astra Pilsner) sich entschlösse, Opel zu untersagen, ihr Modell Astra zu nennen.

[611] Vgl. Bowen, 1961; Levy/Rook, 1981; Boal, 1983.

[612] Vgl. Pattishall/Hilliard, 1974.

[613] Vgl. Bierman/Wexler, 1990; Boal, 1983.

[614] Vgl. Simonson, 1994; Jacoby/Morrin, 1998.

[615] Vgl. z.B. Kapferer, 1995a; 1995b; Poiesz/Verhallen, 1989.

[616] Unter *intervenierenden Variablen* versteht man nicht beobachtbare, psychische Konstrukte (Motivation, Image, Emotionen etc.), die Aufschluss über Konsumentenverhalten geben (vgl. Kroeber-Riel/Weinberg, 1996, S. 53-58; Berekoven/Eckert/Ellenrieder, 1989, S. 69).

Im Folgenden sollen anhand der vorgenommenen Einteilung unterschiedliche Messansätze vorgestellt und kritisch diskutiert werden. Diese Einteilung erhebt nicht den Anspruch gänzlich trennscharf zu sein, da verschiedene Ansätze sowohl Experimental- wie auch Befragungscharakter haben.

4.3.1 Fragebogen/Direkte Befragung

Die methodisch am wenigsten komplexe KVW-Operationalisierungsmethode ist die der Befragung von Experten oder Konsumenten. Bei der Beurteilung von (vermeintlich ähnlichen) Marken oder Werbebotschaften durch Experten, hatten diese zu bestimmen, ob es zu KVW kommen kann[617]; demnach wurde der subjektive Eindruck bewertet. Ein Hauptkritikpunkt betrifft die Willkür, mit der die Experten urteilen, die eine intersubjektive Vergleichbarkeit erschwert.

Der Alternativansatz ist der, Konsumenten urteilen zu lassen, inwieweit bestimmte Botschaften oder Produkte anderen ähneln bzw. verwirrend sind. Einer verbreiteten Meinung folgend sind es schließlich die Konsumenten die Gefahr laufen, durch bestimmte Stimuli verwirrt zu werden und demnach auch Konsumenten befragt werden sollten. Im Vergleich zu Expertengesprächen ist hier der Vorteil, dass die Zielgruppe der Botschaften und Produkte befragt wird, also die Konsumenten.

Manche Konsumenten können jedoch ihre Eindrücke nicht artikulieren oder bemerken nur offensichtliche Aspekte bzw. Unterschiede; dies stellt einen Nachteil dar. Subtilere Aspekte, die beim alltäglichen Einkauf häufig unbemerkt bleiben würden (z.B. ambiguose Information am PoP), werden hingegen nicht bemerkt.

Nach verschiedenen Erhebungsmodi lassen sich Befragungen in schriftliche, telefonische und mündliche Befragung klassifizieren. Mit jeder dieser Befragungsmethoden sind Vor- und Nachteile verbunden, die in der nachfolgenden Tabelle zusammengefasst sind.

---

[617] Vgl. Pattishall/Hilliard, 1974, S. 3-4.

	Befragung			
	schriftlich	telefonisch	mündlich	Internet
Antwortquote	-	+	+	-
Einfluss durch Dritte	-	o	+	o
Gefahr von Missverständnissen	-	+	+	-
Komplexe Informationen	-	-	+	o*
Interviewereinfluss	+	o	-	+
Kosten	+	+	-	+

Es bedeuten: + = Vorteil; - = Nachteil; o = Indifferenz.
*Hilfsfelder mit z.B. zusätzlichen Informationen können relativ einfach eingebaut werden.

Tabelle 4-2: Vor- und Nachteile von Befragungsarten nach Erhebungsmodus[618]

Aus der Gegenüberstellung der Befragungsmodi ist ersichtlich, dass mündliche Face-to-Face-Befragungen die meisten Vorteile hinsichtlich Reliabilität und Responsequote aufweisen. Als Nachteile der Befragung sind der potentielle Interviewereinfluss sowie die vergleichsweise hohen Kosten zu nennen, wobei jedoch zu beachten ist, dass die Quote vollständig und richtig beantworteter Fragebögen bei persönlichen Befragungen weit höher ist als etwa bei zugesandten Fragebögen oder Online-Befragungen.

Die empirischen Studien zu mit Stimulusüberlastung assoziierter KVW wurden ausschließlich mittels (z.T. persönlicher) Befragungen durchgeführt[619] und weitere befragungsbasierte KVW-Untersuchungen stellten auf Stimulusähnlichkeit[620] und KVW aufgrund von Missverstehen[621] ab.

Sproles/Kendall (1986)

Als Teil von Sproles/Kendalls[622] CSI wurde die Dimension *Confused by Overchoice* anhand von vier Items operationalisiert, die eine eher mittelmäßige Homogenität[623] aufwiesen. Die

---

[618] Quelle: in Anlehnung an Hüttner, 1989, S. 47.
[619] Vgl. Sproles/Kendall, 1986; Turnbull/Leek/Ying, 2000.
[620] Vgl. Rafiq/Collins, 1997.
[621] Vgl. Chryssochoidis, 2000.
[622] Vgl. Sproles/Kendall, 1986.
[623] Der für den Faktor *Confused by Overchoice* berechnete Cronbachsche Alpha betrug 0,55 (vgl. Sproles/Kendall, 1986, S. 274)

Daten wurden schriftlich erhoben, wobei es sich bei den Probanden mehrheitlich um weibliche Studierende handelte.

Rafiq/Collins (1996)

In der Studie von Rafiq/Collins[624], die aus methodologischer Sicht zu den am wenigsten anspruchsvollen zu zählen ist, wurden Probanden (allesamt Mitarbeiter der englischen Loughborough University; davon 30% Dozenten) gefragt, für wie ähnlich sie die Verpackung von Hersteller- und Handelsmarken halten und die daraus resultierende Wahrscheinlichkeit „to confuse the two"[625]. Neben der mangelnden Stichprobenrepräsentativität ist vor allem zu bemängeln, dass die Autoren annehmen, KVW über ein Item messen zu können. Basierend auf den Antworten auf die eine gestellte Frage kommen Rafiq/Collins zu dem Schluss, dass eine erhebliche Anzahl von „consumers are confused by own-label lookalike products"[626].

Turnbull/Leek/Ying (2000)

In einer neuren Untersuchung von Turnbull/Leek/Ying[627] wurden Probanden in persönlichen Interviews, die in einer belebten Geschäftsstrasse durchgeführt worden sind, befragt. Jedoch lässt die Beschreibung der von Turnbull/Leek/Ying[628] ermittelten KVW („Sixty one percent of the respondents agree that they feel confused about the variety of brands and services offered") auf eine Operationalisierung über lediglich ein Item schließen. Die Mängel einer solchen Messung liegen auf der Hand und erstaunen gleichzeitig, da die Autoren die von Seiten der Forschung artikulierte Forderung, komplexe Konstrukte über mehrerer Items zu operationalisieren[629], ignorieren. Zudem wurde von der sich in mündlichen Befragungen bietenden Möglichkeit, komplexe Konstrukte mittels vieler und etwas detaillierterer Items zu erfassen, kein Gebrauch gemacht.

---

624 Vgl. Rafiq/Collins, 1996.
625 Rafiq/Collins, 1996, S. 342.
626 Rafiq/Collins, 1996, S. 342.
627 Vgl. Turnbull/Leek/Ying, 2000.
628 Turnbull/Leek/Ying, 2000, S. 154.
629 Vgl. Churchill, 1979, S. 66-67; Jacoby, 1978, S. 93.

Chryssochoidis (2000)

Die KVW bezogene Untersuchung, mit der bislang größten Stichprobe (n = 888) wurde in Griechenland von Chryssochoidis durchgeführt[630]. Dabei ging es dem Autor vor allem darum zu untersuchen:

- inwieweit Konsumenten Leistungsmerkmale von Produkten aus biologischem Anbau verstehen und

- inwieweit ihre Beurteilung eines neuen Produkts („late introduced differentiated product") von der Beurteilung bzw. Einstellungen gegenüber existierenden Produkte („existing products") beeinflusst wird.

Chryssochoidis hat keine direkte Messung von KVW - d.h. unter Verwendung einer KVW-Skala – durchgeführt, sondern KVW aus den Antworten der Probanden zu verschiedenen Faktoren gefolgert. Dazu wurde korrelations- und regressionsanalytisch ermittelt, ob es Abhängigkeiten zwischen den Faktoren (unabhängige Variablen) und der Absicht, biologische Produkte zu kaufen (abhängige Variable), gab. Die eingesetzten Faktoren waren: *ökologisches Bewusstsein, Produkt bezogene Gesundheitsattribute, Attribute der Produkterscheinung, aufmerksamer Einkauf, wahrgenommene Unterschiede* (zwischen biologischen und konventionellen Produkten) sowie *wahrgenommene Kaufkompetenz.*[631]

Der Ansatz von Chryssochoidis kann aus verschiedenen Gründen kritisiert werden. Zunächst kann eine streng an der Kaufabsicht orientierte Messung als problematisch angesehen werden, da der Bereich Nachkauf bezogener KVW ausgeklammert wird, ebenso wie die Situation, in der Konsumenten sich über ein Produkt informieren möchten (und dabei KVW erfahren können), ohne eine konkrete Kaufabsicht zu haben. Ein solches Verhalten ist z.B. für Referenzgeber unter den Konsumenten wie die sog. *Market Mavens*[632] typisch, von denen man weiß, dass sie zu wahrgenommener KVW neigen[633].

---

[630]   Vgl. Chryssochoidis, 2000.
[631]   Vgl. Chryssochoidis, 2000, S. 713.
[632]   Market Mavens wissen über (Neu-) Produkte, Dienstleistungen, Händler usw. Bescheid, initiieren Gespräche über Marktinformationen und geben, wenn gefragt, ihr Wissen auch gerne an andere Konsumenten weiter, von denen sie aber auch Informationen erhalten. Ihr allgemeines Interesse an Neuprodukten und ihre produktgruppenübergreifende Marktsachkenntnis führt zu einer frühen Kenntnis von Veränderungen im Markt und vielen neuen Produkten und Dienstleistungen. Market Mavens akkumulieren solche Informatio-

Weiterhin ist die Annahme, dass Konsumenten unter bestimmten Bedingungen biologische Produkte kaufen „müssten", und wenn sie es nicht tun, als verwirrt gelten, fragwürdig. Ein Beispiel für diese Vorgehensweise sei hier kurz genannt: Die von den Probanden wahrgenommenen Unterschiede zwischen biologischen und konventionellen Produkten waren gering[634]; dies wurde vom Autor als eindeutiges Zeichen für KVW interpretiert. Schließlich, so Chryssochoidis, stimmen die meisten Lebensmittelexperten darin überein, dass biologische Produkte anders als nichtbiologische seien und diesen auch hinsichtlich verschiedener Attribute überlegen wären[635]. Anders ausgedrückt, Konsumenten galten als verwirrt, weil sie auf biologische Produkte bezogen anderer Meinung als Experten waren. Die Problematik eines solchen Ansatzes, nicht nur messmethodisch, sondern auch logisch, liegen auf der Hand. Ansonsten müssten auch Autofahrer und -käufer, die ein Fahrzeug der Marke Mercedes Benz kaufen als verwirrt gelten, schließlich sind es häufig japanische Fabrikate die in Puncto Pannenstatistik am Besten abschneiden[636].

Neben dieser Studien bezogenen Kritik ist auch die zu nennen, die unmittelbar mit der Erhebungsmethode der persönlichen Befragung zusammen hängt, sowie vor allem hinsichtlich der Formulierung der zum Einsatz gekommenen Fragen. Konsumenten direkt zu fragen, ob und wie verwirrt sie im Hinblick auf bestimmte Produkte bzw. Produktkategorien seien, fordert geradezu verzerrte Ergebnisse heraus. Probanden können bewusst versuchen, Verwirrtheit zu vermeiden bzw. den Eindruck, verwirrt zu sein, da sie es u.U. als sozial kompromittierend empfinden, ihre Verwirrtheit zuzugeben; oder wie Simonson es treffend formuliert: „respondents may be reluctant to admit (...) because confusion can be perceived as a sign of stupidity."[637] Zum anderen sind interessierte Probanden häufig aufmerksamer und involvierter als sie es bei ihren Routineeinkäufen sind: „many will take more care to avoid confusion when answering probing questions than they will in the actual market place for many, frequently

---

nen, um anderen damit zu helfen und verwenden sie als (thematische) Grundlage für Gespräche (vgl. Feick/Price, 1987; Walsh, 1999b; Wiedmann/Walsh/Buxel, 2000, S. 405-410; Wiedmann/Mitchell/Walsh, 2001).

[633]   Vgl. Wiedmann/Walsh/Buxel, 2000, S. 414-417.
[634]   Der Stichproben-Mittelwert zum Item das *wahrgenommene Unterschiede* erfasste, betrug 1,94 auf einer 5-Punkt-Skala (5 = „stimme voll zu"; 1 = „stimme gar nicht zu") (vgl. Chryssochoidis, 2000, S. 712).
[635]   Vgl. Chryssochoidis, 2000, S. 714.
[636]   Vgl. ADAC, 2000.
[637]   Simonson, 1994, S. 4.

low-cost, repetitively purchased products."[638] Vor diesem Hintergrund sind ermittelte KVW-Werte kritisch zu betrachten, da sie in der Realität höher sein könnten.

Im Hinblick auf interindividuell variierende kognitive Fähigkeiten und der Komplexität des KVW-Konstrukts, sind insbesondere die oft eingesetzten offenen Fragen, bei denen Probanden die Formulierung der Antwort überlassen ist, nur bedingt geeignet[639].

Angesichts des vergleichsweise heiklen Themengebiets genießt die Befragungsform der persönlichen Interviews auch eine Reihe von Vorteilen. Dazu zählen etwa die Möglichkeit, Probanden zu einer vollständigen Beantwortung zu motivieren und Items zu verwenden, die nicht immer dem Anspruch an Kürze entsprechen.

4.3.2 Experimentelle Verfahren

In Abhängigkeit von den Bedingungen, unter denen Experimente stattfinden kann zwischen *Feld- und Laborexperimenten* unterschieden werden.[640] Erstere finden unter realweltlichen Bedingungen statt, während Letztere unter nicht realen oder *künstlichen* Bedingungen durchgeführt werden. Mit beiden Alternativen geht eine Reihe von Vor- und Nachteilen einher, die es in konkreten Anwendungsfällen jeweils zu berücksichtigen gilt. Hier sollen einige dieser Vor- und Nachteile zur Verdeutlichung der Unterschiede genannt werden.

Laborexperimente werden i.d.R. gewählt, wenn relativ kostengünstig Erkenntnisse generiert werden sollen. Ihre Vorteile sind vor allem eine hohe *interne* Validität[641] und die Kontrolle des Forschers über das Experiment, was wiederum die Zahl alternativer Erklärungen für die Ergebnisse verringert.[642] Analog zu den Vorteilen von Laborexperimenten ergeben sich ihre Nachteile. Die künstliche Versuchsumgebung resultiert in einer geringen *externen* Validität[643] und führt häufig zum sog. „testing effect"[644]. Der Testing Effect ergibt sich aus dem Wissen der Probanden, sich in einer Testsituation zu befinden, das in einem veränderten Verhalten resultieren kann. Testpersonen sind nicht selten sensibilisiert, wenn sie bestimmte Ver-

---

[638]   Boal, 1983, S. 406.
[639]   Vgl. zu den Vor- und Nachteilen offener Fragen Hüttner, 1989, S. 66; Aaker/Kumar/Day, 1995, S. 292ff.
[640]   Vgl. Aaker/Kumar/Day, 1995, S. 343-345; Berekoven/Eckert/Ellenrieder, 1999, S. 154.
[641]   Interne Validität bedeutet, dass alternative Erklärungen für vorliegende Ergebnisse möglichst ausgeschlossen werden (vgl. Berekoven/Eckert/Ellenrieder, 1999, S. 88).
[642]   Vgl. Aaker/Kumar/Day, 1995, S. 345.
[643]   Externe Validität stellt darauf ab, dass Ergebnisse zeit-, ort- und personenübergreifend verallgemeinbar sind (vgl. Lynch, 1982; Berekoven/Eckert/Ellenrieder, 1999, S. 88).

suchsaufgaben zu erfüllen haben. Eine solche Sensibilisierung kann zu *unnatürlichen* Reaktionen führen, was wiederum den Aussagewert von Ergebnissen hinsichtlich einer Verallgemeinerung auf die reale Welt verhindert.

Feldexperimente sind i.d.R. kostspieliger als jene im Labor und häufig nicht zu kontrollierenden Varianzquellen unterworfen.[645] Ihr Vorteil liegt in der Durchführung unter realweltlichen Bedingungen und der damit einhergehenden hohen externen Validität.

Die hier angesprochenen Vor- und Nachteile gelten entsprechend für die nachfolgend diskutierten Verfahren zur Messung bzw. Bestimmung von KVW.

4.3.2.1 Feldexperimente

4.3.2.1.1 Test und Befragung nach Einkauf

Die Ansatz von Balabanis/Craven[646] stellt darauf ab zu untersuchen, inwieweit Handelsmarken, die physische Ähnlichkeiten zu Markenprodukten aufweisen, von Konsumenten verwechselt werden. Zu diesem Zweck wurden in einem Feldversuch vier „Produktpaare" gebildet, d.h. aus vier Produktgruppen[647] wurden jeweils das Original und die dazu „passende" Handelsmarke ausgewählt, fotografiert und auf Karton geklebt[648].

Auf dem Gelände einer großen Handelskette, die einen hohen Anteil an Eigenmarken im Sortiment hat, wurden 50 Konsumenten, nachdem diese ihren Einkauf erledigt hatten, angesprochen und zur Teilnahme an der Befragung aufgefordert. Teilnahmebedingung war, dass die Konsumenten mindestens eines der auf den Fotos dargestellten Produkte gekauft hatten. Neben KVW selbst wurde auch versucht, den Einfluss Konsumenten- und Kaufsituation bezogener Determinanten auf KVW zu erfassen; diese waren demografische Faktoren, (Marken-) Erfahrung[649], sozialer Einfluss[650], Aufgabendefinition[651] und Zeitmangel[652].

---

[644] Vgl. Aaker/Kumar/Day, 1995, S. 345.

[645] Vgl. Green/Tull, 1982, S. 348-351.

[646] Vgl. Balabanis/Craven, 1997.

[647] Es handelte sich um die Produktgruppen: Softdrinks, löslicher Kaffee, Schokoladenriegel und Zehrealien.

[648] Es wurden also vier Kartons eingesetzt, auf denen jeweils ein Paar (Original und Handelsmarke) abgebildet war.

[649] Probanden wurden gefragt, wie häufig sie die Testprodukte kauften (vgl. Balabanis/Craven, 1997, S. 304).

[650] Probanden wurden gefragt, ob sie ihren Einkauf in Begleitung getätigt hatten und ob die Begleitperson(en) Kaufentscheidungen mit beeinflusst hat/haben (vgl. Balabanis/Craven, 1997, S. 304).

Den Probanden wurden nacheinander die vier Kartons mit den Fotos gezeigt und die Frage
gestellt, welches der abgebildeten Produkte sie gerade gekauft hatten und ob es sich tatsächlich um das Produkt handelte, das sie hatten kaufen wollten. Dann folgte die Frage wie sicher
sie sich seien, das richtige Produkt gekauft zu haben. Anschließend wurde die Aussage durch
einen Blick in die Einkaufstüten überprüft.

Es konnte in keinem Fall ein tatsächlicher Falschkauf nachgewiesen werden, obgleich sich
einige Probanden unsicher waren, ob sie das richtige Produkt gekauft hatten. Vor allem jene,
die die Handelsmarken gekauft hatten waren sich nicht ganz sicher. Da keine KVW nachgewiesen werden konnte, wurde in weiteren Berechnungen der Grad der wahrgenommenen (Un-
) Sicherheit als Substitut für KVW verwendet. Diese Gleichsetzung ist als Kunstgriff der
Autoren zu werten, der in Ermangelung einer Theorie geleiteten Konzeptualisierung von
KVW erforderlich wurde.

Insgesamt waren sich Konsumenten, die die Originalmarke gekauft hatten ihrer Kaufentscheidung sicherer. Mittels Korrelationen wurde berechnet, ob es zwischen Konsumenten- und
Kaufsituation bezogener Determinanten und wahrgenommener Sicherheit (KVW) einen
Zusammenhang gab. Es konnte lediglich eine (wenig plausible[653]) negative Korrelationen
zwischen wahrgenommener Sicherheit und der Erfahrung mit löslichem Kaffee identifiziert
werden.

Obgleich Balabanis/Craven[654] den Versuch unternommen haben, KVW relativ umfassend, d.h.
im Zusammenhang mit anderen verhaltensrelevanten Einflussfaktoren, zu erfassen, ist deren
Ansatz aus verschiedenen Gründen abzulehnen.

Zunächst haben die Bedingungen von vornherein zu einem Ausschluss bestimmter Konsumenten geführt, nämlich jener, die an diesem Tage kein Produkt aus den vier Testprodukt-

---

[651]   Die Probanden sollten anzeigen, für welchen Zweck die gekauften Produkte bestimmt waren; ob sie z.B.
        für die eigene Nutzung oder zur Weitergabe (z.B. als Geschenk) bestimmt waren (vgl. Balabanis/Craven,
        1997, S. 304).
[652]   Zeitmangel („time constraint") wurde auf zweierlei Weise erfasst: zum einen sollten die Probanden
        angeben, inwieweit sie sich während des Einkaufs gestresst fühlten und zum anderen wurde die Dauer ihres
        Einkaufs notiert (vgl. Balabanis/Craven, 1997, S. 304).
[653]   Die Korrelation (-0,43) erscheint deshalb wenig plausibel, da mit zunehmender Erfahrung scheinbar die
        Sicherheit, die richtige Wahl getroffen zu haben, abnimmt. Tatsächlich kann man jedoch davon ausgehen,
        dass Konsumenten Details bzw. einzelne Gestaltungselemente des Produkts bei regelmäßiger Nutzung
        wahrnehmen, also auch Unterschiede zu anderen Marken. Vgl. zur möglichen Beziehung von Erfahrung
        und KVW Kapitel 3.4.1.3.

gruppen gekauft hatten. Weiterhin scheint es problematisch, Probanden rundheraus zu fragen, ob sie das richtige Produkte gekauft haben. Der Wunsch der Probanden, eine akzeptable Antwort zu liefern bzw. nicht als inkompetent oder dumm dazustehen, könnte die Beantwortung beeinflusst und Ergebnisse verzerrt haben. Schließlich ist auch der Versuch, Kaufsituation bezogene Determinanten mit in die Messung einzubeziehen nur bedingt nachvollziehbar. Die Tatsache, dass bspw. der von Probanden empfundene Zeitdruck erfasst wurde, erscheint von fragwürdiger Relevanz; Konsumenten, die während und nach ihrem Einkauf tatsächlich unter Zeitdruck waren, hätten vermutlich einer Teilnahme an der Befragung nicht zugestimmt. Demzufolge dürfte bei den Befragten der Faktor *Zeit* eine nur geringe Bedeutung bei der Wahl der gekauften Marken und der wahrgenommenen KVW bzw. Unsicherheit gespielt haben.

4.3.2.1.2 Coupon-Redemption-Methode

Boal argumentiert, dass wenn äußerlich ähnliche Marken Konsumenten tatsächlich verwirren, es sich bei KVW also um ein tatsächliches Problem handelt, Falschkäufe die Folge sein müssten.[655] Mit dem Ziel Markenverwirrtheit („brand confusion") zu messen, hat Boal einen Versuch unter realen Einkaufsbedingungen vorgeschlagen.[656] Beim Betreten eines Supermarktes werden an Kunden Rabattmarken (*Coupons*) ausgehändigt, mit denen sie eine bestimmte im Geschäft erhältliche Marke (M_1) vergünstigt bekommen können. Wenn nun ein Kunde zum Ende seines Einkaufs an die Kasse geht und versucht, anhand der Coupons einen Rabatt für eine Marke M_2 (die Ähnlichkeit zu M_1 aufweist) zu bekommen, dann liegt, so Boal, offensichtlich eine Verwechslung und somit KVW vor. Eine Verwechslungs- bzw. KVW-Rate von 15% bis 20% dürfte nach Boal hinreichend belegen, dass Marken bezogene KVW auftritt, obgleich er nicht verrät, wie sich diese Werte ergeben.[657]

Angesichts mangelnder empirischer Belege für die Leistungsfähigkeit dieses Verfahrens, bleiben Kommentare spekulativ. Die Beobachtung scheint insofern vorteilhaft, als dass Konsumenten sich natürlich verhalten. Bei Interaktion mit einem Interviewer hingegen muss mit verändertem Verhalten gerechnet werden. Ein möglicher Nachteil könnte die Sensibilisie-

---

[654]   Vgl. Balabanis/Craven, 1997.
[655]   Vgl. Boal, 1983.
[656]   Vgl. Boal, 1983. Obwohl Boal angibt, das Coupon-Verfahren sei in einem Fall von Markenschutzverletzung eingesetzt worden, nennt er dazu keine Einzelheiten. Dem Verfasser ist ein weiterer dokumentierter Einsatz dieser Methode nicht bekannt.

rung des Konsumenten sein. Da der Konsument weiß, dass der Coupon für nur eine Marke gilt, könnte er sich kognitiv stärker mit der Marke auseinandersetzen als er es sonst getan hätte, was wiederum die Wahrscheinlichkeit eines falschen Auswählens verringert. Weiterhin lässt das Coupon-Verfahren zwar eine Beobachtung von Konsumentenverhalten zu, erlaubt jedoch keine Rückschlüsse auf die Motive, Informationsverarbeitung oder das Entscheidungsverhalten des Konsumenten. Zudem ist eine Schwierigkeit des Coupon-Verfahrens die Kontrolle von situativen Einflussgrößen, die u.U. auf das Einkaufsverhalten wirken. Exemplarisch können hier die Lichtverhältnisse im Laden sowie die gespielte Hintergrundmusik[658] genannt werden.

Es muss schließlich bezweifelt werden, ob das Coupon-Verfahrens für den Einsatz in Europa adäquat ist, da die in den USA üblichen Rabattmarken zur Stimulation kurzfristiger Verkäufe hier relativ selten eingesetzt werden.

4.3.2.1.3 Beobachtung und Befragung

Laut Miaoulis/D'Amato handelt es sich bei KVW um Stimulusgeneralisierung[659]. Bezüglich der Messbarkeit machen sie den vagen Vorschlag, dass „confusion can be measured by examining consumers' product expectations and the support for these expectations"[660]. Sie berichten über einen Feldversuch, bei dem in zwei Testmärkten das Originalprodukt (Minzepastillen) aus den Supermarktregalen entfernt und durch zwei vermeintliche Nachahmermarken ersetzt wurde[661]. Kunden, die eine Nachahmermarke kauften, wurden nach dem Bezahlen, jedoch bevor sie die Möglichkeit hatten die gekauften Minzepastillen zu probieren, die folgenden sechs offenen Fragen gestellt:

1) Wie glauben Sie wird dieses Produkt sein?

2) Was ließ Sie glauben, dass es so sein würde?

---

[657]   Vgl. Boal, 1983, S. 408.
[658]   Es gibt bspw. Hinweise darauf, dass „sanfte" und langsame Musik die Einkaufszeit und Ausgaben der Konsumenten erhöhen (vgl. Milliman, 1982; Dréze/Hoch/Purk, 1994, S. 303).
[659]   Vgl. Miaoulis/D'Amato, 1978. Zu Stimulusgeneralisierung vgl. Kapitel 3.2.1.1.
[660]   Miaoulis/D'Amato, 1978, S. 51.
[661]   Beim Original handelte es sich um die Minzepastillen *Tic Tac* (von *Ferrero*), die Nachahmer hatten die Markennamen *Dynamints* und *Mighty Mints*. Sowohl Dynamints wie auch Mighty Mints wurden in der für Tic Tac typischen durchsichtigen Kunststoffbox angeboten.

3) Glauben Sie, dieses Produkt ist wie irgendein anderes auf dem Markt erhältliches Produkt?

4) Wie welches andere wird es sein?

5) Glauben Sie die beiden Produkte (Testprodukt und das vom Kunden genannte) stammt vom selben Hersteller?

6) Was lässt Sie dies annehmen?

Die von Miaoulis/D'Amato gewählte Operationalisierung ist nicht mit der in der vorliegenden Arbeit zugrunde gelegten Definition konsistent. Obgleich die Untersuchung einige interessante Ergebnisse produzierte[662], bleibt letztlich unklar, was Miaoulis/D'Amato gemessen haben wollen. Sie sagen zwar, dass der Grad der Übereinstimmung zwischen Erwartungen an die Testprodukte und dem Original „are measures of trademark confusion"[663], doch wird an keiner Stelle eine Messzahl genannt anhand derer der Grad der Verwirrtheit zu bestimmen ist.

Der Ansatz von Miaoulis/D'Amato ist auch hinsichtlich der gewählten Frageform problematisch. Offene Fragen verlangen von Befragten, dass diese ihre Gedanken und Meinungen artikulieren können, etwas was bei Befragten mit geringem Bildungsniveau problematisch sein könnte.[664] Weiterhin liegen keine quantitativen Merkmale vor, die späterhin eine Gruppenbildung erlauben würden; z.B. in *stark verwirrt* und *wenig verwirrt*.

Auch wenn Miaoulis/D'Amato Stimulusgeneralisierung nachweisen können – d.h., dass Konsumenten aufgrund physischer Ähnlichkeit zum Original Tic Tac auf ähnliche Eigenschaften bzw. denselben Hersteller bei den Nachahmern schließen – bleibt unberücksichtigt, ob diese Annahme auch zum Kauf geführt hat.

Die biotische Beobachtungssituation[665] gestattete es, natürliche Reaktionen zu erfassen[666], dennoch sind damit auch Nachteile verbunden. Die affektive Verhaltenskomponente ist zwar

---

[662] So gaben 31% der Dynamints-Käufer und 33% der Mighty Mints-Käufer explizit an, sie erwarteten, dass das von ihnen gekaufte Produkt so wie Tic Tac sein würde (Frage 1) und zwischen 9% (Testmarkt I) und 22% (Testmarkt II) der Befragten nahmen an, dass die Testprodukte ebenfalls vom Tic Tac-Hersteller stammten (Frage 5).

[663] Miaoulis/D'Amato, 1978, S. 51.

[664] Vgl. Dillon/Madden/Firtle, 1994, S. 340-341.

[665] Biotische (Beobachtungs-) Situationen sind dadurch gekennzeichnet, dass beobachtete Konsumenten nicht wissen, dass sie beobachtet werden (vgl. Berekoven/Eckert/Ellenrieder, 1999, S. 147; Krueckeberg, 1989).

[666] Es war zunächst möglich zu sehen, was Konsumenten tun; d.h. man musste sich nicht darauf verlassen, was Konsumenten sagen, das sie tun.

erfassbar, die kognitive jedoch nur bedingt. Zudem wurden die Fragen nach dem Kauf gestellt, erfassen deshalb nicht, was Konsumenten während des Kaufs gedacht haben. Wie alle Beobachtungsmethoden gestattete auch diese keine Einblicke in die Informationsverarbeitung bzw. Entscheidungsfindung oder Motive.

4.3.2.1.4 Supermarkttest und -befragung

Eine Messung von KVW, die sich stark am Konsumentenleitbild des *homo oeconomicus* orientiert, ist die von Friedman.[667] Nach Friedman kann KVW als Verhaltensgröße quantitativ gemessen werden. Zu diesem Zweck hatten 33 verheiratete weibliche Testpersonen die Aufgabe, in einem Supermarkt aus 20 Produkten die ökonomischste Alternative auszuwählen, wobei ökonomisch definiert war als *größte Packung zu einen gegebenen Preis*.[668] Die Produkte stammten aus verschiedenen Kategorien und die Probandinnen hatten 10 Sekunden für die vorgegebene (Rechen-) Aufgabe Zeit. Als verwirrt galt, wer zu einem inkorrekten Ergebnis kam; d.h. nicht die Alternative mit dem günstigsten Preis-Mengenverhältnis gewählt hatte. In Friedmans Untersuchung waren 43% der von den Probandinnen getroffenen Entscheidungen inkorrekt und die Entscheidungen entsprachen kumuliert durchschnittlichen Mehrkosten von über 9%.

Friedmans Ansatz kann aus einer Reihe von Gründen kritisiert werden, beginnend mit der mangelnden Konzeptualisierung auf der seine Messung basiert. Auch kann angesichts der Aufgabenstellung bei den Testpersonen von einem Testing Effect[669] in Form einer erhöhten Motivation ausgegangen werden, die vermutlich ergebnisverzerrend gewirkt hat. Des Weiteren werden Annahmen zu Grunde gelegt, die in realen Kaufsituationen häufig nicht zutreffen. Bei der Produktwahl spielt i.d.R. mehr als nur ein Kriterium eine Rolle und nicht nur das (günstigste) Preis-Mengenverhältnis. Wenn dem so wäre, würde Wettbewerb ausschließlich über den Preis stattfinden und entsprechend stets der günstigste Anbieter zum Zuge kommen. Das dem nicht so ist liegt auf der Hand und bedarf keiner Elaboration. Obgleich intransparente Preisstrukturen in verschiedenen Produkt- und Dienstleistungsbereichen (z.B. Mobiltele-

---

[667]   Vgl. Friedman, 1966.
[668]   Vgl. Friedman, 1966, S. 529.
[669]   Vgl. Aaker/Kumar/Day, 1995, S. 345.

fon-Tarife) als Auslöser von KVW ausgemacht wurden[670], greift ein Ansatz, der ausschließlich den ökonomischen Aspekt von Kaufentscheidungen fokussiert, zu kurz.

4.3.2.1.5 Begleiteter Einkauf

Mitchell/Papavassilious[671] empirische Arbeit hatte primär zum Ziel, die von Konsumenten eingesetzten KVW-Reduktionsstrategien zu untersuchen. Dazu wurden 30 Konsumenten beim Uhrenkauf begleitet und während des Kaufentscheidungsprozesses zu ihren Entscheidungsschwierigkeiten angesichts der großen Alternativenzahl befragt. Als großen Vorteil werteten die Autoren die Möglichkeit, Konsumenten beobachten zu können und somit Einblicke zu erhalten, die durch eine reine Befragung nur schwer zu generieren sind. Dazu wurde etwa Zögern und Unschlüssigkeit der Konsumenten gezählt.

Grundsätzlich problematisch erscheint an dieser Herangehensweise die Tatsache, dass vor der jeweiligen Befragung nicht bestimmt worden ist, ob die ausgewählten Probanden tatsächlich verwirrt waren. Folglich ist auch die Aussagekraft der späterhin ermittelten Konsumentenverwirrtheit-Reduktionsstrategien begrenzt. Aus der Versuchsbeschreibung von Mitchell/Papavassiliou muss vielmehr geschlossen werden, dass Probanden anhand entsprechender Fragen auf die KVW-Problematik eingestimmt wurden: „The interviewee was asked a number of direct questions on confusion sources."[672]

Neben einer mangelnden Erfassung von KVW kann weiterhin die Erhebungsmethode der persönlichen Befragung kritisiert werden, die insbesondere hinsichtlich der Artikulationsfähigkeit von bildungsschwachen Probanden problematisch sein kann. Darüber hinaus kann ein Interviewereinfluss unterstellt werden, der Probanden motiviert – mehr noch als bei schriftlichen Befragungen (vgl. Kapitel 4.3.1) -, sozial wünschenswert zu antworten.

---

[670] Vgl. zu Preis-KVW Mitchell/Papavassiliou, 1999, S. 325; insbesondere im Telekommunikationsbereich (vgl. Nanji/Parsons, 1997; Kline, 1997; Nuki, 1997).
[671] Vgl. Mitchell/Papavassiliou, 1997b.
[672] Mitchell/Papavassiliou, 1997b, S. 2.

4.3.2.2 Laborexperimente

4.3.2.2.1 Das tachistoskopische Verfahren[673]

Kapferer versuchte mit Hilfe des Tachistoskopischen Verfahrens[674] mögliche KVW zu messen, die *im* Laden auftritt.[675] Durch die Variierung der Expositionszeit der gezeigten (Marken-) Bilder sollte das Vorbeigehen an Supermarktregalen simuliert werden. Dabei entsprach eine kurze Expositionszeit einer großen Entfernung vom Produkt (im Regal), da es nur unscharf zu erkennen war. Eine lange Expositionszeit hingegen sollte einer unmittelbaren Nähe zum Regal und einem klaren Erkennen des Produkts entsprechen (d.h. der Konsument steht vor dem Regal).

Obwohl Kapferer in seiner an anderer Stelle vorgenommenen Beschreibung von KVW nicht explizit von einem unbewussten Auftreten ausgeht[676], sollte mit Hilfe des Tachistoskop unbewusste KVW gemessen werden. Im Versuch wurde weiblichen Testpersonen mit variierender Expositionszeit entweder die Original- oder eine Nachahmermarke gezeigt, wobei jeder Probandin Marken aus nicht mehr als vier verschiedenen Produktkategorien gezeigt wurden. Die Bilder der Marken wurden jeweils bei 1/125, 1/60, 1/15, ¼, ½ und einer Sekunde gezeigt und nach jeder Präsentation mussten die Probandinnen die folgenden Fragen beantworten:

- Was haben Sie gesehen?

- Was glauben Sie gesehen zu haben?

- Was stellt es dar?

In keinem Fall wurde eine Originalmarke gesehen bzw. gezeigt und die Nachahmermarke genannt. Umgekehrt wurden Nachahmermarken regelmäßig für das Original gehalten. Bei der

---

[673] Das Tachistoskopische Verfahren ist auch in einer neueren Untersuchung aus Großbritannien zum Einsatz gekommen (vgl. Lomax/Sherski/Todd, 1999), für die Kapferers (1995b) Arbeit als Vorbild diente und deren Ergebnisse mit denen Kapferers vergleichbar sind. Wegen der methodologischen Ähnlichkeit zu Kapferers (1995b) Studie unterbleibt an dieser Stelle eine ausführliche Auseinandersetzung mit der Untersuchung von Lomax/Sherski/Todd (1999).

[674] Der Terminus *Tachistoskop* kommt aus dem Griechischen und heißt „schnell sehen" (Schub von Bossiazky, 1992, S. 60). Das Tachistoskop ist ein Gerät zur Messung der visuellen Wahrnehmungsgeschwindigkeit und –genauigkeit. Es projiziert Bilder (i.d.R. mit variierenden Darbietungszeiten) auf eine Leinwand, die von Probanden erkannt oder interpretiert werden müssen (vgl. Hera, 1978 sowie Kroeber-Riel/Weinberg, 1996, S. 274-275).

[675] Vgl. Kapferer, 1995b.

höchsten Expositionsgeschwindigkeit von einer Sekunde haben bspw. 32% der Probanden *Fortini* Vermouth (Nachahmer) für das Original *Martini* gehalten.

Aus den Ergebnissen hat Kapferer einen sog. *Confusion-Index* errechnet. Dieser KVW-Index ergibt sich aus dem Verhältnis: Prozentsatz der Testpersonen, die irrtümlich Marke A (das Original) erkennen, während ihnen Marke B (die Kopie) gezeigt wird zum Prozentsatz der Testpersonen, die Marke A (korrekt) erkennen, wenn ihnen Marke A gezeigt wird.

$$\text{Kapferers KVW-Index:} \quad \frac{\text{Prozentsatz, die Kopie der Marke zuschreiben}}{\text{Prozentsatz, die Marke der Marke zuschreiben}}$$

Abbildung 4-2: Kapferers Konsumentenverwirrtheit-Index[677]

Auch wenn Kapferers Methode KVW, operationalisiert als Verwechslung, bestimmen kann und rechtlichen Ansprüchen an Objektivität genügt[678], sind einige Aspekte kritisch zu betrachten.

Die technischen Voraussetzungen dieser Methode gestatten einen Einsatz lediglich in künstlichen Einkaufsumgebungen, nicht jedoch unter realen Bedingungen. Die Aufgabe, nur kurz auf eine Leinwand projizierte Marken zu identifizieren stellt keine Emulation einer realen Einkaufssituation dar. Zudem müssen beim tachistoskopischen Verfahren, wenn keine repräsentativen Stichproben vorliegen[679], Konsumenten mit bestimmten Spezifika ausgeklammert werden. So dürften Konsumenten mit Sehschwäche große Schwierigkeiten mit der korrekten Identifikation haben und könnten somit die Ergebnisse verzerren. Ähnliches gilt vermutlich auch für ältere Probanden, die mit der Aufgabe, in relativ kurzen Abständen verschiedene Marken zu identifizieren, überfordert würden. Wenn jedoch gerade eine Aufgabe darin besteht, die KVW-Neigung dieser vermeintlich anfälligeren Konsumentengruppen zu über-

---

[676]   Vgl. Kapferer, 1995a, S. 101.
[677]   Quelle: Kapferer, 1995b, S. 563.
[678]   Tachistoskopische Verfahren finden in den USA seit langem regelmäßig Anwendung (vgl. z.B. Smith et al., 1983).
[679]   Kapferers Stichprobe bestand aus 375 Frauen (vgl. Kapferer, 1995b, S. 557).

prüfen[680], dann ist es notwendig, sie aus methodischen oder Bequemlichkeitsgründen nicht schon im Vorfeld von einer Untersuchung auszuschließen.

4.3.2.2.2 Das Blur-Focus-Verfahren

Ein weiteres von Kapferer vorgeschlagenes Verfahren zur Bestimmung von KVW ist das „Blur-Focus"-Verfahren[681], bei dem eine Marke in 15 Schritten zuerst unscharf („blurred") und dann schrittweise immer schärfer („focused") auf einem Bildschirm oder einer Leinwand zu sehen ist. Anhand dieser Methode soll, so Kapferer, nachgestellt werden, wie ein Konsument auf seinem Weg durch die Gänge eines Geschäfts eine Marke wahrnimmt: zuerst unscharf aus einigen Metern Entfernung und mit zunehmender Annäherung an das Regal immer schärfer. Insofern gibt es Parallelen zum tachistoskopischen Verfahren, da ebenfalls eine Einkaufssituation bezogene Operationalisierung angestrebt wurde.

Es wurden jeweils die Original- und zwei Nachahmermarken gezeigt. Weibliche Konsumenten, die beim Zeigen einer Nachahmermarke bei einem der 15 Schritte das Original zu erkennen glaubten, wurden als „verwirrt" eingeschätzt. In einem von Kapferer genannten Beispiel glaubten 22% (Nachahmermarke$_1$) bzw. 19% (Nachahmermarke$_2$) vor Erreichen von Schritt 1, dass sie das Original sahen, obwohl eine Nachahmermarke gezeigt wurde.

Hierin liegt eine Schwäche und deshalb sind kritische Bemerkungen am Platze, die zwar nicht unmittelbar das Verfahren betrefften wohl aber die Interpretation der Ergebnisse. Die Tatsache, dass z.B. die inkorrekte Identifikation einer Marke bei Schritt 15 (völlig unscharf) rechnerisch die gleiche Wirkung hat wie bei Schritt 3 (relativ scharf), ist zu kritisieren.

Des Weiteren ist der Aussagegehalt einiger Werte gering. Was ist etwa bewiesen, wenn festgestellt wird, dass Konsumenten bei Schritt 8 eine Marke nicht korrekt identifizieren? Schließlich müssen Konsumenten in einer realen Einkaufssituation eine Marke nicht aus einer Distanz von einigen Metern identifizieren bzw. sich für eine Marke entscheiden, sondern haben die Möglichkeit, bis zum Regal vorzugehen. Am Regal können Konsumenten die Marken aus der Nähe betrachten, in die Hand nehmen und mit anderen Marken vergleichen,

---

[680] So gibt es bereits einzelne Hinweise auf eine höhere KVW-Anfälligkeit älterer Konsumenten (vgl. Balabanis/Craven, 1997, S. 307). Mitchell/Papavassiliou (1999, S. 323) mutmaßen, dass „confusion (...) is more likely to be acute with the elderly and less well-educated".

[681] Vgl. Kapferer, 1995a.

etwas was bei der Blur-Focus-Methode unberücksichtigt bleibt. Forscher, die diese Methode einsetzen möchten, wären daher gut beraten neu zu definieren, was genau KVW konstituiert.

Obgleich Kapferer darauf verweist, dass auf diese Methode bei Marken-Rechtsstreitigkeiten in Frankreich bereits mehrfach zurückgegriffen wurde,[682] scheint sie für eine Ermittlung von KVW, so wie sie für diese Arbeit definiert worden ist, ungeeignet.

4.3.2.2.3 Dia

Die Verwendung von Dia in künstlichen Versuchssituationen erfolgte bei verschiedenen Autoren. Im Folgenden soll der Einsatz der Dia-Methode von Foxman/Muehling/Berger[683], Poiesz/Verhallen[684] sowie Loken/Ross/Hinkle[685] vorgestellt und diskutiert werden.

Foxman/Muehling/Berger (1990)

In Rahmen eines Versuchs hatten 341 Studenten Aussagen zu verschiedenen Marken[686] zu machen, deren Bilder jeweils für vier Sekunden auf eine Leinwand projiziert wurden.[687] Es ging in dieser Studie nicht um den speziellen Fall einer Verwechslung von Original- mit Handelsmarken, sondern generell um die wahrgenommene Ähnlichkeit von Marken. Zunächst sollten Probanden Angaben zum Grad ihres Involvement und ihrer Erfahrung mit den gezeigten Produktklassen machen. Anschließend wurde ein weiteres Bild gezeigt, auf dem die Referenz-/Originalmarke sowie fünf Wettbewerbsmarken abgebildet waren. Probanden mussten nun anzeigen, welches die Originalmarke war (d.h. die sie vorher schon einmal gesehen hatten).

---

[682] Vgl. Kapferer, 1995a, S. 96.
[683] Vgl. Foxman/Muehling/Berger, 1990.
[684] Vgl. Poiesz/Verhallen, 1989.
[685] Vgl. Loken/Ross/Hinkle, 1986.
[686] Bei den verwendeten Produkten handelte es sich um Nudelsuppe und Nasentropfen. Es wurden Produkte verwendet, die regelmäßig von Studenten gekauft und genutzt werden (vgl. Foxman/Muehling/Berger, 1990, S. 177). Bei der Nudelsuppen-Marke handelte es sich um eine bekannte Herstellermarke und bei den Nasentropfen um eine regional erhältliche Handelsmarke. Foxman/Muehling/Berger haben bewusst darauf verzichtet, im Versuch nur Originalmarken als Referenzmarken zu verwenden, um die Probanden nicht für die Aufgabenstellung zu sensibilisieren.
[687] Vgl. Foxman/Muehling/Berger, 1990, S. 178.

Als verwirrt galt, wer keine der gezeigten Marken oder eine falsche als Originalmarke benannte. In der Produktgruppe Nudelsuppe waren dies 17% der Probanden und bei Nasentropfen 27%.[688]

Dieses Ergebnis muss als relevant gewertet werden, denn trotz des vorherigen Zeigens der Referenzmarke vermochten 17% bzw. 27% der Probanden nicht, diese eindeutig wiederzuerkennen. Dies kann als Indiz dafür gesehen werden, dass in einigen Produktgruppen die physische Markenähnlichkeit schon sehr weit geschritten ist.

Jedoch sind die Ergebnisse insofern nicht über zu bewerten, als es sich bestenfalls um wahrgenommene KVW („perceptual confusion") und nicht um tatsächliche („behavioral confusion") handelt. Anders ausgedrückt, die inkorrekte Identifikation von Marken muss nicht unbedingt in Falschkäufen resultieren.

Poiesz/Verhallen (1989)

Poiesz/Verhallen haben für einen Spezialfall von KVW, KVW bei Printwerbung, einen Versuch durchgeführt. Probandinnen hatten die Aufgabe, in Printanzeigen beworbene Marken[689] zu identifizieren, wobei der Markenname jeweils vorher entfernt worden war.[690] Die jeweilige Werbeanzeige wurde den Probanden für zwei Sekunden in Diaform gezeigt.[691] Ähnlich wie Kapferer[692], versuchten auch Poiesz/Verhallen, den Grad von KVW rechnerisch zu bestimmen.

Die Autoren unterschieden für jede Marke zwischen *positiver* und *negativer* KVW: Als positive KVW galt, wenn vom Probanden eine Marke genannt obwohl eine andere gezeigt wurde und als negative, wenn eine Marke gezeigt jedoch aber ein anderer Markenname genannt wurde.[693] Die Summe aus beiden Werten ergibt die *Netto*-KVW (vgl. Abbildung 4-3).

---

[688]   Vgl. Foxman/Muehling/Berger, 1990, S. 181.
[689]   Poiesz/Verhallen (1989) verzichteten auf eine Unterteilung in *Original*marke und *Nachahmer*marke, sondern benutzten ausschließlich Anzeigen von Markenprodukten. Ihnen lag daran aufzuzeigen, dass sich in vielen Kategorien Produkte nicht nur funktional ähneln, sondern häufig auch äußerlich und in Bezug auf ihre Werbung, was zu KVW führen kann.
[690]   Vgl. Poiesz/Verhallen, 1989, S. 234.
[691]   Vgl. Poiesz/Verhallen, 1989, S. 234.
[692]   Vgl. Kapferer, 1995b.
[693]   Das Waschmittel *Dixan* z.B. wurde von 7% der Befragten genannt, während diesen eine andere Marke gezeigt wurde (pos. KVW). Umgekehrt nannten 29% der Befragten andere Marken als ihnen eine Werbeanzeige von Dixan gezeigt wurde (neg. KVW). Daraus ergibt sich für Dixan ein Netto-KVW-Wert von – 22% (vgl. Poiesz/Verhallen, 1989, S. 235).

Dieses Verfahren soll kurz anhand eines Beispiels dargestellt werden. Man stelle sich vor, Probanden würden nacheinander drei verschiedene Marken gezeigt, Marke$_A$, Marke$_B$ und Marke$_C$. Beim Zeigen von Marke$_A$ nennt der Proband jedoch den Namen von Marke$_C$. In diesem Fall wäre die gezeigte Marke$_A$ falsch identifiziert worden: für Marke$_A$ ist dies ein Fall von negativer und für Marke$_C$ von positiver KVW.

Poiesz/Verhallens Netto-KVW:	**Prozentsatz, die Marke der Kopie zuschreiben *minus* Prozentsatz, die Kopie der Marke zuschreiben**

Abbildung 4-3: Poiesz/Verhallens Netto-Konsumentenverwirrtheit

Obgleich es sich in beiden Fällen (aus Sicht von Marke$_A$ und Marke$_C$) um eine inkorrekte Identifikation der jeweiligen Marke handelt, schätzen Poiesz/Verhallen positive KVW aus Sicht der genannten Marke als weniger problematisch ein, da „the competitor is advertising for you!"[694] Vorteilhaft an diesem Ansatz ist, dass ein Wert berechnet wird der Aufschluss darüber gibt, wie verwechselbar und damit potentiell verwirrend eine Marke ist. Jedoch lässt ein solcher Wert wenig Rückschlüsse auf die KVW-Anfälligkeit individueller Konsumenten zu. Fraglich scheint zudem der Aussagegehalt des Netto-KVW-Wertes zu sein. Dies soll kurz anhand des nachfolgenden Beispiels dargelegt werden.

	positive KVW	negative KVW	Netto KVW
Marke$_1$	20%	25%	-5%
Marke$_2$	5%	15%	-10%
Marke$_3$	1%	14%	-13%

Tabelle 4-3: Netto-Konsumentenverwirrtheit nach Poiesz/Verhallen

Wie aus Tabelle 4-3 zu ersehen ist, weisen alle drei Marken einen negativen Netto-KVW-Wert auf. Die negativen Werte kommen folgendermaßen zustande: Es haben mehr Leute die jeweilige Marke nicht korrekt identifiziert (neg. KVW) als sie zu nennen wenn andere Marken gezeigt wurden (pos. KVW). Es ist außerdem ersichtlich, dass von den drei Marken Marke$_3$ am häufigsten *korrekt* identifiziert worden ist (niedrigster neg. KVW-Wert), aber mit −13% dennoch den höchsten Netto-KVW-Wert aufweist. Umgekehrt weist Marke$_1$, die von einem Viertel der Probanden *nicht korrekt* identifiziert werden konnte, den niedrigsten Netto-KVW-Wert auf. Bei Marke$_1$ handelt es sich offenbar um eine bekannte Marke.

Dieses Beispiel verdeutlicht, dass die von Poiesz/Verhallen vorgeschlagene Messzahl zur Bestimmung der KVW-Wahrscheinlichkeit einer Marke nicht isoliert betrachtet werden darf und auch nur bedingt einen Vergleich verschiedener Marken zulässt. Es zeigt aber auch, dass es u.u. für die Messung der Stärke oder des Bekanntheitsgrads einer Marke eingesetzt werden könnte.

Loken/Ross/Hinkle (1986)

Ähnlich wie in der Untersuchung von Poiesz/Verhallen[695] wurden auch von Loken/Ross/Hinkle Dia verwendet, um wahrgenommene Ähnlichkeiten von Marken zu erfassen.[696] Während jedoch Poiesz/Verhallen an Stimulusähnlichkeit von Marken im Allgemeinen interessiert waren, stellte die Arbeit von Loken/Ross/Hinkle vor allem auf Ähnlichkeiten zwischen Markenprodukten und Handelsmarken ab.

Probanden wurden durchschnittlich 76 Dia gezeigt, auf denen jeweils zwei Produkte zu sehen waren, nämlich ein Markenprodukt und eine Handelsmarke. Die Expositionszeit für jedes Dia betrug sieben Sekunden und nach jedem Dia wurden den Probanden die folgenden drei Fragen gestellt:

1) Glauben Sie, dass diese zwei Produkte sich in ihrem Erscheinen ähnlich sind?

2) Glauben Sie, beide Produkte werden vom selben oder von verschiedenen Hersteller(n) produziert? Danach wurde gefragt, wie sicher die Probanden sich ihrer Beurteilung waren.

3) Wie oft haben Sie im letzten Jahr Produkte aus den Versuchskategorien gebraucht?

Die zwei ersten Fragen wurden auf 6er-Skalen mit den Polen von 0 („extrem ungleich") und 10 („extrem gleich") gemessen[697] und die dritte Frage diente zur Bestimmung der Produkterfahrung der Probanden. Mit den Daten wurde eine Regressionsanalyse gerechnet, die den vorausgesagten Effekt bestätigte. Je stärker Markenpaare von den Probanden als ähnlich wahrgenommen wurden, desto wahrscheinlicher war auch deren Annahme, dass beide von einem und denselben Hersteller stammen. Ohne Zweifel kann dies als interessantes Ergebnis

---

[694]   Poiesz/Verhallen, 1989, S. 235.
[695]   Vgl. Poiesz/Verhallen, 1989.
[696]   Vgl. Loken/Ross/Hinkle, 1986.
[697]   Für Frage 2 repräsentierte die 0 „sehr sicher" und die 10 „sehr unsicher" (vgl. Loken/Ross/Hinkle, 1986, S. 199).

angesehen werden, da aufgezeigt werden kann, dass physische Markenähnlichkeit beim Konsumenten häufig einen Transfer von Eigenschaften stimuliert. Dennoch gelten auch hier die bereits genannten Kritikpunkte[698] hinsichtlich Verfahren, die von Probanden eine überdurchschnittliche Aufmerksamkeit bzw. uneingeschränktes Sehvermögen verlangen.

Hinsichtlich eines möglichen Testing Effects ist der suggestive Charakter von Frage 1 zu bemängeln, der Probanden Einblick in die Forschungsfrage gewährt und dazu motiviert, besser aufzupassen; also aufmerksamer zu sein als sie es bei ihren durchschnittlichen Einkäufen sind.

4.4 Zusammenfassende Kritik an existierenden Verfahren und Folgerungen für eine empirische Untersuchung

In den ersten drei Kapiteln dieser Arbeit wurde versucht, die für eine theoretische Annäherung und empirische Untersuchung relevanten Facetten von KVW darzustellen. Durch die Gestaltung und Erklärung des Bezugsrahmens konnten verschiedene Determinanten von KVW ausgemacht und diskutiert werden. Besondere Beachtung fand dabei der Standpunkt, dass bei der Entstehung von KVW potentielle Einflussfaktoren nicht isoliert zu betrachten sind, sondern eine Interaktion von situativen und personalen Determinanten postuliert wird.

In den vorangegangenen Abschnitten wurden bisherige Operationalisierungen kritisch diskutiert und dabei inkonsistente und zum Teil widersprüchliche Messansätze aufgezeigt. Trotz vielfältiger konzeptioneller und methodischer Anstrengungen verschiedener Autoren, ein wirksames Messinstrumentarium vorzulegen, sind bisherige Operationalisierungsansätze heterogen. Im Hinblick auf eine reliable und valide Messung von KVW bieten diese Aspekte Anknüpfungspunkte für eine Kritik an existierenden KVW-Messverfahren; zugleich zeigen sie die zentralen Stoßrichtungen für die empirische Arbeit in der vorliegenden sowie zukünftigen KVW-Studien auf. Von Bedeutung sind hier insbesondere folgende Punkte:

- Operationalisierungen basieren entweder auf keinen oder unterschiedlichen Definitionen.

- Konzeptionelle Mängel spiegeln sich in einseitigen Operationalisierungen. Aufgrund der häufig fehlenden bzw. fragmentarischen theoretischen Fundierung einzelner Arbeiten, mangelt es bisherigen Arbeiten bzw. Messansätzen an Reliabilität and Validität.

---

[698] Vgl. Kapitel 4.3.2.2.1.

- Die Zahl bisheriger Arbeiten ist von geringem Umfang und die wesentlichen empirischen Studien stammen aus den USA und befassen sich nahezu ausschließlich mit dem Phänomen ähnlicher Stimuli bzw. Marken. Solche Einzeluntersuchungen haben allenfalls explorativen Charakter, da nur auf einzelne Dimensionen abgestellt wird. Zudem existieren kaum Anhaltspunkte, Ergebnisse verschiedener Studien zu vergleichen, vor allem aus den im Folgenden genannten Gründen.

- In empirischen Untersuchungen, kamen sowohl High- wie auch Low-Involvement-Produkte zum Einsatz (vgl. Tabelle 4-4). Da in Abhängigkeit vom Produktinvolvement der Grad der kognitiven Anstrengung des Konsumenten variiert[699], ist bei selbst methodisch identischen Untersuchungen ein Vergleich der Ergebnisse nur bedingt möglich.

- Untersuchungen, die unter Laborbedingungen durchgeführt wurden sind von geringer externer Validität.

- Die Ziehung reiner Frauen- oder Studentenstichproben ist eindeutig mit Repräsentativität nicht vereinbar.[700] Für Instrumente, die mit Hilfe von reinen Frauen- oder Studentensamples entwickelt worden sind, kann eine Allgemeingültigkeit bzw. Bevölkerungsgruppenunabhängigkeit nicht unterstellt werden. Entsprechend sind auch Vergleiche von Ergebnissen unterschiedlicher Samples nur bedingt möglich.

- Existierende Messansätze haben häufig Defizite bei der Erfassung des komplexen Konstrukts KVW. Die Beurteilung der Reliabilität und Validität bei Verfahren der ersten Generation ist häufig mit gravierenden Mängeln behaftet[701]. Im Rahmen des Operationalisierungsprozesses erfolgte eine Beschränkung auf Cronbachs α und die explorative Faktorenanalyse als Verfahren der „ersten Generation", während in verschiedener Hinsicht leistungsfähigere Verfahren wie insbesondere die konfirmatorische Faktorenanalyse nicht zum Einsatz gelangten[702].

- Bei Verfahren der sog. Zweiten Generation wie die Kausalanalyse werden a priori Hypothesen formuliert; dies verlangt naturgemäß eine stärkere theoretische Durchdringung des

---

[699]   Vgl. Matzler, 1997, S. 211-217 sowie Kapitel 3.4.1.2.
[700]   Vgl. Walsh/Mitchell/Hennig-Thurau, 2001, S. 77-78.
[701]   Vgl. Homburg/Giering, 1996, S. 9.
[702]   Vgl. Homburg/Pflesser, 1999; Homburg/Giering, 1996.

Problembereichs. Bekannte KVW-Messansätze hingegen basieren häufig nicht auf theoriegestützten Konzeptualisierungen. Zudem gestattet die konfirmatorische Faktorenanalyse eine ganzheitliche Vorgehensweise bei der Theorieüberprüfung.

Fasst man die bislang vorliegenden empirischen Arbeiten zu KVW zusammen, kann man die in Tabelle 4-4 aufgeführten Stärken und Schwächen festhalten. Trotz einer schon mehr als drei Jahrzehnte dauernden wissenschaftlichen Auseinandersetzung mit dem KVW-Konzept ist insgesamt festzuhalten, dass die Forschung zu den Ursachen und möglichen Wirkungen von KVW noch nicht sehr weit fortgeschritten ist. Die Heterogenität existierender Messverfahren spiegelt sich vor allem in anspruchslosen Konzeptualisierungen und einer mangelnden Integration vorliegender Erkenntnisse.

Vor diesem Hintergrund bot sich für die vorliegende Forschungsfrage deshalb eine Neudefinition an, die KVW als Ergebnis von zu ähnlichen, zu vielen und/oder unklaren Stimuli, das in seiner Höhe durch situative und personale Determinanten beeinflusst wird, versteht.

Für den eigenen Messansatz, der in Kapitel 5 ausführlich dargelegt werden wird, wurde als Erhebungsmodus die mündliche Befragung in Form von persönlichen Interviews gewählt. Neben forschungsökonomischen Erwägungen wurde die persönliche Befragung wegen der damit verbundenen Vorteile gewählt. So sind persönliche Befragungen i.d.R. durch hohe Antwortquoten gekennzeichnet und es besteht die Möglichkeit, ggf. auf Probanden einzuwirken, z.B. um diese zur Beantwortung aller Fragen zu motivieren oder um von Probanden als missverständlich wahrgenommene Items näher zu erläutern. Auch können bei persönlichen Befragungen eher etwas längere Fragebögen verwendet werden.

Die im nächsten Kapitel vorgestellte eigene empirische Untersuchung versucht, den aufgezeigten konzeptionellen und methodologischen Mängeln existierender Ansätze unter Berücksichtigung forschungsökonomischer Kriterien Rechnung zu tragen. Darüber hinaus sollen die folgenden Anforderungen gelten:

- Bei der Formulierung von Items ist auf eine klare und verständliche Sprache sowie auf das Problem der sozialen Erwünschtheit zu achten.

- Die verwendeten Items sollten sich zu konkreten Faktoren verdichten lassen. Trennscharfe und reliable Faktoren (die sich aus verständlichen Items zusammensetzen) haben den Vorteil, dass sie relativ einfach in der Marketingpraxis eingesetzt werden können.

- Durchführung einer kausalanalytischen Untersuchung, die aufzeigt, welche KVW-Dimension zu welchen Konsequenzen führt.

- Die Messung erfolgt unabhängig von spezifischen Produktkategorien und Kaufabsichten. Dies ist erforderlich, da es zunächst „nur" die Existenz von Konsumentenverwirrtheit nachzuweisen gilt und auch der Bereich Nachkauf bezogener KVW erfasst werden soll.

Autoren	Operationalisierung	Verfahren	Datenbasis	Produktgruppe(n)	Stärken	Schwächen
Friedman (1966)	Preis-KVW	Feld Experiment (Rechenaufgabe und Befragung)	33 junge verheiratete Frauen	Dosenpfirsich und -erbsen, lösl. Kaffee, Shampoo u.a.	Kann Preis-KVW erfassen.	Postuliert, dass Konsumenten versuchen budgetoptimierend einzukaufen. Fehlende Stichprobenrepräsentativität.
Miaoulis/ D'Amato (1978)	Stimulusgeneralisierung	Feld Experiment (Rechenaufgabe und Befragung)	329 Konsumenten	Minzpastillen	KVW wird in realweltlicher Einkaufssituation erfasst.	Offene Fragen, die nicht zu einer Skala zusammengefasst werden können. Vergleichsweise zeit- und kostenintensiv.
Boal (1983)	Inkorrekte Identifikation und Falschkauf	Coupon-Redemption-Methode			Biotische Situation; Konsument weiß nicht, dass er beobachtet wird und versucht deshalb nicht, sich anders (z.B. sozial opportun) zu verhalten.	Situative Faktoren können nicht oder nur schwer kontrolliert werden. Informationsverarbeitung des Konsumenten bleibt unberücksichtigt.
Sproles/Kendall (1986)*	Überangebot/ Überlastung	Befragung	482 Studenten		Verschiedene Erhebungsmethoden möglich (Fragebogen z.B. von Konsumenten selbst ausgefüllt oder im Interviewform erhoben werden).	Nur eine Dimension von KVW wurde erfasst, obgleich mehrere KVW-Aspekte/Dimensionen erfasst werden könnten (z.B. Stimulusähnlichkeit).
Loken/Ross/ Hinkle (1986)	Inkorrekte Identifikation	Dia	112 Studenten	Shampoo, Deo, Erkältungsmittel, Mundspülung	Zusammenhänge zwischen KVW und möglichen Determinanten von KVW (z.B. Erfahrung) erfassbar.	Fehlende Stichprobenrepräsentativität. Probanden sind überdurchschnittlich aufmerksam, das kann zu Ergebnisverzerrung führen.
Poiesz/ Verhallen (1989)	Inkorrekte Identifikation	Dia	108 weibliche Konsumenten	Windeln, Waschmittel, Gesichtskosmetik	Zusammenhänge zwischen KVW und möglichen Determinanten von KVW (z.B. Erfahrung) erfassbar.	Fehlende Stichprobenrepräsentativität. Probanden sind überdurchschnittlich aufmerksam, das kann zu Ergebnisverzerrung führen.
Foxman/Muehling/Berger (1990)	Inkorrekte Identifikation	Dia	341 Studenten	Nasentropfen, Nudelsuppe	Zusammenhänge zwischen KVW und möglichen Determinanten von KVW (z.B. Erfahrung) erfassbar.	Fehlende Stichprobenrepräsentativität. Probanden sind überdurchschnittlich aufmerksam, das kann zu Ergebnisverzerrung führen.
Kapferer (1995a)	Inkorrekte Identifikation	Blur-Focus-Methode	127 weibliche Konsumenten	Wermut, Nudeln, Ketchup u.a.	Erfüllt juristische Anforderungen. Relativ einfache Anwendung.	Fehlende Stichprobenrepräsentativität. Probanden sind überdurchschnittlich aufmerksam, das kann zu Ergebnisverzerrung führen.
Kapferer (1995b)	Inkorrekte Identifikation	Tachistoskop, Confusion Index	375 weibliche Konsumenten	Softdrink, Wermut, Hundefutter, u.a.	Erfüllt juristische Anforderungen. Relativ einfache Anwendung.	Fehlende Stichprobenrepräsentativität. Probanden sind überdurchschnittlich aufmerksam, das kann zu Ergebnisverzerrung führen.
Rafiq/Collins (1996)	Inkorrekte Identifikation	Befragung	173 Hochschulangestellte	Joghurt, lösl. Kaffee, Shampoo, Zehrealien, Cola		Fehlende Stichprobenrepräsentativität.
Balabanis/Craven (1997)	Brand Confusion	Feld Experiment (Fotos von Produkten und Befragung)	50 Konsumenten	Kaffee, Softdrink, Schokoriegel, Zehrealien	Es wird versucht, KVW realweltlich zu erfassen.	Zahl der präsentierbaren Marken/Fotos ist begrenzt.
Mitchell/ Papavassiliou (1997b)	Überangebot	Feld-Interviews	30 Konsumenten	Uhren	Konsumenten können während ihrer Entscheidungsfindung beobachtet werden.	
Turnbull/Leek/ Ying (2000)	Überangebot/ Überlastung	Befragung	167 Konsumenten	Telekommunikation, Schokoriegel, Zehrealien		KVW ungenügend (krude) operationalisiert.
Chryssochoidis (2000)	Unklarheit	Befragung	888 Konsumenten	Öko-Produkte	Es wird versucht, durch unklare Stimuli verursachte KVW zu erfassen.	KVW selbst wird nicht gemessen, lediglich aus den Antworten zu anderen Konstrukten gefolgert.

*Die Studie von Sproles/Kendall wurde mehrfach repliziert; der Faktor Confusion by Overchoice konnte in Korea (vgl. Hafstrom et al., 1992), Neu Seeland (vgl. Durvasula et al., 1993), Indien, Griechenland, USA, Neu Seeland (vgl. Lysonski et al., 1996) Großbritannien (Mitchell/Bates, 1998) und Deutschland (vgl. Walsh/Mitchell/Hennig-Thurau, 2001) bestätigt werden. Diese Studien sind in dieser Tabelle nicht berücksichtigt, da sie in Bezug auf Konzeptualisierung und Operationalisierung sowie Stärken und Schwächen mit der von Sproles/Kendall (1986) weitgehend identisch sind.

Tabelle 4-4: Gegenüberstellung bisheriger Operationalisierungen von Konsumentenverwirrtheit

5 Empirische Untersuchung zur Messung von Konsumentenverwirrtheit

Ein zentrales Anliegen dieser Arbeit ist die Erklärung des Konstrukts der KVW und des Zusammenhangs zwischen ihren postulierten Dimensionen und möglichen Verhaltenskonsequenzen. Die theoretische Grundlage und Notwendigkeit einer empirischen Untersuchung ergeben sich aus den aufgezeigten Forschungsdefiziten.

Basierend auf der ausführlichen theoretischen Grundlegung werden zunächst nach KVW-Dimensionen – Stimulusähnlichkeit, -überlastung und -unklarheit – differenzierte Hypothesen im Hinblick auf mögliche(s) Verhalten bzw. Verhaltensintentionen formuliert. Anschließend wird die empirische Untersuchung vorgestellt, die Dimensionalität des KVW-Konstrukts sowie auf kausalanalytischem Wege die Hypothesen überprüft.

5.1 Formulierung forschungsleitender Hypothesen

Die vorgelegten theoretischen Ansätze sowie empirischen Befunde legen nahe, offenes Verhalten und Verhaltensintentionen als Ergebnis einer oder aller drei KVW-Dimensionen aufzufassen. Obgleich in der Literatur eine Reihe von Verhaltenskonsequenzen mit KVW assoziiert werden, haben davon nur zwei autoren- und studienunabhängigen (d.h. beständigen) Charakter: *Kaufentscheidungsaufschub*[703] und *Loyalität*[704].

Tatsächlich kann eine Wirkung von KVW auf diese zwei Variablen unterstellt werden; ein Kaufentscheidungsaufschub erlaubt eine Reaktion des Konsumenten auf KVW im Kaufentscheidungskontext und eine Loyalitätsveränderung stellt eine langfristige Reaktion dar. Damit stehen dem Konsumenten zwei grundsätzliche Verhaltensoptionen von unterschiedlicher zeitlicher Reichweite zur Verfügung. Auf diesen Variablen soll daher im Rahmen der Hypothesenformulierung und –überprüfung ein Schwerpunkt liegen.

Die im Folgenden aufzustellenden und anschließend im Rahmen einer eigenen Untersuchung zu überprüfenden Forschungshypothesen sollen deshalb in zwei Schritten getestet werden. Zu diesem Zweck werden *zwei Kausalmodelle* spezifiziert: eines mit den exogenen Variablen *Stimulusähnlichkeit, Stimulusüberlastung* und *Stimulusunklarheit* sowie den zwei endogenen

---

[703] Vgl. Mitchell/Papavassiliou, 1999; 1997b; Jacoby/Morrin, 1998; Huffman/Kahn, 1998; Leven, 1984.
[704] Vgl. Foxman/Muehling/Berger, 1990, S. 171; Mitchell/Papavassiliou, 1999; Mitchell/Papavassiliou, 1997b.

Variablen *Kaufentscheidungsaufschub* und *Loyalität* und ein erweitertes, in dem zusätzlich die endogenen Variablen *Mundpropaganda* und *Vertrauen* enthalten sind.

Die Berücksichtigung des Konstrukts Vertrauen geht nicht – so wie im Falle von Mundpropaganda – auf die Häufigkeit der Nennungen in der relevanten Literatur zurück, sondern basiert vielmehr auf Plausibilitätsüberlegungen. Wie im Rahmen der Hypothesenformulierung aufgezeigt wird, ist Vertrauen mit verschiedenen Kauf bezogenen Größen so wie Nutzungserfahrung und Kundenzufriedenheit verknüpft, die auch im Kontext von KVW eine wichtige Rolle spielen. Mit der Berücksichtigung des Konstrukts Mundpropaganda soll hier einerseits die Neigung der Konsumenten, anderen von ihren negativen KVW bezogenen Erfahrungen zu berichten und andererseits ihr Wunsch, von anderen Konsumenten beim Auftreten von KVW Hilfe zu bekommen, erfasst werden.

Analog zu der postulierten Dimensionalität von KVW und dem damit assoziierten Verhalten werden im Folgenden für jede KVW-Dimension vier Hypothesen formuliert, so dass die Gesamtzahl der zu prüfenden Hypothesen zwölf beträgt. Da KVW drei verschiedene Ausprägungen hat, die wahrscheinlich unter unterschiedlichen Bedingungen verhaltenswirksam sind, wäre es unzweckmäßig, die folgenden Hypothesen streng für eine Kauf bezogene Situation (z.B. Informationssuche), eine Produktgruppe, ein Bezugsobjekt (Hersteller, Handel, Marken) oder einen Konsumententypen (komplex, weniger komplex) zu formulieren. Vielmehr soll die Breite möglichen Konsumentenverhaltens und denkbarer Kaufsituationen als Suchraum zur Formulierung von Hypothesen dienen.

5.1.1 Hypothesen zur Dimension Stimulusähnlichkeit

Wahrgenommene Stimulusähnlichkeit stellt im Kern auf die potentielle Entscheidungsänderung einer Markenwahl ab, die durch wahrgenommene physische Produktähnlichkeit und Ähnlichkeit von Botschaften verursacht wird.[705] Es gibt zahlreiche Hinweise darauf, dass KVW nicht nur mit identischen Marken assoziiert ist, sondern auch mit ähnlichen Botschaften und Werbespots[706]. Eine solche Differenzierung in physische Produkte und Botschaften wird im Rahmen der Hypothesenformulierung nicht vorgenommen, vielmehr basieren die ange-

---

[705] Vgl. Kapferer, 1995a und zu Ursachen und Ablauf von Stimulusähnlichkeit Kapitel 3.2.1.
[706] Vgl. z.B. Kent/Allen, 1994; Keller, 1991; Poiesz/Verhallen, 1989; Burke/Srull, 1988.

stellten Überlegungen auf einer Dimension Stimulusähnlichkeit, die sowohl ähnliche Produkte wie auch Botschaften umfasst.

Es wird an verschiedenen Stellen der Konsumentenverhaltensliteratur argumentiert, dass durch ähnliche Marken verwirrte Konsumenten sich gestresst und unsicher fühlen[707], frustriert[708] und weniger in der Lage sind, die Entscheidungsumwelt differenziert zu bewerten und optimale Kaufentscheidungen zu treffen[709]. Zudem wird regelmäßig angenommen, dass verwirrte Konsumenten mehr Zeit benötigen, um zu einer Kaufentscheidung zu gelangen.[710]

Gründe für aufgeschobene Kaufentscheidungen sind etwa die Suche nach zusätzlichen Informationen oder die Einbindung von Referenzpersonen in die Kaufentscheidung.[711] Solche planmäßigen Handlungen sind zu erwarten, wenn verwirrte Konsumenten ihre Verwirrtheit bewusst wahrnehmen. Wenn sich ein Konsument seiner KVW bewusst ist – und davon wird bei einer kognitiv orientierten Operationalisierung, die darauf abstellt, Konsumenten nach ihrer Meinung zu einkaufstypischen Phänomenen zu befragen, ausgegangen – wird er vermutlich nicht unmittelbar zur Kaufentscheidung schreiten. Vielmehr wird er wohl zu klären versuchen, ob bspw. die angebotenen Alternativen vom selben Hersteller stammen. Diese Überlegungen lassen sich zu folgender Hypothese zusammenfassen:

H1: Stimulusähnlichkeit hat einen signifikant positiven Einfluss auf den Kaufentscheidungsaufschub.

Es ist ersichtlich, dass die zur Hypothese H1 angestellten Überlegungen nur für bewusste KVW Gültigkeit besitzen. Eine andere, unbewusste Reaktion könnte die einer Kaufentscheidung nach Verdrängung des gedanklichen Konflikts (d.h. der Frage: sind Marken vom selben Hersteller, von identischer Qualität?) sein. Mit *Verdrängung* wird der psychische Prozess bezeichnet, mit dem Individuen bei gedanklichen Konflikten Gründe für den Konflikt aus dem Bewusstsein in das System des Unbewussten verdrängen und daran hindern, wieder ins Bewusstsein zu treten.[712] Verdrängung stellt insofern einen psychischen Abwehrmechanismus dar. So könnte ein Konsument unbewusst zu dem Schluss kommen, dass die Frage, ob Mar-

---

[707] Vgl. Leven, 1984.
[708] Vgl. Hawkins/Best/Coney, 1995, S. 228.
[709] Vgl. Mitchell/Papavassiliou, 1999.
[710] Vgl. Jacoby/Morrin, 1998; Mitchell/Papavassiliou, 1997b.
[711] Vgl. Greenleaf/Lehmann, 1995.
[712] Vgl. Sheth/Mittal/Newman, 1999, S. 237; Louden/Della Bitta, 1993, S. 302.

ken vom selben Hersteller stammen, vernachlässigbar ist und somit wird ein wichtiger Aspekt – nämlich dass der Ursprung eines Produkts Rückschlüsse auf wichtige Eigenschaften wie die Qualität zulässt – verdrängt.

Aus verhaltenswissenschaftlicher Sicht ist Markenloyalität weniger Ausdruck von Bequemlichkeit[713], sondern von Vertrauen das entsteht wenn eine Marke sich bewährt hat.[714] Für den verwirrten Konsumenten, der verschiedene Alternativen als identisch wahrnimmt, wäre deshalb eine Vertrauensbekundung in Form von Loyalität zunächst nicht rational zu erklären, da die Bewährung noch aussteht[715]. Zudem ist es denkbar, dass bereits loyale Konsumenten angesichts identischer Markenalternativen irritiert sind und ihre Loyalität solange aussetzen bis sie sich Klarheit verschafft haben; z.b. durch die Suche nach relevanten (Hersteller-) Informationen. Die zu testende Hypothese lautet demnach:

H2: Stimulusähnlichkeit hat einen signifikant negativen Einfluss auf Loyalität.

In der Konsumentenverhaltensliteratur wird es als weitgehend gesichert angesehen, dass interpersonale Kommunikation häufig dann stimuliert wird, wenn ein Konsument Probleme bei der Bewertung komplexer Produkte hat[716]. Im Falle von Stimulusähnlichkeit jedoch ist von Produktkomplexität nicht unbedingt auszugehen; im Gegenteil, Stimulusähnlichkeit wurde bisher primär bei Low-Involvement-Produkten ausgemacht[717]. In Bezug auf die intersoziale Relevanz von Stimulusähnlichkeit kann weiterhin angenommen werden, dass sich der Konsument wegen seiner Unfähigkeit, zwischen Marken zu differenzieren, schämt. Man stelle sich etwa einen Konsumenten vor, der einen anderen fragt: „stammen diese beiden Produkte vom selben Hersteller?" Deswegen wird der verwirrte Konsument seine KVW vermutlich für sich behalten.

---

[713] Vgl. Behrens, 1994, S. 214.
[714] Nach Weinberg (1977, S. 112-113) muss mindestens eine von drei Bedingungen erfüllt sein, damit Markenloyalität entsteht: der Konsument beim Kauf regelmäßig zufrieden ist, der Konsument positive Erfahrungen mit der Marke sammelt, das Entscheidungsverhalten weder durch interne noch externe Stimuli gestört wird.
[715] Wie bei der Diskussion des Bezugsrahmens (vgl. Kapitel 3 insbesondere 3.5.3.4) aufgezeigt, kann es in der Nachnutzungsphase in Abhängigkeit von der (Un-) Zufriedenheit des Konsumenten zur Loyalitätsbildung kommen. In der vorliegenden Arbeit wurde KVW jedoch nicht in Abhängigkeit eines Kaufs operationalisiert, weshalb die Nachnutzungsphase auch nicht Gegenstand der empirischen Hypothesenprüfung sein kann.
[716] Vgl. Wilkie, 1994, S. 160.
[717] Vgl. z.B. Kapferer, 1995a; 1995b; Miaoulis/D'Amato, 1978.

Die aktive Weitergabe negativer Konsumerlebnisse erscheint ebenfalls wenig wahrscheinlich, denn der Kauf des falschen Produkts muss nicht in jedem Fall zu Unzufriedenheit führen,[718] da sich heutzutage Hersteller- und Handelsmarken qualitativ angleichen[719], Konsumenten also im Nachhinein mit der „falschen" Marke durchaus zufrieden sein können. Bei alledem kann jedoch die Tatsache, dass eine versehentlich gekaufte Marke zwar qualitativ jedoch nicht in Bezug auf das Image akzeptabel ist, Unzufriedenheit beim Konsumenten verursachen. Falls es zu Unzufriedenheit mit der Original- oder Imitationsmarke kommt, ist es fraglich, ob es angesichts der sozialen Unerwünschtheit von KVW, zu negativer Mundpropaganda kommt; schließlich müssten Konsumenten somit ihren (den ihnen peinlichen) Fau Pax eingestehen.

H3: Stimulusähnlichkeit hat einen signifikant negativen Einfluss auf Mundpropaganda.

Wie in Kapitel 3.5.3.2 dargelegt, hängt das vom Konsumenten wahrgenommene Vertrauen unmittelbar von der Glaubwürdigkeit der Interaktionspartner bzw. von Erwartungen die diese erfüllen ab[720]. In dieser Arbeit wurde Vertrauen in *Geschäftspartner* operationalisiert.[721] Ein dergestalt interpretiertes Vertrauen, das nicht nur ein Bezugsobjekt (Hersteller, Handel, Produkt etc.) hat, spiegelt also vor allem konsumentenseitige Einstellungen zum Marktgeschehen.

In der sozial-psychologischen Literatur wird Vertrautheit (mit einem Objekt) häufig als Bedingung von Vertrauen bezeichnet.[722] Im Produktkontext hieße dies, Konsumenten können nur solchen Marken Vertrauen entgegenbringen, die sie kennen bzw. mit denen sie positive Nutzungserfahrungen haben. Wenn Konsumenten jedoch einem Produkt oder einer Organisation Vertrauen entgegen bringen, ohne über vorherige Kauf- oder Benutzungserfahrungen zu verfügen, kann von einem Vertrauenstransfer ausgegangen werden. Ein solcher Vertrauenstransfer kann so aussehen, dass die guten Erfahrungen mit den Produkten eines Herstellers (z.B. mit *tesafilm* von Beiersdorf) in Beziehung zu anderen Produkten des Herstellers (z.B. *Nivea* Pflegeprodukte) gesetzt werden. Ähnlich kann auch einer Handelskette entgegengebrachtes Vertrauen vom Konsumenten auf die Eigenmarken der Handelskette übertragen werden.

---

[718] Vgl. auch Kapitel 3.5.3.1.
[719] Vgl. z.B. Gröppel-Klein, 1999, S. 875; Jary/Wileman, 1998, S. 154.
[720] Vgl. Doney/Canon, 1997; Genesan, 1994; Rotter, 1967, S. 653.

Im Falle von Stimulusähnlichkeit hat der Konsument u.U. mit *einer* der vorliegenden Marken Erfahrungen sammeln können. Bei der hier postulierten bewusst wahrgenommenen Stimulusähnlichkeit wird der Konsument jedoch vermutlich wenig Vertrauen verspüren, weil er vis-a-vis ähnlicher Alternativen nicht wissen wird, welche Alternative die „richtige" ist (d.h. die, mit der er bereits Erfahrungen gesammelt hat) und somit welcher Hersteller glaubwürdiger. Ebenso wenig wie die Unfähigkeit des Konsumenten, Alternativen in befriedigender Weise zu differenzieren die Entstehung von Loyalität nahe legt, wird sie auch sein Vertrauen nicht steigern.[723] Die zu testende Hypothese lautet demnach:

H4: Stimulusähnlichkeit hat einen signifikant negativen Einfluss auf Vertrauen.

5.1.2 Hypothesen zur Dimension Stimulusüberlastung

Die zweite hier vorgeschlagene KVW-Dimension ist Stimulusüberlastung, die Informationsüberlastung und Überangebot umfasst. Als externer Faktor kann die Informationslast die Markenwahl des Konsumenten beeinflussen[724]. In diesem Kontext argumentieren Keller/Staelin[725] sowie Malhotra[726], dass wenn Konsumenten mit einer hinlänglich umfassenden Informationsumwelt konfrontiert sind, sie u.U. außerstande wären, die Informationsaufnahme bzw. -verarbeitung über die interindividuellen Kapazitätsgrenzen hinaus zu unterbinden und sich dadurch selbst überlasten. In diesem Zusammenhang merken Kendall Sproles/Sproles[727] an, dass Konsumenten „may become mentally overloaded when trying to learn too much about too many different brands or products."

Neben der auf den Konsumenten einwirkenden Informationsmenge ist die schiere Alternativenzahl bzw. das allgegenwärtige Überangebot an Produkten als problematisch einzustufen, das Kotler[728] folgendermaßen beschreibt: „Consumers have to spend more time studying the different brands, weighing their attribute differences, and arriving at a confident decision. Not

---

[721] Die einzelnen Indikatoren stellen auf Produkte, Produkthersteller, Verkäufer der Produkte und Werbung zu Produkten ab.

[722] Vgl. Rempel/Holmes/Zanna, 1985; Johnson-George/Swap, 1982.

[723] Es kann als weitgehend anerkannt bezeichnet werden, dass es einen positiven Zusammenhang zwischen Vertrauen und Markenloyalität gibt (vgl. Lau/Lee, 1999). Insofern kann in der Diskussion eines möglichen Zusammenhangs zwischen Stimulusähnlichkeit und Vertrauen (gegenüber Geschäftspartnern) die angenommene Beziehung zwischen Stimulusähnlichkeit und Loyalität als theoretischer Rahmen fungieren.

[724] Vgl. Malhotra, 1982; Best/Ursic, 1987.

[725] Vgl. Keller/Staelin, 1987.

[726] Vgl. Malhotra, 1984.

[727] Kendall Sproles/Sproles, 1990, S. 142.

only do they spend more time, they often experience anxiety arising out of the great amount of choice."

Dieses „zu viel"[729] an Angebot erschwert konsumentenseitige Markenvergleiche und ein Verständnis von Alternativen. Zudem neigen überlastete Konsumenten zu Kaufentscheidungsunterbrechungen[730], die dazu genutzt werden, Stimuli nach Wichtigkeit zu organisieren, um so Kaufentscheidungen auf Grundlage einer geringeren Informationsmenge zu treffen[731]. Dieser Vorgang kann eine Reduktion der berücksichtigten Alternativen und/oder Attribute einschließen.

H5: Stimulusüberlastung hat einen signifikant positiven Einfluss auf den Kaufentscheidungsaufschub.

Sowohl Marken- wie auch Geschäftsloyalität ist Ausdruck habituellen Kaufens[732] und ist insofern durch eine eingeschränkte, weniger extensive Informationsverarbeitung gekennzeichnet[733]. Es erscheint deshalb plausibel anzunehmen, dass vor allem für Stimulusüberlastung-KVW anfällige Konsumenten die Möglichkeit, ohne große Vergleiche und mit geringer Informationsverarbeitung Kaufentscheidungen zu treffen, schätzen. Das drückt folgende Hypothese aus:

H6: Stimulusüberlastung hat einen signifikant positiven Einfluss auf Loyalität.

Stimulusüberlastete Konsumenten können sich u.U. an Referenzpersonen wenden, denen sie vertrauen und diese um Hilfe bitten.[734] Die Einbeziehung anderer Konsumenten könnte folgende konkrete Zwecke erfüllen: Verteilung der Stimulusmenge auf mehrere Verarbeitungssysteme (d.h. Konsumenten) oder ein Zugewinn an Kompetenz. Letzteres könnte dabei

---

[728] Vgl. Kotler, 1982, S. 82.
[729] Jung, 1998, S. 53.
[730] Vgl. Hawkins/Best/Coney, 1995, S. 228.
[731] Vgl. hierzu auch Hauser/Wernerfelt (1990), die den Vorgang der Reduktion von Alternativen auf wenige Produkte (die das Bedürfnis des Konsumenten befriedigen können) mit dem Ziel der kognitiven Entlastung in der Einkaufssituation beschreiben. Dieser Vorgang der Verringerung der in Frage kommenden Produkte kann als zumindest kurzzeitiger Kaufentscheidungsaufschub verstanden werden.
[732] Vgl. z.B. Assael, 1998, S. 130; Weinberg, 1977, S. 112-115.
[733] Vgl. Goldman, 1977/78.
[734] Vgl. Walsh, 1999b, S. 419-421.

helfen zu entscheiden, auf welche Informationen verzichtet werden kann, ohne dass die Entscheidungsgüte vermindert wird.[735]

H7: Stimulusüberlastung hat einen signifikant positiven Einfluss auf Mundpropaganda.

Unabhängig von ihren jeweiligen kognitiven Fähigkeiten fühlen sich Konsumenten mit einer großen Informationsmenge im Hinblick auf anstehende Kaufentscheidungen besser (vorbereitet).[736] Zudem empfinden es Konsumenten häufig als positiv, wenn ihnen von Interaktionspartnern wie Herstellern oder dem Handel umfangreiche Informationen zur Verfügung gestellt werden.[737] Umgekehrt kann es zu Skepsis bei Konsumenten kommen, wenn sie das Gefühl haben, ihnen würden nicht genügend Informationen bereitgestellt. Deshalb können Informationen das Vertrauen in die Interaktionspartnern stärken da der Konsument annimmt, diese würden nichts zu verbergen versuchen bzw. offen für Leistungstransparenz sein.

Da Konsumenten Geschäfte mit großen Sortimenten häufig kleinen Geschäften und Sortimenten vorziehen[738], dürfte auch das heute herrschende Waren- und Informationsangebot nicht vertrauensmindernd wirken. Auch wenn Teile der Konsumenten Probleme mit der Bewältigung des dargebotenen Leistungsangebots haben, so wird doch das Vorhandensein vieler Alternativen und die Möglichkeit, zu wählen wenn man es möchte, begrüßt. Diese Überlegungen führen zu der folgenden Hypothese:

H8: Stimulusüberlastung hat einen signifikant positiven Einfluss auf Vertrauen.

5.1.3   Hypothesen zur Dimension Stimulusunklarheit

Die dritte KVW-Dimension, wahrgenommene Stimulusunklarheit, stellt nicht auf zu ähnliche oder zu viele Stimuli ab, sondern auf jene Stimuli, die der Konsument als unverständlich, mehrdeutig, zu komplex oder widersprüchlich wahrnimmt. Hierzu können als Beispiele

---

[735]   Beim Kauf von Bekleidung, die bspw. verschenkt werden soll, sind Informationen wie Waschanleitungen, Herstellungsland oder die Stoffdurchlässigkeit in μ vermutlich nicht unmittelbar entscheidungsrelevant; ein kompetenter Konsument würde beim Geschenkkauf vermutlich nur relevante Kernkriterien wie Preis, Aussehen und Qualitätsklasse berücksichtigen.

[736]   Vgl. Jacoby/Speller/Kohn, 1974; Jacoby/Speller/Berning, 1974.

[737]   Gründe dafür, dass Konsumenten eine Bereitstellung vieler Informationen erwarten, sind u.a. die andauernden verbraucherpolitischen Bemühungen, das Recht der Konsumenten auf umfangreiche Kauf und Produkt bezogene Informationen zu erweitern (vgl. Hoyer/MacInnis, 1997, S. 510-511; Kroeber-Riel/Weinberg, 1996, S. 656-657; Biervert/Fischer-Winkelmann, 1978)

[738]   Vgl. z.B. Louviere/Gaeth, 1987; Craig/Ghosh/McLafferty, 1984.

genannt werden: intransparente Lieferbedingungen bei Internetkäufen[739], Kennzeichnungen wie etwa *Non-GM*[740], *Gesund, Nahrhaft*[741] oder Produkte mit einer Vielzahl komplizierter Funktionen[742].

Konsumenten, die angesichts unklarer Stimuli oder kaufsituativer Komplexität KVW wahrnehmen, werden vermutlich um klarifizierende Informationen bemüht sein. Sie werden versuchen, die Glaubwürdigkeit vorliegender Stimuli zu überprüfen und somit Widersprüche zu beseitigen[743]. Dies wird eine Unterbrechung der Kaufentscheidung mit sich bringen.[744] Dementsprechend lautet die diesbezügliche Hypothese:

H9: Stimulusunklarheit hat einen signifikant positiven Einfluss auf den Kaufentscheidungsaufschub.

Ähnlich wie bei Stimulusüberlastung scheint es plausibel anzunehmen, dass Unklarheit den Konsumenten dazu veranlasst nach Wegen zu suchen, dauerhaft befriedigende Kaufentscheidungen zu treffen. Eine solche Motivation kann insbesondere für Produkte und Unternehmen angenommen werden, zu denen der Konsument eine relativ starke vorgefasste Meinung hat.[745] Markenloyalität wäre ein solcher Weg, denn der Konsument müsste sich mit weniger – potentiell unklaren – Informationen bei routinemäßigen Kaufentscheidungen auseinandersetzen. Bezogen auf den Produktgebrauch gilt Ähnliches; man stelle sich etwa einen Konsumenten vor, der ausschließlich Autos der Marke VW fährt. Dieser wird vermutlich weniger Probleme i.S. von Erlernen neuer Funktionen mit der Umstellung vom Golf 3 zum Golf 4 haben, als wenn er auf ein Modell der Marke Fiat oder Peugeot umstiege. Dementsprechend lautet die zu testende Hypothese in diesem Zusammenhang:

H10: Stimulusunklarheit hat einen signifikant positiven Einfluss auf Loyalität.

---

[739] Vgl. Morrow, 1997.
[740] *Non-GM* steht für Lebensmittel, die keine genmodifizierten Inhalte haben. Stecklow (1999) nennt die uneinheitliche Verwendung dieser Bezeichnung als Quelle von KVW.
[741] Die Verwendung von für Konsumenten nur schwer zu beurteilenden bzw. überprüfbaren Begriffen wie *gesund, frisch* oder *nahrhaft* kann nach Golodner (1993) KVW verursachen.
[742] Vgl. Ratliff, 1997; Glasse, 1992.
[743] Vgl. Kerby, 1975, S. 287-288.
[744] Auf die Möglichkeit einer kaufsituationsgeprägten Komplexität, die zu abgelehnten Kaufentscheidungen führen kann, verweist Weinberg, 1977, S. 125.
[745] Vgl. Kerby, 1975, S. 287.

Wahrgenommene Unklarheit ist nicht gleichbedeutend mit einem Kapazitätsproblem des Konsumenten, da die Stimulusmenge in diesem Fall nicht KVW-verursachend ist sondern die Stimulusstruktur. Vor allem jene Konsumenten die Schwierigkeiten mit der Beurteilung komplexer Informationen und Produkte haben, suchen Hilfe in der interpersonalen Kommunikation.[746]

H11: Stimulusunklarheit hat einen signifikant positiven Einfluss auf Mundpropaganda.

Aus soziologischer Sicht kommt Vertrauen im Hinblick auf die Begrenztheit menschlicher Verarbeitungsfähigkeiten eine komplexitätsreduzierende Funktion zu,[747] denn Stimuli bzw. Produkte, die einmal für gut befunden sind, müssen nicht immer wieder geprüft werden. Des Weiteren werden Produkte, deren Funktionen dem Konsumenten unklar sind, beim Konsumenten wahrscheinlich nicht unmittelbar zu einem Vertrauensverlust führen, da auch dem verwirrten Konsumenten klar sein dürfte, dass die Komplexität eines Produkts nicht unbedingt auch etwas über seine Qualität aussagt. Häufig ist es auch so, dass Konsumenten komplexe Produkte (die über viele Leistungsdimensionen verfügen) sehr wertschätzen und ihnen Vertrauen entgegenbringen, auch wenn die Produkte nicht im vollen Umfang verstanden und genutzt werden[748]. Es ist sogar denkbar, dass der Konsument nicht den Interaktionspartnern die Schuld an seiner wahrgenommenen Unklarheit gibt, sondern sich selbst. In einem solchen Fall wäre auch kein Vertrauensentzug im Hinblick auf die Interaktionspartner zu erwarten.

H12: Stimulusunklarheit hat einen signifikant positiven Einfluss auf Vertrauen.

5.2   Ziele der Untersuchung

Entsprechend der hergeleiteten Neudefinition[749] verstehen wir unter KVW einen Geisteszustand, in dem der Konsument nicht in der Lage ist, zu einer optimalen Kaufentscheidung zu gelangen, weil er die auf ihn einwirkenden Stimuli nicht sinnvoll organisieren bzw. verarbeiten kann. Vereinfacht kann KVW als gestörte Informationsverarbeitung interpretiert werden. Konsumentenverwirrtheit, die nach den theoretischen Erkenntnissen zu jedem Zeitpunkt des Kaufentscheidungsprozesses auftreten kann, wird als nicht-dichotomes, sondern graduell

---

[746]   Vgl. Wilkie, 1986, S. 160.
[747]   Vgl. Hillmann, 1994, S. 906-907.
[748]   Vgl. Hansen/Hennig, 1996.
[749]   Vgl. Kapitel 2.1.3.

auftretendes Phänomen angesehen. Entsprechend gibt es keine objektiven Schwellenwerte, deren Überschreitung KVW konstituieren, sondern Abstufungen innerhalb von zwei theoretischen Polen: KVW und kein KVW.

Eine Operationalisierung von KVW, so wie sie hier definiert wurde, würde eine Untersuchung von Konsumentenverhalten unter Berücksichtigung der Vor- und Nachkaufphase sowie von situativen *und* personalen Einflüssen erforderlich machen. Dazu wäre eine Befragung und/oder Beobachtung in einer realen Einkaufssituation oder in einem Experiment erforderlich; diese waren aber aus forschungsökonomischen Gründen und wegen des explorativen Charakters der vorliegenden Untersuchung nicht vorgesehen. Die Datenerhebung erfolgte in Form persönlicher Interviews, weshalb (streng genommen) eine *KVW-Prädisposition* gemessen wird und *nicht KVW als Zustand*. Entsprechend dem explorativen Charakter der vorliegenden Arbeit, die vor allem eine theoretische Fundierung und Einordnung des KVW-Konstrukts zum Ziel hat, kann eine solche messmethodische Einschränkung als vertretbar angesehen werden.

Die folgenden Ausführungen beziehen sich auf die empirische Überprüfung der im vorangegangenen Kapitel formulierten Hypothesen zu KVW und möglicher Konsequenzen bzw. Verhaltensintentionen[750]. Wie aus den Ausführungen in den vorangegangenen Kapiteln hervor geht, wird unterstellt, dass es sich bei KVW um ein mehrdimensionales Konstrukt handelt. Bislang jedoch bleiben die Fragen unbeantwortet, ob die postulierte Dimensionalität realistisch ist, durch welche Einzelgrößen KVW erklärt wird und welche kausalen Beziehungen zwischen diesen bestehen.

Im Rahmen der anschließenden empirischen Untersuchung werden somit drei Bereiche der Modell- und Instrumentenentwicklung unterschieden:

- Die Überprüfung der postulierten Dimensionalität von KVW und Entwicklung von zwei KVW-Modellen.

- Die Ermittlung von Beziehungszusammenhängen zwischen Modellvariablen.

---

[750] Die im Bezugsrahmen (vgl. Abbildung 3-1) genannten Verhaltensintentionen sind z.T. kaufabhängig, weshalb nicht alle Gegenstand der empirischen Untersuchung sind. Eine Messung von *kognitiver Dissonanz* bspw. und eine Untersuchung ihrer Beziehung zu den drei KVW-Dimensionen erscheint angesichts von Intentionsaussagen wenig zweckmäßig; d.h. wenn keine Kauf bezogene Messung vorliegt.

- Die Beurteilung der KVW-Dimensionen zur Messung von KVW und als Grundstein eines KVW-Messinstruments.

In einer kausalanalytischen Untersuchung wird zunächst überprüft, ob die postulierte theoretische Struktur von KVW bestätigt werden kann und ob es Abhängigkeitsbedingungen zwischen den latenten Variablen Stimulusähnlichkeit, -überlastung und -unklarheit gibt und inwieweit mit diesen jeweils Verhaltenskonsequenzen zusammenhängen. Darüber hinaus sollen Antworten auf die Frage gefunden werden, ob die aufgestellten Hypothesen bestätigt werden können und ob hinsichtlich soziodemografischer Merkmale Unterschiede in der KVW-Neigung existieren.

Wie bereits erwähnt, wird davon ausgegangen, dass die zwei Variablen *Kaufentscheidungsaufschub* und *Loyalität* die wichtigsten Verhaltenskonsequenzen von KVW darstellen. Es erschien deshalb zweckmäßig, zunächst ein „einfaches" Modell (*Modell A*) mit den drei Dimensionen des KVW-Konstrukts und diesen zwei endogenen Variablen zu spezifizieren. Daran schließt ein „großes" Modell (*Modell B*) an, in dem zusätzlich die Variablen *Mundpropaganda* und *Vertrauen* berücksichtigt sind. Kleinere Modelle neigen zudem dazu, bessere Güte- bzw. Fitwerte als große aufzuweisen.

Wie in Kapitel 4 erläutert, gibt es in der Marketingforschungsliteratur regelmäßig Rufe nach einem validen und reliablen Instrument zur Messung von KVW[751]. Wenn die postulierte Dimensionalität von KVW in der Überprüfung Bestätigung findet und die drei Skalen zur Messung der relevanten Dimensionen sich als valide und reliabel erweisen, dann ist eine wichtige Basis zur (Weiter-) Entwicklung eines solchen Instruments geschaffen.

5.3   Methode der Untersuchung

Die Untersuchung von KVW erfolgte im Rahmen eines vom Verfasser geleiteten empirischen Marktforschungspraktikums des Lehrstuhls für Marketing II am Fachbereich Wirtschaftswissenschaften der Universität Hannover. Die Befragung von 264 Konsumenten wurde im Januar 2000 in Gestalt persönlicher Interviews durchgeführt. Als Interviewer agierten Teilnehmer des Marktforschungspraktikums, allesamt Studenten im Hauptstudium mit dem Vertiefungsfach Marketing.

---

[751]   Vgl. Foxman/Berger/Cote, 1992, S. 137; Mitchell/Papavassiliou, 1999, S. 331.

Die Stichprobe wurde in Anlehnung an Quotenvorgaben[752] gezogen. Es oblag den Interviewern, Probanden auszuwählen. Bei der Auswahl hatten die Interviewer sich an demografischen Auswahlkriterien zu orientieren. Da es in der vorliegenden empirischen Untersuchung primär um die Überprüfung von KVW-Modellen ging – die späterhin als Basis-Instrument zur Messung von Konsumentenverwirrtheit dienen könnten – und sekundär um die Repräsentativität der Ergebnisse, erschien das gewählte Verfahren angemessen. Tabelle 5-1 liefert eine Beschreibung der gezogenen Stichprobe.

Im Vergleich zur Gesamtbevölkerung überrepräsentiert sind Studenten und deshalb auch Probanden der Altersgruppe 20-29, vermutlich weil einige Interviewer Befragungen schwerpunktmäßig in ihrem sozialen (d.h. studentischen) Umfeld durchgeführt haben. Entsprechend hoch ist auch das durchschnittliche Bildungsniveau der Stichprobe sowie deren geringes Einkommen.

Merkmal	Ausprägung	in %
Alter	14-19	2,3%
	20-29	47,8%
	30-39	13,4%
	40-49	15,6%
	50-59	16,0%
	60+	4,9%
Geschlecht	männlich	49%
	weiblich	51%
Bildung	Keinen Abschluss	1,4%
	Volks-/Hauptschule	18,3%
	Realschule	25,5%
	Abitur	37,3%
	Studium	17,5%
Beruf	Angestellte/r	32,7%
	Arbeiter/in	6,1%
	Hausfrau/-mann	9,1%
	Student(in)	21,7%
	Rentner/in	6,8%
	Selbständig	6,1%
	Beamte/r	11,0%
	Arbeitslos	6,0%
Einkommen	>2000	37,6%
	2000-3000	24,7%
	3000-4000	6,5%
	4000+	7,2%
	keine Antwort	24,0%

Tabelle 5-1: Struktur der Stichprobe

---

[752] Zu Merkmalen des Quotenverfahrens vgl. Berekoven/Eckert/Ellenrieder, 1999, S. 55-57; Laatz, 1993.

5.4   Empirische Konzeptualisierung und Operationalisierung des Konstrukts Konsumentenverwirrtheit

5.4.1 Vorgehensweise

Im Folgenden werden zunächst die Schritte zur Realisierung der theoriegeleiteten Operationalisierung von KVW erläutert. Die empirische Konzeptualisierung und Operationalisierung des Konstrukts KVW in dieser Arbeit soll in Anlehnung an die Empfehlungen von Churchill[753], Homburg/Giering[754], Bearden/Netemeyer/Mobley[755] sowie Netemeyer/Burton/Lichtenstein[756] erfolgen. Diese Autoren haben grundsätzliche Vorgehensweisen bei der empirischen Konzeptualisierung und Operationalisierung von Konstrukten entwickelt.

Wie aus Abbildung 5-1 zu ersehen ist, lässt sich der Prozess der Grobkonzeptualisierung bis zur endgültigen Operationalisierung eines theoretischen Konstrukts in vier Hauptstufen unterteilen, wobei die vierte Stufe in weitere Unterabschnitte gegliedert werden kann. Die erste Stufe umfasst die Auswahl geeigneter Indikatoren, die in Stufe II einem Pre-Test unterzogen und ggf. anschließend modifiziert werden. In Stufe III erfolgt die erste[757] Datenerhebung und in Stufe IV verschiedene Verfahren der quantitativen Datenanalyse.

---

[753] Vgl. Churchill, 1979.
[754] Vgl. Homburg/Giering, 1996.
[755] Bearden/Netemeyer/Mobley (1993) formulieren in ihrem Buch *Handbook of Marketing Scales* Anforderungskriterien hinsichtlich der Reliabilität und Validität von Marketing-Messskalen.
[756] Netemeyer/Burton/Lichtenstein (1995) gehen in ihrer Studie, die die Entwicklung einer Skala zur Messung von Eitelkeit („vanity") zum Gegenstand hat, detailliert auf methodische Aspekte der Entwicklung und Validierung von Messinstrumenten ein.
[757] Backhaus et al. (1990, S. 295) sowie Homburg/Giering (1996, S. 12) empfehlen zur Überprüfung eines (auf Grundlage einer ersten Datenerhebung) entwickelten Modells, eine erneute Datenerhebung vorzunehmen. Von einer erneuten Datenerhebung wird in der vorliegenden Arbeit aus forschungsökonomischen Gründen jedoch abgesehen.

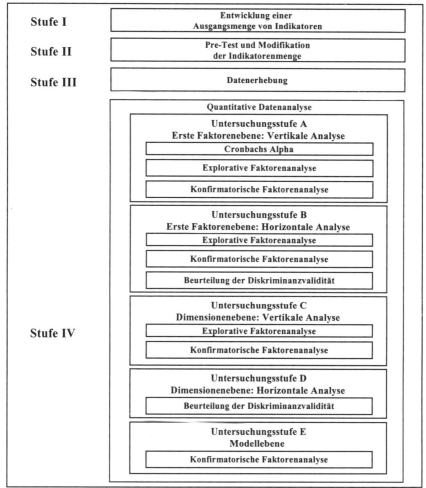

Abbildung 5-1: Vorgehensweise bei der quantitativen Analyse[758]

5.4.2   Theoretische Struktur von Konsumentenverwirrtheit

Unter Konzeptualisierung versteht man die Darstellung von wesentlichen inhaltlichen Merkmalen eines Konstrukts sowie die Erarbeitung von Konstruktdefinitionen.[759] Basierend auf der
qualitativen Analyse, die die in dieser Arbeit vorgenommene Begriffsbestimmung von

---

[758]   Quelle: in Anlehnung an Homburg/Giering, 1996, S. 12.
[759]   Vgl. Homburg/Giering, 1996, S. 5; Hennig-Thurau/Thurau, 1999, S. 299.

KVW[760] und die anschließende theoretische Fundierung umfasst, wurden folgende Variablen als Dimensionen des Konstrukts KVW identifiziert: *Stimulusähnlichkeit, Stimulusüberlastung* und *Stimulusunklarheit.*

Die qualitative Analyse indizierte jedoch nicht, dass jede dieser Dimensionen einem Faktor entspricht. Für jede dieser drei Dimensionen wurde vielmehr angenommen, dass eine weitere Untergliederung in jeweils zwei Faktoren[761] vorgenommen werden kann. Demnach wird von einem mehrfaktoriellen, mehrdimensionalen KVW-Konstrukt ausgegangen. Damit wird der Annahme Rechnung getragen, dass sowohl Produkt- wie auch Botschaften bezogene Stimuli KVW verursachen können.

Zur Veranschaulichung der Konstruktdimensionen und der nachgelagerten Faktorenebenen wurde ein empirisches Konzeptualisierungsmodell entworfen (vgl. Abbildung 5-2).

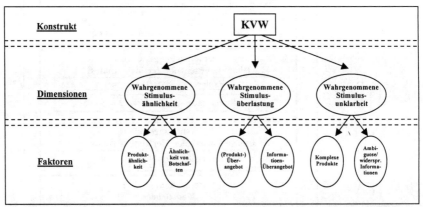

Abbildung 5-2: Angenommene theoretische Struktur des Konstrukts Konsumentenverwirrtheit

Zur Operationalisierung der latenten Variablen Stimulusähnlichkeit, Stimulusüberlastung und Stimulusunklarheit dienen die in den Kapiteln 3.2.1-3.2.3 diskutierten charakterisierenden Dimensionen dieser hypothetischen Konstrukte. Die unterstellte Struktur des Konstrukts KVW und das entsprechende Frageninventar wird verschiedenen Methoden zur Beurteilung seiner Reliabilität und Validität unterworfen.

---

[760]   Vgl. Kapitel 2.1 sowie 3.2.
[761]   Hierbei handelt es sich um Faktoren der ersten Faktorenebene.

Da es im vorliegenden Ansatz darum gehen soll, Beziehungen zwischen mehreren operationalisierten Konstrukten simultan (einschließlich der Messfehler) zu berechnen, setzt sich das jeweilige Kausalmodell aus den Messmodellen und einem Strukturmodell[762] für die abhängigen und unabhängigen Variablen zusammen. Ein solches Modell ist Ausgangspunkt einer kausalanalytischen Untersuchung, da es die hypothetischen Beziehungen zwischen den Modellvariablen beschreibt.[763] Die entsprechenden LISREL-Grundmodelle, Modell A und Modell B, sind in Abbildung 5-3 und 5-4 dargestellt. Darin berücksichtigt sind auch die formulierten Untersuchungshypothesen.

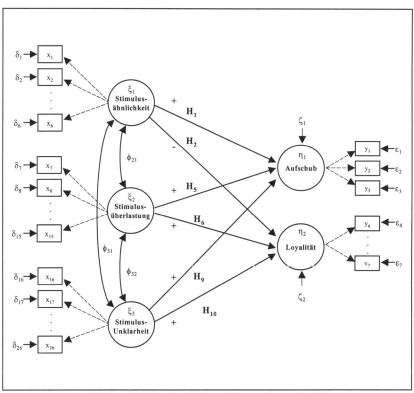

Abbildung 5-3: Kausalmodell A zur Konsumentenverwirrtheit

---

[762] Ein Strukturmodell drückt die hypothetischen Beziehungen zwischen den Konstrukten (latenten Variablen) aus; diese sind in endogene (mit η bezeichnet) und exogene (mit ξ bezeichnet) zu unterscheiden.

[763] Vgl. Homburg/Baumgartner, 1995, S. 16.

Diese zwei Modelle stellen insofern einen Vorgriff dar, als dass auf die zur Berechnung dieser Modelle notwendigen statistischen Verfahren (konfirmatorische Faktorenanalyse etc.) erst im nächsten Abschnitt eingegangen wird. Deshalb wird zum besseren Verständnis der vorgestellten Kausalmodelle in den nachfolgenden Tabellen ein Überblick zur LISREL-Notation und zu Beziehungen im Modell gegeben.

Abkürzung	Sprechweise	Bedeutung
x		Indikatorvariable für eine latente exogene Größe
y		Indikatorvariable für eine latente endogene Größe
δ	Delta	Messfehler der x-Variablen (Residualgröße)
ε	Epsilon	Messfehler der y-Variablen (Residualgröße)
ξ	Ksi	Nicht beobachtbare, latente exogene Variable
η	Eta	Nicht beobachtbare, latente endogene Variable
ζ	Zeta	Residualvariable (Anteil nicht erklärter Varianz)

Tabelle 5-2: Notation des LISREL-Ansatzes

Modellgrößen	latente endogene Variable (η_i)	latente exogene Variable (ξ_j)
latente endogene Variable (η_j)	kausale Beziehungen (β_{ji})	Korrelationen (γ_{ij})
latente exogene Variable (ξ_j)	kausale Beziehungen (γ_{ji})	Korrelationen (ϕ_{ji})
Indikatoren (x_i/y_j)	kausale Beziehungen (λ_{yij})	kausale Beziehungen (λ_{xij})

Tabelle 5-3: Beziehungen im LISREL-Modell

Kausale Beziehungen bestehen zwischen den latenten Größen und ihren Indikatoren und zwischen einzelnen latenten Größen; diese sind durch einen geraden Pfeil ($\rightarrow$) dargestellt. Zudem können kausal nicht interpretierbare Beziehungen bestehen, etwa in Form von Korrelationen zwischen latenten exogenen Größen[764]; diese nicht kausal interpretierbaren Beziehungen werden als geschwungene Doppelpfeile dargestellt.

---

[764] Nicht kausal interpretierbare Beziehungen kann es nur zwischen latenten exogenen Variablen oder zwischen Messfehlern geben (vgl. Backhaus et al., 2000, S. 433).

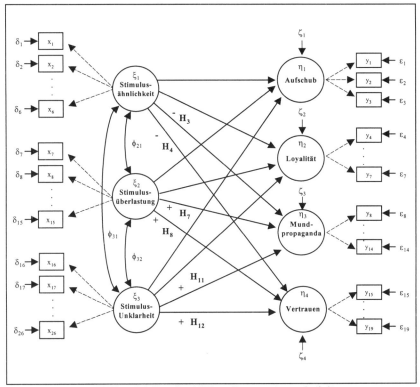

Abbildung 5-4: Kausalmodell B zur Konsumentenverwirrtheit

5.4.3 Itemgenerierung

Aufbauend auf die skizzierte theoretische Struktur (vgl. Abbildung 5-2), wurden zur Operationalisierung von KVW – analog zu den drei unterstellten Konstruktdimensionen – drei Skalen gebildet, die die Dimensionen von KVW abbilden sollten:

1. Stimulusähnlichkeit

2. Stimulusüberlastung

3. Stimulusunklarheit.

Da das Auftreten von KVW weitgehend von der Wahrnehmung des Konsumenten abhängt, sollte durch die jeweilige Skala ermittelt werden, wie der Konsument das Produktangebot und Produktinformationen einschätzt und weniger – etwa im Sinne eines Intelligenztests – wie er gewisse Aufgaben bewältigen kann[765]. Es liegt auf der Hand, dass eine solche kognitiv orientierte Operationalisierung nicht vermag, verhaltensbeeinflussende kaufsituative Variablen und/oder unterbewusste Verarbeitungsvorgänge des Konsumenten zu erfassen.

Entsprechend dem explorativen Charakter dieser Arbeit und um das Konstrukt der KVW und seine Dimensionen möglichst genau zu repräsentieren, wurde vorab keine Obergrenze für die Itemzahl festgelegt. Basierend auf einer umfassenden Literaturauswertung und mehreren Gruppendiskussionen[766], konnten in einem ersten Schritt über 60 Items generiert werden. Einige der Items wurden bestehenden Instrumenten entliehen, die Teile von KVW messen. Im Consumer Styles Inventory von Sproles/Kendall[767] bspw. findet sich der Faktor *Verwirrtheit durch Überangebot*, der diesen mittels vier Indikatoren misst. Diese vier Indikatoren, die aus einer in Deutschland durchgeführten Replikationsstudie bereits vorliegen[768], wurden vollständig übernommen.[769]

Die Ausgangsitems wurden einem zweistufigen Pre-Test unterzogen. Der erste Pre-Test diente primär der Überprüfung und Verbesserung von Items, einer Reduzierung der Itemzahl sowie der Erreichung von Augenscheinvalidität („face validity")[770]. Unzulängliche Items wurden eliminiert. Dabei handelte es sich um Items, die die jeweiligen Facetten von KVW nicht wirklich abbildeten, die Testpersonen beim Ausfüllen des vorläufigen Fragebogens unverständlich waren oder die zu hoch mit anderen Items korrelierten[771] (d.h. zu ähnlich waren). Dieser Prozess führte zu vorerst 46 verbleibenden Items[772], die anschließend einem zweiten Pre-Test unterzogen wurden. Schließlich wurden die drei Skalen mit jeweils sechs

---

[765] Die Anforderung an Probanden, eine definierte Aufgabe möglichst gut zu erfüllen, ist vor allem für frühe KVW-Studien (vgl. z.B. Friedman, 1966) und empirische Studien zur Informationsüberlastung typisch (vgl. z.B. Jacoby/Speller/Kohn, 1974; Hagemann, 1988).

[766] Die Gruppendiskussionen fanden im Rahmen des Marktforschungspraktikums (im WS 1999/2000) zwischen bzw. mit Teilnehmern der Veranstaltung statt.

[767] Vgl. Sproles/Kendall, 1986.

[768] Vgl. Walsh/Mitchell/Hennig-Thurau, 2001, S. 83.

[769] Weitere entliehene Indikatoren dienten der Messung von Verhaltensintentionen wie Neigung zu *Mundpropaganda* und *Vertrauen*. Dazu wurde auf bereits für valide befundene Indikatoren von Hennig-Thurau/Gwinner/Gremler (2000) (Vertrauen) und Walsh (1999b) (Mundpropaganda) zurückgegriffen. Ein Rückgriff auf z.T. bereits empirisch getestete und für valide befundene Skalen zur Konstruktmessung trägt zur Erhöhung der Validität der Hypothesenüberprüfung bei.

[770] Vgl. Hildebrandt, 1998, S. 89-90; Müller, 1999, S. 144-145.

[771] Mit allen Ausgangsitems wurde eine Korrelationsmatrix erstellt, die Auskunft über die Zusammenhänge zwischen den einzelnen Items gab. Der Vorteil einer dergestalt vorgenommenen Itemreduktion liegt darin, dass zu eliminierende Items nicht subjektiv bzw. willkürlich ausgewählt werden, sondern analytisch (d.h. datenbasiert).

[772] Vgl. zum verwendeten Fragebogen Anhang 3.

(Stimulusähnlichkeit), neun (Stimulusüberlastung) und elf (Stimulusunklarheit) Indikatoren gemessen; demnach wurde das Konstrukt KVW zunächst mit insgesamt 26 Indikatoren operationalisiert.

Der wahrgenommenen KVW der Konsumenten sollten (endogene) Variablen gegenüber gestellt werden, die Hinweise auf kaufverhaltensrelevante Konsequenzen bzw. Verhaltensintensionen geben. Im Einzelnen wurden weitere Items zu den folgenden vier Themenbereichen im Fragebogen aufgenommen:

1. (Kauf-) Entscheidungsaufschub (3 Items)

2. Loyalität (5 Items)

3. Neigung zu Mundpropaganda (7 Items)

4. Vertrauen (4 Items)

Die verwendeten Items zu diesen vier Variablen befinden sich in den im Anhang gezeigten Fragebogen (Anhang 3); die Items zur Variablen *Kaufentscheidungsaufschub* sind in *Abschnitt A* integriert und die der anderen drei Variablen im *Abschnitt C* des Fragebogens. Der Grad der Zustimmung zu den verbliebenen Items wurde jeweils auf einer fünfstufigen Ratingskala (1: „stimme überhaupt nicht zu"; 5: „stimme vollkommen zu") ermittelt.

5.4.4 Methoden der statistischen Datenauswertung und Gütekriterien

Die statistische Auswertung der Befragung erfolgte anhand von SPSS[773] und des Programms LISREL[774]. In den Kausalmodellen der KVW (vgl. Abbildung 5-3 und 5-4) sind drei KVW-Dimensionen berücksichtigt sowie Korrelationen zwischen diesen und potentiellen Konsequenzen. Im Rahmen einer statistischen Analyse interessieren vor allem die postulierten kausalen Beziehungen (exogene Variable   endogene Variable), da diese mit entsprechenden Hypothesen verknüpft sind. Eine Untersuchung dieser Beziehungen setzt jedoch Datenanalyseverfahren voraus, die eine simultane Schätzung der Beziehungen gestatten. Solche Verfahren werden gemeinhin als (multivariate) Verfahren der zweiten Generation bezeichnet[775] und

---

[773] Statistical Package for the Social Science (SPSS) in der Version 9.0.
[774] LInear Structural RELationship (LISREL) in der Programmversion-8.12 (Jöreskog/Sörbom, 1993).
[775] Vgl. Fornell, 1986; Homburg, 1995, S. 67; Homburg/Giering, 1996.

sind in der Lage, beobachtbare und latente Variablen zu berücksichtigen[776], indem Modelle anhand von Daten überprüft werden.

Verfahren der Kausalforschung, insbesondere die Kausalanalyse, die im Kern eine Verbindung der Faktoren- und Pfadanalyse darstellen, erhielten vor allem durch die Arbeiten von Jöreskog/Sörbom[777] breiten Einzug in verschiedene Wissenschaftsdisziplinen[778]. Hauptaufgabe der Kausalanalyse ist der Test von Kausalhypothesen bzw. die Validierung von Konstrukten.[779]

Mittlerweile gibt es disziplinübergreifend eine Vielzahl von kausalanalytischen bzw. LIS-REL[780]-Anwendungsbeispielen und –empfehlungen, insbesondere im Marketing.[781] Deshalb soll im Folgenden von einer ausführlichen Darstellung der Kausalanalyse zu Gunsten eines kompakten Überblicks abgesehen werden.

Zur Konzeptualisierung des Konstrukts KVW sind die folgenden Analyseverfahren der sog. „ersten" und „zweiten Generation" vorgesehen:

Cronbach Alpha (α)[782]

Das Cronbachsche Alpha (α) ist eines der meist benutzten und empfohlenen Messzahlen zur Reliabilitätsberechnung von Multi-Item-Skalen[783]. Der berechnete α-Koeffizient beruht auf der Überlegung, dass die Zuverlässigkeit einer Skala um so besser ist, je stärker die Korrelationen zwischen den einzelnen Indikatoren sind. Ein akzeptables Niveau von Alpha liegt zwischen 0,6[784] und 0,7[785].

---

[776] Beobachtbare Variablen werden auch als *Indikatorvariablen* oder *Indikatoren* bezeichnet, während latente Variablen auch *Faktoren* oder *Konstrukte* genannt werden (vgl. Homburg/Baumgartner, 1995, S. 163).
[777] Vgl. Jöreskog/Sörbom, 1979; 1980.
[778] Im Bereich der Marketingforschung war auch Bagozzi (1980) wegweisend.
[779] Vgl. Homburg/Hildebrandt, 1998, S. 24.
[780] Für den kausalanalytischen Ansatz finden sich in der Literatur verschiedene Bezeichnungen, z.B. *Kovarianz-Strukturanalyse*, *Strukturgleichungsmethodologie* oder *LISREL-Ansatz* (vgl. Homburg/Hildebrandt, 1998, S. 17).
[781] Ausführliche Beschreibungen betriebswirtschaftlicher Anwendungsbeispiele finden sich etwa bei Hildebrandt/Homburg, 1998. Kausalanalytische Anwendungsbeispiele aus dem Bereich der Konsumentenverhaltensforschung finden sich z.B. bei Hennig-Thurau, 1998; Monhemius, 1993; Asche, 1990.
[782] Vgl. Cronbach, 1951.
[783] Vgl. Peter, 1979.
[784] Vgl. Malhotra, 1996, S. 305; Robinson/Shaver/Wrightsman, 1991.
[785] Vgl. Nunnally, 1978, S. 245.

Exploratorische Faktorenanalyse[786]

Die exploratorische Faktorenanalyse ist ein multivariates Verfahren, das komplexitätsreduzierenden Charakter hat. Mittels der Faktorenanalyse wird ermittelt, ob unter den untersuchten Variablen Gruppen von Variablen (Faktoren) sind, hinter denen jeweils komplexe Hintergrundvariablen existieren.[787] Die angesichts einer hohen Variablenzahl dargestellte Komplexität soll durch möglichst wenig Faktoren (die die Variablen repräsentieren) handhabbar und interpretierbar gemacht werden.

Konfirmatorische Faktorenanalyse[788]

Zur Verifizierung der in den Abbildungen 5-3 und 5-4 dargestellten Modelle zur Erklärung von KVW wird die Kausalanalyse zur Anwendung kommen. Die konfirmatorische Faktorenanalyse ist eine spezifische Klasse der Kausalanalyse. Die konfirmatorische Faktorenanalyse dient, vereinfacht ausgedrückt, der Messung hypothetischer Konstrukte.[789] Da der konfirmatorischen Faktorenanalyse als modellorientiertes, hypothesentestendes Verfahren im Hinblick auf die Identifikation der KVW-Kausalmodelle eine wichtige Rolle zukommt, soll sie hier etwas ausführlicher dargelegt werden als die vorgenannten Verfahren.

Ungleich der explorativen Faktorenanalyse werden bei der konfirmatorischen Faktorenanalyse im Vorfeld (a priori), basierend auf theoretischen Vorüberlegungen, Annahmen über die Strukturen von Faktoren-Indikator- bzw. Faktoren-Faktoren-Beziehungen getroffen. Zur Durchführung der konfirmatorischen Faktorenanalyse wird das statistische Modell LISREL angewendet.

Im Sinne einer theoriegestützten Forschung bildet ein Modell den Ausgangspunkt der konfirmatorischen Faktorenanalyse. Ein solches Modell trägt der Anforderung Rechnung, dass der Forscher a priori Überlegungen darüber anstellen muss, wie viele Faktoren es gibt und welche möglichen Zusammenhänge innerhalb der zu untersuchenden Faktoren bestehen.[790] Eine Unabhängigkeit der Einflussgrößen wird nicht vorausgesetzt. Hierin liegt ein zentraler Unter-

---

[786]   Vgl. Hüttner/Schwarting, 1999 sowie Hüttner, 1989, S. 224-233.
[787]   Vgl. Berekoven/Eckert/Ellenrieder, 1989, S. 225-233.
[788]   Vgl. Homburg/Pflesser, 1999.
[789]   Bei solchen hypothetischen Konstrukten handelt es sich meist um Größen, die nur vergleichsweise umständlich zu operationalisieren sind, da sie sich einer einfachen bzw. direkten Messung entziehen.
[790]   Vgl. Brachinger/Ost, 1996, S. 639.

schied zu Verfahren der ersten Generation, wie der exploratorischen Faktorenanalyse, bei denen eine Darstellung von Zusammenhängen erst im Rahmen der Datenanalyse stattfindet. Dieser Unterschied wird in Abbildung 5-5 verdeutlicht. Während bei der exploratorischen Faktorenanalyse voneinander unabhängige Faktoren vorausgesetzt und identifiziert werden, können die Faktoren bei der konfirmatorische Faktorenanalyse voneinander abhängig sein.

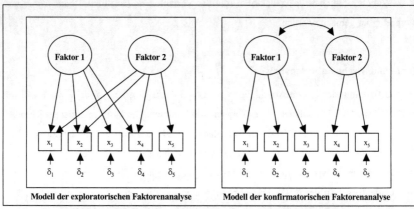

Abbildung 5-5: Exploratorische und konfirmatorische Faktorenanalyse

Neben einer grafischen Darstellung bedarf es zu einem vollständigen Kausalmodell auch einer mathematischen Formalisierung; es wird in diesem Kontext von einer *Modellspezifikation*[791] gesprochen. Dabei werden die im Modell dargestellten Strukturen in ein lineares Gleichungssystem überführt. Zur Überprüfung eines spezifizierten Modells wird versucht, Modellparameter so zu schätzen, dass die empirische Korrelationsmatrix der Indikatorvariablen möglichst gut reproduzierbar wird.[792] Mit zunehmender Parameterzahl wird eine Schätzung jedoch schwerer. Deshalb sind Bemühungen, komplexe Modelle (d.h. mit einer großen Zahl von Parametern) darzustellen, selten erfolgreich, was dazu führt, dass häufig lediglich versucht wird, Modelle mittlerer Reichweite empirisch zu bestätigen. Diese Überlegungen haben

---

[791] Die Modellspezifikation umfasst auch die Schritte Definition der Indikatoren und Faktoren sowie die Zuordnung der Indikatoren zu den Faktoren. Des Weiteren werden Korrelationen zwischen Faktoren festgelegt (vgl. Backhaus et al., 1990, S. 261-268).

[792] Die Schätzung der Parameter erfolgt bei LISREL in zwei Schritten. Zuerst werden mittels nicht iterativer Verfahren erste Schätzwerte berechnet, die als Startwerte für eine iterative Schätzung herangezogen werden. Dann werden diese Näherungswerte mit Hilfe einer geeigneten Diskrepanzfunktion schrittweise verbessert und den wahren Werten angenähert. Übliche iterative Methoden sind *Maximum-Likelihood* (ML) und *Unweighted Least Squares* (ULS).

auch dazu beigetragen, ein Kernmodell und ein erweitertes KVW-Modell, inklusive zwei zusätzlicher Konsequenzen, zu spezifizieren.

Im Anschluss an die Parameterschätzung wird eine Plausibilitätsprüfung der Schätzergebnisse vorgenommen, in deren Rahmen unplausible bzw. unlogische Modelle abzulehnen sind. Die Gesamtanpassungsgüte des Modells bzw. dessen *Fit* wird dann anhand verschiedener Gütekriterien überprüft[793]:

- Chi-Quadrat Test (χ^2-Test)

- Goodness-of-Fit Index (GFI)

- Adjusted GFI (AGFI)

- Root-Mean-Square Residual (RMR)

- Comparative Fit Index (CFI).

- Die Validität bzw. „Richtigkeit"[794] eines spezifizierten Modells kann mit dem χ^2-Test inferenzstatistisch beurteilt werden. Ein χ^2-Wert eines betrachteten Modells dient der Beurteilung der Diskriminanzvalidität von mehrfaktoriellen Konstrukten (sog. χ^2-*Differenztest*)[795]. Die Tatsache, dass der χ^2-Test mit einigen nachteilhaften Eigenschaften[796] behaftet ist, hat zu einer Entwicklung weiterer Anpassungsmaße geführt, die zur Beurteilung des Modellfit herangezogen werden.[797] Auch in Bezug auf die Beurteilung

---

[793] Es sei an dieser Stelle erwähnt, dass es keine „richtigen" oder „falschen" kausalanalytischen Modelle im objektiven Sinne gibt und in der relevanten Literatur eine Vielzahl von Gütemaßen zur Beurteilung von Modellen existieren (vgl. Hu/Bentler, 1995, S. 81). An dieser Stelle sind die Gütemaße aufgeführt, die in der empirischen Marketingliteratur am häufigsten verwendet werden.

[794] Vgl. Homburg/Giering, 1996, S. 10.

[795] Nach der Ermittlung des χ^2-Werts eines Modells wird die Korrelation zweier Faktoren des Modells auf 1 fixiert und der χ^2-Wert erneut berechnet. Überschreitet die Differenz zwischen dem alten und neuen χ^2-Wert den definierten Wert von 3,841 (bei $p \leq 0,05$), ist von einer Diskriminanzvalidität zwischen den betrachteten Faktoren auszugehen (vgl. Homburg/Giering, 1996, S. 11).

[796] Ein Nachteil ist die Abhängigkeit des χ^2-Test von der Stichprobengröße; je größer die Stichprobe, desto schwieriger wird es, ein Modell zu bestätigen. Weiterhin reagiert diese Teststatistik empfindlich auf Abweichungen von der Normalverteilungsannahme der Indikatorvariablen (vgl. Jöreskog/Sörbom, 1989, S. 43). Schließlich ist die Annahme, dass ein Modell im absoluten Sinn „richtig" ist, problematisch, da ein Modell höchstens eine mehr oder weniger gute Approximation an die Realität darstellen kann (vgl. Homburg/Baumgartner, 1995, S. 166).

[797] Vgl. Homburg/Hildebrandt, 1998, S. 35 und die dort angeführte Literatur.

der Diskriminanzvalidität wird der χ^2-Differenztest zu Gunsten des strengeren *Fornell-Larcker-Kriteriums*[798] vernachlässigt.

- Der GFI ist ein Maß für den relativen Anteil der Varianz und Kovarianz in den Input-Daten, die durch das Modell erklärt wird. Ungleich des χ^2-Test ist der GFI weniger empfindlich in Bezug auf die Stichprobengröße und bei Abweichungen von der Normalverteilungsannahme. Beim GFI werden keine Freiheitsgrade[799] berücksichtigt, was tendenziell dazu führt, dass Modelle mit hinreichend vielen zu schätzenden Parametern zufriedenstellende Werte erzielen[800]. Ein Anpassungsmaß, das Freiheitsgrade berücksichtigt, ist der AGFI. Sowohl der GFI wie auch der AGFI können Werte zwischen 0 und 1 annehmen, wobei 1 einer perfekten Modellanpassung[801] entspricht.

- Anhand des RMR wird die vom Modell nicht erklärte Restvarianz der Input-Daten gemessen. Der RMR-Index ist somit ein Maß für die in einem Modell durchschnittlich nicht erklärten Varianzen und Kovarianzen.[802] Der RMR kann Werte zwischen 0 und 1 annehmen, wobei ein Wert nahe 0 für wenig nicht erklärte Varianz bzw. Kovarianz im Modell spricht und für eine entsprechend hohe Anpassungsgüte.

- Anhand des auf Bentler[803] zurückgehenden CFI erfolgt eine Annäherung an die Modellstruktur, die die Daten am Besten reproduziert. Die Beurteilung des relevanten Modells erfolgt demnach nicht isoliert, sondern im Verhältnis zu einem Basismodell;[804] d.h. konkret misst der CFI eine Verbesserung der Anpassungsgüte beim Übergang von einem Basis- zum relevanten Modell[805].

Bei der in dieser Arbeit durchgeführten Kausalanalyse werden die oben diskutierten Gütekriterien zur Anwendung kommen. Grenzwerte von Gütekriterien, die für die Ablehnung bzw.

---

[798]	Das Fornell-Larcker-Kriterium fordert, dass die durchschnittliche durch seine Indikatoren erfasste Varianz eines Faktors größer ist als jede quadrierte Korrelation dieses Faktors mit einem anderen Faktor (vgl. Fornell/Larcker, 1981; Homburg/Giering, 1996, S. 11).

[799]	Mit *Freiheitsgraden* wird die Zahl der frei verfügbaren Beobachtungen verstanden, die sich im Allgemeinen aus dem Stichprobenumfang abzüglich der aus der Stichprobe geschätzten Parameter ergeben (vgl. Hüttner, 1989, S. 32).

[800]	Vgl. Fornell, 1983, S. 444.

[801]	Das heißt, alle empirischen Varianzen und Kovarianzen können durch das Modell errechnet werden (vgl. Backhaus et al., 1990, S. 288).

[802]	Vgl. Backhaus et al., 1990, S. 288.

[803]	Vgl. Bentler, 1990, S. 241.

[804]	Vgl. Homburg/Pflesser, 1999, S. 426-427.

Annahme von Modellen empfohlen werden, variieren in der Literatur. Die in der nachfolgenden Tabelle zusammengefassten Anpassungsmaße gehen auf Homburg/Giering[806] zurück, die weitgehend eine Integration bestehender Erkenntnisse vorgenommen haben.

Bezeichnung	Anspruchsniveau
χ^2-Differenztest ($p \geq 0,05$)	χ^2-Differenz $\geq 3,481$
GFI	$\geq 0,9$[807]
AGFI	$\geq 0,9$[808]
RMR	$\leq 0,1$[809]
GFI	$\geq 0,9$[810]
RMSEA[811]	$\leq 0,1$[812]
Reliabilität (Cronbachsche α)	$\geq 0,6$[813]
Fornell-Larcker-Kriterium	*DEV > quadrierte Korrelation (r^2)
t-Wert	$\geq 1,645$[814]
* = Durchschnittlich erfasste Varianz.	

Tabelle 5-4: Gütemaße der konfirmatorischen Faktorenanalyse[815]

5.5 Struktur des Konstrukts Konsumentenverwirrtheit und Einfluss ihrer Dimensionen auf Konsumentenverhalten

5.5.1 Überprüfung der Struktur: vertikale und horizontale Analyse

Mit KVW wird ein mehrdimensionales Konstrukt bezeichnet, die beim Konsumenten zu konsumrelevanten Verhaltenskonsequenzen führen kann. Zur Operationalisierung von KVW

---

[805]   Vgl. Homburg/Baumgartner, 1995, S. 168.

[806]   Vgl. Homburg/Giering, 1996, S. 13.

[807]   Vgl. Homburg/Baumgartner, 1995, S. 172.

[808]   Vgl. Homburg/Baumgartner, 1995, S. 172.

[809]   Vgl. Fritz, 1992, S. 140.

[810]   Vgl. Homburg/Baumgartner, 1995, S. 172.

[811]   Der RMSEA (Root Mean Square Error of Approximation) ist ein inferenzstatistisches Anpassungsmaß, der einen Test auf gute Modellanpassung darstellt (vgl. Homburg/Baumgartner, 1995, S. 166).

[812]   In der Literatur finden sich unterschiedlich stringente Empfehlungen für den RMSEA-Wert. So fordern Homburg/Baumgartner (1995, S. 172) einen Wert $\leq 0,05$ während Hennig-Thurau (1998, S. 242) $\leq 0,1$ für akzeptabel hält. Angesichts des explorativen Charakters dieser Arbeit soll der weniger strenge Werte von α $\leq 0,1$ als Richtwert zugrunde gelegt werden.

[813]   In der Literatur finden sich unterschiedliche Angaben zum Wert des Cronbachschen α. Während Robinson/Shaver/Wrightsman (1991) einen Wert von $\geq 0,6$ für ausreichend halten, fordert Nunnally (1978, S. 245) einen strengeren Wert, nämlich $\geq 0,70$.

[814]   Vgl. Homburg/Giering, 1996, S. 13. Der t-Wert gibt darüber Auskunft, ob ein Zusammenhang zwischen zwei latenten Variablen signifikant ist.

[815]   Quelle: in Anlehnung an Homburg/Giering, 1996, S. 13.

sollen ihre drei Dimensionen mit den jeweils postulierten zwei Faktoren (vgl. Abbildung 5-2) betrachtet werden, für die jeweils ein Satz von Items generiert worden ist.

Zunächst ging es im Rahmen der empirischen Konzeptualisierung darum, die Güte der postulierten sechs Faktoren der ersten Faktorenebene zu überprüfen (Untersuchungsstufe C und D; vgl. Abbildung 5-1). Dabei werden primär drei bereits diskutierte Analysemethoden angewendet: Cronbachs Reliabilitätskoeffizient α, die exploratorische und die konfirmatorische Faktorenanalyse.

Faktoren der Dimension „Stimulusähnlichkeit"

Die Faktoren *Produktähnlichkeit* ($F_{SÄ1}$) und *Ähnlichkeit von Botschaften* ($F_{SÄ2}$) wurden jeweils über drei Indikatoren operationalisiert. Der Faktor $F_{SÄ1}$ wies eine relativ hohe Reliabilität auf ($\alpha = 0,79$), $F_{SÄ2}$ jedoch nicht ($\alpha = 0,51$). In zwei separaten exploratorischen Faktorenanalysen luden die Indikatoren von $F_{SÄ1}$ und $F_{SÄ2}$ auf jeweils einen Faktor; $F_{SÄ2}$ hatte jedoch einen geringen Eigenwert.

Die anschließende konfirmatorische Faktorenanalyse offenbarte eine relativ hohe Korrelation ($r = 0,71$) zwischen $F_{SÄ1}$ und $F_{SÄ2}$, was Ausdruck einer mangelnden Diskriminanz ist. Zudem gab es eine Reihe von schwachen Indikatorreliabilitäten ($< 0,40$) in beiden Faktoren, was zur Elimination von einem ($F_{SÄ1}$) bzw. zwei ($F_{SÄ2}$) Indikator(en) führte. Die fehlende Eigenständigkeit der zwei Faktoren wurde auch im χ^2-Differenztest belegt; die ermittelte Differenz der χ^2-Werte von 15,39 lag bei $p \leq 0,05$ deutlich über den kritischen Wert von 3,841.

Der verbleibende Faktor, der nun über drei Indikatoren operationalisiert wird, lässt sich inhaltlich als *wahrgenommene Produktähnlichkeit* interpretieren. Ähnliche Botschaften wurden von Probanden entweder als weniger problematisch eingestuft, weil sie u.U. nicht oder kaum verhaltensrelevant sind, oder kamen Probanden zu abstrakt vor, um eindeutig (d.h. korrekt) beantwortet zu werden.

Faktoren der Dimension „Stimulusüberlastung"

Die Faktoren *Produktüberangebot* ($F_{SÜ1}$) und *Informationen-Überangebot* ($F_{SÜ2}$) wurden jeweils über fünf und vier Indikatoren operationalisiert. Beide Faktoren machten einen mäßig reliablen bzw. schwachen Eindruck ($F_{SÜ1}$, $\alpha = 0,59$; $F_{SÜ2}$, $\alpha = 0,49$). Die Reliabilität beider

Faktoren konnte jedoch durch die Elimination von einem ($F_{SÜ1}$) bzw. zwei ($F_{SÜ2}$) Indikator(en) gesteigert werden. Zwei separate exploratorische Faktorenanalysen folgten.

In beiden Fällen konnten eigenständige Faktoren ermittelt werden; diese hatten jedoch jeweils eine nur geringe Varianzerklärung (> 45%). Eine näherer Betrachtung der Faktorladungen resultierte in der Elimination eines weiteren Indikators von $F_{SÜ2}$. Aufgrund der jeweils geringen Erklärungskraft der zwei Faktoren wurde beschlossen, mit den verbliebenen Indikatoren von $F_{SÜ1}$ und $F_{SÜ2}$ eine exploratorische Faktorenanalyse durchzuführen. Deren Ergebnis war eine Zwei-Faktoren-Lösung, obgleich eine Aufteilung der Indikatoren in Produkt- und Informationen bezogene Überlastung nicht erkennbar war und der Eigenwert des zweiten Faktors bei < 1 lag und somit nicht hätte extrahiert werden dürfen[816]. Dies wurde als Hinweis dafür interpretiert, dass es sich auch bei Stimulusüberlastung um eine Dimension handelt, die nur einen Faktor aufweist.

In der konfirmatorischen Faktorenanalyse gab es bei einem Item eine schwache Indikatorreliabilität zu konstatieren, woraufhin ein weiterer Indikator eliminiert wurde. Der anschließende χ^2-Differenztest belegte, dass von einer Eigenständigkeit der Faktoren nicht ausgegangen werden konnte (χ^2- Differenz von 21,69 > 3,841). Schließlich sind vier Indikatoren zur Operationalisierung der Dimension Stimulusüberlastung verblieben.

Faktoren der Dimension „Stimulusunklarheit"

Die Faktoren *komplexe Produkte* (F_{SU1}) und *widersprüchliche und ambiguose Informationen* (F_{SU2}) wurden jeweils über fünf und sechs Indikatoren operationalisiert. Der Faktor F_{U1} wies eine relativ schwache Reliabilität auf ($\alpha = 0{,}50$), F_{SU2} hingegen eine starke ($\alpha = 0{,}74$). Es folgten exploratorische Faktorenanalysen mit den Indikatoren beider Faktoren. Im Falle von F_{SU2} luden alle Indikatoren auf einen Faktor, bei F_{SU1} luden zwei Indikatoren auf einen anderen (zweiten) Faktor, der jedoch einen geringen Eigenwert aufwies. Insgesamt waren die Faktorladungen der Indikatoren im Falle von F_{SU2} höher als die von den zwei Faktoren von F_{SU1}. Dennoch wurden zwei unbefriedigende Indikatoren von F_{U2} gelöscht, ebenso wie vier von F_{SU1}.

---

[816] Es gibt verschiedene Faustregeln zur Bestimmung der zu extrahierenden Faktorenzahl. Eine ist das *Kaiser-Kriterium*, gemäß dem nur so lange Faktoren extrahiert werden, wie deren Eigenwerte > 1 sind. Dahinter

In der konfirmatorischen Faktorenanalyse übertrafen alle verbliebenen Indikatoren den kritischen Wert von 0,40; gleichzeitig zeigte sich eine Korrelation von 0,67 zwischen F_{SU1} und F_{SU2}. Die hierin angedeutete mangelnde Diskrepanz zwischen F_{SU1} und F_{SU2} wurde im χ^2-Differenztest bestätigt. Die Dimension Stimulusunklarheit wird somit in der weiterführenden Überprüfung anhand von fünf Indikatoren operationalisiert.

Nach Durchführung der vertikalen und horizontalen Analyse stehen für die Überprüfung des KVW-Modells (vgl. Abbildung 5-1; Untersuchungsstufe E) noch 12 Indikatoren zur Verfügung[817]. Als Zwischenfazit wird demnach festgehalten: Die unterstellte Dimensionalität des KVW-Konstrukts konnte bestätigt werden; bei KVW handelt es sich um ein mehrfaktorielles eindimensionales, jedoch nicht wie zunächst angenommen, mehrfaktorielles mehrdimensionales Konstrukt. Die angenommenen (eigenständigen) Faktoren der ersten Faktorenebene (vgl. Abbildung 5-2) konnten nicht ermittelt werden.

5.5.2 Überprüfung der Gesamtmodelle

Es erfolgte eine zweite explorative Faktorenanalyse mit den verbliebenen zwölf Items, in deren Rahmen Faktorladungen $\leq 0,4$ als Eliminationskriterium definiert wurde. Diese ergab eine dreifaktorielle Lösung, in der trotz der Elimination dreier Indikatoren mit schwachen Faktorladungen die drei Dimensionen von KVW wiedererkannt worden sind; der Anteil der erklärten Varianz lag bei 63,31%. Die Cronbachschen Alphas der drei Faktoren waren zufriedenstellend, obgleich der α-Wert des Faktors *Stimulusähnlichkeit* mit 0,54 etwas unter dem empfohlenen Richtwert von 0,60[818] lag.

Die in der exploratorischen Faktorenanalyse bestätigte dreidimensionale Struktur des Konstrukts KVW wurde anschließend mittels der konfirmatorischen Faktorenanalyse überprüft.

Unter Anwendung des *Fornell-Larcker-Kriteriums* erfolgte eine Überprüfung der Dimensionalität des KVW-Konstrukts und der Diskriminanzvalidität[819] der drei dem Konstrukt Konsumentenverwirrtheit zugeordneten Faktoren. Alle quadrierten Korrelationen der Faktoren/Dimensionen lagen jeweils unter den zugehörigen durchschnittlichen Varianzen; die

---

steht die Überlegung, dass Faktoren mit zu geringen Eigenwerten (d.h. < 1) wenig zur Varianzerklärung beitragen und deshalb entbehrlich sind (vgl. Backhaus et al., 1990, S. 90).
[817] Drei für die Dimension Stimulusähnlichkeit, vier für Stimulusüberlastung und fünf für Stimulusunklarheit.
[818] Vgl. Robinson/Shaver/Wrightsman, 1991.

quadrierten Korrelationen für die jeweiligen Faktorenpaare betrugen: *Stimulusähnlich-keit/Stimulusüberlastung* 0,14; *Stimulusähnlichkeit/Stimulusunklarheit* 0,50; *Stimulusüberlastung/Stimulusunklarheit* 0,31.

In der nachfolgenden Tabelle sind die Ergebnisse der zwei explorativen (PCA 1 und PCA 2) und der konfirmatorischen Faktorenanalyse (KFA) zusammengefasst.

	PCA 1	α	PCA 2	α	Indikato-ren in KFA	Indikator-Reliabilitä-ten (KFA)	*DEV
Faktor 1: Stimulusähnlichkeit		*0,49*		*0,54*			*0,74*
Bei der großen Ähnlichkeit vieler Produkte fällt es häufig schwer, Neuheiten zu erkennen.	0,79		0,85		ja	0,485	
Manche Marken sehen so ähnlich aus, dass man sich nicht sicher ist, ob sie vom selben Hersteller stammen oder nicht.	0,76		0,72		ja	1,000**	
Es kommt vor, dass man ein Produkt aufgrund einer Werbung kaufen will, es im Geschäft aber zwischen vielen ähnlichen Produkten nicht mehr eindeutig identifizieren kann.	0,40				nein		
Faktor 2: Stimulusüberlastung		*0,52*		*0,69*			*0,50*
Man ist sich nicht immer sicher, welche Produkte die eigenen Bedürfnisse am Besten befriedigen.	0,79		0,79		ja	0,387	
Es gibt so viele Marken unter denen man auswählen kann, dass man manchmal ganz durcheinander ist.	0,75		0,78		ja	0,640	
Aufgrund der Vielzahl von Geschäften ist es manchmal schwierig zu entscheiden, in welchen Geschäften man einkaufen sollte.	0,68		0,67		ja	0,460	
Die meisten Marken sind sich sehr ähnlich, so dass es einem schwer fällt, sie zu unterscheiden.	0,54				nein		
Faktor 3: Stimulusunklarheit		*0,54*		*0,75*			*0,47*
Häufig haben Produkte wie CD-Player oder Videorecorder so viele Funktionen, dass ein Vergleich verschiedener Marken nur schwer möglich ist.	0,78		0,80		ja	0,605	
Die Informationen, die man aus der Werbung bekommt, sind oft so ungenau, dass man gar nicht genau weiß, was das Produkt eigentlich kann.	0,71		0,69		ja	0,253	
Man hat beim Kauf von Produkten selten das Gefühl, ausreichend informiert zu sein.	0,69		0,76		ja	0,473	
Beim Kauf von manchen Produkten wie z.B. Computer oder Stereoanlage ist man nicht sicher welche Produkteigenschaften besonders wichtig für einen sind.	0,63		0,68		ja	0,558	
Beim Kauf bestimmter Produkte braucht man die Hilfe eines Verkäufers, um die Unterschiede der Produkte zu erkennen.	0,54				nein		
* = Durchschnittlich erklärte Varianz; ** = Festgesetzte Parameter							

Tabelle 5-5: Indikatoren, Faktorstruktur und Reliabilität der Dimensionen Stimulusähnlichkeit, -überlastung und -unklarheit

---

[819]   Vgl. Hildebrandt, 1998, S. 89-93; Neibecker, 1996, S. 99.

Die letztendlich ermittelte Struktur des Konstrukts KVW wird in Abbildung 5-6 gezeigt.

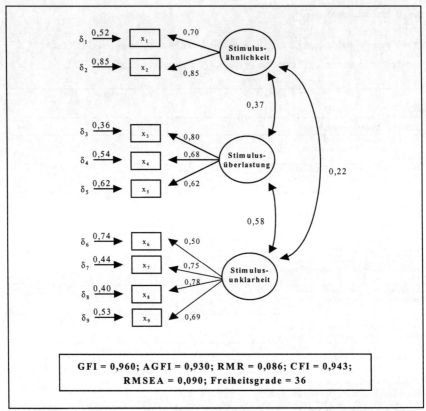

Abbildung 5-6: Konfirmatorische Faktorenanalyse der Struktur der Konsumentenverwirrtheit

Die Gütemaße des Modells sprechen für eine gute globale Modellanpassung. Von den drei berechneten Faktor-Korrelationen war die zwischen *Stimulusüberlastung* und *Stimulusunklarheit* mit einem Wert von 0,58 am stärksten. Dieser relativ starke Zusammenhang zwischen den beiden Faktoren deutet darauf hin, dass mit wahrgenommener zunehmender Alternativenzahl bei Konsumenten u.U. die Fähigkeit schwindet, dargebotene Stimuli widerspruchsfrei zu bewerten bzw. zu vergleichen.

5.5.3 Die Prüfung der Forschungshypothesen

Die in Kapitel 5.1 geschilderten Forschungshypothesen sollen im Folgenden auf ihre Haltbarkeit hin überprüft werden. Dazu ist es zunächst notwendig, die Güte der zwei vorgestellten Kausalmodelle (vgl. Abbildungen 5-3 und 5-4) zu überprüfen.

Zur Überprüfung der Güte der in den Modellen ermittelten Beziehungen, wurden zusätzlich Korrelationen zwischen den Variablen berechnet. Dazu wurden Items der jeweiligen Skala zum Zweck der Mittelwertbildungen aggregiert.

	Mittelwert	Standard Abweichung	Items	*SÄ	**SÜ	***SU	Aufschub	Loyalität	**** W-O-M	Ver- trauen
*SÄ	3,296	0,989	2	*0,543*						
**SÜ	2,772	0,948	3	0,310	*0,690*					
***SU	3,289	0,877	4	0,141	0,441	*0,751*				
Aufschub	3,389	0,962	4	0,124	0,504	0,352	*0,783*			
Loyalität	3,811	1,152	3	-0,197	0,195	0,325	0,257	*0,893*		
**** W-O-M	2,844	1,248	7	-0,460	0,190	0,095	0,265	0,637	*0,945*	
Vertrauen	3,188	1,050	4	-0,003	0,173	0,223	0,740	0,740	0,699	*0,886*

* = Stimulusähnlichkeit; ** = Stimulusüberlastung; *** = Stimulusunklarheit; **** = Mundpropaganda; bei den kursiv dargestellten Werten in der Hauptdiagonalen handelt es sich um die jeweilige Reliabilität.

Tabelle 5-6: Korrelationskoeffizienten, Mittelwerte, Standardabweichung und Cronbach αs der Modellvariablen in den Modellen A und B

Die ermittelten Schätzwerte wurden für die entwickelten KVW-Modelle zur Verdeutlichung in Pfaddiagrammen dargestellt (vgl. Abbildung 5-7 und 5-8). Die entwickelten Messmodelle wurden jeweils mit dem ULS-Verfahren geschätzt und im Hinblick auf verschiedene Gütemaße überprüft, da nicht ohne weiteres von einer Normalverteilung der Ausgangsdaten ausgegangen werden konnte. Die Pfeile zwischen den Kreisen (d.h. exogenen und endogenen Variablen) geben die Richtung und Stärke des Einflusses an, die gestrichelten Pfeile geben die Stärke der Faktorladungen der Messvariablen an, welche bereits in Abbildung 5-6 dargestellt wurden.

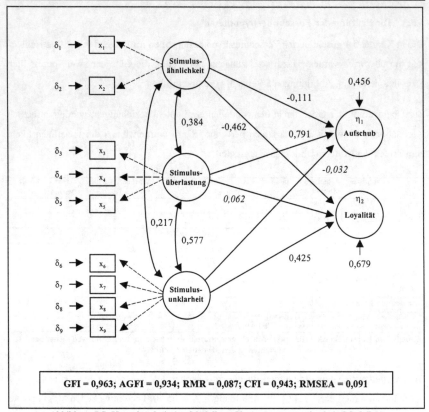

GFI = 0,963; AGFI = 0,934; RMR = 0,087; CFI = 0,943; RMSEA = 0,091

Abbildung 5-7: Kausalanalytisches Modell zur Konsumentenverwirrtheit (Modell A)

Auf Grundlage der vorliegenden Daten scheint es angemessen, bei einer Betrachtung der zwei zentralen Verhaltenskonsequenzen *Kaufentscheidungsaufschub* und *Loyalität* das einfache Modell zu favorisieren. Bei der modifizierten Struktur (vgl. Abbildung 5-8) sind sowohl die lokalen und globalen Gütemaße sowie die Höhe und Richtung der Strukturkoeffizienten weniger überzeugend. Im erweiterten Modell B ist eine Verschlechterung aller globalen Gütemaße festzustellen; alle Werte fallen unter die Richtwerte (vgl. Tabelle 5-4). Darüber hinaus sind die folgenden Beziehungen schwächer geworden: Stimulusüberlastung → (Kaufentscheidungs-) Aufschub, Stimulusunklarheit → Loyalität; Stimulusunklarheit → Aufschub sowie Stimulusähnlichkeit → Aufschub.

Die im erweiterten Modell berücksichtigte Korrelation zwischen den endogenen Variablen *Loyalität* und *Vertrauen* (0,361) trägt der Tatsache Rechnung, dass marken-

/produktgerichtetes Vertrauen entsteht, wenn sich eine Marke aus Sicht des Konsumenten bewährt hat.[820] An der schwachen Beziehung zwischen den endogenen Variablen *Mundpropaganda* und *Vertrauen* (0,182) ist hingegen ablesbar, dass bei steigendem Vertrauen die Neigung, anderen Konsumenten von den eigenen Konsumerlebnissen zu berichten, gering ist. Dies ist mit vorliegenden Erkenntnissen zum Phänomen der Mundpropaganda konsistent, die belegen, dass sie vor allem bei negativen Konsumerlebnissen von Seiten der Konsumenten betrieben wird[821].

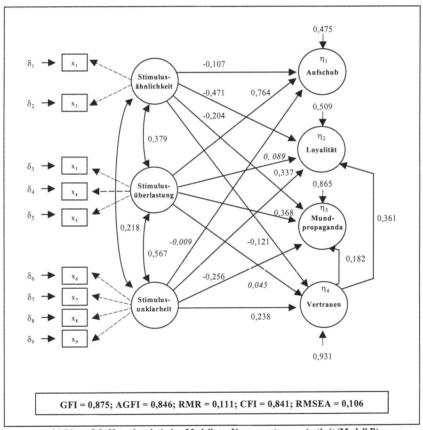

GFI = 0,875; AGFI = 0,846; RMR = 0,111; CFI = 0,841; RMSEA = 0,106

Abbildung 5-8: Kausalanalytisches Modell zur Konsumentenverwirrtheit (Modell B)

820   Vgl. Behrens, 1994, S. 214.
821   Vgl. Richins, 1983.

Nachdem zunächst die Güte der Hypothesen zugrunde liegenden Kausalmodelle überprüft worden ist, werden im Folgenden die Hypothesen selbst überprüft, die den Zusammenhang zwischen den drei KVW-Dimensionen sowie verschiedenen Verhaltenskonsequenzen thematisieren. Dabei wird für die Hypothesen, die auf die zwei wichtigsten Verhaltenskonsequenzen *(Kaufentscheidungs-) Aufschub* und *Loyalität* abstellen, Modell A herangezogen, dessen Gütemaße besser als die von Modell B waren. Für die Überprüfung der Hypothesen, die sich auf die Konsequenzen *Mundpropaganda* und *Vertauen* beziehen, wird Modell B verwendet.

Betrachtet man zunächst die Beziehungen im ersten Strukturmodell (Modell A), so wird deutlich, dass die exogenen Größen *Stimulusähnlichkeit, -überlastung* und *-unklarheit* einen unterschiedlichen Effekt auf die endogenen Variablen *(Kaufentscheidungs-) Aufschub* und *Loyalität* haben (vgl. Abbildung 5-7).

H1: *Stimulusähnlichkeit* hat einen signifikant positiven Einfluss auf den *Entscheidungsaufschub.*

Der in H1 postulierte Richtungszusammenhang zwischen *Stimulusähnlichkeit* und *Entscheidungsaufschub* konnte nicht bestätigt werden. Anscheinend haben die Befragten schon selbst die Erfahrung eines (unbewussten) Falschkaufs aufgrund ähnlicher Alternative gemacht. Bei der in dieser Arbeit vorgenommenen Operationalisierung von KVW wurde unterstellt, dass sich Konsumenten bewusst sind, verwirrt zu sein. Typisch für KVW-bedingte Falschkäufe ist jedoch, dass sich Konsumenten erst im Nachhinein ihres Irrtums bewusst werden, zum Zeitkaufpunkt ergo unbewusst verwirrt sind; sonst hätten sie nicht das Falsche gekauft! Zum Kaufzeitpunkt – da die Konsumenten nicht realisierten das „falsche" Produkt zu kaufen – sahen sie demnach auch keine Veranlassung, die Kaufentscheidung aufzuschieben. Diese Überlegung erklärt den negativen Pfadkoeffizienten (-0,111); dieser besagt: je ähnlicher Versuchspersonen Produkte wahrnehmen, desto unwahrscheinlicher ist es, dass Versuchspersonen Kaufentscheidungen aufschieben.

Eine alternative Erklärung für die Nichtbestätigung von H1 wäre das Folgende: Wenn Konsumenten Marken als ähnlich wahrnehmen, erwarten sie vermutlich auch keine Qualitätsunterschiede. Die Existenz von Qualitätsunterschieden würde jedoch die Suche nach weiteren Informationen rechtfertigen und somit einen Entscheidungsaufschub.

H2: *Stimulusähnlichkeit* hat einen signifikant negativen Einfluss auf *Loyalität.*

Die in H2 unterstellte Beziehung zwischen der KVW-Dimension *Stimulusähnlichkeit* und *Loyalität* konnte bestätigt werden. Mit einem Pfadkoeffizienten von –0,462 (*t*-Wert: -9,028) hat *Stimulusähnlichkeit* sogar von allen drei KVW-Dimensionen den stärksten Einfluss auf die endogene Variable *Loyalität* (vgl. Abbildung 5-7).

Wenn man die unterstellten konsumentenseitigen Nutzen von Marken- und/oder Geschäftsloyalität zugrunde legt – z.b. ein geringeres wahrgenommenes Risiko[822], Ausschluss von Kauf unbefriedigender Produkte, geringerer kognitiver Aufwand und Informationsbedarf bei Kaufentscheidungen[823] sowie Zeitersparnis – dann wird deutlich, dass diese für durch Stimulusähnlichkeit verwirrte Konsumenten weniger relevant sind bzw. keine Abhilfe bedeuten. Zudem haben verwirrte Konsumenten, die dazu neigen falsche Marken zu kaufen, das Problem, dass sie nicht genau wissen, gegenüber welchem Produkt sie Loyalität entwickeln sollen; schließlich hat ihre mangelnde Fähigkeit, zwei oder mehrere Marken zu unterscheiden, u.U. zu Falschkäufen in der Vergangenheit geführt.

Es scheint nahe liegend, dass Konsumenten, die dazu neigen, verschiedene Produkte als ähnlich wahrzunehmen, Wege suchen werden, Alternativen besser zu beurteilen und unterscheiden zu können. Das durch Loyalität geminderte wahrgenommene Risiko kann bspw. nicht die Unterscheidungsfähigkeit des Konsumenten erhöhen. Weiterhin gehen Stimulusähnlichkeit wahrnehmende Konsumenten von einer Qualitätshomogenität verschiedener Alternativen aus; unter solchen Bedingungen ist Loyalität nicht rational.

H3: *Stimulusähnlichkeit* hat einen signifikant negativen Einfluss auf *Mundpropaganda*.

Die vermutete negative Beziehung zwischen Stimulusähnlichkeit und Mundpropaganda war statistisch signifikant (-0,204; *t*-Wert: -6,614) und bestätigte insofern H3. Offenbar bietet eine vom verwirrten Konsumenten aktiv initiierte Einbindung anderer Konsumenten keine Hilfe. Ebenso wird Mundpropaganda wohl auch nicht als Ventil verstanden, mit dessen Hilfe der Konsument sich angesichts von Stimulusähnlichkeit und Unzufriedenheit Luft machen kann; denn auch dieses würde die Fähigkeit des Konsumenten zwischen verschiedenen Alternativen zu diskriminieren, nicht verbessern.

---

[822]   Vgl. Hoyer/MacInnis, 1997, S, 252; Behrens, 1994, S. 215.
[823]   Vgl. Behrens, 1994, S. 215; Weinberg, 1977, S. 116-118.

H4: *Stimulusähnlichkeit* hat einen signifikant negativen Einfluss auf *Vertrauen.*

Ein statistischer Beleg des in H4 postulierten Zusammenhangs konnte erbracht werden (-0,121; t-Wert: -3,309), was die Vermutung bestätigt, dass Konsumenten angesichts mehrerer ähnlicher Alternativen wenig Vertrauen in Interaktionspartner haben, vermutlich weil sie wissen, dass (mindestens ein) Anbieter eine fragwürdige Imitationsstrategie verfolgt.

H5: *Stimulusüberlastung* hat einen signifikant positiven Einfluss auf den *Entscheidungsaufschub.*

Die postulierte positive Beziehung zwischen S*timulusüberlastung* und *Entscheidungsaufschub* (H5) wurde ebenfalls bestätigt. Mit einem Wert von 0,791 (t-Wert: 10,335) hat S*timulusüberlastung* den stärksten Einfluss auf *Entscheidungsaufschub* und kann somit als seine maßgebliche Ursache angesehen werden (vgl. Abbildung 5-7). Da Stimulusüberlastung häufig auf Zeitmangel für die hinreichende Verarbeitung der dargebotenen Stimuli zurückzuführen ist[824], kann ein Aufschub der Kaufentscheidung als Versuch des Konsumenten angesehen werden, sich mehr Zeit für die Stimulusverarbeitung zu verschaffen.

H6: *Stimulusüberlastung* hat einen signifikant positiven Einfluss auf *Loyalität.*

Der positive Einfluss von *Stimulusüberlastung* auf *Loyalität* entspricht im Vorzeichen der Hypothese H6, jedoch ist dieser Einfluss (0,062) nicht signifikant (vgl. Abbildung 5-7). Demnach kann *Stimulusüberlastung* nur in der Tendenz ein Einfluss auf die Entstehung von Loyalität bescheinigt werden. Trotzdem ist der aufgezeigte Zusammenhang schlüssig, da Loyalität eine informationsseitige Entlastung für den überlasteten und verwirrten Konsument darstellten würde[825].

H7: *Stimulusüberlastung* hat einen signifikant positiven Einfluss auf *Mundpropaganda.*

Ein signifikanter Einfluss (0,368; t-Wert: 8,944) von *Stimulusüberlastung* auf *Mundpropaganda* konnte statistisch nachgewiesen werden (H7). Die in H7 implizit zugrunde liegende Annahme, dass verwirrte Konsumenten andere Konsumenten konsultieren, scheint somit bestätigt zu sein.

---

[824] Vgl. Bork, 1994, S. 59; Mowen/Minor, 1997, S. 100.
[825] Vgl. Behrens, 1994, S. 15.

H8: *Stimulusüberlastung* hat einen signifikant positiven Einfluss auf *Vertrauen*.

Ein tendenzieller Einfluss von *Stimulusüberlastung* auf *Vertrauen* konnte statistisch nachgewiesen werden. Dieser Einfluss ist jedoch nicht signifikant (0,045; t-Wert: 1,078), da er nur im Vorzeichen der Hypothese H8 entspricht.

H9: *Stimulusunklarheit* hat einen signifikant positiven Einfluss auf den *Entscheidungsaufschub*.

Der in H9 formulierte Richtungszusammenhang zwischen *Stimulusunklarheit* und *Entscheidungsaufschub* konnte nicht bestätigt werden. Stimulusunklarheit hatte den schwächsten Einfluss (-0,032; t-Wert: -0,531) auf *Entscheidungsaufschub* (vgl. Abbildung 5-7).

Es ist denkbar, dass Konsumenten, die angesichts widersprüchlicher Produktinformationen und komplexer Produkte verwirrt sind, befürchten, durch einen Entscheidungsaufschub und der damit einher gehenden zusätzlichen Informationssuche mit weiteren widersprüchlichen Informationen konfrontiert zu werden und somit den Verwirrtheitszustand in dem sie sich befinden, zu verschlimmern. Diese Befürchtung könnte Konsumenten dazu veranlassen, eine Kaufentscheidung zu treffen (d.h. von einem Aufschub der Kaufentscheidung abzusehen) um deren Suboptimalität sie selber wissen, diese aber billigend in Kauf nehmen. Zu einer wissentlich schlechten Kaufentscheidung kann es dann kommen, wenn ein Aufschub nicht möglich ist; bspw. kaufen Menschen (Geburtstags-) Geschenke häufig „auf den letzten Drücker", also am Tag der Geschenkubergabe.

H10: *Stimulusunklarheit* hat einen signifikant positiven Einfluss auf *Loyalität*.

Durch den nachgewiesenen signifikant positiven Richtungszusammenhang zwischen *Stimulusunklarheit* und *Loyalität* (0,425; t-Wert: 7,670) konnte H10 bestätigt werden (vgl. Abbildung 5-7). Es scheint so, dass durch Stimulusunklarheit verwirrte Konsumenten Loyalität als Mittel zur Vermeidung von KVW verstehen. Die regelmäßige Frequentierung derselben Geschäfte bzw. der Kauf derselben Marken gestattet es Konsumenten, potentiell widersprüchliche oder mehrdeutige Stimuli zu ignorieren, da sie für ihre habitualisierte Geschäfts- oder Markenwahl unerheblich sind.

H11: *Stimulusunklarheit* hat einen signifikant positiven Einfluss auf *Mundpropaganda*.

Angesichts eines negativen Zusammenhangs zwischen den Variablen *Stimulusunklarheit* und *Mundpropaganda* (-0,256; t-Wert: 6,270) (vgl. Abbildung 5-8) konnte H11 nicht bestätigt werden. Der negative Zusammenhang ist ein Hinweis darauf, dass verwirrte Konsumenten die Schuld für KVW, teilweise zumindest, bei sich selbst suchen und eine durch komplexe Produkte und Informationen verursachte KVW nicht zum Anlass für (negative) Mundpropaganda nehmen; tatsächlich würde dies wohl auch keine Abhilfe schaffen.

Ein weiterer Grund für den negativen Einfluss von Stimulusunklarheit auf Mundpropaganda mag der sein, dass komplexe Informationen und Produkte aus Konsumentensicht per se nicht problematisch bzw. zunächst wünschenswert sind. Dies lässt sich u.U. durch die Auffassung vieler Deutschen erklären, die glauben, wenn etwas schwierig zu verstehen ist, dann muss es auch gut sein[826]. Eine solche Einstellung kann unabhängig von der Verarbeitungsfähigkeit des Konsumenten vorliegen und dazu führen, dass man komplexe oder ambiguose Informationen sucht, ohne sie jedoch hinreichend zu verstehen oder verarbeiten zu können.

H12: *Stimulusunklarheit* hat einen signifikant positiven Einfluss auf *Vertrauen*.

Schließlich konnte auch der in H12 formulierte Richtungszusammenhang bestätigt werden (0,238; t-Wert: 5,390). Es ist auch hier zu vermuten, dass Konsumenten die Gründe für ihre Verständnisprobleme KVW nicht unbedingt bei den Interaktionspartnern suchen. Eine solche Motivation ist bei innovativen Produkten denkbar: obgleich der Konsument Schwierigkeiten hat, alle Funktionen zu verstehen bzw. zu nutzen, empfindet er die Möglichkeiten die das Produkt bietet dennoch als positiv.

Die folgende Tabelle fasst die Ergebnisse der kausalanalytischen Hypothesenprüfung zusammen.

---

[826] Die Sozialforscher und Anthropologen Hall/Hall (1990, S. 51) betonen in ihrer interkulturellen Vergleichs-
studie diesen Zusammenhang: „The more difficult it is to understand, the more valuable (...) must be, ac-
cording to German standards."

Nummer	Hypothese	Pfadkoeffizient [*t*-Wert]	Ergebnis
H1	*Stimulusähnlichkeit* hat einen signifikant positiven Einfluss auf den *Kaufentscheidungsaufschub*.	-0,111 [-2,478]	Nicht bestätigt
H2	*Stimulusähnlichkeit* hat einen signifikant negativen Einfluss auf *Loyalität*.	-0,462 [-9,028]	Bestätigt
H3	*Stimulusähnlichkeit* hat einen signifikant negativen Einfluss auf *Mundpropaganda*.	-0,204 [-6,614]	Bestätigt
H4	*Stimulusähnlichkeit* hat einen signifikant negativen Einfluss auf *Vertrauen*.	-0,121 [-3,309]	Bestätigt
H5	*Stimulusüberlastung* hat einen signifikant positiven Einfluss auf den *Kaufentscheidungsaufschub*.	0,791 [10,335]	Bestätigt
H6	*Stimulusüberlastung* hat einen signifikant positiven Einfluss auf *Loyalität*.	0,062 [1,186]	Nicht bestätigt
H7	*Stimulusüberlastung* hat einen signifikant positiven Einfluss auf *Mundpropaganda*.	0,368 [8,944]	Bestätigt
H8	*Stimulusüberlastung* hat einen signifikant positiven Einfluss auf *Vertrauen*.	0,045 [1,078]	Nicht bestätigt
H9	*Stimulusunklarheit* hat einen signifikant positiven Einfluss auf den *Kaufentscheidungsaufschub*.	-0,032 [-0,531]	Nicht bestätigt
H10	*Stimulusunklarheit* hat einen signifikant positiven Einfluss auf *Loyalität*.	0,425 [7,670]	Bestätigt
H11	*Stimulusunklarheit* hat einen signifikant positiven Einfluss auf *Mundpropaganda*.	-0,256 [-6,270]	Nicht bestätigt
H12	*Stimulusunklarheit* hat einen signifikant positiven Einfluss auf *Vertrauen*.	0,238 [5,390]	Bestätigt

Tabelle 5-7: Ergebnisse der kausalanalytischen Hypothesenprüfung

5.6 Analyse des Einflusses soziodemografischer Konsumentenmerkmale auf Konsumentenverwirrtheit

Die theoretischen Überlegungen zu KVW haben gezeigt, dass es sinnvoll ist, die KVW-Neigung von Konsumenten mit Hilfe soziodemografischer Merkmale zu erklären (vgl. Kapitel 3.4.3.1). Bisherige Untersuchungen im Bereich KVW lassen jedoch keine systematische Analyse der Wirkung soziodemografischer Merkmale auf KVW zu, primär wegen ungeeigneter Stichproben[827]. Um jedoch vertiefende Einsichten in die Zusammenhänge zwischen kon-

---

[827]   In bisherigen empirischen KVW-Studien wurden häufig Studenten- (vgl. z.B. Loken/Ross/Hinkle, 1986)

sumentenseitigen Merkmalen und den Grad der wahrgenommenen KVW zu generieren, werden im Folgenden die Ergebnisse der Demografika bezogenen Hypothesenüberprüfung präsentiert.

Zu diesem Zweck mussten für jeden Probanden zunächst KVW-Werte berechnet und die Stichprobe entsprechend der erzielten Werte unterteilt werden. Die KVW-Werte wurden wie folgt bestimmt: mit Hilfe der neun Items des KVW-Konstrukts wurden für jeden Probanden Summenwerte berechnet und die Stichprobe anschließend entsprechend der erzielten Summenwerte in drei KVW-Gruppen (niedrig, mittel, hoch) unterteilt.

Da die Daten nahezu gleichverteilt[828] waren, war eine Unterteilung in drei gleich große KVW-Gruppen zulässig. Eine Gruppenbildung auf Grundlage der Spannweite (1 bis 5 = 4) hätte außerdem zu einer ähnlichen Gruppenbildung geführt. Die Größen der einzelnen KVW-Gruppen sind im Einzelnen: *niedrig* (37,1%; n = 98), *mittel* (25,8%; n = 68), *hoch* (37,1%; n = 98). In der anschließenden Untersuchung wurden lediglich Probanden der *hoch*-Gruppe berücksichtigt, da diese jene Konsumenten mit der höchsten wahrgenommenen KVW enthält. Probanden der *hoch*-Gruppe wurden dann entsprechend dem untersuchten Merkmal jeweils in weitere Teilgruppen unterteilt (nach Geschlecht in Frauen und Männer usw.). Die Hypothesen wurden jeweils für ein demografisches Merkmal überprüft.

Konsumentenverwirrtheit und Alter

H_{A1}: Ältere Konsumenten weisen einen höheren Grad an wahrgenommener Konsumentenverwirrtheit auf als jüngere.

H_{A2}: Jüngere Konsumenten weisen einen höheren Grad an wahrgenommener Konsumentenverwirrtheit auf als ältere.

---

oder Frauenstichproben (vgl. z.B. Poiesz/Verhallen, 1989) gezogen. Kapferers (1995a) Frauenstichprobe war zudem hinsichtlich der Altersstruktur der Probanden (25 – 45 Jahre) wenig repräsentativ. „Richtige" Konsumentenstichproben waren hingegen nicht selten zu klein, so wie die von Balabanis/Craven (1997), die lediglich 50 Personen umfasste.

[828]   Der *Skewness*-Wert (Maß für die Schiefe der Verteilung) lag bei 0,23.

Die altersspezifischen Unterschiede in Bezug auf KVW gehen aus der nachfolgenden Tabelle hervor. Die Unterschiede wurden auf varianzanalytischem Wege und unter Verwendung des Scheffé-Test[829] ermittelt.

Altersgruppe	n	Mittelwert	Paare**	p-Wert
bis 29 Jahre [1]	25	3,73	1, 2	0,997
			1, 3	0,027*
			1, 4	0,896
30 - 44 Jahre [2]	21	3,75	2, 3	0,066
			2, 4	0,966
45 - 53 Jahre [3]	28	4,11	3, 4	0,168
≥ 54 Jahre [4]	24	3,81		
Gesamt	*98*	*3,85*		
* = signifikant auf dem 0,05-Niveau; ** = Gegenüberstellung der Altersgruppen.				

Tabelle 5-8: Konsumentenverwirrtheit nach Alter: Multivariate Varianzanalyse (MANOVA)

Unter Berücksichtigung der ersten drei Altersgruppen ist ein wachsender Mittelwert mit zunehmendem Alter zu konstatieren, wobei bei nur einem Paarvergleich (1, 3) der Mittelwertunterschied signifikant ist; ältere Probanden (45 – 53) nehmen KVW stärker wahr als die Jüngeren (bis 29). Man kann aber per se keine höhere KVW-Neigung älterer Konsumenten unterstellen, da Probanden der vierten Altersgruppe (54+) weniger KVW wahrnehmen als die der Dritten.

Ein Grund für diese Unregelmäßigkeit mag die Tatsache sein, dass Konsumenten ab einem bestimmten Alter, wie Rentner oder pflegebedürftige Ältere, ihre Einkäufe häufig nicht mehr selber erledigen und deshalb weniger mit KVW-verursachenden Stimuli konfrontiert sind. Eine alternative Erklärung wäre die bereits mehrfach thematisierte kognitive Entlastungsfunktion von Geschäfts- und/oder Markenloyalität und die positive Alters-Loyalitätsbeziehung[830]. Es denkbar, dass eine ausgeprägtere Loyalität bei Probanden der vierten Altersgruppe (54+) vorliegt und diese deshalb eine geringere KVW-Neigung aufweisen[831].

---

[829] Beim Scheffé-Test werden a posteriori, basierend auf der F-Verteilung, paarweise Vergleichstests simultan durchgeführt (sog. multipler Vergleichstest). Der Scheffé-Test kann als konservativ bezeichnet werden, weil Mittelwertunterschiede erst ab einer größeren Differenz als signifikant ausgewiesen werden (vgl. Malhotra, 1996, S. 564).

[830] Vgl. Weinberg, 1977, S. 106; Reynolds/Darden/Martin, 1974/1975.

[831] Eine solche Tendenz war tatsächlich vorhanden. Der Vergleich der Mittelwerte der vier Altersgruppen beim Faktor *Loyalität* (der in beiden Kausalmodellen über drei Items operationalisiert wurde) bestätigte, dass mit Zunahme des Alters auch die Loyalität wächst (Mittelwerte: bis 29 Jahre: 3,68; 33 – 44 Jahre: 3,68; 45 – 53 Jahre: 3,76; 54+ Jahre: 3,76), obgleich keiner der Mittelwertunterschiede signifikant war. Es

Die im Vergleich zur ersten Altersgruppe signifikant höhere KVW-Wahrnehmung der 45 – 54-Jährigen ist insofern interessant, als sie mit den Untersuchungen von Phillips/Sternthal[832] korrespondieren, die eine verringerte Informationsverarbeitungsfähigkeit bei Konsumenten ab etwa 45 Jahren konstatierten.

Der in der Tendenz festgestellte positive Alters-KVW-Zusammenhang wäre bei Verwendung eines weniger strengen Testverfahrens noch deutlicher gewesen. Bei Verwendung des LSD-Tests[833] etwa hätte es mehr als nur den einen signifikanten Unterschied gegeben; die Gruppenpaare 1, 3; 2, 3 sowie 3, 4 weisen beim LSD-Test signifikante Unterschiede auf. Da, mit Ausnahme der vierten Altersgruppe (54+), eine Zunahme des Mittelwertes bzw. der KVW-Wahrnehmung mit zunehmenden Alter festzustellen ist, kann eine positive Alters-KVW-Beziehung unterstellt und H_{A1} somit als bestätigt angesehen werden.

Konsumentenverwirrtheit und Geschlecht

H_{G1}: Weibliche Konsumenten weisen einen höheren Grad an wahrgenommener Konsumentenverwirrtheit auf als männliche.

H_{G2}: Männliche Konsumenten weisen einen höheren Grad an wahrgenommener Konsumentenverwirrtheit auf als weibliche.

Eine Überprüfung der Teilgruppen *Frauen* (n = 45) und *Männer* (n = 53) zeigte einen signifikant höheren Mittelwert bei Frauen[834] und deshalb die Bestätigung von Hypothese H_{G1}. Dieses Ergebnis stützt die Vermutung, Frauen seien durch ihre häufig noch immer größere Einkaufsverantwortung mit mehr Stimuli konfrontiert. Weiterhin kann auch die von Frauen häufig gelebte Doppelrolle als (Zweit-) Verdienerin und Verantwortliche für einen Großteil der Einkäufe zu (kognitiven) Überlastungen führen[835].

---

    ist jedoch anzunehmen, dass bei einer größeren Stichprobe und einem entsprechend höheren Anteil von Probanden in der *hoch*-Gruppe, signifikante Unterschiede feststellbar wären.

[832] Vgl. Phillips/Sternthal, 1977.

[833] Der Test der geringsten signifikanten Differenz (Least Significant Distance) wird auf Grundlage einzelner *t*-Tests zwischen den Gruppenmittelwerten durchgeführt.

[834] Frauen: 3,95; Männer: 3,75; signifikant auf dem 0,05-Niveau. *F*-Wert: 6,519; *p*-Wert: 0,012.

[835] Vgl. Townsend/O'Neil, 1990.

Konsumentenverwirrtheit und Bildungsgrad

H_B: Weniger gebildete Konsumenten weisen einen höheren Grad an wahrgenommener Konsumentenverwirrtheit auf als gebildete.

Unterschiede hinsichtlich der KVW-Neigung von Konsumenten verschiedener Bildungsgruppen wurden ebenfalls varianzanalytisch und unter Verwendung des Scheffé-Test ermittelt (vgl. Tabelle 5-9).

Bildungsgruppe	n	Mittelwert	Paare**	*p*-Wert
Volks-/Hauptschule (HS)	31	3,97	HS, RS	0,908
			HS, Abi	0,090
			HS, Stu	0,035*
Realschule (RS)	35	3,90	RS, Abi	0,267
			RS, Stu	0,105
Abitur (Abi)	20	3,70	Abi, Stu	0,900
Studium (Stu)	12	3,58		
Gesamt	*98*	*3,84*		
* = signifikant auf dem 0,05-Niveau; ** = Gegenüberstellung der Bildungsgruppen.				

Tabelle 5-9: Konsumentenverwirrtheit nach Bildung: Multivariate Varianzanalyse (MANOVA)

Einen signifikanten Unterschied gab es bei lediglich einem Paarvergleich, zwischen denjenigen Probanden mit Volks- oder Hauptschulabschluss und mit abgeschlossenen Studium (HS, Stu). Dennoch kann mit Blick auf die Mittelwerte festgestellt werden, dass die Hypothese H_B in der Tendenz bestätigt wird. Berechnete Mittelwertevergleiche unter Verwendung des weniger konservativen LSD-Tests hätten auch hier zu einer größeren Zahl signifikanter Paarungen geführt; z.B. HS/Abi, RS/Abi, RS/Stu. Deshalb kann in der Tendenz die Annahme, dass Konsumenten mit niedrigerem Bildungsniveau eher KVW wahrnehmen, als bestätigt angesehen werden.

Dieses Ergebnis ist im Hinblick auf vorliegende Erkenntnisse aus dem Bereich der Konsumentenverhaltensforschung nicht überraschend. So wurden bildungsschwache Konsumenten mit Merkmalen wie etwa „weniger analytisch und schwach lernend"[836] „geringe Informationskapazität"[837] assoziiert. Des Weiteren gilt es als erwiesen, dass bildungsschwache Konsu-

---

[836]   Vgl. Kendall Sproles/Sproles, 1990, S. 136-137.
[837]   Vgl. Maddox et al., 1978; Campbell, 1973.

menten eher zu Informationsüberlastung neigen[838] und weniger gut in der Lage sind Informationen zu verstehen, auch wenn sie eher dazu neigen, Informationen zu akzeptieren die sie verstehen[839].

Von einer anschließenden clusteranalytischen Untersuchung bzw. Bildung von KVW-Gruppen wurde aus verschiedenen Gründen abgesehen. Obgleich eine Bildung von homogenen Gruppen hinsichtlich der drei untersuchten demografischen Merkmale wünschenswert ist, scheint sie angesichts der vorliegenden Datenbasis wenig zweckmäßig. Mit 98 Probanden in der hoch-KVW-Gruppe, würden bei einer Clusterzahl von bspw. drei die einzelnen Cluster lediglich ca. 30 Probanden umfassen; zu wenige um verlässliche Aussagen in Bezug auf die KVW-Neigung einzelner Cluster zu treffen.

Des Weiteren hätte als Grundlage für die Clusterbildung die Merkmalsausprägung auf der KVW-Skala gedient. Letztere ist das Ergebnis erster theoretischer Überlegungen und muss aufgrund ihres explorativen Charakters mit Vorbehalt betrachtet werden. Erst wenn eine Überprüfung und ggf. Elaboration der Skala durch andere Autoren unter Verwendung einer größeren Stichprobe erfolgt ist, wäre eine Gruppenbildung zu empfehlen und aussagefähig. Bis dahin könnten lediglich Scheinerkenntnisse von fragwürdigem Wert vorgelegt werden.

Hinsichtlich demografischer Merkmale kann zusammenfassend festgehalten werden, dass von diesen ein Einfluss auf den Grad der wahrgenommenen KVW ausgeübt wird. Innerhalb der hoch-KVW-Gruppe nehmen Ältere, Frauen und Konsumenten mit geringerem Bildungsniveau KVW am stärksten wahr. Somit scheinen von KVW primär zwei Konsumentengruppen betroffen zu sein, die ohnehin nach verbraucherpolitischer Maxime besonderen Schutz bedürfen: die Älteren und Bildungsschwachen[840].

5.7 Exkurs: Untersuchungsbeispiel für Stimulusähnlichkeit

Hinsichtlich der Operationalisierung von KVW wurde aus bereits dargelegten Überlegungen bewusst eine produkt- und kaufsituationsunabhängige Messung gewählt. Dennoch bot sich aufgrund des relativ niedrigen Abstraktionsgrades an, die Dimension Stimulusähnlichkeit

---

[838] Vgl. Hageman, 1988, S. 198.
[839] Vgl. Sternthal/Craig, 1982.
[840] Vgl. Louden/Della Bitta, 1993, S. 628; Kuhlmann, 1990, S. 85 und die dort aufgeführte Literatur.

näher zu untersuchen. Im Fragenbogen stellten deshalb einige Fragen direkt auf den Aspekt von Nachahmermarken ab.

Zu diesem Zweck hatten Probanden Angaben zu einer Handelsmarke der Drogeriekette Rossmann zu machen, die unzweideutig die Marke *Nivea* imitiert: *Isana*. Eine Gegenüberstellung von Original- und Nachahmermarke ist nur dann sinnvoll, wenn beide Marken zweifelsfrei nicht miteinander assoziiert sind. Dies konnte im Vorfeld der Befragung verifiziert werden[841].

Im Rahmen der Interviews wurde Probanden eine Dose Isana Creme überreicht (vgl. Abbildung 5-9) und mehrere Fragen gestellt. Als erstes wurde gefragt: „Was fällt Ihnen zu diesem Produkt ein?" Darauf antworteten 88% (n = 232) der Befragten, dass das präsentierte Produkt wie Nivea Creme aussehe, 9% (n = 23) gaben an, eine Ähnlichkeit zu anderen Marken zu erkennen und 3% (n = 9) gaben hierzu keine Antwort.

Abbildung 5-9: Vorgelegtes Produkt während der Befragung

Danach wurden die Probanden gefragt, wie sie gerade auf die von ihnen genannte Marke kämen. Darauf antworteten 65% die *blaue Farbe*, 11% die *Form*, 16% das *Design insgesamt* und 4% die *Schrift* (Font bzw. -größe).

Von den 264 Probanden war 263 die Marke *Nivea* bekannt/sehr bekannt und 183 Probanden gaben an, Produkte der Marke Nivea mindestens einmal wöchentlich zu benutzten, davon

---

[841] In zwei schriftlichen Anfragen an die Beiersdorf AG Hamburg, den Hersteller von Nivea Produkten, wurde gefragt, ob es einen Zusammenhang zwischen den Produkten Isana und Nivea Creme gibt. Dies wurde von Seiten der Beiersdorf AG zweimal verneint (vgl. Anlage 1A und 1B).

knapp 27% (n = 71) täglich. Nahezu alle Probanden (n = 262) kannten zudem das Produkt Nivea Creme. Insofern kann im Hinblick auf die Stichprobe von einem hohen Grad an Vertrautheit und Erfahrung mit Nivea-Produkten im Allgemeinen sowie Nivea Creme im Speziellen ausgegangen werden.

Da die folgende Frage einen tendenziell suggestiven Charakter hat, wurde sie am Schluss des Fragebogenabschnitts gestellt: „Glauben Sie diese Isana Creme und Nivea Creme stammen vom selben Hersteller?" Die Antworten hierzu wurden hinsichtlich der Gesamtstichprobe und der hoch-KVW-Gruppe untersucht, wobei die Werte der KVW-Gruppe an zweiter Stelle stehen:

- nein: 43,2% (n = 114) / 29,6% (n = 29)

- weiß nicht: 30,7% (n = 81) / 41,8% (n = 41)

- ja: 26,1% (n = 69) / 28,6% (n = 28)

Wie aus den Daten zu ersehen ist, ist sich ein erheblicher Teil der Probanden nicht sicher, ob beide Produkte vom selben Hersteller stammen oder nicht. Der Anteil derer die sogar annehmen Isana und Nivea stammen vom selben Hersteller, ist mit einem guten Viertel in der Gesamt- und Teilgruppe ebenfalls beachtlich, auch wenn er bei der hoch-KVW-Gruppe etwas höher ist. Ein Vergleich der KVW-Mittelwerte der drei Antwortkategorien zeigte, dass Probanden die glaubten, Isana und Creme stammten vom selben Hersteller („ja"-Gruppe) den höchsten Wert aufwiesen („ja": 3,94; „weiß nicht": 3,82; „nein": 3,80); diese Unterschiede waren jedoch nicht signifikant.

Da Probanden während des Interviews die Isana Creme übergeben wurde und sie die Möglichkeit hatten diese zu begutachten, herrschte diesbezüglich eine weitgehende Annäherung an eine reale Einkaufssituation vor. Insofern ist diesem Ergebnis eine hohe externe Validität zuzurechnen. Dieses Ergebnis kann zudem als deutlicher Hinweis dafür gewertet werden, dass ähnliche Marken Konsumenten Probleme bei der Entscheidungsfindung bereiten ebenso wie hinsichtlich der Beurteilung der Qualität und des Ursprungs eines Produkts.

6 Gestaltungsperspektiven im Kontext der Vermeidung von Konsumentenverwirrtheit

6.1 Vorüberlegungen

In den vorherigen Kapiteln wurde verdeutlicht, dass KVW ein im Kontext des Konsumentenverhaltens existierendes und somit für Unternehmen ökonomisch relevantes Phänomen darstellt. Diese Relevanz konnte insbesondere im Rahmen der Hypothesenüberprüfung unterstrichen werden, wo gezeigt wurde, dass Konsumentenverwirrtheit zu:

- aufgeschobenen Kaufentscheidungen (bei Stimulusüberlastung-KVW),

- abnehmender Loyalität (Stimulusähnlichkeit-KVW),

- abnehmendem Vertrauen (Stimulusähnlichkeit-KVW),

- zunehmender Mundpropaganda[842] (bei allen drei KVW-Dimensionen) führen kann.

Aufgeschobene (oder im Extremfall aufgegebene) Kaufentscheidungen bedeuten für den Handel (insbesondere den Einzelhandel) und Hersteller eine Verzögerung oder gar den Verlust von Umsatz. Aber selbst wenn verwirrte Konsumenten ihre Kaufentscheidungen wie im Fall von Stimulusähnlichkeit und Stimulusunklarheit nicht aufschieben, kann dies für Handel und Hersteller zumindest mittelfristig in Umsatzeinbußen resultieren. Denn von verwirrten Konsumenten getroffene Kaufentscheidungen sind vermutlich suboptimal und können zu Unzufriedenheit führen, die insbesondere im Hinblick auf Wiederholungskäufe problematisch sind.

Wie gezeigt, beeinflussen primär die KVW-Dimensionen Stimulusähnlichkeit und Stimulusüberlastung die betrachteten Verhaltenskonsequenzen. Gleichwohl wäre es falsch anzuneh-

---

[842] Mundpropaganda wird ein großer Einfluss auf das Verhalten von Konsumenten zugesprochen (vgl. Brown/Reingen 1987; Tax/Chandrashekaran/Christiansen 1993, S. 74; Hennig-Thurau/Walsh/Wruck, 2001). So stellt sie neben der Loyalität von Kunden eine zentrale Zielgröße des Relationship Marketing dar, die Einfluss auf die Gewinnung neuer Kunden und die Abwanderung bestehender Kunden nimmt (vgl. Gremler/Gwinner/Brown 2000, S. 183). Wie bereits erwähnt wird eine zunehmende Mundpropaganda in Bezug auf KVW als problematisch angesehen. Verwirrte Konsumenten können für sie unbefriedigende Kaufentscheidungen treffen und anderen Konsumenten davon berichten (d.h. negative Mundpropaganda betreiben). Aber auch Empfehlungen, die auf der Zufriedenheit verwirrter Konsumenten basieren, können zu einem „Bumerang" werden, und zwar wenn die Empfänger solcher Empfehlungen Käufe tätigen, die sie als unbefriedigend empfinden.

men, Stimulusunklarheit sei als Teilphänomen vernachlässigbar. Auch die mit Stimulusunklarheit assoziierten Verhaltenskonsequenzen gewähren interessante und relevante Einblicke in die Wirkung von KVW. So fordert die Tatsache, dass für Stimulusunklarheit ein signifikant positiver Einfluss auf Loyalität nachgewiesen werden konnte, dazu auf, diese KVW-Dimension in der Diskussion der Implikationen dieser Untersuchung zu berücksichtigen.

Eine zunehmende Loyalität der Konsumenten ist aus Sicht von Leistungsanbietern grundsätzlich zu begrüßen. Jedoch ist eine aus der gestörten Informationsverarbeitung und (Entscheidungs-) Verlegenheit des Konsumenten entstandene Loyalität von zweifelhaftem Wert, schließlich verhält sich der verwirrte Konsument loyal, weil er eine Vereinfachung seiner Kaufentscheidungen wünscht und nicht aufgrund der vermuteten Überlegenheit eines Produkts oder Geschäfts.

Zentrale Fragestellungen im Hinblick auf Gestaltungsperspektiven

Die Ausführungen zur Überprüfung der einzelnen Hypothesen haben bereits Hinweise auf den potentiellen Stellenwert von KVW für verschiedene Interessensgruppen gegeben, wobei im Rahmen einer wirtschaftswissenschaftlich motivierten Arbeit naturgemäß ein Betrachtungsschwerpunkt auf gewinnorientierten wirtschaftlichen Einheiten zu liegen hat. Ansatzpunkte zur Berücksichtigung des Konstrukts KVW erscheinen vor diesem Hintergrund deshalb vor allem für den (Einzel-) Handel und (Marken-) Hersteller von Bedeutung. Bevor jedoch ein Handlungsrahmen abgesteckt wird und konkrete Maßnahmen empfohlen werden, bedarf es zunächst einer Auseinandersetzung mit den folgenden drei Kernfragen:

- *Inwieweit kann ein Unternehmen Einfluss auf KVW nehmen?* Diese Frage ist tendenziell im Bereich des Makromarketing[843] anzusiedeln, da KVW als Marketingphänomen aus einer übergeordneten, gesamtgesellschaftlichen Perspektive heraus betrachtet wird. So wird ein einzelner Hersteller vielleicht für sich festlegen, sein Sortiment zu straffen und einzelne Produktlinienerweiterungen aus dem Programm zu nehmen. Diese Maßnahme wird in einem Klima der allgemeinen Produkt-Proliferation jedoch kaum zu einer für Konsumenten spürbaren kognitiven Entlastung führen. Der Handlungsspielraum ist demnach für einzelne

---

[843]   *Makromarketing* stellt eine spezielle Richtung des Marketing dar, die sich primär mit einer gesamtwirtschaftlichen Kosten-Nutzen-Analyse befasst (vgl. Hansen/Bode, 1999, S. 385ff.).

Unternehmen in Bezug auf eine „allgemeine KVW-Vermeidung" begrenzt und auf die jeweils eigenen unternehmensinternen und –externen Aktivitäten beschränkt.

- *Für welche Unternehmen ist KVW relevant?* Die Ausführungen in den vorherigen Kapiteln haben zum Ausdruck gebracht, dass vor allem bei Stimulusähnlichkeit-KVW nicht die Marktführer die Problemverursacher sind, sondern Nachahmer bzw. Folger („Follower"), die erfolgreiche Marken imitieren.[844] Es kann deshalb davon ausgegangen werden, dass Folger ein geringeres Interesse an der Vermeidung von KVW haben als Marktführer, schließlich verdanken Folger ihren Erfolg häufig der Existenz von KVW. Maßnahmen der KVW-Vermeidung sind vor diesem Hintergrund auch nur von Markenherstellern und Händlern, die Markenprodukte als wichtiges Instrument der Kundengewinnung und – bindung verstehen[845], zu erwarten, da für diese mehr „auf dem Spiel steht" (verlorene Umsätze, Abwanderung loyaler Kunden etc.).

- *Wie können Unternehmen auf KVW reagieren?* Eine mögliche, zugegebenermaßen fatalistisch geprägte, Reaktion wäre die der Nicht-Reaktion. Mit Blick auf die aufgezeigten negativen Auswirkungen von KVW auf den Unternehmenserfolg müsste die Frage jedoch konkreter lauten, wie KVW langfristig vermieden werden kann. Mit dieser Frage wird unmittelbar auf das Zielsystem eines Unternehmens abgestellt, da ohne ein koordiniertes zielorientiertes KVW-Vermeidung-Management geeignete KVW-Vermeidungs-Instrumente nicht entwickelt werden können. Sieht man die empirisch ermittelten Ergebnisse bzw. Verhaltenskonsequenzen von KVW als Informationsgrundlage an, so stehen

---

[844] An dieser Stelle gilt zu betonen, dass eine eindeutige Unterscheidung von Unternehmen in „Leader" und „Follower" nicht immer möglich ist. In bestimmten Produktbereichen wie etwa bei Milchprodukten herrscht eine hohe Wettbewerbsintensität. Eine Reihe von Anbietern (Dr. Oetker, Ehrmann, Landliebe, Müller, Weihenstephan etc.) unterhalten Produktportfolios, die zum Teil erhebliche Überlappungen (zum Wettbewerb) aufweisen. In dieser Situation gelingt es Anbietern i.d.R. nur in einzelnen Produktgruppen (z.B. Joghurt), sich als Leader bzw. Innovatoren zu profilieren. Bei Einführung einer solchen Innovation, folgen mit häufig nur geringer zeitlicher Verzögerung die anderen Anbieter mit Me-too-Produkten. Bei anderer Gelegenheit bzw. einer anderen Produktgruppe (z.B. Fruchtmilch) ist es dann einer dieser Follower, der die Innovatorrolle einnimmt und von den anderen kopiert wird. Entsprechend sind in der folgenden Diskussion mit „Follower" solche Hersteller gemeint, die Imitationen als Strategie wählen und die Erringung der Zeit- oder Innovationsführerschaft nicht zu den Unternehmensstrategien gehören.

[845] Große Ketten wie die britischen Handelsunternehmen *Asda* oder *Sainsbury's* setzen Eigenmarken bewusst ein, um preisbewusste Kundensegmente anzulocken und zu binden. Bei einem Eigenmarkenanteil von jeweils gut 50% (vgl. Wolters, 1997, S. 306) werden von Asda und Sainsbury's häufig neue Eigenmarken eingeführt (vgl. Corstjens/Corstjens, 1995, S. 147), die regelmäßig aufgrund ihrer Ähnlichkeit zu existierenden Herstellermarken Ursache von Konflikten mit Herstellern sind (vgl. Kearney/Mitchell, 2001, S. 85; Mitchell/Papavassiliou, 1999, S. 321). Für solche Handelsunternehmen kann deshalb ein geringeres Interesse an einer KVW-Vermeidung unterstellt werden (zumindest wenn KVW durch ähnliche Marken bedingt ist).

Hersteller und der Handel vor der Frage, wie marketingstrategisch auf verwirrte Konsumenten zu reagieren ist und wie Wege gefunden werden können, die vom Konsumenten wahrgenommene KVW nachhaltig zu reduzieren. Die Annahme, Herstellern (die sich primär *nicht* als Follower verstehen) und Handelsunternehmen (die *keine* imitationsorientierte Eigenmarkenpolitik verfolgen) sei an einer Reduktion bzw. Vermeidung von KVW gelegen, wird unterstellt und beruht auf der Überlegung, dass die aufgezeigten Verhaltenskonsequenzen von KVW ökonomisch relevant sind.

Gestaltungsperspektiven für den Handel und für Markenhersteller

In einem weiteren Schritt soll nun versucht werden, die vorangegangenen Ausführungen sowie die Ergebnisse der empirischen Untersuchung in einen für Unternehmen relevanten Handlungskontext einzubetten. Da eine Unternehmen bezogene Diskussion von KVW bisher primär aus der Perspektive des Handels und von Markenherstellern erfolgt ist, soll eine zweigleisige Betrachtung auch hinsichtlich der im Folgenden beschriebenen Gestaltungsperspektiven im Sinne eines KVW-Vermeidung-Management beibehalten werden. Auf strategischer Ebene werden parallel zwei Varianten des „KVW-Management" entwickelt, eine für das Handels- und eine für das Herstellermanagement.

Eine nach Handel und Hersteller differenzierte Betrachtung der normativen Ebene entfällt, da unterstellt wird, dass sich Unternehmen, die das Ziel „KVW-Vermeidung" in ihr Zielsystem übernehmen, über ein ähnliches normatives Management verfügen. Dieses normative Management wird sich dann auch nicht grundlegend zwischen Handels- und Herstellerunternehmen unterscheiden.

Die Schwerpunktlegung auf strategische Gestaltungsansätze – aber auch der Neuigkeitsgrad des Untersuchungsfelds – lässt zudem eine detaillierte Betrachtung der operativen Ebene wenig zweckmäßig erscheinen; d.h. es erfolgt keine explizite Beschreibung einer Realisierung der ausgewählten Ansätze. Gleichwohl wird stellenweise skizziert, wie eine operative Umsetzung der beschriebenen strategischen Gestaltungsansätze aussehen könnte.

6.2   Zentrale Komponenten und Prozess eines Management zur Vermeidung von Konsumentenverwirrtheit

Im Rahmen der Implementierung einer systematischen KVW-Vermeidung in ein kundenorientiertes Marketingkonzept können zwei Phasen unterschieden werden. In der ersten Phase findet ein Unternehmen bezogenes *KVW-Audit* statt. Analog zum strategischen Marketingaudit[846] wird unter einem KVW-Audit die systematische Untersuchung der Marketingumwelt, -ziele und –aktivitäten verstanden, die der Identifikation existierender oder potentieller Risiken und Chancen dient. Im Rahmen des *KVW-Audit* gilt es grundsätzlich zu klären, ob ein Unternehmen:

- Durch seine Produkte oder seine Handlungen KVW bei bestehenden oder potentiellen Kunden verursacht. In einer Konkretisierung kann dann geprüft werden, ob einzelne Handlungen KVW bewirken oder KVW durch Handlungen auf verschiedenen Ebenen des Unternehmens begünstigt wird (z.B. nur produktbedingt oder auch aufgrund der Kommunikation).

- Interesse an einer Vermeidung von KVW hat.

- Auch gewillt ist, KVW zu vermeiden, die nicht durch die eigenen Handlungen, sondern durch die anderer Unternehmen verursacht wird. So kann sich KVW, die durch einzelne Anbieter oder Produkte verursacht wird, ökonomisch negativ auf eine ganze Branche auswirken, sodass auch Unternehmen, deren Handlungen und Produkte nicht KVW bewirken, geschädigt werden und somit an einer Vermeidung interessiert sind.[847] In den folgenden Ausführungen liegt der Schwerpunkt jedoch auf solchen KVW bezogenen Maßnahmen, die unmittelbar das eigene Unternehmen (d.h. die eigene Verursachung von KVW) betreffen und somit unabhängig von anderen Unternehmen gestaltet werden können.

Erst wenn das *KVW-Audit* zu dem Ergebnis führt, dass a) tatsächlich KVW die Folge einzelner und mehrerer unternehmerischer Handlungen ist, b) KVW-Vermeidung im Interesse des Unternehmens liegt und c) nur durch das eigene Unternehmen bewirkte KVW gemanagt werden soll, kann begonnen werden, in der zweiten Phase ein systematisches KVW-Management im Unternehmen zu entwerfen. Die Kernelemente eines derart verstandenen – d.h. am Ziel KVW-Vermeidung ausgerichteten – Managementsystems lassen sich in Anleh-

---

846   Vgl. Kotler/Bliemel, 1995, S. 1170ff.
847   Ein aktuelles Beispiel ist das der Rinderkrankheit BSE. Obwohl BSE bei einer nur verhältnismäßig kleinen Zahl von Rindern nachgewiesen werden konnte, herrscht häufig große Verunsicherung und KVW in Bezug auf die Herkunft und Sicherheit des angebotenen Rindfleisches (vgl. Veenendaal, 2000). Da nicht nur Anbieter erkrankter Tiere erhebliche Umsatzeinbußen haben, sind alle Anbieter an der Vermeidung von KVW interessiert.

nung an Wiedmanns[848] Modell marktorientierter Unternehmensplanung Abbildung 6-1 entnehmen.

Mit den dargestellten Grundelementen sind die grundlegenden Ebenen einer marktorientierten Unternehmensführung abgebildet. Diese Ebenen lassen sich nach Brauchlin[849] bezeichnen als:

- *Normatives Management.* Diese Ebene der Unternehmensführung befasst sich mit der Festlegung der Management-Philosophie, in der definiert wird, nach welchen Einstellungen, Überzeugungen und Werthaltungen ein Unternehmen geführt wird.

- *Strategisches Management* befasst sich mit dem zielorientierten Aufbau, der Pflege und Ausbeutung von Unternehmenspotentialen.

- *Operatives Management* betrifft die Organisation und Lenkung der laufenden (operativen) Unternehmensaktivitäten.

Es sei angemerkt, dass diese drei Ebenen eine rein funktionale Unterscheidung darstellen; d.h. ein Manager kann in einer Organisation sowohl normative wie auch strategische Funktionen wahrnehmen sowie an der operativen Umsetzung beteiligt sein. Weiterhin sei an dieser Stelle auf den Rahmencharakter des dargestellten KVW- Managementsystems hingewiesen. Da es nicht Ziel der folgenden Kapitel ist, eine Diskussion managementtheoretischer Konzepte zu führen, soll auf eine ausführliche Darstellung der einzelnen Komponenten des nachfolgenden Modells zu Gunsten eines zielorientierten Überblicks verzichtet werden. Daher liegt ein Schwerpunkt auf der strategischen Managementebene, die als konzeptioneller Rahmen für ein im Folgenden vorgestelltes und inhaltlich ausdifferenziertes KVW-Management dienen soll.

---

[848]   Vgl. Wiedmann, 1981, S. 219; 1994, S. 14.
[849]   Vgl. Brauchlin, 1979, S. 42.

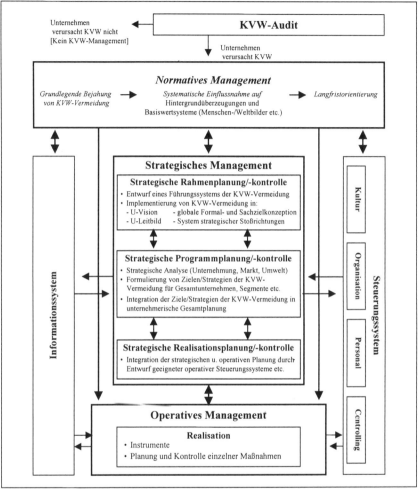

Abbildung 6-1: Entwurf und Kernelemente eines Konsumentenverwirrtheit-Managementsystems

6.3 Die Verankerung von Konsumentenverwirrtheit-Vermeidung im normativen Management des Handels und von Markenherstellern

Das normative Management eines Unternehmens kann als die zielgerichtete Analyse und Beeinflussung der Basiswerte und -überzeugungen der Unternehmensmitglieder - d.h. der bewussten und unbewussten intrapsychischen Grundlagen jeglichen Denkens, Handelns und Fühlens in der Unternehmung – mithin der Weltbilder der Unternehmensmitglieder verstanden werden[850].

Für eine systematische Integration der normativen Ebene in die Unternehmensführung wird in der „einschlägigen" Literatur nachdrücklich plädiert[851]. Dieser Sichtweise ist auch in Bezug auf KVW voll zuzustimmen, denn normatives Management bedeutet nicht zuletzt, das eigene Rollenverständnis, die vom Unternehmen angestrebte Position in Markt und Gesellschaft sowie die Unternehmensphilosophie einer kritischen Prüfung und gegebenenfalls einer Revision zu unterziehen.[852] Das Gestaltungsobjekt einer Unternehmensführung ist somit nicht nur auf ökonomische Dimensionen beschränkt, sondern umfasst auch weiche Faktoren[853] wie z.B. Offenheit, Partnerschaftlichkeit, Vertrauen.

Zweifelsohne ergeben sich auf Ebene des normativen Management die grundlegendsten Gestaltungsperspektiven für ein Management der KVW-Vermeidung, weil dort die KVW bezogenen Unternehmensleitbilder und –visionen formuliert werden. Das normative Management ist der strategischen Unternehmensplanung vorgelagert und setzt sich mit der Unternehmensphilosophie, bzw. mit den in der Unternehmung vorherrschenden Basiswerten und Hintergrundüberzeugungen, auseinander[854]. Das Ziel der KVW-Vermeidung ist bereits in der Unternehmensphilosophie zu verankern, wenn eine konsequente Beeinflussung der gesamten unternehmerischen Tätigkeit im Sinne einer KVW-Vermeidung erfolgen soll.

Eine dergestalt verstandene Unternehmensphilosophie kann wiederum wesentlich dazu beitragen, dass in externer Perspektive mit der Zeit eine entsprechende positive Unternehmensreputation entsteht, etwas als besonders „faires", „gesellschaftsorientiertes" oder „sozialkompetentes" Unternehmen. Auf diese Weise kann das KVW-Management in langfristiger Sicht schwer imitierbare strategische Wettbewerbsvorteile aufbauen, vor allem wenn es sich bei den relevanten Produkten um Markenprodukte handelt oder um solche, deren Kauf ein hohes Maß an kundenseitigem Involvement aufweisen.

Auf normativer Ebene bzw. hinsichtlich der Unternehmensphilosophie lassen sich Ziele unterschiedlicher Tiefe- und Konkretisierungsgrade formulieren:

---

[850]   Vgl. Wiedmann, 1988b, S. 25-71; Wiedmann, 1992; Klee, 2000, S. 180.
[851]   Vgl. z.B. Wiedmann/Kreutzer, 1985, 70-82; Wiedmann, 1994.
[852]   Vgl. Wiedmann, 1996b, S. 259.

- *Langfristiges Denken*. Das Bestreben, KVW zu vermeiden ist als grundsätzlich wünschenswert zu definieren und darf nicht zu Lasten kurzfristiger Veränderungen (z.b. Ertragslage, ökonomische oder gesellschaftliche Kurztrends) aufgegeben werden. Kurzfristdenken wie Imitation eines erfolgreichen Produkts kann Ziel der KVW-Vermeidung konterkarieren.

- *Komplexitätsbejahung* und Anerkennung eines *nicht-simplifizierten Menschenbildes*. Komplexe Umweltstrukturen und Wandel des Konsumentenbildes vom Rationalmenschen zum lustbetonten, abwechslungssuchenden Situationskäufer.[855] Vielfalt an Konsumoptionen und komplexe kausale Wechselwirkungen zwischen Marketingmaßnahmen bzw. dem Unternehmen einerseits und der Zielgruppe andererseits bestimmen den (Nicht-) Konsum von Leistungen.

- Ergänzung der *Corporate Identity*[856] des Unternehmens. Die *Reputationspolitik* als Kernbereich der unternehmerischen Identitätspolitik lässt sich als grundlegender Aufgabenbereich der Corporate Identity-Strategie verstehen, welche die systematische Analyse und Einflussnahme auf die Unternehmensidentität zum Inhalt hat. Aufgrund der Bedeutung der Unternehmensreputation hinsichtlich der Wahrnehmung durch die Kunden sowie der Positivwirkungen der Reputation[857] (wegen ihrer Wirkungen der Unsicherheitsreduktion)[858], spielt sie auch bei der KVW-Vermeidung eine bedeutende Rolle. Die Reputationspolitik nimmt gerade bei ähnlichen, komplexen und unsicherheitsintensiven Leistungen eine wichtige Funktion wahr, da durch sie Vertrauen und Commitment ebenso wie die Qualitätswahrnehmung auf Konsumentenseite beeinflusst werden kann.

6.4 Ausgewählte Gestaltungsansätze auf strategischer Ebene

Aufgabe des strategischen Management ist die Bestimmung von Unternehmenszielen und – potentialen, die sich aus den (übergeordneten) Unternehmenszielen bzw. -visionen ableiten;

---

[853] Vgl. Bleicher, 1991, S. 191.
[854] Vgl. Wiedmann, 1988b, S. 25-71; Bleicher, 1991, S. 73ff.; Ulrich/Fluri, 1995, S. 51-101.
[855] Vgl. zum Wandel vom „economic man" zum „complex man" Bleicher (1990, S. 154) und zum Phänomen des „Variety-Seeking" Walsh/Mitchell/Hennig-Thurau, 2001, S. 85; Wiedmann/Walsh/Buxel, 2000, S. 413ff.; Helmig, 1997; ter Haseborg/Mäßen, 1997.
[856] Vgl. Klee, 2000, S. 306ff.; Wiedmann, 1996a; Raffée/Wiedmann 1993, S. 64-66; Kreutzer/Jugel/Wiedmann, 1989, S. 10ff.; Wiedmann, 1988a.
[857] Klee, 2000, S. 307ff.
[858] Durch die Reputation kann die subjektiv wahrgenommene Unsicherheit des Kunden hinsichtlich aller Qualitätsarten (Such-/Erfahrungs-/Vertrauensqualitäten) reduziert werden (vgl. Klee, 2000, S. 307).

es wirkt auf (im normativen Manegement) begründete Aktivitäten richtend ein[859] und hat insofern eine Lenkungs- und Kanalisierungsfunktion[860]. Wegen seiner Position zwischen normativer und operativer Ebene wird es auch als „Scharnierfunktion"[861] bezeichnet.[862]

Die strategische Rahmenplanung stellt den Kernbereich des strategischen Management dar, da ihr die Rolle der Strategiebestimmung zukommt. Die strategische Rahmenplanung befasst sich u.a. mit der Formulierung von Unternehmensvision, -grundsätzen oder -leitbildern[863] oder der Festlegung von Sachzielen der Unternehmung („Defining the Business")[864].

6.4.1 Strategisches Konsumentenverwirrtheit-Management des Handels

Für den Handel können auf mehreren Ebenen managementrelevante Implikationen von KVW abgeleitet werden, weil dieser verschiedene Rollen im Transaktionsprozess einnimmt.

Zunächst bestimmt der Handel die eigene Sortimentspolitik, hat demnach Einfluss auf die Sortimentsbreite und -tiefe. Gleichzeitig tritt der Handel durch seine eigenen (Handels-) Marken zunehmend als direkter Wettbewerber zu (Marken-) Herstellern auf und ist somit für die Gestaltung von Verpackungen – d.h. im hiesigen Kontext vor allem für die Zahl der Produktinformationen auf Verpackungen und deren Ähnlichkeit zu Markenprodukten – verantwortlich. Mit seinem Eigenmarkenengagement tritt der Handel auch mit Herstellern um den knappen Regalplatz in Wettbewerb, wodurch es dem Handel möglich ist, aktiver als bislang sortimentspolitische Strategien zu gestalten. Letztlich findet im Handel auch der Verkauf der Produkte und somit die Interaktion mit dem verwirrten Konsumenten statt. Die für ein strategisches KVW-Management relevanten Aktionsbereiche sind der folgenden Abbildung zu entnehmen.

---

[859]   Vgl. Bleicher, 1991, S. 54ff.
[860]   Vgl. Becker, 1992, S. 120
[861]   Becker, 1992, S. 120.
[862]   Vgl. auch Raffée/Fritz/Wiedmann, 1994, S. 135ff.; Wiedmann, 1988b.
[863]   Vgl. z.B. Wiedmann, 1996a, S. 42-49.
[864]   Vgl. z.B. Abell, 1980.

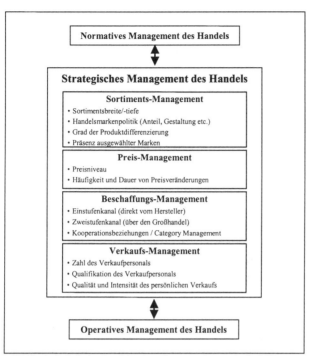

Abbildung 6-2: Zentrale Aufgabenbereiche eines Konsumentenverwirrtheit-Management des Handels

Die empirischen Ergebnisse und die darauf aufbauenden Überlegungen belegen, dass die Vermeidung von KVW im strategischen Interesse des Handels liegt – auch für ein Unternehmen wie Rosmann, das seine Eigenmarke Isana bewusst an die Herstellermarke Nivea anlehnt. Der nachgewiesene negative Zusammenhang zwischen Stimulusähnlichkeit-KVW und Loyalität hat dies eindrücklich belegt. Selbst ein Marken bezogener Loyalitätsverlust ist für den Handel wenig wünschenswert, da Marken- und Geschäftsloyalität häufig korrelieren[865]; geschwächte Marken können folglich auch dem Handel schaden.

Weiterhin ist KVW in Bezug auf die handelseigene Markenpolitik eine Gefahr. Die meisten Handelsunternehmen bieten zunehmend eigene Premium-Handelsmarken[866] an (z.B. *Rio Grande* von EDEKA), die preislich näher bei Hersteller- als bei konventionellen Handelsmarken angesiedelt sind. Ebenso wie Hersteller, so dürfte auch der Handel bestrebt sein, dass

---

[865]   Vgl. Diller/Goerdt, 1999, S. 943ff.

diese Premium-Handelsmarken von Konsumenten wiedererkannt und in deren Wahrnehmungsraum als eigenständige Größen gespeichert werden. Dies kann jedoch nur gelingen,
wenn die bisherige strategische Handelsmarkenpolitik, die häufig auf Imitation ausgerichtet
war, einer kritischen Prüfung unterzogen wird.

6.4.1.1 Handelsmarken

Die Eigenmarkenpolitik des Handels folgt weitgehend der von Markenherstellern: Erfolgreiche Markenprodukte werden imitiert und nur so lange angeboten, wie eine hinreichend große
Nachfrage nach ihnen besteht. Aus diesem Grund sind Eigenmarken weniger in innovations-
starken Warenbereichen zu finden.[867]

Durch die im Handel wegen ihrer ökonomischen Attraktivität[868] weit verbreitete Eigenmarkenpolitik trägt dieser zur Erhöhung der Gesamtproduktzahl bei, häufig ohne dabei Konsumenten wirklich neue oder andere Produkte anzubieten. Diese Entwicklung einer „epedemic
of brand cloning"[869] ist insofern bedenklich als es weniger gelingt, „anders" als existierende
bzw. bereits etablierte Marken zu sein und es schwerer wird, die Aufmerksamkeit der Konsumenten zu gewinnen und sie davon zu überzeugen, dass das eigene Produkt Vorteile gegenüber Wettbewerberprodukten hat (außer einen günstigen Preis im Vergleich zu
Markenartikeln).

Konsumenten erwarten i.d.R. keine Überraschungen beim Kauf. Wenn es aber gelingt, den
Erwartungen der Kunden in positiver Weise nicht zu entsprechen – z.B. weil das eigene
Produkt „erfrischend anders" aussieht – dann kann dies die Wahrnehmung der Konsumenten
stimulieren. So ist aus dem Bereich des Preisverhaltens bekannt, dass Preise um so eher
wahrgenommen werden, je weniger sie den Erwartungen der Konsumenten entsprechen, etwa
weil sie deutlich von den Preisen der Wettbewerber oder vom eigenen Preis der Vorperiode

---

[866] Vgl. Dumke, 1996, S. 40ff.
[867] Vgl. Mei-Folter/Barber, 1991.
[868] Eigen-/Handelsmarken sind aus Handelssicht lohnend, weil sie trotz ihres niedrigeren Preisniveaus höhere
       Gewinnspannen erzielen und zu einer Produktivitätssteigerung beitragen (vgl. Esch/Wicke, 1999, S. 37-38).
       Zudem werden Handelsmarken zunehmend als wettbewerbsstrategisches Instrument zur Schaffung von Ge-
       schäftsloyalität eingesetzt (vgl. Gröppel–Klein, 1999, S. 875; Vanderhuck, 2000).
[869] Erickson, 1994, S. 32.

abweichen.[870] Diesen Effekt können Produkte jedoch nur in einem überschaubaren Umfeld erzielen und bei einem hohen Heterogenitätsmaß der jeweiligen Marke.

Neben diesen eher allgemeinen strategierelevanten Gestaltungshinweisen gibt es konkrete, die sich unmittelbar aus den vorgelegten Ergebnissen ableiten lassen. So stieg mit zunehmender wahrgenommener Stimulusüberlastung und Stimulusunklarheit die Loyalität, die im Sinne einer KVW-Reduktionsstrategie interpretiert werden kann. Es darf jedoch bezweifelt werden, dass Handelsmarken die Nutznießer einer dergestalt entstehenden Loyalität sind. Eine vollständige Befriedigung der Loyalitätsneigung können Letztere bspw. nicht leisten, da es ihnen i.d.R. an den dafür wichtigen Voraussetzungen wie einem hohen Distributionsgrad bzw. Ubiquität fehlt. Zudem sind Handelsmarken meist mit einem erheblich knapperen Werbebudget versehen[871], werden also entsprechend weniger stark beworben und von Konsumenten wahrgenommen als ihre Markenpendants. Gerade aber die Bereitschaft Markenprodukte dauerhaft zu kaufen, ist bei stark beworbenen Produkten höher[872].

Deshalb scheint es für den Handel zweckmäßig, eine sowohl qualitative wie auch quantitative Überprüfung seiner Sortimentspolitik vorzunehmen. Eine Vielzahl von ähnlichen Produkten in einer Produktkategorie ist für den Konsumenten einfach nicht erfassbar, vor allem auch deshalb, weil die konsumentenseitige Aufmerksamkeit begrenzt ist: „divided attention is the rule, not the exception."[873] Ein Blick in die Tagespresse verleiht dieser Aussage intuitive Evidenz und belegt, dass KVW-verursachende Imitationsstrategien die Regel und nicht die Ausnahme darstellen.

Selbstverständlich wird an dieser Stelle nicht für die realitätsferne Forderung plädiert, der Handel möge sich aus der Produkterzeugung zurückziehen, sich auf seine Kernfunktion der Absatzmittlung beschränken und den Markenartiklern das Feld überlassen. Vielmehr ist angesichts von Konsumentenverwirrtheit zu fordern, die spezifischen Bedürfnisse KVW-anfälliger Konsumenten in der strategischen Planung der eigenen Handelsmarken- und Sortimentpolitik zu berücksichtigen. Vor diesem Hintergrund hat ein strategisches Management von Handelsmarken folgende konkrete Aufgaben zu erfüllen:

---

[870] Vgl. Müller-Hagedorn, 1983, S. 941.
[871] Die vergleichsweise geringen Werbebudgets für Handelsmarken finden auch in deren günstigen Preisen ihren Ausdruck, die rund 20% bis 30% unter denen von Herstellmarken liegen (vgl. Becker, 1998, S. 223).
[872] Vgl. Franke, 1994, S. 82.
[873] Vgl. Lane, 1982, S. 121.

- Handelsmarken auf Produktkategorien beschränken die einen geringen Grad an Produkt-differenzierung aufweisen. In solchen Kategorien sind neue Produkte bzw. Handelsmarken noch gut wahrnehmbar und von existierenden Marken unterscheidbar.

- Handelsmarken sind mit einem eigenständigen Erscheinungsbild zu versehen. Damit werden zwei Funktionen erfüllt. Zum einen verringert sich die Gefahr von Stimulusähn-lichkeit-KVW und zum anderen die der Beliebigkeit. Einfach „nur" eine weitere Marke, die keinen zusätzlichen emotionalen oder funktionalen Nutzen stiftet, wird bei Konsumen-ten kaum viel Resonanz finden.

- Für die Zahl von Handelsmarken eine Obergrenze festlegen. Handelsmarken führen zu einer Erhöhung der Produktzahl und können somit zu einer höheren Stimulusüberlastung-KVW führen. Gleichzeit birgt eine steigende Zahl von Handelsmarken bei endlichen Re-galflächen mittelfristig ein Konfliktpotential, denn es kommt zu einer Verdrängung von Herstellermarken. Eine solche Obergrenze scheint zudem aus einem weiteren Grund zweckmäßig. Beim Einkauf in Geschäften, die nicht als Discounter positioniert sind (z.B. miniMal, Spar, Wal-Mart), erwarten Kunden, mehrheitlich Markenprodukte anzutreffen.[874] Wenn sich das Verhältnis von Markenprodukten zu Gunsten von Eigenmarken zu sehr ver-schlechtert, kann es sein, dass Kunden ein wichtiger Grund zum Einkauf in solchen Ge-schäften fehlt. Die Folge könnte abnehmende Geschäftsloyalität und der Wechsel zu anderen Geschäften sein, wo zwar auch keine (oder wenige) Markenprodukte angeboten werden, mit denen jedoch ein niedriges Preisniveau assoziiert wird (z.B. Aldi).

- Der Handel sollte bemüht sein, Segment-Handelsmarken (z.B. *Mibell* von EDEKA) aufzubauen statt (erfolgreichen) Herstellermarken Individual-Handelsmarken[875] (z.B. *Tan-dil* von Aldi) entgegen zu stellen. Ähnlich wie bei Hersteller-Dachmarken, so können auch durch diese „Quasi-Dachmarken des Handels" positive Abstrahlungseffekte hinsichtlich Bekanntheit und Kommunikationskosten realisiert werden. Weiterhin erleichtern Segment-Handelsmarken einen Fit zwischen Handelsmarken und dem jeweiligen Handelsunterneh-men herzustellen, da inkonsistente und redundante Handelsmarken-Portfolios vermieden werden.

---

[874]   Eine Ausnahme hiervon ist der Einkauf bei Handelsunternehmen, die fast ausschließlich eine oder mehrere Eigenmarke(n) führen; so z.B. Marks & Spencer, deren Produkte unter dem Markennamen *St. Michael* ver-kauft werden.

[875]   Vgl. zu einer Unterscheidung von Segment- und Individual-Handelsmarken Gröppel-Klein, 1999, S. 878ff.

6.4.1.2 Sortimentsmanagement

Vor dem Hintergrund des hier skizzierten Handel bezogenen Problembereichs stellt sich die Frage, ob zum Zweck der Reduzierung der KVW-Wahrscheinlichkeit eine Begrenzung der Sortimente bei gleichzeitigem Erreichen der Ertragsziele möglich ist. Angesichts der bisherigen Denkhaltung ist eine Trendwende beim Handel hin zu weniger Produkten jedoch nicht zu erkennen. Dies erstaunt insofern als dass das Sortiment einen nicht unerheblichen Teil des Kapitals eines Handelsbetriebs bindet.

Gleichwohl kann dem Handel nicht die Alleinschuld für diese – wie es nun scheint, schwer umzukehrende – Entwicklung zugewiesen werden. Zu größeren Sortimenten hat indirekt auch die Marketingforschung beigetragen, die wiederholt belegt hat, dass ein positiver Zusammenhang zwischen der Sortimentsgröße eines Geschäfts und der (positiven) Wahrnehmung des Geschäfts durch den Konsumenten existiert[876]; d.h. Konsumenten nehmen Geschäfte mit breiten und tiefen Sortimenten häufig positiver wahr als solche mit begrenzten Sortimenten.

Sortimentsstraffung als Maßnahme zur Reduktion von Konsumentenverwirrtheit und Kosten

Neuere Untersuchungen zeigen gleichwohl, dass eine Verringerung des Warenangebots auch ökonomisch sinnvoll sein kann, wenn nämlich weniger nachgefragte Produkte bzw. „Langsamdreher" aus dem Sortiment genommen werden[877]. Eine solche Einschränkung ist unmittelbar einleuchtend, denn die Eliminierung von bevorzugten Marken hätte in mehrerlei Hinsicht fatale Folgen, vor allem hinsichtlich einer abnehmenden Geschäftsfrequentierung oder sinkender Umsätze. Dieser an sich triviale Vorschlag, auf unrentable Produkte zu verzichten, wird regelmäßig ignoriert, wobei die Gründe nicht immer beim Handel zu suchen sind. Hersteller versuchen mühsam erkämpften Regalplatz zu halten, auch wenn der Platz nicht von innovativen, gut gehenden Produkten, sondern Langsamdrehern besetzt wird. Aber auch der Handel, der eine hohe Verkaufsflächenproduktivität zum Ziel hat, versucht den Regalplatz vollständig auszufüllen.

Strategischen Eliminationsentscheidungen wären folglich eine detaillierte Kundenpräferenz- und Finanzen bezogene Analyse voranzugehen. Solange nicht die falschen Produkte elimi-

---

[876] Vgl. z.B. Louviere/Gaeth, 1987; Craig/Ghosh/McLafferty, 1984.
[877] Vgl. Kurt Salmon Associates, 1993; Krum, 1994.

niert werden, ist das finanzielle Risiko vergleichsweise gering, da die Prozesseinsparungen den entgangenen Umsätzen überwiegen.[878] Der Handel verfügt diesbezüglich über Informationsvorteile, denn es können Scannerdaten zur Ermittlung des Konsumentenverhaltens sowie von Abverkäufen genutzt werden.[879]

Empirische Evidenzen für eine erfolgreiche Sortimentsstraffung

Gestützt wird die Überlegung, dass eine Produktelimination nicht notwendigerweise zu Umsatzeinbußen führen muss, durch die empirische Untersuchung von Dréze/Hoch/Purk[880]; trotz einer Verkleinerung des Sortiments im Untersuchungszeitraum um ein Zehntel konnte ein Verkaufszuwachs um 4% verbucht werden.

In der Studie von Dréze/Hoch/Purk wurde die Zahl der angebotenen Produkte verringert, dabei jedoch die besetzte Regalfläche konstant gehalten; d.h. für die verbliebenen Produkte blieb mehr Regalplatz als vor der Sortimentverkleinerung.

Aus Kostensicht würden sich für eine Sortimentsbereinigung solche Produkte anbieten, die nur geringe Abverkaufsraten aufweisen und im Überschneidungsbereich mit den Sortimenten anderer Händler liegen. So werden im Lebensmitteleinzelhandel von einigen Produkten weniger als eine Einheit pro Woche verkauft[881]; ob solche Produkte von der Mehrheit der Konsumenten vermisst würden, darf bezweifelt werden. Ein positiver Nebeneffekt wäre der, dass der frei werdende Regalplatz „Schnelldrehern" zur Verfügung gestellt werden könnte und gleichzeitig das Sortiment für den Konsumenten übersichtlicher würde. Zudem ist auch im Hinblick auf die Regalpflege mit Kosteneinsparungen zu rechnen, da weniger Produkte organisational verwaltet werden müssen. Eine Sortimentsstraffung könnte auch einen Beitrag zur Profilierung des eigenen Angebots leisten, das sich dadurch weniger mit dem der Wettbewerber überschneidet.[882]

---

[878] Diesen Überlegungen liegt eine Ceteris-paribus-Annahme zu Grunde. Einflussfaktoren, die aus Sicht des Handels kostensenkend wirken, wie vom Handel erhobene Regalgebühren oder von Herstellern betriebene Regalpflege, bleiben hierbei unberücksichtigt.

[879] Vgl. Hallier, 1997, S. 298.

[880] Vgl. Dréze/Hoch/Purk, 1994.

[881] Vgl. Jager, 1996.

[882] Die zunehmende Sortimentsüberschneidung im Handel, die zu einer Multiplikation des Angebots einzelner Produkte führt, kann auch aus gesamtwirtschaftlicher Sicht problematisch sein, wenn sie etwa als „Wertvergeudung" interpretiert wird (Hansen, 1990, S. 205).

In einer Studie von Broniarczyk/Hoyer/McAllister[883] kommen die Autoren zu einem interessanten Ergebnis: im Lebensmitteleinzelhandel könnten zwischen 25% und 50% der Produkte aus dem Sortiment genommen werden, ehe Konsumenten es bemerkten. Weiter führen die Autoren aus, dass bei einer Sortimentverkleinerung um 25% lediglich sieben Prozent der Konsumenten ihre Lieblingsmarken nicht mehr fänden.[884] Zu einem ähnlichen Ergebnis ist eine von Procter & Gamble beauftragte Studie gekommen, laut der 40% der erhältlichen Waschmittel eliminiert werden könnten und immer noch 95% der Konsumentenbedürfnisse erfüllt würden[885].

Gleichwohl ist bei einer Entscheidung für eine Strategie der Sortimentsbereinigung bei der Umsetzung auf operativer Ebene zu überprüfen, welche Produkte tatsächlich aus dem Sortiment gestrichen werden können, ohne dass dem jeweiligen Handelsunternehmen Nachteile anderer Art entstehen. So lassen sich in vielen Geschäften eine Reihe von Produkten mit geringen Abverkaufszahlen finden, die jedoch eine wichtige Funktion hinsichtlich der jeweiligen Positionierung und somit der Wahrnehmung der Geschäfte durch den Konsumenten erfüllen.

Einen edlen Champagner der Marke *Veuve Clicquot Brut* wird der Kunde vermutlich nicht bei Wal-Mart erwarten, dafür aber im Foodbereich der *Galeria Kaufhof*, die eindeutig erlebnisorientiert und hochpreisig positioniert ist. Entschlösse sich Galeria Kaufhof nun, diesen (oder einen anderen) Edel-Champagner aufgrund geringer Abverkaufszahlen aus dem Sortiment zu nehmen – und u.U. durch einen „Allerwelts-Champagner" zu ersetzen – wäre dies dem Image von Galeria Kaufhof sicherlich abträglich.

6.4.1.3 Category Management

Breite, tiefe und aus Konsumentensicht unübersichtliche Warensortimente stellen auch für den Handel eine Herausforderung dar, denn eine hohe Artikelzahl bedeutet einen großen warenlogistischen Aufwand, etwa hinsichtlich des Transports, der Lagerung, der Regalauffüllung, dem Scannen zur kurzfristigen Sortimentskontrolle oder der Informationsbereitstellung.

---

[883]   Vgl. Broniarczyk/Hoyer/McAllister, 1998.
[884]   Die aus zwei Einzeluntersuchungen bestehende Studie von Broniarczyk/Hoyer/McAllister wurde unter Laborbedingungen unter Verwendung einer Studentenstichprobe durchgeführt. Für die Untersuchungsergebnisse gelten entsprechend die üblichen Einschränkungen hinsichtlich der Validität (vgl. Broniarczyk/Hoyer/McAllister, 1998, S. 169).
[885]   Vgl. Mitchell, 1996.

Manche sehen in der riesigen Artikelzahl sogar eines „der größten Probleme im Einzelhandel"[886]. Strategische sortimentspolitische Maßnahmen wie die Umsetzung eines konsequenten Category Management-Ansatzes[887] können dazu beitragen, operative Kosten und gleichzeitig die KVW-Wahrscheinlichkeit zu senken.

Ziel des Category Management ist es, vereinfacht ausgedrückt, Produkte zu Kategorien zusammenzufassen mit dem Ziel, Handelssortimente zu optimieren.[888] Im Vergleich zu den im vorangegangenen Kapitel skizzierten Sortiment bezogenen Maßnahmen, die ausschließlich als Strategien des Sortimentsmanagement des Handels betrachtet wurden, ist Category Management ein kooperativer Ansatz, der die Interessen von Herstellern und Handel berücksichtigt.[889] Der tragende Gedanke ist dabei, dass beide Parteien ein Interesse an bedarfsgerechten Sortimenten haben, also daran, „schwache" Produkte (die Regalplatz und logistische Ressourcen binden) zu identifizieren und ggf. durch andere zu ersetzen.

Zu den mit Category Management verfolgten Zielen gehören u.a. die Regal-, Warengruppen und Sortimentsoptimierung, durch die i.d.R. Verwaltungs-, Kapitalbindungs- sowie Logistikkosten des Handels gesenkt werden können. Erreicht werden diese Ziele durch eine umfassende Analyse von Hersteller- und Handelsdaten, wobei beide Partner dem jeweils anderen Einblicke in die relevanten Informationen (z.B. Scannerdaten, Kundenzahlen) gewähren.

Eine vom Category Management verfolgte Sortimentsoptimierung kann auch bedeuten, (neue) Marken, die keinen zusätzlichen Nutzen im Vergleich zu bestehenden Produkten aufweisen, aus dem Sortiment zu nehmen. So hat Procter & Gamble nach Gesprächen mit dem Handel und begleitenden Untersuchungen entschieden, dass das Käufersegment der Windel *Luvs* identisch dem der Windel *Pampers* war und infolgedessen Luvs vom Markt genommen[890], um u.a. auch eine Kannibalisierung von Pampers zu vermeiden. Für den Handel bedeutet die Verwaltung und der Umschlag von weniger Produkten eine Steigerung der Kosteneffektivität. Für Konsumenten ist der Wegfall der einen Windelmarke nicht problematisch, da das Bedürfnis nach einer Windel mit einem spezifischen Eigenschaftsbündel von der

---

[886]   Heydt, 1998, S. 108.
[887]   Vgl. Müller-Hagedorn/Zielke, 2000; Holzkämper, 1999; Hahne, 1998; Heydt, 1998, S. 104ff.
[888]   Vgl. Holzkämper, 1999, S. 50.
[889]   Vgl. Möhlenbruch, 1997, S. 113ff.
[890]   Vgl. Schlitt, 1997.

verbleibenden Marke Pampers befriedigt wird.[891] Als KVW-relevanter Nebeneffekt ist es zu einer Verringerung der Alternativenzahl gekommen.

Grundsätzlich muss also auch für das Category Management gelten, dass die Sortimentspolitik des Handels unter Berücksichtigung von Kundenbedürfnissen zu erfolgen hat. Es kann deshalb unterstellt werden, dass breite Sortimente nicht den Bedürfnissen von Konsumenten entsprechen, die eine hohe KVW-Neigung aufweisen. Insofern stellen große Sortimente mit einer Vielzahl austauschbarer Produkte eine an der Bedürfnisstruktur dieser Konsumenten sowie der gesamten Zielgruppe vorbei betriebene Sortimentspolitik dar; diese kann nicht zu hohen Umsätzen führen[892].

6.4.1.4 Persönlicher Verkauf

Es ist nahe liegend, dass der Handel aufgrund seiner Vermittlungsfunktion eher als Bezugspunkt für verwirrte Konsumenten in Frage kommt als Hersteller[893]. Es wird geschätzt, dass Konsumenten ca. 80% ihrer Kaufentscheidungen am PoS treffen[894]; somit ist das Auftreten von KVW während des Kaufprozesses im Geschäft nahe liegend.

Vor diesem Hintergrund ergeben sich für den Handel eine Reihe von Handlungsoptionen; diese können radikale sortimentspolitische Einzelmaßnahmen wie die Auslistung problematischer bzw. KVW-verursachender Produkte beinhalten oder auch den Versuch, Konsumenten bei der Reduktion ihrer KVW und beim Treffen optimaler Kaufentscheidungen zu unterstützen, denn jede Kaufhandlung ermöglicht einen persönlichen Kontakt zwischen Konsumenten und Verkäufer[895]. Letzterer Vorschlag ist insofern heikel, als die Zahl des Verkaufspersonals

---

[891] Freilich müssen bisherige (Stamm-) Käufer von Luvs – vor allem jene, die bisher keine Pampers verwendet haben – durch geeignete Kommunikationsmaßnahmen zu Pampers „ungeleitet werden".

[892] Nach Hansen (1990, S. 228) können Unternehmen nur dann optimale Umsätze realisieren, wenn angebotene Sortimente und Produkte der Bedürfnisstruktur des Marktsegments entsprechen.

[893] Auch wenn Konsumenten zunehmend die Möglichkeit geboten wird, in einen direkten Dialog mit Herstellern einzutreten (z.B. über unternehmenseigene Informations-/Beschwerdehotlines, Web-Foren etc.; vgl. Stauss, 1997; 2000), findet die Vielzahl der KVW-relevanten Transaktionen noch immer über den Handel statt.

[894] Vgl. Erickson, 1994, S. 32; Hoch/Deighton, 1989. In dieser Größenordnung (80%) werden vermutlich primär Kaufentscheidungen über Low-Involvement-Produkte am PoS getroffen. Dennoch können auch Kaufentscheidungen über teure High-Involvement-Produkte (Videorecorder, Fernseher, Discman etc.) am PoS getroffen werden, denn häufig nutzen Konsumenten Zeitungen, das Internet usw. als Quelle zum Vorinformieren, treffen eine endgültige Kaufentscheidung jedoch erst nach dem physischen Kontakt mit dem Produkt.

[895] Vgl. Hansen/Bode, 1999, S. 164; Hansen, 1995, S. 184f.

im Handel seit langem sinkt[896], eine wirksame Auseinandersetzung mit KVW auf Ebene des Handels jedoch strategischer Entscheidungen wie etwa eine Intensivierung des persönlichen Verkaufs bedarf.

Intensivierung des persönlichen Verkaufs

Eine Verkauf bezogene Reaktion auf KVW kann nach Betriebsformen (grob) differenziert für Fachhandel und Selbstbedienung skizziert werden. Es ist nahe liegend, dass der Fachhandel, der durch eine im Vergleich zum Selbstbedienungshandel höhere Personal- und Beratungsintensität gekennzeichnet ist, eher für Maßnahmen in Frage kommt, die auf den persönlichen Verkauf abstellen. Gleichzeitig stellt sich für den Selbstbedienungs-Einzelhandel die Frage, ob KVW-bedingte Umsatzeinbußen nicht den Ausgaben für einen strategisch verankerten intensiveren Verkauf überwiegen.

Eine Intensivierung des persönlichen Verkaufs kann grundsätzlich nur über die Einstellung zusätzlichen Personals erreicht werden, da auf einzelne (verwirrte) Kunden durchschnittlich mehr Beratungszeit entfällt.[897] Höhere Personalkosten senken zunächst jedoch die Kosteneffektivität des Handels, weshalb diese Strategie abschreckend wirken mag; doch sind verschobene Käufe oder Kaufverzicht weit weniger wünschenswert. Es ist deshalb zu bedenken, dass ein erhöhter Personleinsatz sich mittelfristig amortisieren kann, wenn nämlich eine verbesserte Beratungsleistung durch das Verkaufspersonal zu weniger KVW und mehr Umsatz führt. Diese Überlegung wird durch die empirischen Ergebnisse, vor allem durch den positiven Richtungszusammenhang zwischen Stimulusüberlastung und Entscheidungsaufschub, gestützt. Ein Konsument, der während des Kaufaufschubs geeignete Hilfe bekommt, wird anschließend den Kauf vollziehen; bekommt er jedoch keine effektive Unterstützung und ist das Produkt für ihn nicht von großer Wichtigkeit, ist ein gänzlicher Kaufverzicht und somit ein Umsatzausfall für den Handel wahrscheinlich.

---

[896] Vgl. Hill/King/Cohen, 1996, S. 137. Im deutschen Einzelhandel ist die Zahl der Beschäftigten von 1996 bis 1998 um gut 5% auf 2,575 Mio. gesunken (vgl. Statistisches Bundesamt, 2000b). Ein wesentlicher Grund für die rückläufigen Beschäftigtenzahlen sind Rationalisierungsmaßnahmen im Handel, vor allem in den Bereichen Logistik und Lagerung, durch die menschliche Arbeit durch andere Einsatzfaktoren substituiert wird (vgl. Müller-Hagedorn, 1998, S. 567ff.).

[897] Gerade Betriebsformen wie der Selbstbedienungseinzelhandel, die durch einen niedrigen Personaleinsatz gekennzeichnet sind, operieren mit einem niedrigeren Personalkostenanteil und einer höheren Personalproduktivität (vgl. Hansen, 1990, S. 291-294).

In der Einkaufssituation hat der verwirrte Konsument zwei denkbare Optionen: Einerseits kann er versuchen, Konsumentenverwirrtheit-Reduktionsstrategien anzuwenden, wie sich etwas mehr Zeit für die Stimulusverarbeitung zu nehmen als ursprünglich geplant, Alternativen aus seinem Evoked Set zu streichen oder anderseits einen Verkäufer um Hilfe zu bitten. Es erscheint plausibel, dass ein verwirrter Konsument, der seine Kaufentscheidung aufschiebt, verstärkt auf das Verkaufspersonal zurückgreifen wird, um mit dessen Hilfe das Sachziel[898] *KVW-Reduktion* zu erreichen.

Das Verkaufspersonal als Problemlöser

Vom Verkaufspersonal erhofft sich der Konsument Hilfe bei der Bewältigung der Informationsmenge und Hinweise darauf, welche Informationen oder Produkteigenschaften wichtig sind und welche weniger. Vor allem bei High-Involvement-Käufen vermag ein Verkäufer die einzelnen Produktmerkmale zu priorisieren (d.h. dem Konsumenten nur die Wichtigsten zu erläutern), Funktionen umfassend zu erklären und die von Konsumenten wahrgenommene Unklarheit zu beseitigen. Wenig verwunderlich ist deshalb der folgende Ausspruch, der sich auf eine Fahrradkaufsituation bezieht: „In meiner Verwirrung war der Verkäufer einfach Gold wert."[899]

Eine wirkungsvolle verkäuferseitige Hilfestellung setzt jedoch voraus, dass das Verkaufspersonal in der stark situativ geprägten Verkaufssituation[900] verwirrte Konsumenten als solche zu erkennen vermag. Die Fähigkeit, diese zu erkennen bedeutet, dass das Verkaufspersonal entsprechend zu schulen ist.

Die Interaktion zwischen Konsumenten und Verkäufer umfasst i.d.R. mehrere Schritte[901] bzw. kann in mehrere Einzelphasen gegliedert werden[902]. Schon im ersten Schritt, in dem der Konsument typischerweise seinen Wunsch, oder im Fall von KVW sein Problem, artikuliert, sollte der Verkäufer möglichst erkennen was die KVW verursacht (z.B. widersprüchliche Produktinformationen) und das Problem mit einem Fokus auf konzise und für den Kunden

---

[898] Ziele des Konsumenten in Situationen des persönlichen Verkaufs umfassen i.d.R. *Sach-* (z.B. Informationsgewinnung, Risikominderung, Entlastung von Bewertungsvorgängen) und *Beziehungsziele* (z.B. sozialer Kontakt, Machtdemonstration) (vgl. Hansen, 1990, S. 285).

[899] Hansen/Blüher, 1993, S. 49.

[900] Vgl. Schuh, 1999, S. 167.

[901] Vgl. Mehrabian, 1972, S. 166.

[902] Vgl. Bänsch, 1988b, S. 45.

relevante Schlüsselinformationen beheben. Dabei ist von Seiten des Verkäufers jedoch darauf zu achten, dass der Konsument durch das, was der Verkäufer sagt oder tut nicht weiter verwirrt wird. Ein achtloser Umgang mit einem Produkt, das gleichzeitig vom Verkäufer verbal gelobt und positiv dargestellt wird, wird der Konsument vermutlich als widersprüchlich wahrnehmen[903] und kann bei diesem zu Stimulusunklarheit und KVW führen oder die bereits wahrgenommene KVW verstärken.

Für das strategische Management des Handels kann zusammenfassend die Notwendigkeit einer Überprüfung der eigenen Handelsmarken- und Sortimentspolitik insgesamt sowie des zielgerichteten Einsatzes des Verkaufspersonals konstatiert werden. Eine am Kriterium KVW-Vermeidung orientierte Sortimentspolitik sollte den Bedürfnissen von Konsumenten, die KVW im hohen Maße wahrnehmen, Rechnung tragen. Diese Bedürfnisse umfassen im Kern den Wunsch nach: einem übersichtlichen Sortiment, einer klaren Produktpräsentation, unterscheidbaren Marken innerhalb einzelner Produktgruppen sowie klaren und einheitlichen Produktinformationen auf den Produkten sowie aus der Werbung.

6.4.1.5 Ladengestaltung und Regalanordnung

Neben den beschriebenen sortimentspolitischen Maßnahmen liegen auch eine Reihe anderer betriebsstruktureller Faktoren wie das Preis-, und Qualitätsniveau, die Größe der Verkaufsfläche etc. im strategischen Gestaltungsbereich des Handels. Dabei ist im Hinblick auf das Verhalten von Konsumenten vor allem auch die Gestaltung des Ladeninnenraums von Bedeutung.

Der Konsument sieht sich beim wiederholten Besuch eines Geschäfts keinem statischen Verkaufsumfeld gegenüber. Vielmehr tragen Maßnahmen zur Steigerung der Erlebnisorientierung des Konsumenten sowie akquisitionsorientierte Aktionen zu einer PoP-internen Dynamik bei, die vom Konsumenten (zumindest teilweise) ein Neuerlernen des Warenangebots und der Einkaufsumgebung verlangt[904].

---

[903] Vgl. Bänsch, 1988, S. 59.
[904] So wird ein Teil des Sortiments – i.d.R. die Markenprodukte – neben klassischer Medienwerbung auch durch gezielte Verkaufförderungsmaßnahmen am PoP beworben (spezielle Displays, Preisaktionen, Produktinformationen, Warenproben etc.; vgl. Tietz, 1993, S. 124.

Weiterhin bestimmt der Handel die langfristige Gestaltung der Outlets und hat somit die Möglichkeit, die Regalanordnung zu ändern[905]. Eine Veränderung der Regalanordnung kann dazu beitragen, vollgestellte und für Konsumenten schwer zu überblickende Produktplatzierungen zu vermeiden. Grundsätzlich besteht nach Müller-Hagedorn/Heidel[906] die Möglichkeit, zwischen einer kunden- oder absatzorientierten Regalanordnung zu wählen.

Eine am Ziel KVW-Vermeidung orientierte Regalanordnung würde zu verhindern versuchen, dass zumindest mit dem Geschäft vertraute Konsumenten das gesamte Sortiment ablaufen müssen, um die gewünschten Artikel zu finden. Entsprechend wäre eine absatzorientierte zu Gunsten einer kundenorientierten Regalanordnung[907] abzulehnen. Wie in der folgenden Abbildung zu sehen, erlaubt eine kundenorientierte Regalanordnung dem Konsumenten ein zielgerichtetes Einkaufen, ohne vorher mit dem Sortiment eines Ladens vollständig konfrontiert gewesen zu sein.

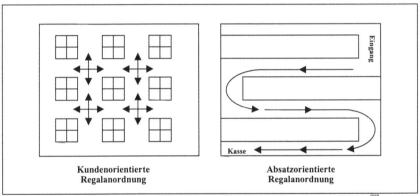

Abbildung 6-3: Kundenorientierte vs. absatzorientierte Regalanordnung im Handel[908]

Aufbauend auf eine kundenorientierte Regalanordnung kann auch die potentiell KVW-fördernde Platzierung von Artikeln aufgebrochen werden. Die lückenlose Nebeneinanderplatzierung ähnlicher Marken erhöht die Wahrscheinlichkeit von Stimulusähnlichkeit-KVW, weil Konsumenten u.U. nicht erkennen, wo die Produkte einer Marke aufhören und die einer anderen (ähnlichen) Marke beginnen.

---

[905]   Vgl. Hansen, 1990, S. 296ff.
[906]   Vgl. Müller-Hagedorn/Heidel, 1986, S. 40.
[907]   Berekoven (1990, S. 294) spricht in Bezug auf die absatzorientierte Regalanordnung von einem *Zwangsab-*

6.4.2 Strategische Konsumentenverwirrtheit-Vermeidung von Markenherstellern

Als Anbieter von komplexen Leistungsbündeln sind nun Markenhersteller Gegenstand von strategischen KVW bezogenen Überlegungen. Die folgende Diskussion der für Markenhersteller strategierelevanten Gestaltungsansätze sollen sich schwerpunktmäßig auf vier Aspekte beziehen:

- Segmentierung,

- (Neu-) Produktgestaltung,

- Verpackungsgestaltung,

- Markenführung.

In Zusammenhang mit diesen strategischen Schwerpunktaufgaben ist als übergreifendes strategisches Ziel die kontinuierliche und konsistente (interne und externe) Kommunikationspolitik zu nennen.[909] Insbesondere in der Ausgestaltung der Kommunikationspolitik ergeben sich wichtige Ansatzpunkte, um zunächst auf individueller Ebene die intrapsychischen Wahrnehmungs- und Beurteilungsprozesse des Kunden zu beeinflussen. Um für externe Anspruchgruppen und Mitarbeiter glaubwürdig zu sein, bedarf es zudem einer Übereinstimmung zwischen dem faktischen Unternehmensverhalten – als wichtigste Determinante der Unternehmensreputation[910] - und den kommunizierten Unternehmenszielen und -werten. Die Strategie der KVW-Vermeidung ist zumindest in Kernaussagen auch intern zu kommunizieren. Denn nur ein hohes Maß von Identifikation mit den (neuen) Unternehmenszielen kann zu einer von allen Mitarbeitern getragenen und Erfolg versprechenden Strategie werden.

6.4.2.1 Segmentierung

Es scheint plausibel zu unterstellen, dass verwirrte Konsumenten andere Nutzenerwartungen haben als nicht verwirrte. Ein solcher Unterschied ist vor allem hinsichtlich der angebotenen Produkte und Informationsmenge nahe liegend. Auf produktspezifischer Ebene können darüber hinaus Unterschiede im Hinblick auf die erwartete (z.B. technische) Komplexität

---

908   *lauf*, während die kundenorientierte Regalanordnung als *Individualablauf* bezeichnet wird.
      Quelle: in Anlehnung an Müller-Hagedorn/Heidel, 1986, S. 40.
909   Hiermit ist die Stoßrichtung der strategischen Kommunikation gemeint, gemeint sind nicht kommunikative Einzelmaßnahmen (z.B. Sponsoring eines „Tag der offenen Tür"), die als Teil des Marketing-Mix einen operativen Charakter haben.

herrschen. Für das strategische Marketingmanagement kann eine Implikation hiervon sein, dass Zielmärkte nach verwirrten und nicht verwirrten Konsumenten segmentiert und die Segmente mit entsprechenden Produkt- und Informationsangeboten bearbeitet werden.

In methodischer Hinsicht erfordert eine wirkungsvolle Marktsegmentierung aussagekräftige Trennvariablen, anhand derer ein Gesamtmarkt unterteilt werden kann. Auf Konsumgütermärkten werden in jüngerer Zeit zunehmend psychografische[911] und Kaufverhalten bezogene[912] Kriterien isoliert oder in Kombination herangezogen; im letzten Fall spricht man von „hybrider Segmentierung".

Konsumentenverwirrtheit kann als geeignete Trennvariable angesehen werden, denn zum einen wird sie i.d.R. von Konsumenten wahrgenommen und zum anderen ist es wahrscheinlich, dass sie sich im (beobachtbaren) Kaufverhalten spiegelt. Eine Segmentierung nach KVW-Graden ist in verschiedenen Varianten vorstellbar, die hier schlaglichtartig vorgestellt werden sollen:

• Ein auf KVW-Graden basierender Segmentierungsansatz würde zunächst eine nach KVW-Gruppen abgestimmte Kommunikation bedeuten, wobei versucht werden sollte, Konsumenten mit hoher wahrgenommener KVW mit ggf. weniger dafür aber konzisen, widerspruchsfreien und für sie relevanten Informationen zu versorgen.[913]

• Eine konsequente Segmentierung nach KVW-Graden kann zudem bedeuten, dass einem „Hoch-KVW-Segment" andere Produkte oder zusätzliche Serviceleistungen angeboten werden. Produkte, die für verwirrte Konsumenten bestimmt sind, können sich äußerlich –

---

[910] Vgl. Klee, 2000, S. 322.

[911] Mit Hilfe der *psychografischen Segmentierung* werden heterogene Gesamtmärkte in relativ homogene Teilmärkte zum Zweck der Zielgruppenbildung anhand von Trennkriterien - wie Lebensstil, Persönlichkeit, soziale Schicht usw. - aufgeteilt. Die psychografische Segmentierung lässt Rückschlüsse auf Produktpräferenzen zu, ist marketingrelevanten Variablen jedoch häufig nur schwierig zuzuordnen (vgl. Gunter/Furnham, 1992). Eine vergleichsweise leistungsfähige Form der psychografischen Segmentierung ist die sog. *Nutzensegmentierung* („benefit segmentation"; vgl. Frank/Massy/Wind, 1972), die unter Einsatz der Conjoint Analyse recht verhaltensnah und messbar ist.

[912] Bei der *Verhalten bezogenen Segmentierung* beruht die Aufteilung von Konsumenten in Gruppen auf beobachtbaren Verhalten, so wie der Mediennutzung und der Geschäfts- oder Produktwahl. Ein neuerer Kaufentscheidungen bezogener Ansatz versucht Konsumenten anhand grundlegender Kaufentscheidungsdimensionen (z.B. Markenbewusstsein, Impulsivität, Variety-Seeking) zu segmentieren (vgl. Walsh/Hennig-Thurau, 2001; Wiedmann/Walsh/Hennig-Thurau/Mitchell, 2001; Mitchell/Bates, 1998).

[913] Natürlich sollte dies auch ein Ziel der Kommunikation mit Konsumenten sein, die keine hohe KVW-Neigung aufweisen. Doch können diese Konsumenten Ambiguitäten in kommerziellen Botschaften und große Informationsmengen besser bewältigen als verwirrte Konsumenten.

etwa hinsichtlich der Zahl der auf der Verpackung aufgebrachten Informationen oder der Ähnlichkeit zu anderen Verpackungen – sowie hinsichtlich des Produkts selbst von anderen unterscheiden. So könnte ein Videorecorder, der speziell für ein Hoch-KVW-Segment konzipiert würde, lediglich über einfache Basisfunktionen verfügen.

Diese Überlegung einer nach den KVW-Graden der Zielgruppe differenzierten Segmentierung ist in Abbildung 6-4 dargestellt; aus Vereinfachungsgründen sind lediglich drei Produktdimensionen – Stimulusmenge, Produktähnlichkeit und Produktkomplexität – berücksichtigt. Wie aus Abbildung 6-4 zu ersehen ist, könnte ein Produkt, das für das Segment der wenig KVW wahrnehmenden Konsumenten bestimmt ist, vergleichsweise komplex, ähnlich zu anderen Produkten und mit vielen Produkt bezogenen Informationen versehen sein.

Bei Produkten, die nicht funktional nach Segmenten differenziert werden sollen oder können, sind spezielle After Sales-Services für verwirrte Konsumenten denkbar; z.B. Center in denen Konsumenten kostenlos das Produkt erklärt wird. Schließlich böten sich auch von Unternehmen betriebene Hotlines an, die eine Telefonberatung anbieten, die vor allem auf die spezifischen Informationsbedürfnisse verwirrter Konsumenten abzielt.

- Weniger geeignet erscheinen hingegen internetbasierte Informationsangebote; die Nutzung des Internet setzt eine gewisse Nutzungskompetenz voraus, über die verwirrte Konsumenten, die tendenziell älter und bildungsschwach sind, u.U. nicht verfügen. Außerdem ist gerade die Bereitstellung von großen Informationsmengen für Konsumenten, die anfällig für Stimulusüberlastung sind, problematisch.

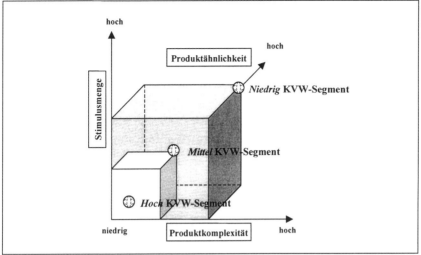

Abbildung 6-4: Marktsegmente in Abhängigkeit von der Konsumentenverwirrtheits-Neigung

6.4.2.2 (Neu-) Produktgestaltung

Die von Konsumenten häufig in vielen Produktbereichen wahrgenommene Produkthomogenität und Austauschbarkeit von Marken („brand parity")[914], die im Extremfall zu Stimulusähnlichkeit und somit KVW führen kann, hat zunächst für die vom Hersteller verfolgte Produktgestaltungsstrategie Bedeutung. Obgleich von Seiten der Unternehmen beteuert wird, dass die Diskriminationsfähigkeit von Marken und Markennamen eine große Rolle spielt[915], handeln Unternehmen nicht immer entsprechend. Ebenso wie der Handel, so treten auch Markenhersteller als Imitatoren auf, wofür sie zunehmend kritisiert werden: „Wer also seinen Brotaufstrich Nutoka, Nusspli oder ähnlich tauft, beweist höchstens, daß er Nutella nachmacht."[916]

---

[914] Vgl. Sheth/Mittal/Newman, 1999, S. 706.
[915] Vgl. Kohli/LaBahn, 1997.
[916] Kircher, 1999, S. 448.

Klare Produktpositionierung

Wenn schon nicht eine äußerlich klare Abgrenzung von Produkten des Wettbewerbs gelingt, so hat doch eine auf Abgrenzung zielende Positionierung zu erfolgen. Ausgangspunkt einer Produktpositionierung ist die Tatsache, dass Konsumenten die Produkte auswählen, deren subjektive oder objektive Eigenschaften ihren Präferenzen möglichst in hohem Maße entsprechen. Je enger die wahrgenommene Position verschiedener Marken ist, desto stärker stehen sie im Wettbewerb.[917] Die Verankerung einer neuen Marke im Bewusstsein der Konsumenten stellt im Kontext von KVW deshalb noch keinen Erfolg dar. Erst wenn Konsumenten das eigene bzw. neue Produkt als distinkt wahrnehmen (d.h. mit ihm ein spezifisches, einzigartiges Eigenschaftsbündel assoziieren) und als das Einzige, welches ihre Präferenzen befriedigt, wird Stimulusähnlichkeit-KVW unwahrscheinlich. Diese Anforderungen sind in Abbildung 6-5 grafisch dargestellt.

In der Abbildung ist der Positionierungs- bzw. Eigenschaftsraum durch drei Produkteigenschaften aufgespannt. Eine strategisch auf KVW-Vermeidung ausgerichtete Positionierung sollte zum Ziel haben, das eigene Produkt so im Wahrnehmungsraum zu platzieren, dass:

- den Präferenzen der Zielgruppe entsprochen wird;

- die besetzte Position ökonomisch vorteilhaft ist (z.B. im Hochpreissegment) und

- die gewählte Position als hinlänglich anders als die der Wettbewerbsmarken wahrgenommen wird (d.h. „Abstand" zu anderen Marken gehalten wird).

Eine solche erweiterte und (begrenzt) wettbewerbsfreie Positionierung erfüllt zwei (Puffer-) Funktionen. Einerseits wird der Wettbewerbsdruck verringert, da man nicht mehr in unmittelbarer Konkurrenz zu anderen Marke steht. Andererseits wird die Gefahr von Verwechslungen minimiert, da die eigene Marke als einzigartig wahrgenommen wird. Eine solche Positionierungsstrategie funktioniert jedoch nur solange, bis wieder neue Marken auf den Markt kommen, die sich dann an den erfolgreich Positionierten orientieren.

---

[917] Vgl. Kroeber-Riel/Weinberg, 1999, S. 219.

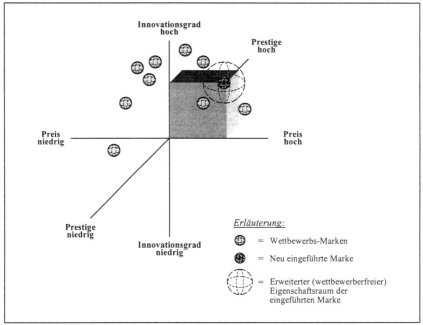

Abbildung 6-5: Strategische Positionierung einer neuen Marke

Produktkomplexität als Herausforderung der Produktgestaltung

Jedoch ist im Hinblick auf KVW nicht nur eine Strategie der äußerlichen und funktionalen Imitation problematisch, sondern auch Bemühungen von Unternehmen, Produkte mit möglichst komplexen Leistungsbündeln anzubieten, um sich auf diesem Wege von Wettbewerbern zu differenzieren und dem Preiswettbewerb zu entziehen. Folgen hiervon sind zunehmend komplexere Produkte[918], die in vielen Produktkategorien anzutreffen sind und von Konsumenten nicht im vollen Umfang genutzt werden[919], da nicht alle Funktionen von diesen verstanden werden.

Mit komplexen Produkten gehen häufig auch für Konsumenten nur schwer verständliche Bedienungsanleitungen einher; beides kann die Qualitätswahrnehmung der Konsumenten

---

[918] Vgl. Mayr, 2000; Pauser, 1993.
[919] Vgl. Hansen/Hennig, 1996.

negativ determinieren. Tatsächlich belegen neuere Untersuchungen, dass die Nutzerfreund-lichkeit eines Produkts eine wichtige Qualitätsdimension aus Konsumentensicht darstellt[920].

Produktkomplexität kann nicht nur zu Verständnisproblemen und KVW führen, sondern auch zu verringertem Vertrauen[921] und einer verfälschten Qualitätswahrnehmung; alle drei Konse-quenzen sind im Hinblick auf die unternehmerische Zielgröße Kundenbindung und Loyalität wenig wünschenswert. Eine weitere Implikation hiervon ist die Forderung nach Produkten, die an den Bedürfnissen und kognitiven Fähigkeiten der Zielgruppe orientiert sind sowie nach klaren und verständlichen Bedienungsanleitungen; denn gerade die von (Neu-) Produkten nicht erreichte Befriedigung von Konsumentenbedürfnissen ist oft eine der Hauptgründe für das Scheitern von Produkten[922].

6.4.2.3 Verpackungsgestaltung

Angesichts der vielfältigen Aufgaben von Verpackungen[923] und den damit einher gehenden hohen Entwicklungskosten[924], stellt die Konzeption einer distinkten Produktverpackung eine strategische Aufgabe dar. Die Wahl für eine bestimmte Gestaltung ist eine langfristige Ent-scheidung und deshalb von entsprechend großer Tragweite. Vor diesem Hintergrund scheint es klüger, im Vorfeld etwas höhere Kosten bei der Entwicklung einer klaren und eindeutig von existierenden Produkten des Wettbewerbs unterscheidbaren Verpackung in Kauf zu nehmen als Fehlinvestitionen zu riskieren, indem bestehende Verpackungen imitiert werden, die eine baldige Neugestaltung notwendig machen.

Funktionen der Produktverpackung

Eine Verpackung soll die Wiedererkennung der Marke unterstützen und die Marke soll ein unverwechselbares Vorstellungsbild im Kopf der Konsumenten bekommen. Wenn eine Unverwechselbarkeit nicht durch physische Produkteigenschaften gelingt, dann muss sie i.d.R. im Nachhinein teuer auf kommunikationspolitischem Wege erkauft werden. Dies ist

---

[920]   Vgl. Brucks/Zeithaml/Naylor, 2000, S. 361.
[921]   Vgl. Hansen/Hennig, 1996, S. 162.
[922]   Vgl. Crawford, 1991, S. 124.
[923]   Vgl. Nieschlag/Dichtl/Hoerschgen, 1994, S. 240.
[924]   Vgl. Kotler/Bliemel, 1995, S. 700-705.

auch ein Grund dafür, weshalb es massiver Werbeausgaben seitens der Markenhersteller bedarf, um Handelsmarken in Schach zu halten bzw. deren Marktanteil zu begrenzen.[925]

Obgleich Verpackungen und Etiketten insbesondere am PoP in einem unübersichtlichen Produktumfeld eine wichtige Funktion erfüllen, da sie die Unterscheidbarkeit einzelner Marken zwischen vielen anderen Marken erleichtern können,[926] kommt ihnen auch hinsichtlich der Übermittlung von Produkt bezogenen Informationen eine wichtige Rolle zu. Sie stellen aus Unternehmenssicht die letzte Möglichkeit dar, um einerseits Konsumenten zu aktivieren und andererseits über Inhaltsstoffe, Produktfunktionen oder -verwendung zu informieren.

Produktverpackungen und die Vermeidung von Konsumentenverwirrtheit

Vor diesem Hintergrund gilt es Verpackungen und Etiketten so zu entwerfen, dass sie möglichst keine Ursache von KVW darstellen. Am Kriterium KVW-Vermeidung orientierte Verpackungen und Etiketten sollten deshalb nicht zu ähnlich zu anderen und gut lesbar sein sowie keine für Konsumenten mehrdeutigen, schwer verständlichen Begriffe oder Abbildungen enthalten. Die Bedeutung und Sinnhaftigkeit einer solchen Forderung kann anhand eines Beispiels belegt werden.

Das schweizer Handelsunternehmen Coop fand heraus, dass viele seiner Konsumenten, insbesondere die Älteren, Schwierigkeiten hatten, die Etiketten der unternehmenseigenen Handelmarken zu verstehen.[927] Bei einem Handelsmarkenanteil von gut 50% stellte dies für Coop ein erhebliches Problem dar, nicht zuletzt weil Konsumenten bestimmte Produkte verwechselten, so wie Himbeeren mit Erdbeeren, oder Mühe hatten, das Mindesthaltbarkeitsdatum zu finden, weil die Etiketten zu unübersichtlich und die verwendeten Schriftgrößen zu klein waren.[928] Coop ergriff deshalb Maßnahmen, die zum Ziel hatten, Verpackungen und Etiketten für ihre Konsumenten verständlicher zu machen. Dies resultierte in einer Neugestaltung von 2000 Handelsmarken. Auf den neuen Verpackungen und Etiketten waren der Preis,

---

[925]   Vgl. Braun, 1999, S. 651.
[926]   Vgl. Davies/Wright, 1994, S. 57.
[927]   Vgl. Biester/Dawson, 1998.
[928]   Vgl. Biester/Dawson, 1998.

das Gewicht und das Mindesthaltbarkeitsdatum auf einem Blick sichtbar und rückseitige Informationen wurden konzise, klar strukturiert und in größerer Schrift dargestellt.[929]

Dieses Beispiel rückt auch einen Aspekt in den Vordergrund, der aus Marketingsicht zunehmend an Bedeutung gewinnt: Die Notwendigkeit das Segment älterer Konsumenten bzw. Senioren mit bedürfnisadäquaten Produkten zu bearbeiten[930]. Noch immer sind viele Produkte und ihre Verpackungen so gestaltet, dass vor allem betagte Konsumenten Erkennungs- oder Verständnisschwierigkeiten haben und es regelmäßig zum verhängnisvollen Fehlgebrauch von Produkten kommt.[931]

Das Segment der Senioren ist sehr attraktiv, weil es aufgrund eines steigenden durchschnittlichen Lebensalters der Menschen an Größe gewinnt und Senioren mit einer hohen durchschnittlichen Kaufkraft[932] ausgestattet sind. Nicht von ungefähr kommt deshalb die Einschätzung, dass dieses Segment das „größte Zielgruppenpotenzial der Zukunft"[933] darstellt. Eine Nutzung dieses Potentials bedarf jedoch an den spezifischen Bedürfnissen dieses Segments orientierte marketingpolitische Maßnahmen. Wie in Kapitel 5.6 erläutert wurde, weisen ältere Konsumenten eine stärke KVW-Neigung auf. Insofern müssen Marketingmaßnahmen wie Werbebotschaften, Produkte oder produktbegleitende Informationen stärker als bisher an den Wünschen und Bedürfnissen älterer Konsumenten ausgerichtet sein.

6.4.2.4 Markenführung

Die vorangegangenen Ausführungen bezogen sich auf neu einzuführende Produkte. Das Marken-Management bzw. die Markenführung befasst sich indes mit neu einzuführenden bzw. zukünftigen sowie mit vorhandenen Marken. Die Aufgaben eines Markenmanagement umfassen im Kern den Aufbau und die kontinuierliche Betreuung von bereits existierenden sowie die Konzeption zukünftiger Marken.[934]

---

[929]   Vgl. Biester/Dawson, 1998.
[930]   Vgl. Lumpkin/Hite, 1988.
[931]   Unter den Konsumenten, die z.B. versehentlich Haushaltschemikalien zu sich nehmen, weil sie Warnhinweise wie *ätzend* übersehen, sind überdurchschnittlich viele Hochbetagte zu finden (vgl. o.V., 2000g).
[932]   Mit einem monatlichen Netto-Durchschnittseinkommen von über DM 1.500 verfügt die Altersgruppe 70+ über das höchste Einkommen aller Altersgruppen in Deutschland (o.V., 1995; o.V., 1992), gefolgt von der Altersgruppe 60-69, deren Einkommen bei knapp unter DM 1.500 liegt (o.V., 1995).
[933]   O.V. 1999c, S. 28.
[934]   Vgl. Haedrich/Tomczak, 1994, S. 927; Gotta, 1994; Wind, 1982, S. 365.

Produkthomogenität als Herausforderung der Markenführung

Die mit Neuprodukten häufig assoziierte Erwartung an einen verbesserten Unternehmenserfolg[935] impliziert hohe Anforderungen an den Innovationsgrad und die Andersartigkeit eines (Neu-) Produkts. Eine produktpolitische Strategie hat demnach drauf abzuzielen, die vom Konsumenten wahrgenommene Distinktheit von Herstellermarken zu erhöhen: „emphasising the difference with lookalikes – (...) will be more effective to fight lost sales related to confusion."[936] Tatsächlich erfüllen die meisten Produkten heute sachliche Qualitätserwartungen der Konsumenten und haben sich sowohl hinsichtlich der Funktionalität als auch im Wahrnehmungsraum der Konsumenten angenähert. Diese Entwicklung steht im Widerspruch zum „Anderssein-Postulat" von Marken[937].

Es ist deshalb wenig verwunderlich, dass die vom Konsumenten wahrgenommene Produkthomogenität zunimmt und im Falle von Stimulusähnlichkeit-KVW zu abnehmender Markenloyalität führt. Konsumentenverwirrtheit-bedingte abnehmende Markenloyalität stellt eine große Herausforderung dar, vor allem auch deshalb, weil es häufig erklärtes Ziel von Unternehmen ist, ein möglichst großes Segment loyaler Konsumenten unter ihren Kunden zu haben[938]. Die Gründe für ein solches Bestreben sind im ökonomischen Nutzen zu finden, die loyale Konsumenten für Hersteller und Handel darstellen, denn loyale Konsumenten:

- stellen zukünftige Einnahmen dar;

- können i.d.R. leichter gehalten als Neue hinzugewonnen werden[939];

- sind für Wettbewerber schwieriger wegzulocken als nicht loyale Kunden[940];

- sind häufig mit den wiederholt gekauften Leistungen zufrieden und neigen deshalb eher zu positiver (für Leistungsanbieter kostenlose) Mundpropaganda und tragen somit zur

- Neukundengewinnung bei.

---

[935]   Vgl. Brockhoff, 1993, S. 1-2.
[936]   Balabanis/Craven, 1997, S. 308.
[937]   Esch/Wicke (1999, S. 12) nennen als Hauptfunktion von Marken die Differenzierung des eigenen Angebots von dem des Wettbewerbs und Karmasin (1993, S. 34) betont angesichts funktioneller Angleichung von Marken die Notwendigkeit künstlicher Unterschiede.
[938]   Vgl. z.B. Homburg/Giering, 1999, S. 1091.
[939]   Vgl. Wells, 1993.
[940]   Vgl. Hoyer/MacInnis, 1997, S. 255.

Im Hinblick auf die identifizierten Ursachen von KVW, insbesondere Stimulusähnlichkeit und -überlastung, ist herstellerseitig eine auf Markenerweiterungen bzw. –ausdehnungen gerichtete strategische Markenführung zu überprüfen, da diese zu einer Erhöhung der Zahl ähnlicher Produkte führt. Markenerweiterungen und –ausdehnungen resultieren häufig nicht in Gewinnsteigerungen[941], weil keine zusätzliche Nachfrage generiert wird und es zudem zu einer Kannibalisierung der eigenen Kernmarke kommen kann[942].

Akzentuierung physischer *und* emotionaler Produktmerkmale

Des Weiteren kann die durch eine Phalanx identischer Marken verursachte Stimulusähnlichkeit gleichbedeutend mit einer Verschlechterung von Konsumentenkaufentscheidungen sein. Marken stehen i.d.R. für ein Bündel emotionaler und funktionaler Attribute, die Konsumenten beim Kauf nicht immer wieder aufs Neue überprüfen müssen; sie erlauben demnach eine Vereinfachung von Kaufentscheidungen[943]. Bei Marken mit einem niedrigen Distinktheitsgrad ist dies nicht oder nur schwer möglich, da Konsumenten nicht annehmen können, dass es sich bei der entsprechenden Marke um ein einzigartiges Eigenschaftsbündel handelt. Weiterhin ist es wahrscheinlich, dass Konsumenten angesichts ähnlicher Marken den impliziten Qualitätsversprechen einzelner Marken keinen Glauben schenken und den Marken kein Vertrauen entgegenbringen.

Es ist kann davon ausgegangen werden, dass eine Positionierung bzw. die Verankerung einer Marke im Bewusstsein des Konsumenten vor dem Hintergrund sich angleichender Produkte zunehmend schwieriger wird und entsprechende Änderungen in der Markenführung verlangen. Da sich die Verteidigung von Qualitäts- und Innovationsvorsprüngen immer schwieriger darstellt, weil Nachahmer durch zunehmende eigene Technologiekompetenz die Imitationszeit drastisch verkürzen, bleibt Markenartiklern bei der Differenzierung im Grunde nur noch ein Ausweichen auf sog. „weiche" Faktoren wie Image, Prestige etc.[944]; d.h. objektive Produkteigenschaften bieten nur noch wenig Ansatzpunkte zur Differenzierung. Dennoch muss eine Forderung im Hinblick auf KVW-Vermeidung lauten, Marken emotional aufzuladen *und* physisch bzw. äußerlich von Wettbewerbsmarken abzugrenzen. Eine dergestalt interpretierte

---

[941]   Vgl. Vishwanath/Mark, 1997; Quelch/Kenny, 1994.

[942]   Vgl. Mason/Milne, 1994

[943]   Vgl. Biel, 1999, S. 69.

[944]   Vgl. zu *harten* und *weichen* Faktoren der Markendifferenzierung Biel, 1993.

Markenführung trägt dazu bei, das eigene Profil zu schärfen und erleichtert die Besetzung einer optimalen Position im Positionierungsraum.[945]

6.4.2.5 Distributionspolitische Überlegungen

Distributionspolitische Entscheidungen gehören zu den grundlegendsten des strategischen Marketing-Management. Sie bedeuten i.d.R. eine langfristige Bindung an andere Unternehmen[946] und sind unmittelbar mit anderen Bereichen des Marketing-Instrumentariums verknüpft. Beispielsweise bedeutet die Wahl für den Absatzkanal „Fachhandel" gleichzeitig, dass das jeweilige Produkt von Werbemaßnahmen flankiert in den Markt eingeführt wird. Auch wird ein solches Produkt nicht im Niedrigpreissegment angesiedelt sein.

Strategische Wahl des Absatzkanals

Von den im Rahmen dieser Arbeit diskutierten KVW-Ursachen sind im Hinblick auf distributionspolitische Entscheidungen jene von zentraler Bedeutung, die unmittelbar mit dem Produkt zusammenhängen. Das Produkt wiederum entscheidet über den zu wählenden Distributionsweg. Produkte, die aufgrund ihres hohen Innovationsgrads und ihrer technischen Komplexität schwer zu verstehen und bedienen sind und i.d.R. von umfangreichen Produktinformationen begleitet werden, können KVW verursachen. Insofern hat Konsumentenverwirrtheit für Hersteller komplexer oder erklärungsbedürftiger Produkte auch distributionsstrategische Relevanz.

So könnte sich ein innovativer Hersteller von WAP[947]-Mobiltelefonen auf Grundlage KVW bezogener Überlegungen entschließen, sein neues Produkt ausschließlich über den beratungsintensiven Fachhandel statt über Elektronik-Discounter wie Media-Markt oder Saturn Hansa zu vertreiben.[948] Dadurch würde zwar eine geringere Marktabdeckung in Kauf genommen,

---

[945] Vgl. Ries/Trout, 1986; Scharf, 1991.

[946] Kotler/Bliemel, 1995, S. 801ff.

[947] Wireless Application Protocol ist eine offene, globale Spezifikation, die es Benutzern mit entsprechenden mobilen Endgeräten (Mobiltelefon, Palmtop etc.) ermöglicht, jederzeit und überall auf Informationen und Dienstleistungen zuzugreifen.

[948] Natürlich stellt dies eine ceteris paribus–Annahme dar. Unternehmen, die noch keine entsprechende Reputation aufgebaut haben und über nur einen begrenzten finanziellen Spielraum verfügen, werden es sich u.U. nicht leisten können, ihr innovatives Produkt unmittelbar im Fachhandel zu platzieren. Hohe Listungsgebühren oder die guten Beziehungen anderer Hersteller zum Handel können eine Eintrittsbarriere darstellen. Solche Unternehmen würden auf eine alternative Handelsform (z.B. Discountmärkte) statt des Fachhandels ausweichen (müssen).

jedoch die Gefahr produktinduzierter KVW reduziert werden (vgl. Abbildung 6-6, in der diese Überlegung grafisch dargestellt sind).

Es liegt auf der Hand, dass eine getroffene strategische Distributionsentscheidung an neue Marktgegebenheiten, wie der zunehmenden Penetration eines Produkts im Markt, angepasst werden kann. So dürfte es sinnvoll sein, ein neues und/oder komplexes Produkt solange über den Fachhandel zu vertreiben bis es einen bestimmten Verbreitungsgrad erreicht hat. Eine zunehmende Verbreitung bedeutet einerseits, dass breite Konsumentenschichten (zumindest rudimentäre) Kenntnisse[949] über die Funktionsweise eines Produkts besitzen und andererseits ein Teil der Konsumenten (i.d.R. Frühadoptoren und Meinungsführer)[950] mit dem Produkt Erfahrungen gesammelt und Nutzungskompetenz aufgebaut hat und anderen Konsumenten somit als Ansprechpartner dienen kann.

Den vorangegangenen Ausführungen liegt demnach die implizite Annahme zugrunde, dass neue und/oder komplexe Produkte ein höheres KVW-Potential haben. Aufgrund der mangelnden empirischen Absicherung dieser Überlegungen kann Abbildung 6-6 nur einen deskriptiven und nicht präskriptiven Charakter haben, sie ist folglich nicht als verbindliche Vorschrift zu verstehen.

---

[949]   Es kann etwas davon ausgegangen werden, dass viele Konsumenten (insbesondere Autofahrer) wissen was ein Navigationssystem ist und was es leistet. Gleichwohl verfügen noch immer die meisten Autos über kein solches Navigationssystem.

[950]   Zur Abgrenzung von *Frühadoptoren* und *Meinungsführern* vgl. Walsh, 1999b, S. 421ff.

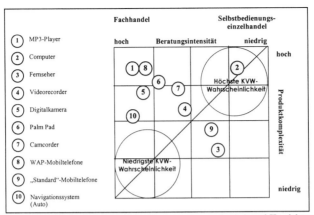

Abbildung 6-6: Wahrscheinlichkeit der Konsumentenverwirrtheit und Handelstypus

Die zwei verschiedenen in Abbildung 6-6 dargestellten Handelstypen *Fachhandel* und *Selbstbedienungseinzelhandel* (stellvertretend für unterschiedliche Ausprägungen der Beratungsintensität) einerseits sowie *Produktkomplexität* andererseits sind die relevanten Dimensionen, da Hersteller i.d.R. zwischen diesen beiden Vertriebstypen wählen können. Weiterhin sind durch die zwei großen Kreise die Bereiche gekennzeichnet, die eine erhöhte bzw. verringerte KVW-Wahrscheinlichkeit aufweisen. So dürfte die Gefahr von KVW beim Verkauf von niedrig oder mäßig komplexen Produkten über den Fachhandel vergleichsweise gering ausfallen, während der Verkauf komplexer Produkte ohne Beratung über den Selbstbedienungseinzelhandel zu einer erhöhten KVW-Wahrscheinlichkeit führt.

Bei dieser Darstellung ist jedoch zu berücksichtigen, dass für die KVW-Wahrscheinlichkeit wichtige Größen – so wie interindividuell unterschiedliche Erfahrungen mit bestimmten Produkten oder Innovationsraten sowie Bandbreiten technischer Komplexität innerhalb einzelner Produktkategorien[951] – unberücksichtigt bleiben. Implizit berücksichtigt wurde jedoch die Diffusion bzw. Marktpräsenz der exemplarisch genannten Produkte. So werden Computer gemeinhin als technisch komplex eingestuft, doch hat die zunehmende Verbreitung von Computern und die steigende Zahl von Menschen, die Computer beruflich und privat

---

[951] So können sich in Produktkategorien wie Videorecorder oder Camcorder einzelne Produkte hinsichtlich ihrer technischen Komplexität erheblich unterscheiden. Camcorder variieren etwa hinsichtlich ihres Grundtypusus (digital oder analog), Internettauglichkeit oder der Möglichkeit, Nachtaufnahmen (sog. „NightShot-Funktion") zu machen.

nutzen dazu geführt, dass Computer oft ohne Beratung verkauft werden, wie etwa bei den Discountern Aldi, Lidl, Plus.

Herstellereigene Geschäfte als distributionspolitische Alternative

Alternativ könnten Hersteller versuchen, ihre Produkte aus dem „Schussfeld" zu nehmen und in ein Verkaufsumfeld einzubetten, das die Wahrscheinlichkeit von KVW verringert. Unternehmen wie Nike oder Virgin Records bieten ihre Produkte zunehmend in unternehmenseigenen Filialen an (z.B. *Nike Town*). Unter Ausschaltung von Intermediären treten Unternehmen in direkten Kontakt mit ihren Kunden.

Diese Absatzvariante bietet sich vor allem für standardisierte, wenig bzw. gar nicht erklärungsbedürftige Produkte an. In Geschäften, die ausschließlich eine Marke führen, verringert sich zudem die Wahrscheinlichkeit von Stimulusähnlichkeit-KVW, aber auch überlastungsbedingte KVW scheint weniger wahrscheinlich. Weiterhin kann unterstellt werden, dass das Verkaufspersonal in herstellereigenen Filialen über ein hohes Maß an Produktkenntnis und somit Erklärungskompetenz verfügt, womit auch die Wahrscheinlichkeit von Stimulusunklarheit geringer ausfallen dürfte. Eine weitere, strategisch verwandte, Alternative wäre die des Verkaufs über herstellerbetriebene Online-Shops, die i.d.R. ebenfalls auf das Sortiment eines Herstellers beschränkt sind.

Mögliche Gefahren von solchen Mono-Marken-Geschäfte – vor allem für Produkte die weiterhin in gemischten Sortimenten angeboten werden, aber auch für die „ausgegliederten" Produkte selbst – sollen nicht unerwähnt bleiben. Zum einen kann der Verkauf von Produkten nur einer Produktfamilie (Sportartikel, Tonträger, Schreibwaren etc.) in einem Geschäft zu einer Verringerung von Cross Selling-Potentialen führen. Es ist anzunehmen, dass z.B. Milchhersteller ein vitales Interesse daran haben, ihr Produkt in Geschäften verkaufen zu können, in denen auch Produkte wie Kakaopulver und Frühstückszehrealien angeboten werden. Auch könnten Unternehmen wie Nike Umsätze entgehen, wenn Konsumenten beim Bekleidungseinkauf gerne auch mal einige sportliche Kleidungsstücke (von Nike) für den Freizeitgebrauch auswählen, diese womöglich aber nicht (mehr) im Kaufhaus vorfinden.

6.5   Rechtliche und verbraucherpolitische Gestaltungsperspektiven

Neben den diskutierten Marketing bezogenen Implikationen lassen sich im Hinblick auf die im Rahmen dieser Arbeit angestellten theoretischen Überlegungen sowie die empirischen

Ergebnisse weitere Gestaltungsperspektiven ableiten. Im Folgenden sollen rechtliche Implikationen sowie potentielle Konsequenzen für die Erfüllung verbraucherpolitischer Aufgaben behandelt werden.

6.5.1 Gestaltungsperspektiven aus rechtlicher Perspektive

Ein bisher zu beobachtendes Phänomen im Kontext imitationsbedingter KVW sind die zögerlichen Reaktionen der Hersteller, deren Marken vom Handel imitiert worden sind[952]. Aufgrund der sich auf vielen Märkten vollziehenden Konzentration des Handels und dessen damit wachsender Marktmacht, fürchten imitierte und geschädigte Hersteller häufig sich zu wehren. Die Furcht der Hersteller, die Händler die ihre Marken imitieren zu verklagen, ist häufig nicht unbegründet, da die Hersteller damit rechnen müssen, von den entsprechendem Händler nicht mehr gelistet zu werden oder weniger Regalplatz zu bekommen.[953] Regalplatz wird ohnehin zunehmend schwieriger zu bekommen sein, weil: insgesamt mehr Hersteller- und Handelsmarken auf den Markt kommen; kleinere und finanzschwächere Anbieter es sich nicht leisten können, die immer häufiger verlangten und immer höheren Regalgebühren („slotting fees")[954] zu zahlen sowie der sinkenden Zahl der Outlets in Deutschland[955].

Rechtlich relevante Reaktionen von Markenherstellern

Selbst ein international operierendes Großunternehmen wie Procter & Gamble, dessen Marken schon vielfach von Wettbewerbern und Händlern imitiert worden sind, haben in den USA erstmals im Jahre 1994 einen Händler wegen Imitation verklagt.[956] Diese Furcht der Markenhersteller vor dem Handel haben Collins-Dodd/Zaichkowsky empirisch untermauert.[957] Sie konnten belegen, dass es viel wahrscheinlicher sei, dass Markenhersteller ihre Wettbewerber wegen Markenimitationen verklagen als Händler. Mit dem Handel hingegen, würden häufig Gespräche stattfinden, die darauf abzielen die Angelegenheiten außergerichtlich und möglichst vertraulich zu lösen.

---

[952]   Vgl. Kearney/Mitchell, 2001, S. 86.
[953]   Vgl. Rafiq/Collins, 1996, S. 335; Kapferer, 1995b.
[954]   Vgl. White/Troy/Gerlich, 2000; Bloom/Gundlach/Cannon, 2000; Dréze/Hoch/Purk, 1994, S. 302-303.
[955]   Vgl. Howe/Jürgens/Werwy, 1998.
[956]   Vgl. Rosendahl/Brookman, 1994.
[957]   Vgl. Collins-Dodd/Zaichkowsky, 1999.

In anderen Ländern sind jedoch auch (marken-) herstellerseitige Reaktionen zu erkennen, die weniger konsensorientert sind. In Großbritannien etwa haben sich namhafte Hersteller bzw. Markeninhaber (Guinness, Allied Lyons, Mars, Nestlé etc.) zur *Brand Owners Group* zusammengeschlossen, um gemeinsam für den Schutz von Herstellermarken einzutreten und gleichzeitig entsprechende Gesetzesänderungen zu fordern;[958] für Gesetze, die Marken effektiver vor Imitationen schützen.

Obgleich man davon ausgehen muss, dass der Handel bewusste Anlehnungen an Herstellermarken vornimmt, verteidigt sich dieser häufig mit der Erklärung, Stimulusähnlichkeit bezogene KVW würde gar nicht vorkommen bzw. könnte z.t. nicht verhindert werden. So wird häufig argumentiert, eine Einführung von Produkten in vielen Kategorien gelinge nur, wenn bestimmte „Verpackungscodes"[959] eingehalten werden.[960]

Das hier vorgestellte Verfahren zur Messung wahrgenommener KVW könnte zu einer Objektivierung dieses Dilemmas beitragen. Durch ein dreidimensionales Verständnis von KVW kann auf mehr als eine Ursache von KVW geschlossen und auch überprüft werden, ob Marketing-Mix-Aktivitäten des Handels (Verpackungsgestaltung bei Eigenmarken, Ladengestaltung etc.) zu Konsumentenverwirrtheit führen. Es ist also in einem ersten Schritt möglich, ein Segment KVW-anfälliger Konsumenten zu identifizieren - d.h. KVW kann nun „allgemein" gemessen werden – und anschließend zu überprüfen, inwieweit diese Probleme mit der Unterscheidung zweier Marken zu tun haben bzw. ob sie annehmen, eine Nachahmermarke stammte vom Markenhersteller (Szenario wie in unserer empirischen Untersuchung). Darauf aufbauend könnten produktspezifische Messungen vorgenommen werden.

Neben Imitationen innerhalb derselben Produktkategorie – wie etwa *Ravini Bitter* als Kopie von *Campari Bitter*[961] – finden zunehmend markenrechtliche Auseinandersetzungen über Produktkategorien hinweg statt. In einem aktuellen Beispiel hat das französische Unterneh-

---

[958] Vgl. Buckley, 1994.
[959] Bei Verpackungen von Milchprodukten kommt bspw. häufig die Farbe weiß zum Einsatz während Flaschen von Softdrinks nahezu immer durchsichtig sind.
[960] Vgl. Mitchell/Papavassiliou, 1999, S. 321.
[961] Bei Ravini und Campari handelt es sich um in Italien hergestellten Vermuth, wobei Campari der Marktführer in diesem Alkohohlika-Segment ist und Ravini eine über Aldi vertriebene Me-too-Version. Der Vorwurf Camparis, Ravini erwecke durch die Ähnlichkeit hinsichtlich der Aufmachung den Eindruck, ein Schwesterprodukt von Campari zu sein (d.h. vom gleichen Hersteller und gleicher Qualität), wurde vom Kölner Landgericht bestätigt; dem Hersteller und deutschen Vertriebspartner von Ravini wurde die Produktaufmachung von Ravini Bitter untersagt (vgl. Wiechmann, 1999b).

men, dem die Mineralwassermarke *Evian* gehört, gegen die deutsche Pott-Racke-Dujardin-Gruppe geklagt, weil diese einen rheinhessischen Wein unter der Bezeichnung *Revian* anbietet[962]. Die Kläger machten geltend, dass zwischen den Produkten Mineralwasser und Wein eine Warenähnlichkeit vorläge (beides Lebensmittel), die zwei auch häufig zusammen konsumiert würden und schließlich aufgrund der klanglichen Ähnlichkeit der Marken eine Verwechslungsgefahr bestünde.

Dieses Beispiel ist ein Hinweis darauf, dass Unternehmen bei der Markenplanung und – führung noch mehr als bisher auf mögliche Konfliktfelder zu achten haben. Wenn die genannte Klage Erfolg hat und es in der Folge zu einer (angeordneten) Umbenennung von *Revian* käme, hätte dies für die Pott-Racke-Dujardin-Gruppe weitreichende finanzielle Folgen. So wären etwa die Investitionen für die Einführung und Verbreitung der Marke verloren.

Staatliche Einflussnahme

Im Hinblick auf die KVW-Dimension *Stimulusunklarheit* ist bereits heute ein strengeres Vorgehen gegen Unternehmen festzustellen, die unbegründet bzw. gesetzwidrig Bezeichnungen und qualitätssignalisierende Siegel verwenden. So wurde unlängst für Deutschland (in Anlehnung an strenge EU-Richtlinien) beschlossen, ökologische Qualitätskennzeichnungen unter einem Dachzeichen – *echte Öko-Qualität* – zusammenzufassen[963]. Damit soll ein Wildwuchs bei den mit den Begriffen *Bio* und *Öko* assoziierten Bezeichnungen wie *naturnah*, *naturbehandelt*, *alternativ*, *umweltschonender Anbau* usw. verhindert werden, indem mittelfristig lediglich das Dachzeichen für ein ökologisch-biologisches Eigenschaftsbündel steht. Für ökobewusste Verbraucher ist dies insofern eine Erleichterung, als durch eine Standardisierung von Öko-Kennzeichnungen und somit Verringerung der verwendeten Kennzeichnungen die Unterscheidbarkeit von Öko- und Nicht-Ökoprodukten erleichtert wird.

Es ist einem Wirtschaftsunternehmen anheim gestellt die Strategien auszuwählen, die es für die Erreichung seiner Gewinnziele am geeignetsten hält, jedoch sind solche Strategien nur solange akzeptabel wenn ein Unternehmen „stays within the rules of the game"[964]. Die Möglichkeit, durch Gesetze reglementiert zu werden, sollte von Herstellern und Handel nicht

---

[962] Vgl. o.V., 2000i, S. 28.
[963] Vgl. o.V., 2000e.
[964] Friedmann, 1970, S. 126.

unterschätzt werden, schließlich ist ein Hauptziel des staatlichen Verbraucherschutzes die Regulierung des Verhaltens von Anbietern[965]. Wenn der Staat in Bezug auf KVW also Handlungsbedarf sähe, dann dürfte die Folge eine Einschränkung der marketingpolitischen Gestaltungsfreiheit von Unternehmen sein und nicht das Gegenteil.

6.5.2 Gestaltungsperspektiven aus verbraucherpolitischer Perspektive

Das noch immer häufig unterstellte Leitbild der Konsumentensouveränität scheint ein schier grenzenloses Produkt- und Informationsangebot durch Unternehmen zu rechtfertigen, da vermeintlich der Konsument die Entscheidung darüber trifft, welches Angebot akzeptiert oder abgelehnt wird. Kroeber-Riel/Weinberg[966] sehen hinter dem Festhalten an diesem Leitbild ideologische Gründe, die in der Aufrecherhaltung eines Argumentationsschemas ihren Ausdruck finden: „[Der Konsument] trägt deswegen auch die Verantwortung für sein Verhalten. Die Unternehmer richten sich nach den Konsumenten und erfüllen lediglich ihre Bedürfnisse. Sie brauchen deswegen nicht für die Folgen des Marketing einzustehen: Die Konsumenten wollen es ja nicht anders!"[967] [Klammer durch d. Verf.]

Die Gültigkeit eines derart interpretierten ökonomischen Verständnisses muss im Lichte der vorgestellten theoretischen und empirischen Ergebnisse in Frage gestellt werden. Ein solches Verständnis erklärt jedoch gleichzeitig die anhaltende Vernachlässigung von dysfunktionalem Konsumentenverhalten – insbesondere von KVW – durch die Marketingpraxis und aus verbraucherpolitischer Sicht; dies entspricht jedoch keiner rational begründbaren Vorgehensweise.

Mögliche verbraucherpolitische Aufgabenfelder im Zusammenhang mit Konsumentenverwirrtheit

Verbraucherpolitisch motivierten Diskussionen der Vergangenheit war häufig die Forderung nach mehr Informationen und einem breiteren Warenangebot gemein. Diese Forderung fand u.a. Ausdruck in Bemühungen von Verbraucherorganisationen, mehr „relevante" Informationen anzubieten, um den Konsumenten bei einer rationalen Entscheidungstreffung zu unterstützen. Die vorgestellten Untersuchungsergebnisse, die im Kern mit anderen

---

965   Vgl. Kuhlmann, 1990, S. 76.
966   Vgl. Kroeber-Riel/Weinberg, 1996, S. 651.

verhaltenswissenschaftlichen Studien konsistent sind, zeigen jedoch, dass Konsumenten sich häufig überfordert fühlen und sich deshalb Strategien bedienen, um zu einer für sie einigermaßen befriedigenden Kaufentscheidung zu gelangen. Wie gezeigt werden konnte, besitzen solche Strategien unmittelbar marketingpolitische Relevanz.

Gleichwohl lassen sich neben den skizzierten rechtlichen und Marketing bezogenen Implikationen im Hinblick auf die Untersuchungsergebnisse auch potentielle Konsequenzen für die Erfüllung verbraucherpolitischer Aufgaben folgern. Solche Aufgaben würden typischerweise die Verhinderung von KVW zum Gegenstand haben sowie den Schutz von Konsumenten, die besonders anfällig für KVW sind.

Konkret ergeben sich zwei Aufgabenfelder: Zum einen könnte eine Anbieterbeeinflussung in dem Sinne vorgenommen werden, dass für eine Vereinheitlichung von Produktinformationen und Begriffen sowie eine Reduzierung der angebotenen Produkte und Produktinformationen eingetreten wird. Hinter einer solchen Beeinflussung steht die Überlegung, Anbietern durch Selbstregulierung die Möglichkeit zu geben, Konsumbedingungen der Konsumenten zu verbessern, statt durch Fremdregulierung zu umfassenden Umstellungen gezwungen zu werden, die der gesamten Branche schaden. Zu drakonischen Maßnahmen könnte es etwa kommen, wenn der Gesetzgeber glaubt, KVW-verursachende Praktiken wären wettbewerbshemmend. Dieser Aspekt wird von anderen Autoren regelmäßig thematisiert: „Consumer confusion (...) is undesirable from the point of view of both efficiency and fairness."[968]

Andererseits können auch Konsumenten direkte Adressaten verbraucherpolitischer Maßnahmen sein, etwa wenn sie Ziel einer Informations- oder Aufklärungskampagne sind. Ziel solcher Kampagnen könnte sein, Konsumenten die Nutzung von Produktinformationen (Nährwerttabellen, Gebrauchsanleitungen etc.) näher zu bringen sowie deren Konsum bezogene Kompetenz zu erhöhen.

---

[967] Kroeber-Riel/Weinberg, 1996, S. 652.
[968] Jacoby/Morrin, 1998, S. 99.

Die Bestimmung von Schwellenwerten der Konsumentenverwirrtheit als verbraucherpolitische Herausforderung

Einer verbraucherpolitischen Maßnahmenformulierung sollte jedoch eine Diskussion darüber vorangehen, wann Konsumenten als verwirrt gelten. Bowen etwa betont, dass in Märkten mit vielen ähnlichen Marken „a certain amount of confusion is inevitable"[969]. Dies impliziert, dass KVW nicht völlig verhindert werden kann und könnte auf die Notwendigkeit hindeuten, Toleranzgrenzen (mit gewissen Bandbreiten) zu definieren, deren Überschreitung u.U. zu ahnden sind.

Konkret könnte dies heißen, dass in bestimmten Märkten ein bestimmter Prozentsatz an verwirrten Menschen als tolerierbar gilt und wenn dieser Prozentsatz überschritten ist, Maßnahmen zur Reduktion ergriffen werden müssten; freiwillig von im Markt aktiven Anbietern oder vom Gesetzgeber. Wichtig wäre es demnach Grenzen akzeptabler KVW festzulegen, damit bei deren Überschreitung Maßnahmen ergriffen werden können. Tatsächlich ist bisher vergleichsweise wenig über solche interindividuellen Toleranzgrenzen bekannt: „We have remarkably little evidence on how much confusion is normal."[970] Erste Hinweise auf Unterschiede in der Neigung von Konsumenten, KVW wahrzunehmen konnten die empirischen Ergebnisse des Kapitels 5.6 liefern.

Aus verbraucherpolitischer Sicht – vor allem hinsichtlich möglicher konkreter Handlungsoptionen – ist weiterhin problematisch, dass viele Folgen KVW-verursachter schlechter Kaufentscheidungen nicht quantifizierbar sind. Wie sollte etwa quantifiziert werden, wenn man z.B. eine Sendung mit dem Videorecorder aufzeichnen möchte, diesen jedoch falsch programmiert oder falsche Lebensmittel kauft, weil man die Angaben der Nährwerttabelle nicht richtig verstanden hat?

Wenn sich bestätigen sollte, dass in der wahrgenommenen KVW ein Grund für suboptimale Kaufentscheidungen liegt, dann könnte dies für Verbraucherschutzorganisationen wie Verbraucherzentralen ein Anknüpfungspunkt für konkrete Maßnahmen sein. Bereits heute beobachten diese kritisch die Verwendung von nicht standardisierten Begriffen, die intransparente Preispolitik des Handels und potentiell verwirrende vergleichende Werbung.

---

[969] Bowen, 1961, S. 24.
[970] Foxman/Berger/Cote, 1992, S. 139.

7   Fazit und Ausblick

7.1   Zur wissenschaftlichen Relevanz von Konsumentenverwirrtheit

Dysfunktionales Konsumentenverhalten war bislang vergleichsweise selten Gegenstand von marketingwissenschaftlich motivierten empirischen Untersuchungen. Wie im Rahmen dieser Arbeit aufgezeigt wurde, ist diese Feststellung auch für KVW gültig. Wenn überhaupt, so wurde KVW nur in Teilaspekten, aus primär markenrechtlicher Perspektive und unter weitgehender Ausklammerung von Verhaltenskonsequenzen untersucht. Dies ist um so verwunderlicher, als KVW aus Sicht aller Einheiten die marktliche Leistungen erbringen von zentraler Bedeutung ist.

Ziel der vorliegenden Arbeit war es, die Entstehung und Ursachen von Konsumentenverwirrtheit zu erklären sowie daraus resultierende Kaufverhaltenskonsequenzen. Im Rahmen einer empirischen Überprüfung konnte nachgewiesen werden, dass drei Zustände KVW manifestieren und diese jeweils unterschiedliche Kaufverhaltenskonsequenzen nach sich ziehen können.

Obwohl KVW kein völlig neues Phänomen innerhalb der Marketingforschung darstellt, ist es bis jetzt noch nicht gelungen, einen Konsens über eine theoretische Bestimmung und ein geeignetes Instrument zu ihrer Messung zu schaffen. Vielmehr wurden im Laufe der Zeit konkurrierende Messverfahren entwickelt, die unter verschiedenen Voraussetzungen eine unterschiedliche Leistungsfähigkeit besitzen.

Eine Unzulänglichkeit bekannter Studien ist auch die, dass nicht darauf eingegangen wird, welche Prämissen erfüllt sein müssen wenn das theoretischen Konstrukt KVW gemessen wird. Bisherige Annahmen, nach denen KVW beobachtbar oder verbalisierbar ist, sind, wie gezeigt werden konnte, für eine wissenschaftliche Auseinandersetzung mit KVW wenig zweckmäßig. In der vorliegenden Arbeit wurde KVW durch Befragung ermittelt, gleichzeitig aber auch die wahrgenommene Ähnlichkeit hinsichtlich eines den Probanden präsentierten Produkts untersucht. Doch bei näherer Betrachtung stellt sich die Frage, ob die einzelnen in der Literatur dargestellten Verfahren wirklich als konkurrierend betrachtet werden müssen, oder ob es möglich ist, diese Verfahren in ein Gesamtinstrument zu integrieren und komplementär zur Messung des Konstrukts KVW heranzuziehen.

Auf Grundlage der in dieser Arbeit vorgestellten Konzeption von Konsumentenverwirrtheit, der empirischen Ergebnisse sowie der weiterführenden theoretischen Überlegungen können abschließend schlaglichtartig in Form eines allgemeinen Ausblicks Implikationen für die theoretische und empirische Marketingforschung aufgezeigt werden.

Der bisherigen Forschung zu KVW mangelte es an einer soliden theoretischen Fundierung sowie überzeugenden Beiträgen die belegen, dass es sich bei KVW um ein verhaltenswissenschaftlich relevantes und eigenständiges Konstrukt handelt. Die vorliegende Arbeit hat insofern einen Beitrag zur theoretischen Diskussion geleistet, als die Struktur von KVW erarbeitet werden konnte.

Es konnte die Plausibilität eines dreidimensionalen Verständnisses des KVW-Konstrukts dargelegt und überprüft werden. Ein solches Verständnis hat bei der Hypothesenformulierung eine nach Dimensionen differenzierte Beurteilung erforderlich gemacht. Der theoretischen Behandlung der einzelnen KVW-Dimensionen wurde dabei vor allem auch deshalb relativ breiter Raum eingeräumt, weil der Versuch unternommen wurde, ihre Einbettung in das Gesamt-KVW-Konstrukt vorzunehmen. Dabei hat sich vor allem hinsichtlich der erfolgten Operationalisierung die Konzeption der Unterscheidung von drei KVW-Dimensionen als zweckmäßig erwiesen. Darüber hinaus bestehen jedoch weitere noch ungelöste (primär methodische) Probleme, die Gegenstand zukünftiger theoretischer Forschung sein können.

7.2 Ansatzpunkte für zukünftige Forschung

Zunächst wäre dabei der Tatsache Rechnung zu tragen, dass es sich bei KVW um ein kaufverhaltensrelevantes Konstrukt handelt. Die hier zugrunde gelegte Definition und Konzeptualisierung von KVW ist eine Synthese bestehender Verständnisse anderer Autoren, die sich mit dem Phänomen KVW auseinandergesetzt haben. Naturgemäß hat es sich bei dieser Synthetisierung um einen Momentaufnahme gehandelt die impliziert, dass die begriffliche Bestimmung von KVW im Laufe der Zeit Gegenstand von Veränderungen sein kann. Analog zu einem solchen Wandel wird sich vermutlich die Messung des theoretischen Konstrukts verändern.

Der hier präsentierte Messansatz kann als eine Alternative zu den vorgestellten Messverfahren (vgl. Kapitel 4) angesehen werden, er ist sicherlich aber nicht ganz unproblematisch. Vor allem die Tatsache, dass KVW und mit ihr assoziierte Verhaltensintentionen in einer Befragung erfasst wurden, ist, obgleich forschungsökonomisch sinnvoll, als Vereinfachung zu werten. Es steht außer Frage, dass Befragungen, die in einem unmittelbaren Kaufkontext erfolgen, und daraus resultierende Daten eine höhere Aussagekraft besitzen als Intentionsaussagen. Zukünftige im Kaufkontext angesiedelte Operationalisierungen, die möglichenfalls sowohl Vor- wie auch Nachkaufphase berücksichtigen, könnten vermutlich noch realitätsnähere Erkenntnisse generieren.

Weiterhin ist zu prüfen, inwieweit sich kombinierte Verfahren zur Messung von KVW eignen. Denkbar ist die Beobachtung von Konsumenten im Supermarkt (z.B. hinsichtlich der durchschnittlichen Zeit, die für die Begutachtung eines Produkts verwendet wird als Hinweis für das Vorhandensein von KVW) und eine anschließende Befragung mit dem hier entwickelten Fragebogen.

Im Hinblick auf die schlussendlich verwendeten Indikatoren zur Messung von KVW bzw. der Skalenbildung ergibt sich ebenfalls weiterer Forschungsbedarf. Von den ursprünglich über 60 generierten Items sind lediglich neun zur Messung der drei Dimensionen von KVW übriggeblieben. Zum einen waren viele der Ursprungsitems ungeeignet, KVW zu messen und zum anderen erscheint es zweifelhaft, dass ein komplexes Konstrukt wie KVW über lediglich neun Indikatoren gemessen werden kann. Eine Überprüfung sowie eine Ergänzung der verwendeten Einzelindikatoren ist deshalb zu fordern.

Zukünftige Forschungsbemühungen könnten dahingehend erfolgen, das in dieser Arbeit entwickelte Instrument zur Messung von KVW zu überprüfen sowie KVW in bestimmten Produktkategorien zu messen. Der Überprüfung der Konstruktvalidität unter Berücksichtigung der skizzierten Vorschläge zur Verbesserung des Messinstruments ist ein besonderer Stellenwert einzuräumen, nicht zuletzt weil das Instrument mit den Daten einer einzelnen Stichprobe entwickelt wurde. Für eine solche Instrumentenüberprüfung bieten sich Replikationsstudien[971] an, die als integraler Bestandteil wissenschaftlichen Arbeitens weithin akzeptiert und gefordert sind[972].

Der hier gewählte Ansatz einer allgemeinen Messung ist, obgleich theoretisch und methodisch vertretbar, für die Marketingpraxis nur bedingt geeignet. Im Hinblick auf eine valide Messung scheint es vielmehr notwendig, definierte Verhaltenssituationen vorzugeben. Es ist

---

[971] Vgl. Peter/Churchill, 1981; 1986, S. 10.
[972] Vgl. Rosenthal/Rosnow, 1984; Barwise, 1995.

problematisch, ohne konkrete Vorgabe einer Kaufaufgabe und/oder einer Produktgruppe, Konsumenten mit abstrakt formulierten Fragen zu konfrontieren, da gerade im Falle von KVW eine Assoziation mit bekannten Produkten oder vergangenen Kaufsituationen typisch ist.

Die Messung unbewusster KVW stellt eine größere Herausforderung dar, weil es nicht möglich ist, Konsumenten ihre inneren Verarbeitungs- oder Entscheidungsvorgänge artikulieren zu lassen. Es besteht insofern ein Dilemma, als Konsumenten bewusst zu etwas Auskunft geben sollen was ihnen nicht bewusst ist. Eine geeignete Messung könnte in Form von Beobachtung (am PoS oder im Labor) oder eines kombinierten Verfahrens aus Beobachtung und anschließender Befragung erfolgen. Alternativ können auch apparative Verfahren (Tachistoskop, Blickaufzeichnung etc.)[973] zum Einsatz kommen, auch wenn es bei diesen schwierig ist, eine „normale" bzw. nicht überdurchschnittlich motivierte Konsumententeilnahme zu gewährleisten.

Unabhängig vom eingesetzten Verfahren muss im Vorfeld jedoch spezifiziert werden, welches Verhalten der Konsumenten ein Merkmal für KVW darstellt. Denkbar ist Konsumenten mit hoher Verweildauer oder „auffälligem" Verhalten am Regal für eine Befragung auszuwählen und zu fragen, was ihnen bei der Entscheidungsfindung besondere Probleme bereitet hat. Für einen solchen Ansatz böte sich eine Befragung i.S. des Critical Incidence-Ansatzes[974] an.

Aber auch über die Verfahren bezogenen Aspekte hinaus bietet die vorgelegte Arbeit (Marketing-) Forschung bezogene Anknüpfungspunkte. Diese ergeben sich zunächst aus der Tatsache, dass die Existenz des Konstrukts KVW empirisch nachgewiesen werden konnte. Der zur Kennzeichnung und Erklärung von KVW verwendete theoretische Bezugsrahmen hat zudem weitere im Hinblick auf die Entstehung und mögliche Reduktion von KVW relevante Bereiche aufgezeigt, die Gegenstand vertiefender Untersuchungen sein könnten. Exemplarisch können hier stichwortartig genannt werden:

-   Einfluss von Produkt bezogener Erfahrung und/oder Kauferfahrung auf die Wahrscheinlichkeit KVW wahrzunehmen;

---

[973] In Kapitel 4.3.2.2 sind eine Reihe apparativer Verfahren, die zur Messung von KVW eingesetzt wurden,

- Einfluss von situativen Determinanten auf die Entstehung von KVW;

- Verhaltensunterschiede bei bewusster oder unbewusster KVW;

- Bedingungen und Effektivität von KVW-Reduktionsstrategien.

Für weitere KVW-Forschung ist auch in Bezug auf internetbasiertes Konsumentenverhalten zu plädieren[975], nicht zuletzt, weil von KVW bereits hinsichtlich der Internet-Nutzung berichtet wird.[976] Dies kann nicht erstaunen, wenn von einer „nicht mehr zu überschauenden Vielfalt an Webseiten"[977] gesprochen wird. Von besonderem Interesse dürfte der verhaltenswissenschaftlich bislang vergleichsweise wenig behandelte Bereich des Online-Shopping sein, vor allem wegen seiner Spezifika hinsichtlich der angebotenen Waren- und Informationsvielfalt[978] sowie des Informations- und Kaufentscheidungsverhaltens des Konsumenten. Während Konsumenten in konventionellen Supermärkten aus rund 10.000 verschiedenen Produkten auswählen können, erhöht sich das Angebot in sog. *Cyber Malls*[979] auf 150.000[980]. Gleichzeitig belegen erste Untersuchungen zum Online-Kaufverhalten, dass ein breites Angebot nicht zu höherer Konsumentenzufriedenheit führt[981] und Konsumenten Websites vorziehen, die nicht informationsüberfrachtet sind[982].

---

vorgestellt.
[974] Vgl. Bitner/Nyquist/Booms, 1985.
[975] Zu der Forderung, Forschungsbemühungen hinsichtlich des Online-Konsumentenverhaltens bzw. der Unterschiede zwischen On- und Offlinekonsumentenverhalten zu verstärken vgl. Jarvenpaa/Todd, 1996; Rust/Lemon, 2001, S. 97f.; Berthon/Pitt/Watson, 1996; Degeratu/Rangaswamy/Wu 2000, S. 55.
[976] Vgl. Chan, 1999. Chan vertritt jedoch das herkömmliche Verständnis von Konsumentenverwirrtheit und führt es weitgehend auf verwechselbare Websites zurück.
[977] Schulz, 2000, S. 24.
[978] Vor allem aufgrund des großen Informationsangebots im Internet werden häufig negative Auswirkungen auf das Entscheidungsverhalten von Konsumenten unterstellt. Die für das Internet typische nicht-sequentielle Organisation bzw. Bereitstellung von Informationen kann dazu führen, dass Nutzer die Orientierung verlieren und die Zusammenhänge zwischen den einzelnen Informationsangeboten für sie nicht mehr genau nachvollziehbar sind. In diesem Kontext werden Nutzer auch als „lost in hyperspace" (Haack, 1997, S. 155) beschrieben.
[979] Bei Cyber Malls (auch als *Electronic Malls* oder *Cyberspace Malls* bezeichnet) handelt es sich um das internetbasierte Gegenstück eines konventionellen Einkaufszentrums (vgl. Illik, 1999, S. 23; Esch/Langner/Fuchs, 1998, S. 184).
[980] Vgl. Illik, 1999, S. 23.
[981] Vgl. Szymanski/Hise, 2000, S. 319.
[982] Vgl. Pastrick, 1997; Fram/Grady, 1995.

Dieser Wunsch nach handhabbaren und zugleich verlässlichen Informationen erklärt auch den Erfolg von entsprechenden Internetangeboten wie etwa den so genannten virtuellen Meinungsplattformen[983].

---

[983] Vgl. zur Wirkungsweise sowie zu Konsumentenmotiven der Nutzung von viruellen Meinungsplattformen Hennig-Thura/Walsh, 2001.

Literatur

Aaker, D.A. (1992): Management des Markenwerts, Frankfurt/Main, New York.

Aaker, D.A.; Kumar, V.; Day, G.S. (1995): Marketing Research, 5th Edition, New York u.a.

Abel, B. (1979): Denken in theoretischen Modellen als Leitidee der Wirtschaftswissenschaften, in: Raffée H.; Abel, B. (Hrsg.): Wissenschaftstheoretische Grundfragen der Wirtschaftswissenschaften, München, S. 138-160.

Abell, D.F. (1980): Defining the Business. The Starting Point of Strategic Planning, Englewood Cliffs.

Abplanalp, P.A. (1978): Marktkommunikation und Konsumentenverhalten, Basel.

AC Nielsen (2000): Markets in Europe, in: www.acnielsen.com/news/corp, abgerufen am: 13.03.2000.

ADAC (2000): Wenig Ärger mit japanischen Autos, in: http://www.pnp.de/magazin/auto/print/1999/0805/00008394.htm, abgerufen am: 20.06.2000.

Ailawadi, K.L.; Neslin, S.A.; Gedenk, K. (2001): Pursuing the Value-Conscious Consumer: Store Brands Versus National Brand Promotions, in: Journal of Marketing, Vol. 65 (1), S. 71-89.

Ainslie, G. (1975): Specious reward: a behavioral theory of impulsiveness and impulse control, in: Psychological Bulletin, Vol. 82, Nr. 4, S. 463-496.

Ajzen, I.; Fishbein, M. (Eds.) (1980): Understanding Attitudes and Predicting Social Behavior, New York.

Alba, J.W.; Hutchinson, J.W. (1987): Dimensions of Consumer Expertise, in: Journal of Consumer Research, 13 (March), S. 411-454.

Allison, N.K. (1978): A Psychometric Development of a Test for Consumer Alienation from the Marketplace, in: Journal of Marketing Research, Vol. 15 (November), S. 565-575.

American Enterprise (1994): The demographics of shopping, in: The American Enterprise, July/August, S. 92-93.

Andrews, J.C.; Durvasula, S.; Akhter, S.H. (1990): A Framework for Conceptualizing and Measuring the Involvement Construct in Advertising Research, in: Journal of Advertising, Vol. 19 (4), S. 27-40.

Antil, J. (1984): Conceptualisation and operationalization of involvement, in: Advances in Consumer Research, 11, S. 204-209.

Antonides, G.; van Raaij, W.F. (1998): Consumer Behaviour: A European Perspective, Chichester.

Arnold, U. (1990): Empirische Befunde zur Informationsüberlastung von Konsumenten, in: Jahrbuch der Absatz- und Verbrauchsforschung, 2, S. 150-163.

Asche, T. (1990): Das Sicherheitsverhalten des Konsumenten, Heidelberg.

Assael, H. (1998): Consumer Behavior And Marketing Action, Cincinnati.

Backhaus, K. (1997): Relationship Marketing – Ein neues Paradigma im Marketing? in: Bruhn, M.; Steffenhagen, H. (Hrsg.): Marktorientierte Unternehmensführung: Reflexionen – Denkanstösse – Perspektiven, Wiesbaden, S. 19-35.

Backhaus, K.; Erichson, B.; Plinke, W.; Weiber, R. (1990): Multivariate Analysmethoden, 6. Aufl., Berlin.

Backhaus, K.; Erichson, B.; Plinke, W.; Weiber, R. (2000): Multivariate Analysmethoden, 9. Aufl., Berlin u.a.

Bagozzi, R.P. (1980): Causal Models in Marketing, New York.

Bainbridge, J. (1998): Standing out from the crowd, in: Marketing, Nov. 05, 1998, S. 37-38.

Balabanis, G.; Craven, S. (1997): Consumer Confusion from Own Brand Lookalikes: An Exploratory Investigation, in: Journal of Marketing Management, 13, S. 299-313.

Bänsch, A. (1988): Verkaufspsychologie und Verkaufstechnik, 3. Aufl., München, Wien.

Bänsch, A. (1989): Käuferverhalten, 4. Aufl., München, Wien.

Bargh, J.A.; Thein, R.D. (1985): Individual Construct Accessibility, Person Memory, and the Recall-Judgement Link: The Case of Information Overload, in: Journal of Personality and Social Psychology, Vol. 49 (5), S. 1129-1146.

Baron, R.; Kenny, D. (1986): The moderator-mediator variable distinction in social psychological research: Conceptual, strategic, and statistical considerations, in: Journal of Personality and Social Psychology, 51, S. 1173-1182.

Barthol, R.P.; Goldstein, M.J. (1959): Psychology and the Invisible Sell, in: California Management Review, 1 (Winter), S. 30-40.

Bartlam, M. (1996): Testing times for new products, in: Marketing Week, March 1996, S. 38-39.

Barwise, P. (1995): Good Empirical Generalizations, in: Marketing Science, Vol. 14, Nr. 3, S. 29-35.

Bauer, R.A.; Greyser, S.A. (1968): Advertising in American: The Consumer View, Boston, MA.

BBDO (1993): Auswege aus der kommunikativen Katastrophe, Düsseldorf.

Bearden, W.O.; Netemeyer, R.G.; Mobley, M.F. (1993): Handbook of Marketing Scales: Multi-Item Measures for Marketing and Consumer Behavior Research, Newbury Park u.a.

Beater, A. (2000): Verbraucherschutz und Schutzzweckdenken im Wettbewerbsrecht, Tübingen.

Bebié, A. (1978): Käuferverhalten & Marketingentscheidung, Wiesbaden 1978.

Bechtel, W. (1988): Philosophy of science: An overview for cognitive science, Hillsdale, N.J.

Becker, J. (1992): Marketing-Konzeption. Grundlagen des strategischen Marketing-Management, 4. Aufl., München.

Becker, J. (1998): Marketing-Konzeption: Grundlagen des strategischen und operativen Marketing-Managements, 6. Aufl., München.

Bednash, G. (1997): Media has vital role in combating data overload, in: Marketing Week, Vol. 20, Nr. 28, Oct. 09, 1997, S. 16.

Behrens, G. (1982): Das Wahrnehmungsverhalten des Konsumenten, Frankfurt/Main.

Behrens, G. (1994): Verhaltenswissenschaftliche Ansätze der Markenpolitik, in: Bruhn, M. (Hrsg.): Handbuch Markenartikel, Band 1, S. 199-217.

Belk, R.W. (1974): An Exploratory Assesment of Situations Effects in Buyer Behavior, in: Journal of Marketing Research, Vol. 11 (May), S. 156-163.

Belk, R.W. (1975): Situational Variables and Consumer Behavior, in: Journal of Consumer Research, 2 (December), S. 157-164.

Benini, A. (1994): Bewusstsein und Selbstbewusstsein als biologische Phänomene, in: Schweizer Rundschau Medizin (Praxis), 83, Nr. 8, S. 204-209.

Benninghaus, H. (1996): Einführung in die sozialwissenschaftliche Datenanalyse, München u.a.

Bentler, P.M. (1990): Comparative Fit Indexes in Structural Models, in: Psychological Bullentin, Vol. 107, Nr. 2, S. 238-246.

Berekoven, L. (1990): Erfolgreiches Einzelhandelsmarketing – Grundlagen und Entscheidungshilfen, München.

Berekhoven, L.; Eckert, W.; Ellenrieder, P. (1989): Marktforschung: methodische Grundlagen und praktische Anwendung, 4. Aufl., Wiesbaden.

Berekhoven, L.; Eckert, W.; Ellenrieder, P. (1999): Marktforschung: methodische Grundlagen und praktische Anwendung, 8. Aufl., Wiesbaden.

Berelson, B.; Steiner, G.A. (1967): Science Applied to Human Behavior, in: Britt, S.H. (Ed.): Consumer Behavior and the Behavioral Science, 3rd Printing, New York u.a.

Berelson, B.; Steiner, G.A. (1974): Menschliches Verhalten, Band I, 3. Aufl., Weinheim, Basel.

Berenbrock, M.; Eretge, F.; Hoffmann, J. (1998): „Globalisierung": Begriff, Folgen und Akteure, in: Ökonomie & Ökologie Team e.V. (Hrsg.): Arbeit und Umwelt, Frankfurt/Main u.a.

Berg, K. (1995): Konsumentenverhalten im Umbruch, Berlin.

Berndt, H. (1983): Konsumentenenscheidung und Informationsüberlastung: Der Einfluß von Quantität und Qualität der Werbeinformation auf das Konsumentenverhalten. Eine empirische Untersuchung, München.

Berndt, H. (1984): Informationsmenge und Informationsverarbeitungsleistung bei Konsumentenentscheidungen, in: Marketing ZFP, 6. Jg., Heft 3 S. 181-188.

Bernhard, U. (1978): Blickverhalten und Gedächnisleistung beim visuellen Werbekontakt: unter besonderer Beruecksichtigung von Plazierungseinfluessen, Frankfurt/Main.

Berry, L.L.; Yadav, M.S. (1997): Oft falsch berechnet und verwirrend – die Preise für Dienstleistungen, Harvard Business manager, 19, 1st Quarter, S. 57-69.

Berthon, P.; Pitt, L.; Watson, .T. (1996): Re-surfing W3: Research Perspectives on Marketing Communication and Buyer Behavior on the Worldwide Web, in: International Journal of Advertising, Vol. 15 (4), S. 287-301.

Best, R.J.; Ursic, M. (1987): The Impact of Information Load on Variability on Choice Accuracy, in: Advances in Consumer Research, 14, S. 106-108.

Bettman, J.R. (1973): Perceived Risk and its Components: A Model and Empirical Test, in: Journal of Marketing Research, Vol. 10, S. 184-190.

Bettman, J.R. (1979): An information processing theory of consumer choice, Reading 1979.

Bettman, J.R.; Park, C.W. (1980): Effects of Prior Knowledge and Experience and Phase of the Choice Process on Consumers Decision Processes, in: Journal of Consumer Research, Vol. 7 (December), S. 234-248.

Biel, A.L. (1993): Converting Image into Equity, in: Aaker, D.A.; Biel, A.L. (Eds.): Brand Equity and & Advertising: Advertising's Role in Building Strong Brands, Hillsdale, NJ, S. 67-92.

Biel, A.L. (1999): Grundlagen zum Markenwertaufbau, in: Esch, F.-R. (Hrsg.): Moderne Markenführung, Wiesbaden, S. 61-90.

Bierman, M.H.; Wexler, J.D. (1990): Toward a Reformulation of the Test for Determining Trademark Infringement, in: The Trademark Reporter, Vol. 80, S. 1-35.

Biervert, B. (1984): Organisierte Verbraucherpolitik: zwischen Ökonomisierung und Bedürfnisorientierung, Frankfurt/Main u.a.

Biervert, B.; Fischer-Winkelmann (1978): Informationsverhalten von Verbrauchern, in: Biervert, B.; Fischer-Winkelmann, W.F.; Rock, R. (Hrsg.): Verbraucherpolitik in der Marktwirtschaft, Reinbek bei Hamburg, S. 130-159.

Biervert, B.; Fischer-Winkelmann, W.F.; Rock, R. (Hrsg.) (1978): Verbraucherpolitik in der Marktwirtschaft, Reinbek bei Hamburg.

Biester, S.; Dawson, M. (1998): Sinn fürs Detail, in: Lebensmittel Zeitung Spezial, 1/98, S. 58-63.

Bitner, M.J.; Nyquist, J.D.; Booms, B.H. (1985): Identifying communication difficulties in the service encounter: A critical incident approach, in: Czepiel, J.A.; Solomon, M.R.; Surprenat, C.F. (Eds.): The service encounter, Lexington 1985, S. 195-212.

Blair, E.A.; Louden, E.L. (1981): The Effects of Reference Prices in Retail Advertisements, in: Journal of Marketing, Vol. 45, Spring, S. 61-69.

Bledjian, F.; Stosberg, K. (1972): Analyse der Massenkommunikation: Wirkungen, Düsseldorf.

Bleicher, K. (1990): Zukunftsperspektiven organisatorischer Entwicklung. Von strukturellen zu human-zentrierten Ansätzen, in: Zeitschrift Führung und Organisation, 59. Jg., 3/90, S. 152-161.

Bleicher, K. (1991): Das Konzept Integriertes Management, Frankfurt/Main, New York.

Bleicker, U. (1983): Produktbeurteilung des Konsumenten, Würzburg und Wien.

Bloom, P.N.; Gundlach, G.T.; Cannon, J.P. (2000): Slotting Allowances and Fees: Schools of Thought and the Views if Practicing Managers, in: Journal of Marketing, Vol. 64 (April), S. 92-108.

Blum, M.L. (1977): Psychology and Consumer Affairs, London.

Boal, R.B. (1983): Techniques For Ascertaining Likelihood of Confusion and the Meaning of Advertising Communications, in: The Trademark Reporter, July-August, S. 405-435.

Boecken, T.H. (1998): Die Haftung der Stiftung Warentest für Schäden der Verbraucher aufgrund irreführender Testinformationen, Berlin.

Bork, T.A. (1994): Informationsüberlastung in der Unternehmung, Frankfurt/Main.

Botwinick, J. (1978): Aging and behavior, New York.

Bowen, D.C. (1961): Applied Psychology and Trademarks, in: The Trademark Reporter, Vol. 51, S. 1-26.

Brachinger, H.W.; Ost, F. (1996): Modelle mit latenten Variablen: Faktorenanalyse, Latent-Structure-Analyse und LISREL Analyse, in: Fahrheimer, L.; Hamerle, A.; Tutz, G. (Hrsg.): Multivariate statistische Verfahren, Berlin und New York, S. 639-766.

Brauchlin, E. (1979): Unternehmensphilosophie, in: Management Zeitschrift io, 1, S. 42-46.

Braun, I. (1999): Markenbereinigung, in: Esch, F.-R. (Hrsg.): Moderne Markenführung, Wiesbaden, S. 647-665.

Brehm, J.W.; Cohen, A.R. (1962): An experimental study of dissonance, New York.

Brierley, S. (1995): A matter of life and death, in: Marketing Week, Vol. 18 (20), July 28, S. 26.

Brockhaus Enzyklopädie (1994), 19. Aufl., Band 23, Mannheim.

Brockhoff, K. (1993): Produktpolitik, Stuttgart, New York.

Brockhoff, K.; Dobberstein, N. (1989): Zapping. Zur Umgehung von TV-Werbewahrnehmung, in Marketing ZFP, 11. Jg. (Heft 1), S. 27-39.

Broniarczyk, S.M.; Hoyer, W.D.; McAllister, L. (1998): Consumers' Perception of the Assortment Offered in a Grocery Category: The Impact of Item Reduction, in: Journal of Marketing Research, Vol. 35 (May), S. 166-176.

Brown, J.A.C. (1963): Techniques of Persuasion, Harmondsworth.

Brown, J.J.; Reingen, P.H. (1987): Social Ties and Word-of-Mouth Referral Behavior, in: Journal of Consumer Research, Vol. 14 (December), S. 350-362.

Brown, S. (2000): The Three Rs of Relationship Marketing: Retroactive, Retrospective, Retrogressive, in: Hennig-Thurau, Th.; Hansen, U. (Eds.): Relationship Marketing: Gaining Competitive Advantage Through Customer Satisfaction and Customer Retention, Berlin, S. 393-413.

Brucks, M.; Zeithaml, V.A.; Naylor, G. (2000): Price and Brand Name as Indicators of Quality Dimensions for Consumer Durables, in: Journal of the Academy of Marketing Science, Vol. 28 (3), S. 359-374.

Buckley, N. (1994): On the prowl for copycats: the battle to stop retailers from selling products identical to famous brands, in: Financial Times, 03 March, S. 17.

Burke, R.R.; Srull, T.K. (1988): Competitive Interference and Consumer Memory for Advertising, in: Journal of Consumer Research, Vol. 15 (June), S. 55-68.

Buxel, H. (1999): Wahrnehmungsorientierte Produktgestaltung – ein designorientierter Ansatz aus Perspektive der konsumwissenschaftlichen Verhaltensforschung, Hannover, Schriftenreihe Marketing.

Cahill, D.J. (1995): We sure as hell confuse ourselves, but what about the customers?, in: Marketing Intelligence and Planning, Vol. 13, Nr. 4, S. 5-9.

Campbell, B.M. (1973): The existence of evoked set and determinants of its magnitude in brand choice behavior, in: Howard, J.A.; Ostlund, L.E. (Eds.), Buyer behavior: Theoretical and empirical foundations, New York.

Cane Smith, P.; Curnow, R. (1966): Arousal Hypotheses and the Effects of Musik on Purchasing Behavior, in: Journal of Applied Psychology, 50 (June), S. 255-256.

Capon, N.; Davis, R. (1984): Basic Cognitive Ability Measures as Predictors of Consumer Information Processing Strategies, in: Journal of Consumer Research, Vol. 11 (June), S. 551-563.

Carman, J.M. (1970): Correlates of Brand Loyalty: Some Positive Results, in: Journal of Marketing Research, Vol. 7 (February), S. 67-76.

Celine, H. (1972): It's not true unless it makes you laugh, Chicago.

Chaiken, S. (1980): Heuristics versus Systematic Information Processing and the Use of Source versus Message Cues in Persuasion, in: Journal of Personality and Social Psychology, Vol. 39, S. 752-756.

Chan, R. (1999): Internet Framing: Complement or Hijack?, in: 5 Mich. Telecomm. Tech. L., Rev, 143, in: www.mttlr.org/volfive/chan.html, abgerufen am: 05.12.2000.

Chmielewicz, K. (1979): Forschungskonzeptionen der Wirtschaftswissenschaft, 2. Aufl., Stuttgart.

Chryssochoidis, G. (2000): Repercussions of consumer confusion for late introduced differentiated products, in: European Journal of Marketing, Vol. 34, Nr. 5/6, S. 705-722.

Churchill, G.A. (1979): A Paradigm for Developing Better Measures of Marketing Constructs, in: Journal of Marketing Research, Vol. 16 (February), S. 64-73.

Clement, W.E. (1970): An Analysis of the Advertising Process and its Influence on Consumer Behavior, in: Britt, S.H. (Ed.), Consumer Behavior in Theory and in Action, New York, S. 424-428.

Clever, P. (1973): Über den Informationsgehalt sozial-wissenschaftlicher Theorien, Bonn-Bad Godesberg.

Cole, C.A.; Balasubramanian, S.K. (1993): Age Differences in Consumer's Search for Information: Public Policy Implications, in: Journal of Consumer Research, Vol. 20 (June), S. 157-169.

Colgate, M.R.; Danaher, P.J. (2000): Implementing a Customer Relationship Strategy: The Asymmetric Impact of Poor Versus Excellent Execution, in: Journal of the Academy of Marketing Science, Vol. 28 (3), S. 375-387.

Collins-Dodd, C.; Zaichkowsky, J.L. (1999): National brand response to brand imitation: retailer versus other manufacturers, in: Journal of Product & Brand Management, Vol. 8, Nr. 2, S. 96-105.

Corman, C.D. (1967): Stimulus Generalization of Habituation of the Galvanic Skin Response, in: Journal of Experimental Psychology, 74, Nr. 2, S. 236-240.

Corstjens, J.; Corstjens, M. (1995): Store War, Chichester.

Corstjens, M. (1999): Kokain für Kunden, in: Lebensmittel Zeitung Special, 4/99, S. 78-79.

Cox, D.F. (1967): Risk Handling in Consumer Behavior – An Intense Stydy of Two Cases, in: Cox, D.F. (Ed.), Risk Taking and Information Handling in Consumer Behavior, Boston, S. 34-81.

Craig, C.S.; Ghosh, A.; McLafferty, S. (1984): Models of Retail Location Process: A Review, in: Journal of Retailing, 60 (Spring), S. 5-36.

Crawford, C.M. (1991): Neuprodukt-Management, Frankfurt/Main und New York.

Cronbach, L. (1951): Coefficient Alpha and the Internal Structure of Tests, in: Psychometrika, 16, S. 297-334.

Crowley, A.E.; Hoyer, W.D. (1994): An Integrative Framework for Understanding Two-Sided Persuasion, Journal of Consumer Research, 20 (December), S. 561-574.

d'Astous, A.; Bellemare, Y. (1989): Contrasting compulsive and normal buyers' reactions to image versus product quality advertising, in: d'Astous, A. (Ed.): Proceedings of the Annual Conference of the Administrative Science Association of Canada – Marketing Division, S. 82-91.

Davies, M.A.P.; Wright, L.T. (1994): The Importance of Labelling Examined in Food Marketing, in: European Journal of Marketing, Vol. 28, Nr. 2, S 57-67.

Deaton, A. (1992): Understanding consumption, Oxford u.a.

Degeratu, A.M.; Rangaswamy, A.; Wu, J. (2000): Consumer choice behavior in online and traditional supermarkets: The effects of brand name, price, and other search attributes, in: International Journal of Research in Marketing, Vol. 17 (1), pp. 55-78.

Dialoge 4 – Gesellschaft, Wirtschaft, Konsumenten: Zukunftsgerichtete Unternehmensführung durch wertorientiertes Marketing (1995), Gruner + Jahr AG,

Diamond, S. (1981): Trademark Problems and How to Avoid Them, Revised Edition, Chicago.

Dick, A.; Chakravarti, D.; Biehal, G. (1990): Memory-Based Inferences During Consumer Choice, in: Journal of Consumer Research, Vol. 17 (June), S. 82-93.

Diller, H.; Goerdt, T. (1999): Marken- und Einkaufsstättentreue der Konsumenten als Bestimmungsfaktor der Markenführung, in: Esch, F.-R. (Hrsg.): Moderne Markenführung, Wiesbaden, S. 941-956.

Dillon, W.R.; Madden, T.J.; Firtle, N.H. (1994): Marketing Research In a Marketing Environment, 3rd Edition, Burr Ridge, Ill, u.a.

Dommermuth, W. (1965): The Shopping Matrix and Marketing Strategy, in: Journal of Marketing Research, Vol. 2, S. 128-132.

Doney, P.M.; Cannon, J.P. (1997): An Examination of the Nature of Trust in Buyer-Seller Relationships, in: Journal of Marketing, 61 (April), S. 35-51.

Dréze, X.; Hoch, S.J.; Purk, M.E. (1994): Shelf Management and Space Elasticity, in: Journal of Retailing, Vol. 70, Nr. 4, S. 301-326.

Driesen. O. (2000): Eier-Siegel: Garantie für Qualität?, ServiceZeit, Sendung vom 11. September 2000, in: www.wdr.de/tv/service/kostprobe/kp_sarchiv/2000/04/17 _3.html, abgerufen am: 23.11.2000.

Droege, W.; Backhaus, K.; Weiber, R. (1993): Strategien für Investitionsgütermärkte: Antworten auf neue Herausforderungen, Landsberg/Lech.

Droge, C.; Calantone, R. (1984): Assumptions underlying the metatheoretical debates regardind methods and scientific theory construction, in: Anderson, P.F.; Ryan, M.J. (Eds.), 1984 AMA Winter Educators' Conference: Scientific Method in Marketing, Chicago, Ill., S. 5-9.

Dubislav, W. (1981): Die Definition, Hamburg.

Dumke, S. (1996): Handelsmarkenmanagement, Hamburg.

Durvasula, S.; Lysonski, S.; Andrews, J.C. (1993): Cross-Cultural Generalizability of a Scale for Profiling Consumers' Decision-Making Styles, in: The Journal of Consumer Affairs, 27 (1): 55-65.

Eagly, A.H. (1974): Comprehensibility of persuasive arguments as a determinant of opinion change, in: Journal of Personality and Social Psychology, 29, S. 758-773.

Eagly, A.H.; Chaiken, S. (1993): The psychology of attitudes, Fort Worth.

Eichhorn, W. (1979): Die Begriffe Modell und Theorie in der Wirtschaftswissenschaft, in: Raffée H.; Abel, B. (Hrsg.): Wissenschaftstheoretische Grundfragen der Wirtschaftswissenschaften, München, S. 60-104.

Elliott, M.T.; Speck, P.S. (1998): Consumer Perceptions of Advertising Clutter and Its Impact across Various Media, in: Journal of Advertising Research, Vol. 38, Nr. 1, S. 29-41.

Elliott, M.T.; Warfield, A.E. (1993): Do Market Mavens Categorize Brands Differently?' in: McAlister, L.; Rothchild, M.L. (Eds.): Advances in Consumer Research, Vol. 20, Provo, UT: Association for Consumer Research, S. 202-208.

Engel, J.F.; Kollat, D.T.; Blackwell, R.D. (1968): Consumer Behavior, New York.

Engel, J.F.; Blackwell, R.D.; Miniard, P.W. (1990): Consumer Behavior, sixth Edition, Chicago.

Engel, J.F.; Blackwell, R.D.; Miniard, P.W. (1995): Consumer Behavior, eighth Edition, Fort Forth u.a.

Engelhardt, W.H. (1997): Das Marketing in der Betriebswirtschaftslehre – Ein paradigmatische Betrachtung, in: Bruhn, M.; Steffenhagen, H. (Hrsg.): Marktorientierte Unternehmensführung: Reflexionen – Denkanstösse – Perspektiven, Wiesbaden, S. 3-17.

Erdem, T.; Keane M.P. (1996): Decision-making Under Uncertainty: Capturing Dynamic Brand Choice Processes in Turbulent Consumer Goods Markets, in: Marketing Science, Vol. 15, Nr. 1, S. 1-20.

Erevelles, S.; Leavitt, C. (1992): A Comparison of Current Models of Consumer Satisfaction/Dissatisfaction, in: Journal of Consumer Satisfaction/Dissatisfaction and Complaining Behavior, Vol. 5, S. 104-114.

Erickson, G. (1994): Seeing double, in: Brandweek, Vol. 35, Nr. 40, S. 30-35.

Esch, F.-R.; Fuchs, M. (1999): Konzeption und Umsetzung von Markenerweiterungen, in: Esch, F.-R. (Hrsg.): Moderne Markenführung, Wiesbaden, S. 669-703.

Esch, F.-R.; Langner, T.; Fuchs, M. (1998): Gestaltung von Electronic Malls, in: Trommsdorff, V. (Hrsg.): Handelsforschung 1998/99, Wiesbaden.

Esch, F.-R.; Wicke, A. (1999): Herausforderungen und Aufgaben des Markenmanagements, in: Esch, F.-R. (Hrsg.): Moderne Markenführung, Wiesbaden, S. 3-55.

Farquhar, P.H. (1994): Brands that last will add value at the customer interface as a visible part of an overall customer solution, in: Marketing Management, Vol. 3, Nr. 2, S. 9-15.

Feick, L.F.; Price, L.L. (1987): The Market Maven: A Diffuser of Marketplace Information, in: Journal of Marketing, 51 (January), S. 83-97.

Fellman, M.W. (1998): Forecast: New Product Storms Subsides, in: Marketing News, 32, March 30, S. 1.

Festinger, L. (1957): A Theory of Cognitive Dissonance, Stanford.

Fishbein, M.; Ajzen, I. (1980): Predicting and understanding consumer behavior: Attitude-behavior correspondence, in: Ajzen, I.; Fishbein, M. (Eds.): Understanding Attitudes and Predicting Social Behavior, New York, S. 148-172.

Fombrun, C.; Wiedmann, K.-P. (2001): Unternehmensreputation auf dem Prüfstand, in: planung & analyse, 4/2001, S. 60- 64.

Ford, G.T.; Yalch, R. (1982): Viewer Miscomprehension of Televised Communication – A Comment, in: Journal of Marketing, Vol. 46, Fall, S. 27-31.

Ford, G.T.; Smith, R.A. (1987): Inferential Beliefs in Consumer Evaluations: An Assessment of Alternative Processing Strategies, in: Journal of Consumer Research, Vol. 14 (December), S. 363-371.

Forgus, R.H. (1966): Perception: The Basic Process in Cognitive Development, New York.

Fornell, C. (1983): Issues in the Application of Covariance Structure Analysis: A Comment, in: Journal of Consumer Research, Vol. 9, S. 443-448.

Fornell, C. (1986): A Second Generation of Multivariate Analysis: Classification of Methods and Implications for Marketing Research, Working Paper, University of Michigan, Ann Arbor.

Fornell, C.; Larcker, D. (1981): Evaluating Structural Equation Models with Unobservable Variables and Measurement Error, in: Journal of Marketing Research, Vol. 18 (Feb.), S. 39-50.

Foxall, G.R.; Goldsmith, R.E.; Brown, S. (1998): Consumer Psychology for Marketing, 2nd Ed., London: International Thomson Business Press.

Foxman, E.R.; Muehling, D.D.; Berger, P.W. (1990): An Investigation of Factors Contributing to Consumer Brand Confusion, in: The Journal of Consumer Affairs, Vol. 24 (1), S. 170-189.

Foxman, E.R.; Berger, P.W.; Cote, J.A. (1992): Consumer Brand Confusion: A Conceptual Framework, in: Psychology and Marketing, Vol. 9, March-April, S. 123-140.

Fram, E.H.; Grady, D.B. (1995): Internet Buyers: Will the Surfers Become Buyers, in: Direct Marketing, October, S. 63-65.

Frank, R.E.; Massy, W.F.; Wind, Y. (1972): Market Segmentation, Englewood Cliffs.

Franke, D. (1994): Markenforschung: Image-Dimensionen neu vermessen, in: absatzwirtschaft, 37. Jg., Heft 1, S. 78-82.

Freter, H. (1992): Stichwort Marktsegmentierungsmerkmale, in: Diller, H. (Hrsg.), Vahlens großes Marketing Lexikon, München, 1992, S. 737-740.

Freud, S. (1975): Das Unbewußte und die Motivation, in: Thomae, H. (Hrsg.), Die Motivation menschlichen Handelns, Köln.

Friedman, M.P. (1966): Consumer Confusion in the Selection of Supermarket products, in: Journal of Applied Psychology, Vol. 50, Nr. 6, S. 529-534.

Friedman, M. (1970): The Social Responsibility of Business is to Increase Its Profits, in: New York Times Magazine, 13. Sept. 1970, S. 122-126.

Fritz, W. (1992): Marktorientierte Unternehmensführung und Unternehmenserfolg: Grundlagen und Ergebnisse einer empirischen Untersuchung, Stuttgart.

Fry, J.N. (1971): Personality Variables and Cigarette Brand Choice, in: Journal of Marketing Research, Vol. 8 (August), S. 298-304.

Gabriel, Y.; Lang, T. (1997): The Unmanageable Consumer, London u.a.

Gaeth, G.J.; Heath, T.B. (1987): The Cognitive Processing of Misleading Advertising in Young and Old Adults: Assessment and Training, in: Journal of Consumer Research, Vol. 14 (June), S. 43-53.

Gardner, R.W.; Long, R.I. (1960): Leveling-Sharpening And Serial Learning, in: Perceptual and Motor Skills, 10, S. 179-185.

Gardner, M.P.; Rook, D. (1988): Effects of Impulse Purchase on Consumers' Affective States, in: Houston, M.J. (Ed.): Advances in Consumer Research, Provo, S. 127-130.

Gebert, D. (1988): Gebrauchsanweisungen als Marketing-Instrument, Wiesbaden.

Gehm, T. (1991): Emotionale Verhaltensregulierung: ein Versuch über eine einfache Form der Informationsverarbeitung in einer komplexen Umwelt, Weinheim.

Geigant, F.; Sobotka, D.; Westphal, H.M. (1979): Lexikon der Volkswirtschaft, München.

Genesan, S. (1994): Determinants of Long-Term Orientation in Buyer-Seller Relationships, in: Journal of Marketing, 58 (April), S. 1-19.

Gilligan, C. (1982): In a Different Voice: Psychological Theory and Women's Development, Cambridge, MA.

Givon, M. (1984): Variety-Seeking Through Brand Switching, in: Marketing Science, Vol. 3 (Winter), S. 1-22.

Glasse, J. (1992): Hang On, in: Dealerscope Merchandising, Vol. 34 (8, August), S. 10-14, 25.

Goldman, A. (1977/1978): The Shopping Style Explanation for Store Loyalty, in: Journal of Retailing, 53 (Winter), S. 33-46.

Golodner, L.F. (1993): Healthy Confusion for Consumers, in: Journal of Public Policy and Marketing, Vol. 12 (Spring), S. 130-134.

Goodman, E. (1987): Freedom of Choice Enslaves Dazed consumer, The Boston Globe Newspaper Company, Washington Post Writer's Group, in: Engel, J.F.; Blackwell, R.D.; Miniard, P.W.: Consumer Behavior, eighth edition, S. 159.

Gordon, M.E.; Slade; L.A.; Schmitt, N. (1986): Science of the Sophomore Revisited. from Conjecture to Empiricism, in: Academy of Management Review, Vol. 11 (1), S. 191-207.

Gotta, M. (1994): Branding, in: Bruhn, M. (Hrsg.): Handbuch Markenartikel, Band 2, Stuttgart 1994, S. 925-948.

Gottschalk, I.; Schneider, I. (1982): Die Verständlichkeit von Anbieterinformationen, Arbeitspapier 20 der Universität Hohenheim, Lehrstuhl für Konsumtheorie und Verbraucherpolitik, Hohenheim.

Grabitz, H.J. (1971): Die Bewertung von Informationen vor Entscheidungen aber in Abhängigkeit von der verfolgten Alternative und der Verläßlichkeit der Information, in: Zeitschrift für Sozialpsychologie, 2, S. 383-388.

Green, P.E.; Tull, D.S. (1982): Methoden und Techniken der Marketingforschung, Stuttgart.

Greenleaf, E.A.; Lehmann, D.R. (1995): Reasons for Substantial Delay in Consumer Decision Making, in: Journal of Consumer Research, Vol. 22, Nr. 2 (September), S. 186-199.

Greenwood, J.D. (1989): Explanation and Experiment in Social Psychological Science, New York.

Gremler, D.D.; Gwinner, K.P.; Brown, S.W. (2000): Cultivating Positive Word-of-Mouth Communication Through Customer-Employee Bonds, in: Edvardson, Bo; Brown, Stephen W.; Johnston, Robert; Scheuing, Eberhard E. (Eds.): QUIS 7 – Service Quality in the New Economy: Interdisciplinary and International Dimensions, ISQA, S. 183-192.

Grether, D.M.; Wilde, L.L. (1983): Consumer Choice and Information, in: Information Economies and Policy, 1, S. 115-144.

Grewal, D.; Compeau, L.D. (1992): Comparative Price Advertising: Informative or Deceptive?, in: Journal of Public Policy and Marketing, Vol. 11 (1), Spring, S. 52-62.

Gröppel-Klein, A. (1999): Handelsmarkenstrategien aus Konsumentensicht, in: Esch, F.-R. (Hrsg.): Moderne Markenführung, Wiesbaden, S. 873-893.

Groß-Engelmann, M.; Wiswede, G. (1999): Attribution und Kundenverhalten. Perspektiven und aktuelle Anwendungsfelder einer einflußreichen Theorie, in: Jahrbuch der Absatz- und Verbrauchsforschung, 2, S. 168-194.

Gruber, S. (1987): Verbraucherinformation durch Gütezeichen, Köln u.a.

Gunter, B.; Furnham, A. (1992): Consumer Profiles – An Introduction to Psychographics, London.

Haack, J. (1997): Interaktivität als Kennzeichen für Multimedia und Hypermedia, in: Issing, L.; Klimsa, P. (Hrsg.): Information und Lernen mit Multimedia, 2. Aufl., Weinheim, S. 151-166.

Hackley, C.E.; Kitchen, P.J. (1999): Ethical Perspectives on the Postmodern Comminications Leviathan, in: Journal of Business Ethics, Vol. 20, Nr. 1 (May), S. 15-26.

Haedrich, G.; Tomczak, T. (1994): Strategische Markenführung, in: Bruhn, M. (Hrsg.): Handbuch Markenartikel, Band 2, Stuttgart, S. 773-790.

Hafstrom, J.L.; Chae, J.S.; Chung, Y.S. (1992): Consumer Decision-Making Styles: Comparison Between United States and Korean Young Consumers, in: The Journal of Consumer Affairs, Vol. 26 (1), S. 146-158.

Hagemann, H.W. (1988): Wahrgenommene Informationsüberlastung des Verbrauchers, München.

Hahne, H. (1998): Category Management aus Herstellersicht, Lohmar und Köln.

Hajos, A. (1980): Einführung in die Wahrnehmungspsychologie, Darmstadt.

Hall, E.; Hall, M.R. (1990): Understanding Cultural Differences, Yarmouth.

Hallier, B. (1997): Anforderungen an das Handelsmarkenmanagement des Handels, in: in: Bruhn, M. (Hrsg.): Handelsmarken: Entwicklungstendenzen und Zukunftsperspektiven der Handelsmarkenpolitik, 2. Aufl., S. 289-300.

Halstaed, D.; Page, J. (1992): The Effects of Satisfaction and Complaining Behavior on Consumer Repurchase Intentions, in: Journal of Consumer Satisfaction, Dissatisfaction and Complaining Behavior, Nr. 5, S. 1-11.

Hammann, P.; Schuchard-Ficher, C. (1980): Messung von Nachkauf-Dissonanz im Automobilmarkt, in: Marketing ZFP, 2. Jg. (Heft 3), S. 155-161.

Hammann, P.; Tebbe, C.; Braun, D. (1999): Determinanten der transnationalen Handelsmarkenführung, Esch, F.-R. (Hrsg.): Moderne Markenführung, Wiesbaden, S. 915-940.

Hanke, G. (2000): Aldi erbost über Preisvergleich, Lebensmittel Zeitung, Nr. 30, 28.07.2000, S. 4.

Hansen, F. (1972): Consumer Choice Behavior, New York.

Hansen, F. (1976): Psychological Theories of Consumer Choice, in: Journal of Consumer Research, Vol. 3 (December), S. 117-142.

Hansen, U. (1990): Absatz- und Beschaffungsmarketing des Einzelhandels, 2. Aufl., Göttingen.

Hansen, U. (1995): Verbraucherpolitische Herausforderungen für das Handelsmarketing, in Hansen, U. (Hrsg.): Verbraucher- und umweltorientiertes Marketing, Stuttgart, S. 166-188.

Hansen, U.; Blüher, K. (1993): Handel und Konsumkultur, Hannover.

Hansen, U.; Bode, M. (1999): Marketing & Konsum: Theorie und Praxis von der Industrialisierung bis ins 21. Jahrhundert, München.

Hansen, U.; Hennig, T. (1996): Wie kompetent sind Ihre Kunden? in: absatzwirtschaft, 39 Jg. (Sondernummer Oktober 1996), S. 160-164.

Hansen, U.; Schrader, U. (1997): A Modern Model of Consumption for a Sustainable Society, in: Journal of Consumer Policy, Vol. 20, Nr. 4, S. 443-468.

Harrell, G. (1986): Consumer Behavior, San Diego, CA.

Harrison, K. (1995): Revolution in the tub, in: SuperMarketing, 17 February 1995, S. 18-19.

Hauser, J.R.; Wernerfelt, B. (1990): An Evaluation Cost Model of Consideration Sets, in: Journal of Consumer Research, Vol. 16 (March), S. 393-408.

Hausman, A. (2000): A multi-method investigation of consumer motivations in impulse buying behavior, in: Journal of Consumer Marketing, Vol. 17 (5), S. 403-419.

Hawkins, D.I.; Best, R.J.; Coney, K.A. (1986): Consumer Behavior, 3rd Edition, Plano, Tx.

Hawkins, D.I.; Best, R.J.; Coney, K.A. (1995): Consumer Behavior, 6th Edition, London.

Hebb, D.O. (1975): Einführung in die moderne Psychologie, Weinheim, Basel.

Heider, F. (1958): The psychology of interpersonal relations, New York.

Helmig, Bernd (1997): Variety-seeking-behavior im Konsumgüterbereich, Wiesbaden.

Hempel, C.G. (1974): Grundzüge der Begriffsbildung in der empirischen Wissenschaft, Dusseldorf.

Henley Centre (1991): Leisure Futures, Henley Centre for Forecasting, London.

Hennig-Thurau, Th. (1998): Konsum-Kompetenz: Eine neue Zielgröße für das Management von Geschäftsbeziehungen, Frankfurt/Main.

Hennig-Thurau, T.; Gwinner, K.P.; Gremler, D.D. (2000): Toward a Better Understanding of Relationship Marketing Outcomes by Integrating Relationship Quality and Relational Benefits Theory, Arbeitspapier, Universität Hannover, Lehrstuhl Markt und Konsum.

Hennig-Thurau, Th.; Klee, A. (1997): The Impact of Customer Satisfaction and Relationship Quality on Customer Retention – A Critical Reassessment and Model development, in: Psychology & Marketing, Vol. 14, Nr. 8, S. 737- 764.

Hennig-Thurau, T.; Thurau, C. (1999): Sozialkompetenz als vernachlässigter Untersuchungsgegenstand des (Dienstleistungs-)Marketing, in: Marketing ZFP, 21. Jg., Heft 4, S. 297-311.

Hennig-Thurau, T.; Walsh, G. (2001): Reading Customer Articulations on the Internet: A Motive-based Approach to Explain the Relevance of "Electronic Word-of-Mouth, in: International Journal of Electronic Commerce, in Kürze.

Hennig-Thurau, T.; Walsh, G.; Wruck, O. (2001): An Investigation into the Success Factors of Motion Pictures, Academy of Marketing Science Review, in: http://www.amsreview.org/amsrev/theory/hennig06-01.html.

Hera, A. (1978): Die Identifikationsgeschwindigkeit für plakative Werbedarbietungen mit emotionalen Blickfängen – eine experimentelle Untersuchung mit Hilfe der Tachistoskopie und Psychophysiologie, Dissertation Univ. Saarbrücken.

Herbig, P.H.; Kramer, H. (1994): The effect of information overload on the innovation process: Innovation overload, in: Journal of Consumer Marketing, Vol. 11 (2), S. 45-54.

Herrnstein, R.J. (1988): A behavioral alternative to utility maximization, in: Maital, S. (Ed.): Applied behavioral Economics, New York, S. 3-36.

Heydt, A.v.d. (1998): Efficient Consumer Response, 3. Aufl., Frankfurt/Main.

Hildebrandt, L. (1998): Kausalanalytische Validierung in der Marketingforschung, in: Hildebrandt, L.; Homburg, C. (Hrsg.): Die Kausalanalyse, Stuttgart, S. 85-110.

Hildebrandt, L.; Homburg, C. (Hrsg.) (1998): Die Kausalanalyse, Stuttgart.

Hill, D.J.; King, M.F.; Cohen, E. (1996): The Perceived Utility of Information Presented via Electronic Decision Aids: A Consumer perspective, in: Journal of Consumer Policy, Vol. 19, S. 137-166.

Hillmann, K.-H. (1994): Wörterbuch der Soziologie, Stuttgart.

Hippel, E.v. (1986): Verbraucherschutz, 3. Aufl., Tübingen.

Hirschman, E.C. (1981): Cognitive Complexity, Intelligence, and Creativity: A Conceptual Overview with Implications for Consumer Research, in: Research in Marketing, 5, S. 59-99.

Hoch, S.J.; Deighton, J.A. (1989): Managing What Consumers Learn From Experience, in: Journal of Marketing, Vol. 53 (2), S. 1-20.

Hoch, S.J.; Loewenstein, G.F. (1991): Time Inconsistent Preferences and Consumer Self-Control, in: Journal of Consumer Research, Vol. 17 (March), S. 492-507.

Höhl-Seibel, J. (1994): Zweitmarkenstrategie, in: Bruhn, M. (Hrsg.): Handbuch Markenartikel, Band 1, S. 583-602.

Hoffmann, T. (2000): Bei den Branchenriesen brummt der Bär, in: Horizont, Nr. 2, 13. Januar 2000.

Holden, N. (1998): Viewpoint: international marketing studies – time to break the English-language strangle hold?, in: International Marketing Review, Vol. 15, Nr. 2, S. 86-100.

Holzkämper, O. (1999): Category Management: Strategische Positionierung des Handels, Göttingen.

Homburg, C. (1995): Kundennähe von Industriegüterunternehmen: Konzeption – Erfolgsaussichten – Determinanten, zugl. Habil., Wiesbaden.

Homburg, C.; Baumgartner, H. (1995): Beurteilung von Kausalmodellen, in: Marketing ZFP, 17. Jg. (Heft 3), S. 162-176.

Homburg, C.; Giering, A. (1996): Konzeptualisierung und Operationalisierung komplexer Konstrukte, in: Marketing ZFP, 18. Jg., Heft 1, S. 5-24.

Homburg, C.; Giering, A. (1999): Messung von Markenzufriedenheit und Markenloyalität, in: Esch, F.-R. (Hrsg.): Moderne Markenführung, Wiesbaden, S. 1090-1100.

Homburg, C.; Hildebrandt, L. (1998): Die Kausalanalyse: Bestandsaufnahme, Entwicklungsrichtungen, Problemfelder, in: Hildebrandt, L.; Homburg, C. (Hrsg.): Die Kausalanalyse, Stuttgart, S. 15-44.

Homburg, C.; Pflesser, C. (1999): Konfirmatorische Faktorenanalyse, in: Herrmann, A.; Homburg, C. (Hrsg.): Marktforschung, Wiesbaden, S. 413-438.

Homburg, Chr.; Rudolph, B. (1995): Theoretische Perspektiven zur Kundenzufriedenheit, in: Simon, H.; Homburg, Chr. (Hrsg.): Kundenzufriedenheit – Konzepte, Methoden, Erfahrungen, Wiesbaden, S. 29-49.

Hong, K.-H; Rucker, M. (1995): The Role of Product Type and Consumer Fashion Involvement in Clothing Satisfaction, in: Journal of Consumer Satisfaction, Dissatisfaction and Complaining Behavior, Vol. 8, S. 198-207.

Hopfenbeck, W. (1997): Allgemeine Betriebswirtschafts- und Managementlehre, Landsberg/Lech.

Horizont.Net (2000): Telekommunikations-Werbung verwirrt, in: www.horizont.de/archiv/ horizont_net, abgerufen am: 26.01.2000.

Houston, M.J. (1978): Conceptual and Methodological Perspectives on Involvement, in: Jain, C.S. (Ed.): 1978 Educator's Proceedings, American Marketing Association, Chicago, S. 184-187.

Houston, M.J.; Rothchild, M.L. (1978): Conceptual and Methodological Perspectives on Involvement, in: Jain, S.C. (Ed.): Research Frontiers in Marketing: Dialogues and Directors, Chicago, American Marketing Association, S. 184-187.

Howard, J.A.; Sheth, J.N. (1969): A Theory of Buyer Behavior, New York u.a.

Howard, J.A.; Sheth, J.N. (1973): A Theory of Buyer Behavior, in: Kassarjian, H.H.; Robertson, T.S. (Eds.): Perspectives in Consumer Behavior, Glenview, S. 519-540.

Howe, W.S.; Jürgens, U.; Werwy, H. (1998): Comparative structure and development of retailing in the United Kingdom and Germany 1980-92, in: The International Review of Retail, Distribution and Consumer Research, Vol. 8 (Jan.), S. 79-99.

Hoyer, W.D.; MacInnis, D.J. (1997): Consumer Behavior, Boston.

Hoyer, W.D.; Srivastava, R.K.; Jacoby, J. (1984): Sources of Miscomprehension In Televised Advertising, in: Journal of Advertising, Vol. 13 (2), S. 17-26.

Hu, L.; Bentler, P. (1995): Evaluating Model Fit, in: Hoyle, R. (Ed.): Structural Equation Modeling, Thousand Oaks, CA., S. 76-99.

Hüttner, M. (1989): Grundzüge der Marktforschung, 4. Aufl., Berlin u.a.

Hüttner, M.; Schwarting, U. (1999): Exploratorische Faktorenanalyse, in: Herrmann, A.; Homburg, C. (Hrsg.): Marktforschung, Wiesbaden, S. 381-412.

Huffman, C; Houston, M.J. (1993): Goal-oriented experiences and the development of knowledge, in: Journal of Consumer Research, 20, S. 190-207.

Huffman, C.; Kahn, B.E. (1998): Variety for Sale: Mass Customization or Mass Confusion?, in: Journal of Retailing, Vol. 74, Nr. 4, S. 491-513.

Hunt, S.D. (1984): Should marketing adopt relativism? in: Anderson, P.F.; Ryan, M.J. (Eds.), 1984 AMA Winter Educators' Conference: Scientific Method in Marketing, Chicago, Ill., S. 30-34.

Hunt, S.D. (1991): Modern Marketing Theory, Cincinnati.

Hunt, S.D. (1993): Objectivity in Marketing Theory and Research, in: Journal of Marketing, Vol. 57 (April), S. 76-91.

Hutchinson, J.W.; Alba, J.W. (1991): Ignoring Irrelevant Information: Situational Determinants of Consumer Learning, in: Journal of Consumer Research, Vol. 18 (December), S. 326-345.

Illik, J.A. (1999): Electronic Commerce, München und Wien.

Imkamp, H. (1986): Zur Operationalisierung des individuellen Informationsdefizits, in: Hauswirtschaft und Wissenschaft, 34. Jg., Heft 5, S. 232-235.

Institut für Demoskopie Allensbach, (1993): Alte Menschen in Ost- und Westdeutschland: Eine Sekundärstatistische Analyse aus Allensbacher Repräsentativumfragen für die Sachverständigenkommission zur Fortsetzung des Altenberichts der Bundesregierung, in: Deutsches Zentrum für Alterfragen e.V. (Hrsg.), Expertisen zum ersten Altenbericht der Bundesregierung – II: Aspekte der Alterssituation im Osten und westen der Bundesrepublik, Berlin, S. 3-114.

Ippolito, P.; Mathios, A.D. (1993): New Food Labeling Regulations and the Flow of Nutritional Information to Consumers, in: Journal of Public Policy and Marketing, 12 (2), S. 188-205.

Irle, M. (1975): Lehrbuch der Sozialpsychologie, Göttingen, Toronto, Zürich.

Jacoby, J. (1977): Information Load and Decision Quality: Some Contested Issues, in: Journal of Marketing Research, Vol. 14 (November), S. 569-573.

Jacoby, J. (1978): Consumer Research: A State of the Art Review, in: Journal of Marketing, Vol. 42 (April), S. 87-96.

Jacoby, J. (1984): Prespectives on Information Overload, in: Journal of Consumer Research, Vol. 10 (March), S. 432-435.

Jacoby, J.; Chestnut, R.W. (1978): Brand Loyalty: Measurement and Management, New York.

Jacoby, J.; Hoyer, W.D. (1982): Viewer Miscomprehension of Televised Communication: Selected Findings, in: Journal of Marketing, 46 (Fall), S. 12-26.

Jacoby, J.; Hoyer, W.D.; Sheluga, D.A. (1980): Miscomprehension of Televised Communications, American Association of Advertising Agencies, New York.

Jacoby, J.; Hoyer, W.D. (1989): The Comprehension/ Miscomprehension of Print Communication: Selected Findings, in: Journal of Consumer Research, Vol. 15 (March), S. 434-443.

Jacoby, J.; Kaplan, L. (1972): The Components of Perceived Risk, in: Venkatesan, M. (Ed.), Proceedings of the 3rd Annual Conference of the Association for Consumer Research. Association for Consumer Research, Chicago, S. 382-393.

Jacoby, J.; Morrin, M. (1998): „Not manufactured or authorized by...": recent federal cases involving trademark disclaimers, in: Journal of Public Policy & Marketing, Vol. 17, Nr. 1, S. 97-108.

Jacoby, J.; Speller, D.E.; Berning, C.A. (1974): Brand Choice Behavior as a Function of Information Load: Replication and Extension, in: Journal of Consumer Research, Vol. 1 (February), S. 33-42.

Jacoby, J.; Speller, D.E.; Kohn, C.A. (1974): Brand Choice Behavior as a Function of Information Load, in: Journal of Marketing Research, Vol. 11 (February), S. 63-64.

Jager, D. (1996): General Sessien-Opening Remarks, presentation to Joint Industry ECR Conference, Chicago Hilton Towers, March 21.

Jarvenpaa, S.L.; Todd, P.A. (1996): Consumer Reactions to Electronic Shopping on the World Wide Web, in: International Journal of Electronic Commerce, Vol.1 (2) (Winter), S. 59-88.

Jary, M.; Wileman, A. (1998): Managing Retail Brands, in: Hart, S.; Murphy, J. (Eds.): Brands: the new Wealth Creators, Houndsmiles u.a., S. 152-160.

Jöreskog, K.; Sörbom, D. (1979): Advances in Factor Analysis and Structural Equation Models, Cambridge, Mass.

Jöreskog, K.; Sörbom, D. (1980): LISREL IV – Analysis of Linear Structural Relationships by the Method of Maximum Likelihood, International Educational services, 3. Aufl., Chicago.

Jöreskog, K.; Sörbom, D. (1989): LISREL VII: A Guide to the Program and Applications, 2. Aufl., Chicago.

Jöreskog, K.; Sörbom, D. (1993): LISREL VIII: Structural Equation modeling with the SIMPLIS Command Language, Chicago.

John, D.R.; Cole, C.A. (1986): Age Differences in Information Processing: Understanding Deficits in Young and Elder Consumers, in: Journal of Consumer Research, Vol. 13 (December), S. 297-314.

Johnson, D.M. (1955): The Psychology of Thought and Judgement, New York.

Johnson, E.; Russo, J.E. (1984): Product Familarity and Learning New Information, in: Journal of Consumer Research, Vol. 11 (June), S. 542-550.

Johnson-George, C.; Swap, W.C. (1982): Measurement of Specific Interpersonal Trust: Construction and Validation of a Scale to Assess Trust in a Specific Other, in: Journal of Personality and Social Psychology, Vol. 43 (6), S. 1306-1317.

Jung, H. (1998): Der Verbraucher fühlt nie, wie er soll, in: Die Zeit, Nr. 33, August 06, S. 53.

Juster, F.T.; Stafford, F.P. (1991): The Allocation of Time: Empirical Findings, Behavioral Models, and Problems of Measurement, in: Journal of Economic Literature, Vol. 14 (June), S. 471-522.

Kaas, K.P. (1995): Informationsökonomik, in: Tietz, B.; Köhler, R.; Zentes, J. (Hrsg.): Handwörterbuch des Marketing, 2. Aufl., Stuttgart, Sp. 971-981.

Kaas, K.P.; Busch, A. (1996): Inspektions-, Erfahrungs- und Vertrauenseigenschaften von Produkten: Theoretische Konzeption und empirische Validierung in: Marketing ZFP, 18. Jg., 1996, Heft 4, S. 243-252.

Kaas, K.P.; Runow, H. (1984): Wie befriedigend sind die Ergebnisse zur Verbraucherzufriedenheit? in: Die Betriebswirtschaft, 44, 3, S. 451-460.

Kahle, L.R.; Goff Timmer, S.A. (1983): A Theory and a Method for Studying Values, in: Kahle, L.R. (Ed.): Social Values and Social Change: Adaptation to Life in America, New York, S. 43-69.

Kangun, N.; Polonsky, M.J. (1995): Regulation of environmental marketing claims: a comparative perspective, in: International Journal of Advertising, Vol. 14, Nr. 1, S. 1.

Kannacher V.A. (1982): Habitualisiertes Kaufverhalten von Konsumenten, München.

Kapferer, J.-N. (1995a): Stealing brand equity: measuring perceptual confusion between national brands and ´copycat´ own-label products, in: Marketing And Research Today, May, S. 96-102.

Kapferer, J.-N. (1995b): Brand Confusion: Empirical Study of a Legal Concept, in: Psychology & Marketing, Vol. 12 (6), S. 551-568.

Karmasin, H. (1993): Produkte als Botschaften, Wien.

Katz, D. (1960): The Functional Approach to the Study of Attitudes, in: Public Opinion Quaterly, 24 (Summer), S. 163-204.

Kearney, I.; Mitchell, V.-W. (2001): Measuring brand confusion to comply with legal guidelines, International Journal of Market Research, Vol. 1 (1), S. 85-91.

Keller, K.L. (1991): Memory and Evaluation Effects in Competitive Advertising Environments, in: Journal of Consumer Research, Vol. 17 (March), S. 463-476.

Keller, K.L. (1993): Conceptualizing, Measuring, and Managing Customer-Based Brand Equity, in: Journal of Marketing, Vol. 57 (January), S. 1-22.

Keller, K.L.; Staelin, R. (1987): Effects of Quality and Quantity of Information on Decision Effectiveness, in: Journal of Consumer Research, Vol. 14 (September), S. 200-213.

Kelly, H.H. (1967): Attribution theory in social psychology, in: Levine, D. (Ed.), Nebraska Symposium on Motivation, Vol. 15, Lincoln, S. 192-238.

Kelman, H.C.; Cohler, J. (1959): Risk Handling in Consumer Behaviour, in Cox, D.F. (Ed.), Harvard University.

Kendall Sproles, G.B.; Kendall, E. (1990): Consumer Decision-Making Styles as a Function of Individual Learning Styles, in: The Journal of Consumer Affairs, Vol. 24 (1) (Summer), S. 134-147.

Kent, R.J.; Allen, C.T. (1994): Competitive Interference Effects in Consumer Memory for Advertising: The Role of Brand Familiarity, in: Journal of Marketing, Vol. 58 (July), S. 97-105.

Kerby, J.K. (1975): Consumer Behavior, New York.

Kermis, M.D. (1984): The psychology of human aging: Theory, research, and practice, Boston.

Kirchbaum, K.J. (Hrsg.) (1998): Deutsche Standards, Köln.

Kircher, S. (1999): Gestaltung von Markennamen, in: Esch, F.-R. (Hrsg.): Moderne Markenführung, Wiesbaden, S. 445-463.

Kirchler, E. (1995): Wirtschaftspsychologie: Grundlagen und Anwendungsfelder der ökonomischen Psychologie, Göttingen u.a.

Kirsch, W. (1971): Entscheidungsprozesse, Wiesbaden.

Kirsch, W. (1979): Die verhaltenswissenschaftliche Fundierung der Betriebswirtschaftslehre, in: Raffée H.; Abel, B. (Hrsg.): Wissenschaftstheoretische Grundfragen der Wirtschaftswissenschaften, München, S. 105-120.

Klee, A. (2000): Strategisches Beziehungsmanagement: Ein integrativer Ansatz zur strategischen Planung und Implementierung des Beziehungsmanagement, Aachen

Klein, G. (1991): Verwirrtheit im Alter, in: Birk, M.-L.; Knoll, G.; Krauß, B.; Steinacker, B.; Uhlmann, G. (Hrsg.): Gerontopsychatrie und Altenarbeit II, Berlin, S. 57-74.

Kline, J.B. (1997): Not a simple choice, in: Telephony, Vol. 233, 22, December 1, S. 20-26.

Klix, F. (1992): Die Natur des Verstandes, Göttingen u.a.

Knappe, H.-J. (1981): Informations- und Kaufverhalten unter Zeitdruck, Frankfurt/Main und Bern.

Köhler, R. (1999): Vergleichende Werbung – Wildwest oder bessere Verbraucherinformationen? (Editorial), in: Die Betriebswirtschaft, 2/99 (März/April), S. 157-159.

Koeppler, K. (1980): Wahrnehmung absatzpolitischer Aktivitäten, in: Hoyos, C. G.; Kroeber-Riel, W; Rostenstiel, L.v.; Strümpel, B. (Hrsg.): Grundbegriffe der Wirtschaftspsychologie, München, S. 336-344.

Kogan, N. (1971): Educational Implications of Cognitive Styles, in: Lesser, G.S. (Ed.): Psychology and educational Practice, Glennview, II, S. 242-292.

Kohli, C.; LaBahn, D. W. (1997): Observations: Creating Effective Brand Names: A Study of the Naming Process, in: Journal of Advertising Research, Vol. 37, Nr. 1, January/February, S. 67-75.

Kohli, C.; Thakor, M. (1997): Branding consumer goods: insight from theory and practice, in: Journal of Consumer Marketing, Vol. 14, Nr. 3, S. 206-219.

Kotler, P. (1982): Die Bedeutung des Consumerism für das Marketing, in: Hansen, U.; Stauss, B.; Riemer, M. (Hrsg.): Marketing und Verbraucherpolitik. Stuttgart, S. 56-70.

Kotler, P. (1984): Marketing Essentials, London.

Kotler, P. (2000): Marketing Management, 10th Ed. (The Millenium Edition), London u.a.

Kotler, P.; Bliemel, F. (1992): Marketing-Management, 7. Aufl., Stuttgart.

Kotler, P.; Bliemel, F. (1995): Marketing-Management, 8. Aufl., Stuttgart.

Kreutzer, R.; Jugel, S.; Wiedmann, K.-P. (1985): Unternehmensphilosophie und Corporate Identity Empirische Bestandsaufnahme und Leitfaden zur Implementierung einer Corporate Identity-Strategie, Arbeitspapier Nr. 40 des Instituts für Marketing an der Universität Mannheim, Mannheim.

Kribben, M. (1994): Entwicklung des Konsumentenverhaltens in den neuen Bundesländern, Frankfurt/Main.

Kroeber-Riel, W (1980): Konsumentenverhalten, 2. Aufl., München.

Kroeber-Riel, W. (1990): Marktpsychologie, in: Hoyos, C.G.; Kroeber-Riel, W.; Rosenstiel, L. v.; Strümpel (Hrsg.): Wirtschaftspsychologie in Grundbegriffen, B., München u.a., S. 29-40.

Kroeber-Riel, W.; Weinberg, P. (1996): Konsumentenverhalten, 6. Aufl., München.

Kroeber-Riel, W.; Weinberg, P. (1999): Konsumentenverhalten, 7. Aufl., München.

Krueckeberg, H. (1989): Customer Observation: Procedures, Results, and Implications, in: Quirk's Marketing Research Review, December, S. 16-22, 142-143.

Krum, F. (1994): Quantum Leap, in: Progressive Grocer, January, S. 41-43.

Kühn, I. (2000): Spielraum für nationale Gerichte, in: Lebensmittel Zeitung, Nr. 47, 04.02.2000, S. 24.

Kuhlmann, E. (1990): Verbraucherpolitik, München.

Kupsch, P.; Hufschmied, P.; Mathes, H.; Schöler, K. (1978): Die Struktur von Qualitätsurteilen und das Informationsverhalten von Konsumenten beim Kauf langlebiger Gebrauchsgüter, Opladen.

Kurt Salmon Associates (1993): Efficient Consumer Response: Enhancing Consumer Value in the Grocery Industry, in: Food Marketing Institute Report #9-526, Washington, DC: Food Marketing Institute.

Kuß, A. (1987): Information und Kaufentscheidung, Berlin u.a.

Laatz, W. (1993): Empirische Methoden, Frankfurt/Main.

Laczniak, R.N.; DeCarlo, T.E.; Ramaswami, S.N. (2001): Consumers' Responses to Negative Word-of-Mouth Communication: An Attribution Theory Perspective, in: Journal of Consumer Psychology, Vol. 11 (1), S. 57-73.

Lakatos, I. (1970): Falsification and the Methodology of Scientific Research Programmes, in: Lakatos, I.; Musgrave, I. (Eds.): Criticism and the Growth of Knowledge, Cambridge.

Lane, D. (1982): Limited Capacity, Attention Allocation, and Productivity, in: Howell, W.C.; Fleischman, E.A. (Eds.): Human Performance and Productivity, Hillsdale, S. 121-147.

Lassek, R. (1992): Die 350-Milliarden-DM-Herausforderung, in: Absatzwirtschaft, Heft 4, S. 82-83.

Lau, G.T.; Lee, S.H. (1999): Consumers' Trust in a Brand and the Link to Brand Loyalty, in: Journal of Market Focused Management, 4, S. 341-370.

Leendertse, J. (1999): Klartext reden, in: Wirtschaftswoche, Nr. 16, 15.04.1999, S. 127-132.

Leven, W. (1983): Der Zusammenhang zwischen Informationsüberlastung und Informationsspeicherung beim Betrachten von Werbeanzeigen, in: Marketing ZFP, 5. Jg., Heft 1, S. 13-18.

Leven, W. (1984): Konfuse Käufer am Kühlregal, in: Lebensmittel Zeitung, Nr. 40, S. F4-F8.

Leven, W. (1988): Von den angebotenen Informationen werden nur wenige genutzt, in: Marketing Journal, Heft 3, S. 268-273.

Levy, S.J.; Rook, D.W. (1981): Brands, Trademarks & the Law! in: Enis, B.M.; Roering, K.J. (Eds.): Review of Marketing (1981), Chicago, American Marketing Association, S. 185-194.

Lloyd, K.B.; Jankowski, D.J. (1999): A cognitive information processing and information theory approach to diagram clarity: A synthesis and experimental investigation, in: The Journal of Systems and Software, 45, S. 203-214.

Locander, W.B.; Hermann, P.W. (1979): The Effect of Self-Confidence and Anxiety on Information Seeking in Consumer Risk Reduction, in: Journal of Marketing Research, Vol. 16, S. 268-274.

Loken, B.; Ross, I.; Hinkle, R.L. (1986): Consumer Confusion of Origin and Brand Similarity Perceptions, in: Journal of Public Policy and Marketing, Vol. 5, S. 195-211.

Lomax, W.; Sherski, E.; Todd, S. (1999): Assessing the risk of consumer confusion: Some practical test results, in: The Journal of Brand Management, Vol. 7, Nr. 2, S. 119-132.

Louden, D.L.; Della Bitta, A.J. (1993): Consumer Behavior, 4th Edition, New York u.a.

Louviere, J.L.; Gaeth, G.J. (1987): Decomposing the Determinants of Retail Facility Choice Using the Method oh Hierarchical Information Integration: A Supermarket Illustration, in: Journal of Retailing, 63 (Spring), S. 25-48.

Lübtow, U.v. (1973): Zur Anfechtung von Willenserklärungen wegen arglistiger Täuschung, in: Harms, H. (Hrsg.): Entwicklungstendenzen im Wirtschafts- und Unternehmensrecht. Festschrift für Horst Bartholomeyczik zum 70. Geburtstag, Berlin.

Lührs, G.; Sarrazin, T.; Spreer, F.; Tietzel, M. (1975): Kritischer Rationalismus und Sozialdemokratie, in: Lührs, G.; Sarrazin, T.; Spreer, F.; Tietzel, M. (Hrsg.): Kritischer Rationalismus und Sozialdemokratie, 2. Aufl., Berlin, S. 1-53.

Lumpkin, J.R.; Hite, R.E. (1988): Retailers' offerings and elderly consumers' needs: Do retailers understand the elderly?, in: Journal of Business Research, Vol. 16, Nr. 4, S. 313-326.

Lussier, D.A.; Olshavsky, R.W. (1979): Task Complexity and Contingent Processing in Brand Choice, in: Journal of Consumer Research, 6 (Sep.), S. 154-165.

Lynch, J.G. (1982): On the External Validity of Experiments in Consumer Research, in: Journal of Consumer Research, Vol. 9 (December), S. 225-239.

Lysonski, S:, Durvasula, S.; Zotos, Y. (1996): Consumer decision-making styles: a multi-country investigation, in: European Journal of Marketing, 30 (12): 10-21.

McCort, D.J.; Malhotra, N.K. (1993): Culture and Consumer Behavior: Toward an Understanding of Cross-Cultural Consumer Behavior in International Marketing, in: Journal of International Consumer Marketing, Vol. 6 (2), S. 91- 124

McDaniel, S.R.; Kinney, L. (1998): The Implications of Recency and Gender Effects in Consumer Response to Ambush Marketing, in: Psychology and Marketing, Vol. 15 (4), July, S. 385-403.

McKenna, R. (1993): Marketing im Zeitalter der Vielfalt, in: Harvard Manager Marketing, Band 3, S. 9-16.

McLoughlin, L. (1997): A far, far butter thing: taste-oriented brands have revolutionised the spreads sector and spawned a host of imitators, in: Grocer, 12 July, Vol. 220, Nr. 7313, S. 37-39.

MADAKOM (1999): Innovationsreport '98, Köln.

Maddox, N.R.; Grønhang, K; Homans, R.E.; May, F.E. (1978): Correlates of information gathering and evoked set size for new automobiless purchasers in Norway and the US, in: Hunt, H.K. (Ed.), Association of Consumer Research, 5, S. 167-170.

Magee, B. (1975): Karl Popper und der Kritische Rationalismus, in: Lührs, G.; Sarrazin, T.; Spreer, F.; Tietzel, M. (Hrsg.): Kritischer Rationalismus und Sozialdemokratie, 2. Aufl., Berlin, S. 73-87.

Malhotra, N.K. (1982): Information Load and Consumer Decision Making, in: Journal of Consumer Research, Vol. 8 (March), S. 419-430.

Malhotra, N.K. (1984): Reflections on the Information Overload Paradigm in Consumer Decision Making, in: Journal of Consumer Research, Vol. 10 (March), S. 436-440.

Malhotra, N.K. (1996): Marketing Research: An Applied Orientation, 2nd Ed., Upper Saddle River, NJ.

Malhotra, N.K.; Jain, A.K.; Lagakos, W. (1982): The Information Overload Controversy: An Alternative Viewpoint, in: Journal of Marketing, Vol. 46, Spring, S. 27-37.

Marr, S.L.; Crosby, L.A. (1993): Customer Satisfaction Measurement: A Management Information System for Total Quality, American Marketing Association, Chicago, Ill.

Marx, M.H. (1976): Introduction To Psychology, London.

Mason, C.H.; Milne, G.R. (1994): An approach for identifying cannibalization within product line extensions and multi-brand strategies, in: Journal of Business Research, Nr. 2/3, S. 163-170.

Matzler, K. (1997): Kundenzufriedenheit und Involvement, Wiesbaden.

Mayer, H. (1993): Werbepsychologie, 2. Aufl., Stuttgart.

Mayr, H.-P. (2000): Erklärungen sind zu erklärungsbedürftig, in: Horizont, Nr. 26 vom 29.06.2000, S. 43.

Mehler, K. (1999): Die süße Flut, in: Lebensmittel Zeitung Spezial, 2/99, S. 8-12

Mehrabian, A. (1972): Nonverbal Communication, Chicago.

Meier, H.-J. (1999): Beim Schnäppchen endet die Markentreue, in: Horizont, Nr. 49, 09. Dezember 1999, S. 36.

Mei-Folter, A.; Barber, F. (1991): Mit Konzepten die Marke stärken. Wie sich Markenartikler gegen Handelsmarken verteidigen, in: Lebensmittel Zeitung, Nr. 6, 08.02.1991, S. J4-J7.

Merikle, P.M.; Cheesman, J. (1987): Current Status of Research on Sublimal Perception, in: Wallendorf, M.; Anderson, P.F. (Eds.), Association for Consumer Research, S. 298-302.

Meulermann, H. (1990): Schuhllaufbahn, Ausbildungsbarrieren und Folgen im Lebenslauf. Der Beitrag der Lebensforschung zur Bildungssoziologie, in: Kölner Zeitschrift für Soziologie und Sozialpsychologie, Lebensläufe und sozialer Wandel, Sonderheft 31, S. 89-118.

Meyer, W.-U.; Försterling, F. (1993): Die Attributionstheorie, in: Frey, D.; Irle, M. (Hrsg): Theorien der Sozialpsychologie, S. 175-216.

Meyers-Levy, J.; Maheswaran, D. (1991): Exploring Differences in Males' and Females' Processing Strategies, in: Journal of Consumer Research, Vol. 18, June, S. 63-70.

Miaoulis, G.; D'Amato, N. (1978): Consumer confusion: Trademark infringement, in: Journal of Marketing 42, S. 45-55.

Miller, C. (1993): Survey: New Product Failure is Top Management's Fault, in: Marketing News, 1 (February), S. 2.

Miller, G.A. (1956): The Magical Number Seven, Plus or Minus Two: Some Limits On Our Capacity for Processing Information, in: Psychological Review, 63 (March), S. 81-92.

Milliman, R.E. (1982): Using Background Music to Affect the Behavior of Supermarket Shoppers, in: Journal of Marketing, Vol. 46 (Summer), S. 86-91.

Mitchell, A. (1996): P & G slams inefficient marketing – Under managing director Paul Polman, P & G is striving towards a goal of Efficient Consumer Response – and not before time, in: Marketing Week, 08 November.

Mitchell, V.-W. (1995): Organizational Risk Perception and Reduction: A Literature Review, in: British Journal of Management, Vol. 6, S. 115-133.

Mitchell, V.-W.; Bates, L. (1998): UK Consumer Decision-Making Styles, in: Journal of Marketing Management, 14, S. 199-225.

Mitchell, V.-W.; McGoldrick, P.J. (1996): Consumers' risk-reduction strategies: a review and synthesis, in: The International Review of Retail, Distribution and Consumer Research, Vol. 6, Nr. 1 (January), S. 1-33.

Mitchell, V.-W.; Papavassiliou, V. (1997a): Exploring the Concept of Consumer Confusion, UMIST working paper, Manchester.

Mitchell, V.-W.; Papavassiliou, V. (1997b): Exploring the Concept of Consumer Confusion, in: Market Intelligence & Planning, April-May, Vol. 15, Nr. 4-5, S. 164-169.

Mitchell, V.-W.; Papavassiliou, V. (1999): Market causes and implications of consumer confusion, in: Journal of Product & Brand Management, Vol. 8, Nr. 4, S. 319-339.

Mitchell, V.-W.; Walsh, G. (1997): Exploring Consumer Confusion in the UK and Germany, Paper präsentiert auf der Konferenz „Diversity in cultural standards in Europe – sets of bilateral comparisons among EU-member states", 12.-15. November 1997, Eisenstadt (AUT).

Mizerski, R.W. (1982): An Attribution Explanation of the Disproportionate Influence of Unfavorable Information, Journal of Consumer Research, Vol. 9 (December), S. 301-310.

Möhlenbruch, D. (1997): Kundenorientierung durch Category Management – Kritische Analyse eines Kooperationsmodells zwischen Industrie und Handel, in: Trommsdorff, V. (Hrsg.): Handelsforschung 1997/98, S. 113-133.

Monhemius, K.C. (1993): Umwelbewußtes Kaufverhalten von Konsumenten, Frankfurt/Main u.a.

Moore, T.E. (1982): Subliminal advertising: what you see is what you get, in: Journal of Marketing, 46, S. 38-47.

Moorman, C. (1990): The Effects of Stimulus and Consumer Characteristics on the Utilization of Nutrition Information, in: Journal of Consumer Research, Vol. 17 (December), S. 362-374.

Moorman, C.; Zaltman, G.; Deshpandé, R. (1992): Relationships Between Providers and Users of Market Research: The Dynamics of Trust Within and Between Organizations, in: Journal of Marketing Research, Vol. 29 (August), S. 314-328.

Morrow, D.J. (1997): Why You Can't Tell What Things Cost, in: New York Times, March 2, S. 5.

Moschis, G.P. (1976): Shopping Orientations and Consumer Uses of Information, in: Journal of Retailing, 52, Nr. 2 (Summer), S. 61-70, 93.

Mowen, J.C. (1995): Consumer Behavior, 4th Edition, Englewood Cliffs.

Mowen, J.C.; Minor, M. (1997): Consumer Behavior, Englewood Cliffs.

Mühle, G. (1968): Vertrauensbindung und Ichentwicklung im Jugendalter, in: Schwartländer, J. (Hrsg.): Verstehen und Vertrauen, Stuttgart.

Müller, S. (1999): Grundlagen der qualitativen Marktforschung, in: Herrmann, A.; Homburg, C. (Hrsg.): Marktforschung, Wiesbaden, S. 128-157.

Müller-Hagedorn, L. (1983): Wahrnehmung und Verarbeitung von Preisen durch Verbraucher – ein theoretischer Rahmen, in: Zeitschrift für betriebswirtschaftliche Forschung, 35. Jg., S. 939-951.

Müller-Hagedorn, L. (1998): Der Handel, Stuttgart.

Müller-Hagedorn, L.; Heidel, B. (1986): Optimale Verkaufsflächennutzung in Handelsbetrieben, Arbeitspapier Nr. 10, Trier.

Müller-Hagedorn, L.; Zielke, S. (2000): Category Management, in: Albers, S.; Herrmann, A. (Hrsg.): Handbuch Produktmanagement. Strategieentwicklung – Produktplanung - Organisation – Kontrolle, Wiesbaden, S. 859-882.

Murphy, G.L.; Wright, J.C. (1984): Changes in conceptual structure with expertise: differences between real-world experts and novices, in: Journal of Experimental Psychology: Learning Memory, and Cognition, 10, S. 144-155.

Murphy, C. (1997): 17% of shoppers take own-label brands in error, in: Marketing, March 6, 1997.

Nanji, Z.; Parsons, K. (1997): So many choices, in: Telephony, Vol. 233, 2, July 14, S. 34-40.

Neibecker, B. (1996): Validierung eines Werbewirkungsmodells für Expertensysteme, in: Marketing ZFP, 17. Jg. (Heft 2), S. 95-104.

Neisser, U. (1966): Cognitive Psychology, New York.

Neisser, U. (1976): Kognition und Wirklichkeit, Stuttgart.

Netemeyer, R.G.; Burton, S.; Lichtenstein, D.R. (1995): Trait Aspects of Vanity: Measurement and Relevance to Consumer Behavior, in: Journal of Consumer Research, Vol. 21 (March), S. 612-626.

Nicholson, C.Y.; Compeau, L.D.; Sethi, R. (2001): The Role of Interpersonal Liking in Building Trust in Long-Term Channel Relationships, in: Journal of the Academy of Marketing Science, Vol. 29 (1), S. 3-15.

Nicosia, F.M. (1966): Consumer Decision Processes: Marketing and Advertising Implications, Englewood Cliffs.

Nickel, V. (1999): Konsumenten, in: Mehrwert Werbung, Bonn.

Nieschlag, R.; Dichtl, E.; Hoerschgen, H. (1994): Marketing, 17. Aufl., Berlin.

Nuki, P. (1997): Chaos pricing baffles shoppers out of bargains, in: The Sunday Times, 26 January 1997.

Nunnally, J. (1978): Psychometric Theory, New York.

O'Guinn, T.C.; Faber, R.J. (1989): Compulsive buying: A phcnomenological exploration, in: Journal of Consumer Research, Vol. 16, S. 147-157.

Olbrich, E. (1988): Die Erfassung der Verwirrtheit: Psychologische Diagnostik und Intervention, in: Böhlau, V. (Hrsg.): Verwirrtheit, Stuttgart und New York, S. 47-63.

Oliver, R.L. (1980): A Cognitive Model of the Antecedents and Consequences of Satisfaction Decisions, in: Journal of Marketing Research, Vol. 17 (November), S. 460-469.

Oliva, T.A.; Oliver, R.L.; MacMillan, I.A. (1992): A Catastrophe Model for Developing Service Satisfaction Strategies, in: Journal of Marketing, Vol. 56, July, S. 83-95.

Otnes, C.; McGrath, M.A. (2001): Perceptions and realities of male shopping behavior, in: Journal of Retailing, Vol. 77 (ER 1), S. 111-137.

o.V. (1992), Senioren ausgeblendet, in: Medienspiegel,41/92, 05. Oktober 1992.

o.V. (1995): Neues Werben um alte Kunden, in: Die Woche, 20. Oktober 1995, S. 20.

o.V. (1997): Beratung im Handel grenzt oft an arglistige Täuschung, in: Verbraucher Aktuell, Nr. 1, Januar 1997.

o.V. (1999a), Horizont MediaFacts, 2/99, S. 8.

o.V. (1999b): Streit vor EuGH um „Naturrein"-Etikett, in: Lebensmittel Zeitung, Nr. 47, 26.11.1999, S. 32.

o.V. (1999c): Von „neuen Alten" und „emotionalen Welten", in: Markenartikel, 2/99 (April), S. 26-30.

o.V. (2000a): Das Wachstum neuer Titel schwächt sich nur wenig ab, in: Horizont Media-Facts, 1/00, S. 4.

o.V. (2000b), Horizont MediaFacts, 1/00, S. 22.

o.V. (2000c): Etikettierung für GVO-Anteil von mehr als ein Prozent, in: Lebensmittel Zeitung, Nr. 43, 29.10.1999, S. 26.

o.V. (2000d): Landgericht stoppt den „Grünen Pfeil", in: Lebensmittel Zeitung, Nr. 13, 31.03.2000, S. 26.

o.V. (2000e): Strengere Anforderungen für Bio-Produkte beachten, in: Lebensmittel Zeitung, Nr. 21, 26.05.2000, S. 32.

o.V. (2000f): Intelligente Trittbrettfahrtten, in: Horizont, 24/2000, 15. Juni 2000, S. 4.

o.V. (2000g): Warnhinweise reichen nicht aus, in: Lebensmittel Zeitung, Nr. 2, 14.01.2000, S. 28.

o.V. (2000h): Random Sampling, in: Marketing News, 11. September, S. 8.

o.V. (2000i): Revian/Evian-Streit geht in neue Runde, in: Lebensmittel Zeitung, Nr. 47, 24.11.2000, S. 28.

Park, C.W.; Milberg, S.; Lawson, R. (1991): Evaluation of Brand Extensions: The Role of Product Feature Similarity and Brand Concept Consistency, in: Journal of Consumer Research, Vol. 18 (September), S. 185-193.

Pastrick, G. (1997): Secrets of Great Site Design, in: InternetUser, Fall, S. 80-87.

Pattishall, B.W.; Hilliard, D.C. (1974): Trademarks, Trade Identity and Unfair Trade Practices, New York.

Pauser, W. (1993): Scheintechniken. Die phantastischen Funktionen der neuen Geräte, in: Die Zeit, 48 Jg. (Nr. 23 vom 04.06.1993). Wieder abgedruckt in und zitiert nach: Steffen, D. (Hrsg.): Welche Dinge braucht der Mensch?, Frankfurt/Main, S. 49-55.

Pawlow, I.P. (1927): Conditioned reflexes; an investigation of the physiological activity of the cerebral cortex, London.

Pawlowski, T. (1980): Begriffsbildung und Definition, Berlin u.a.

Pechmann, C. (1996): Do Consumers Overgeneralize One-Sided Comparative Price Claims, and Are More Stringent Regulations Needed?, in: Journal of Marketing Research, Vol. 33 (May), S. 150-162.

Perkins, D.S. (1991): A Consumer Satisfaction, Dissatisfaction and Complaining Behavior Bibliography, 1982-1990, in: Journal of Satisfaction, Dissatisfaction and Complaining Behavior, Vol. 4, S. 194-228.

Peter, J. (1979): Reliability: A Review of Psychometric Basics and Recent Marketing Practices, in: Journal of Marketing Research, Vol. 16 (Feb.), S. 6-17.

Peter, J. (1981): Construct Validity: A Review of Basic Issues and Marketing Practices, in: Journal of Marketing Research, Vol. 18 (5), S. 133-145.

Peter, J.; Churchill, G.A. (1986): Relationships among Research Design Choices and Psychometric Properties of Rating Scales, in: Journal of Marketing Research, Vol. 23 (2), S. 1-10.

Peter, J.P.; Olson, J.C. (1994): Understanding Consumer Behavior, Boston 1994.

Phillips, L.; Sternthal, B. (1977): Age Differences in Information Processing: A Perspective on the Aged Consumer, in: Journal of Marketing Research, Vol. 14, S. 444-457.

Plewe, H. (2000): Wem nützen all die Marken? in: marken, Supplement der absatzwirtschaft, 1/2000 (Juni), Heft 1, S. 3.

Poiesz, T.B.C.; Verhallen, T.M.M. (1989): Brand Confusion in Advertising, in: International Journal of Advertising, Vol. 8, Nr. 3, S. 231-244.

Popielarz, D. (1967): An Exploration of Perceived Risk and Willingness to Try New Prodcuts, in: Journal of Marketing Research, Nov., S. 368-372.

Popper, K.R. (1973): Objektive Erkenntnis, Hamburg.

Popper, K.R. (1979): Truth, rationality, and the growth of scientific knowledge, Frankfurt/Main.

Popper, K.R. (1992): In Search of a Better World. Lectures and Essays from Thirty Years. London und New York.

Preston, I. (1976): Marketing Notes and Communication, in: Journal of Marketing, Vol. 40, July, S. 54-60.

Prinz, W. (1990): Wahrnehmung, in: Spada, H. (Hrsg.): Lehrbuch Allgemeine Psychologie, Bern, S. 35-41.

Pruden, H.O.; Shuptrine, F.K.; Longman, D.S. (1974): A Measure of Alienation from the Marketplace, in: Journal of the Academy of Marketing Science, Vol. 2, Nr. 4 (Fall), S. 610-619.

Pschyrembel Medizinisches Wörterbuch (1986), 255. Aufl., Berlin, New York.

Quelch, J.A.; Kenny, D. (1994): Extend Profits Not Product Lines, in: Harvard Business Review, Vol. 72 (5), S. 153-160.

Raffée, H. (1982): Begriffliche Abgrenzung und Messung der Irreführung in der Werbung, in: Hansen, U.; Stauss, B.; Riemer, M. (Hrsg.): Marketing und Verbraucherpolitik. Stuttgart, S. 335-351.

Raffée, H. (1984): Gegenstand, Methoden und Konzepte der Betriebswirtschaftslehre, in: Vahlens Kompendium der Betriebswirtschaftslehre, Band 1, München, S. 1-46.

Raffée, H.; Wiedmann, K.-P. (1989): Wertewandel und gesellschaftsorientiertes Marketing – Die Bewährungsprobe strategischer Unternehmensführung, in: Raffée, H./Wiedmann, K.-P. (Hrsg.): Strategisches Marketing, 2. Aufl., Stuttgart 1989, S. 552-611.

Raffée, H.; Fritz, W.; Wiedmann, K.-P. (1994): Marketing für öffentliche Betriebe, Stuttgart u.a.

Raffée, H.; Wiedmann, K.-P. (1993): Corporate Identity als strategische Basis der Marketingkommunikation, in: Berndt, R.; Hermanns, A. (Hrsg.): Handbuch Marketing-Kommunikation. Strategien – Instrumente – Perspektiven, Wiesbaden, S. 43-67.

Rafiq, M.; Collins, R. (1996): Lookalikes and customer confusion in the grocery sector: an exploratory survey, in: The International Review of Retailing, Distribution and Consumer Research, Vol. 6, Nr. 4 (Oct.), S. 329-350.

Ratliff, D. (1997): Paparazzi, in: Discout Merchandiser, Vol. 37, (2, February), S. 37-41.

Ray, M.L.; Webb, P.H. (1986): Three Prescriptions for Clutter, in: Journal of Advertising Research, Vol. 26, Nr. 1, S. 69-77.

Reece, B.B.; Ducoffe, R.H. (1987): Deception in Brand Names, in: Journal of Public Policy and Marketing, 6, S. 93-103.

Reiling, L.G. (1982): Consumer Misuse Mars Sampling for Sunlight Dishwashing Liquid, in: Marketing News, Vol. 12 (September), S. 1.

Rempel, J.K.; Holmes, J.G.; Zanna, M.P. (1985): Trust in Close Relationships, in: Journals of Personality and Social Psychology, Vol. 49 (1), S. 95-112.

Reynolds, F.D.; Darden, W.R.; Martin, W.S. (1974/1975): Developing an Imgae of the Store-Loyal Consumer, in: Journal of Retailing, 50 (Winter), S. 73-84.

Richins, M.L. (1983): Negative Word-of-Mouth by Dissatisfied Consumer: A pilot Study, in: Journal of Marketing, Vol. 47 (Winter), S. 68-78.

Richins, M.L.; Bloch, P.H. (1986): After The New Wears Off: The Temporal Context of Product Involvement, in: Journal of Consumer Research, Vol. 13 (September), S. 280-285.

Riedel, F. (1996): Die Markenwertmessung als Grundlage strategischer Markenführung, Heidelberg.

Ries, A.; Trout, J. (1986): Positioning: The Battle for Your Mind, New York.

Roberts, L. (1995): OFT to probe policies 'confusion', in: The Independent, 20 May 1995, S. 32.

Robinson, J.P.; Shaver, R.S.; Wrightsman, L.S. (1991): Criteria for scale Selection and Evaluation, in Measures of Personality and Social Psychological Attitudes, Robinson, J.P.; Shaver, R.S.; Wrightsman, L.S. (Eds.), San Diego, CA, S. 1-15.

Rook, D.W. (1987): The Buying Impulse, in: Journal of Consumer Research, Vol. 14 (September), S. 189-199.

Rook, D.W.; Fisher, R.J. (1995): Trait and normative aspects of impulse buying behavior, in: Journal of Consumer Research, Vol. 22 (3), S. 305-313.

Rook, D.W.; Hoch, S.J. (1985): Consuming Impulses, in: Hirschman, E.C; Holbrook, M.B. (Eds.): Advances in Consumer Research 12, Provo, Utah: Association for Consumer Research, S. 23-27.

Rosenberg, L.J.; Czepiel, J.A. (1984): A Marketing Approach to Customer Retention, in: Journal of Consumer Marketing, 1, S. 45-51.

Rosendahl, I.; Brookman, F. (1994): Too close for comfort, in: Drug Topics, Vol. 138, Nr. 20, October 24, S. 77.

Rosenthal, R.; Rosnow, R.L. (1984): Essentials of Behavioral Research: Methods and Data Analysis, New York.

Rosenstiel, L.v.; Ewald, G. (1979): Marktpsychologie, Band I: Konsumverhalten und Kaufentscheidung, Stuttgart u.a.

Ross, J.K.; Patterson, L.T.; Stutts, M.A. (1992): Consumer Perceptions of organizations that use cause-related marketing, in: Journal of the Academy of Marketing Science, 20 (1), S. 93-97.

Rost, D. (1996): Verhaltenspsychologische Probleme der „Makentreue", in: Markenartikel, 3/96, S. 104-106.

Roth, E. (1984): Sozialwissenschaftliche Methoden, München und Wien.

Rotter, J.B. (1967): A New Scale for the Measurement of Interpersonal Trust, in: Journal of Personality, Vol. 35, Nr. 4, S. 651-665.

Rotter, J.B. (1980): Interpersonal Trust, Trustworthiness and Gullibility, in: American Psychologist, 35 (1), S. 1-7.

Runyon, K.E.; Stewart, D.W. (1987): Consumer Behavior And The Practice of Marketing, Columbus u.a.

Russo, J.E.; Metcalf, B.L.; Stephens, D. (1981): Identifying Misleading Advertising, in: Journal of Consumer Research, Vol. 8 (September), S. 119-131.

Rust, R.T.; Lemon, K.N. (2001): E-Service and the Consumer, in: International Journal of Electronic Commerce, Volume 5, No. 3, S. 85-101.

Sandor, G. (1994): Attitude (Not Age) Defines the Mature Market, in: American Demographics, January, S. 18-21.

Scammon, D.L. (1977): Information Load and Consumers, in: Journal of Consumer Research, Vol. 4 (December), S. 148-155.

Schanz, G. (1979): Die Betriebswirtschaftslehre und ihre sozialwissenschaftlichen Nachbardisziplinen, in: Raffée, H.; Abel, B. (Hrsg.): Wissenschaftstheoretische Grundfragen der Wirtschaftswissenschaften, München, S. 121-137.

Scharf, A. (1991): Konkurrierende Produkte aus Konsumentensicht, Frankfurt/Main.

Scherhorn, G.; Reisch, L.A.; Raab, G. (1995): Kaufsucht, Arbeitspapier Nr. 50, 8. durchgesehene Fassung, Lehrstuhl für Konsumtheorie und Verbraucherpolitik, Universität Hohenheim.

Schiffman, L.G.; Kanuk, L.L. (1997): Consumer Behavior, 6th Edition, London.

Schlitt, P. (1997): Procter feilt an europäischer Struktur: Konsumgüterkonzern richtet sich nach Produktkategorien aus – Papiergeschäft gilt las Vorbild, in: Lebensmittel Zeitung, Nr. 26 vom 27.06.1997, S. 12.

Schlösser, J. (1987): Der ältere Mensch als Verbraucher: Psychologische Überlegungen um eine wichtige Zielgruppe, in: Dynamik im Handel, Nr. 12, S. 56-59.

Schnabl, H. (1979): Verhaltenswissenschaftliche Konsumtheorie, Stuttgart.

Schneider, M. (2000): Etikettenschwindel bei Käsespezialitäten, in: www.wdr.de/tv/service/ kostprobe/kp_sarchiv/1998/03/23_3.html, abgerufen am: 23.11.2000.

Schnell, R.; Hill, P.; Esser, E. (1995): Methoden der empirischen Sozialforschung, 5. Aufl., München und Wien.

Schölling, M. (2000): Informationsökonomische Markenpolitik: zur Bedeutung der Informationsökonomie für die Markenpolitik von Herstellern, Frankfurt/Main u.a.

Schroder, H.M.; Driver, M.J.; Streufert, S. (1975): Menschliche Informationsverarbeitung, Basel.

Schub von Bossiazky, G. (1992): Psychologische Marketingforschung, München.

Schuchard-Ficher, C. (1979): Ein Ansatz zur Messung von Nachkauf-Dissonanz, Berlin.

Schuh, A. (1999): Death of the Salesman? – Erfolgsstrategien für den persönlichen Verkauf im aktuellen Wandel der Märkte, in: Der Markt, 38. Jg., Nr. 150/151, S. 167-180.

Schulz, R. (1972): Kaufentscheidungsprozesse des Konsumenten, Wiesbaden.

Schulz, S. (2000): Damit auch Sie gefunden werden: Suchmaschinenoptimierung, in: Direkt Marketing, 5 (Mai), S. 24-26.

Schulze, R.; Schulte-Nölke, H. (Hrsg.) (1999): Casebook europäisches Verbraucherrecht, Baden-Baden.

Schüppenhauer, A. (1998): Multioptionales Konsumentenverhalten und Marketing, Wiesbaden.

Selnes, F. (1993): An Examination of the Effect of Product Performance on Brand Reputation, Satisfaction and Loyalty, in: European Journal of Marketing, Nr. 9, S. 19-35.

Selter, G. (1982): Idee und Organisation des Konsumerismus – Eine empirische Untersuchung der Konsumentenbewegung in den USA, in: Hansen, U.; Stauss, B.; Diewer, M. (Hrsg.): Marketing und Verbraucherpolitik, Stuttgart, S. 22-42.

Settle, R.B.; Alreck, P.L. (1988): Hyperchoice shapes the Marketplace, in: Marketing Communications, Vol. 13 (5, May), S. 15-20, 61.

Shannon, C.E. (1948): A mathematical theory of communication, in: The Bell System Technical Journal, 27, S. 379-423.

Sherry, J.F.; McGrath, M.A.; Levy, S.J. (1993): The Dark Side of the Gift, in: Journal of Business Research, Vol. 28, Nr. 3 (Nov.), S. 225-244.

Sheth, J.N; Mittal, B.; Newman, B.I. (1999): Costumer Behavior: Consumer Behavior and Beyond, Fort Worth u.a.

Shimp, T.A. (1991): Neo-Pavlovian Conditioning and Its Implications for Consumer Theory and Research, in: Robertson, T.S.; Kassarjian, H.H. (Eds.): Handbook of Consumer Behavior, Englewood Cliffs, NJ, S. 162-187.

Simon, H. (1989): Die Zeit als strategischer Erfolgsfaktor, in: Zeitschrift für Betriebswirtschaft, Heft 1, S. 70-91.

Simon, H.A. (Ed.) (1957): Models of Man, New York.

Simonson, I. (1994): Trademark Infringement from the Buyer Perspective: Conceptual Analysis and Measurement Implications, in: Journal of Public Policy & Marketing, Vol. 13, Nr. 2, May, S. 181-190.

Singh, J. (1988): Consumer Complaint Intensions and Behavior: Definition and Taxonomical Issues, in: Journal of Marketing, 52 (Jan.), S. 93-107.

Smith, J.; Snyder, W.S.; Swire, J.B.; Donegan, T.J.; Ross, I. (1983): Legal standards for consumer survey research, in: Journal of Advertising Standards, 25 (5), S. 19-35.

Snider, J.H. (1993): Consumers In The Information Age, in: The Futurist, January-February, S. 15-19.

Sommer, R. (1998): Psychologie der Marke: Die Marke aus Sicht des Verbrauchers, Frankfurt/Main.

Sommer, R. (2000): Marken – Symbole unserer Zeit?, in: Planung und Analyse, 2/2000, S. 18-20.

Sproles, G.B.; Kendall, E. (1986): A Methodology for Profiling Consumers' Decision-Making Styles, in: The Journal of Consumer Affairs, Vol. 20 (2) (Winter), S. 267-279.

Statistisches Bundesamt (2000a): Volkswirtschaftliche Gesamtrechnung: Konsumausgaben der privaten Haushalte im Inland nach Verwendungszwecken, in: www.statistik-bund/de/basis/d/vgr/vgrtab5.htm, abgerufen am: 25.10.2000.

Statistisches Bundesamt (2000b): Binnenhandel, in: www.statistik-bund/de/basis/d/vgr/vgrtab5.htm, abgerufen am: 01.11.2000.

Stauss, B. (1997): Global Word of Mouth. Service Bashing on the Internet is a Thorny Issue, in: Marketing Management, 6 (3), S. 28-30.

Stauss, B. (1999): Kundenzufriedenheit, in: Marketing ZFP, 21. Jg., Heft 1, S. 5-24.

Stauss, B. (2000): Using New Media for Customer Interaction: A Challenge for Relationship Marketing, in: Hennig-Thurau, T.; Hansen, U. (Eds.): Relationship Marketing, Berlin, S. 233-253.

Stecklow, S. (1999): Foodstuff: 'Genetically Modified' On the Label Means...Well, It's Hard to Say – Attempt at Clarity in U.K. Brings Much Confusion; FDA Studies the Issue – 'Non-GM Isn't GM-Free', in: Wall Street Journal, October 26, S. A1.

Steffenhagen, H. (1994): Marketing: eine Einführung, Stuttgart.

Stern, G.S.; McCants, T.R.; Pettine, P.W. (1982): The relative contribution of controllable and uncontrollable life events to stress and illness, in: Personality and Social Psychology Bulletin, 8, S. 140-145.

Stern, L.W.; Eovaldi, T.L. (1994): Legal Aspects of Marketing Strategy, Englewood-Cliffs.

Sternthal, B.; Craig, C.S. (1982): Consumer Behavior: An Information Processing Perspective, Englewood Cliffs.

Stotlar, D.K. (1993): Sponsorship and the Olympic winter games, in: Sport Marketing Quaterly, 2 (1), S. 35-43.

Strümpel, B. (1990): Psychologie gesamtwirtschaftlicher Prozesse, in: Hoyos, C.G.; Kroeber-Riel, W.; Rosenstiel, L. v.; Strümpel, B. (Hrsg.): Wirtschaftspsychologie in Grundbegriffen, B., München u.a., S. 15-28.

Swenson L.C. (1980): Theories of learning: Traditional perspectives, contemporary developments, Belmont, CA.

Szymanski, D.M.; Hise, R.T. (2000): e-Satisfaction: An Initial Examination, in: Journal of Retailing, Vol. 76 (3), S. 309-322.

Szymanski, D.M.; Henard, D.H. (2001): Customer Satisfaction: A Meta-Analysis of the Empirical Evidence, in: Journal of the Academy of Marketing Science, Vol. 29 (1), S. 16-35.

Tax, S.S.; Chadrashekaran, M.; Christiansen, T. (1993): Word-of-Mouth in Consumer Decision-Making: An Agenda for Research, in: Journal of Consumer Satisfaction, Dissatisfaction and Complaining Behavior, Vol. 6, S. 74-80.

Teigeler, P. (1968): Verständlichkeit und Wirksamkeit von Sprache und Text. Erste Folge der Schriftenreihe „Effektive Werbung", Stuttgart.

ter Haseborg, F.; Mäßen, A. (1997): Das Phänomen des Variety-Seeking Behavior: Modellierung, empirische Befunde und marketingpolitische Implikationen, in: Jahrbuch der Absatz- und Verbrauchsforschung, 43. Jg. (Heft 2), S. 164-188.

Thorelli, H. (1979): Informed consumers are protected consumers – more than that, they are liberated consumers, in: Olson, J.C. (Ed.): Advances in Consumer Research 8, Ann Arbor: Association for Consumer Research, S. 227-232.

Tietz, B. (1993): Der Handelsbetrieb, 2. Aufl., München.

Tolle, E. (2000): Informationsökonomische Erkenntnisse für das Marketing bei Qualitätsunsicherheit der Konsumenten, in: Zeitschrift für betriebswirtschaftliche Forschung, 46, S. 926-938.

Tomczak, T. (1992): Forschungsmethoden in der Marketingwissenschaft, in: Marketing ZFP, 14. Jg. (Heft 2), S. 77-87.

Townsend, B.; O'Neil, K. (1990): American Women Get Mad, in: American Demographics, 12 (August), S. 26-32.

Trommsdorff, V. (1989): Konsumentenverhalten, Stuttgart u.a.

Trommsdorff, V. (1998): Konsumentenverhalten, 3. Aufl., Stuttgart u.a.

Tse, D.K.; Wilton, P.C. (1988): Models of Consumer Satisfaction Formation: An Extension, in: Journal of Marketing Research, Vol. 25 (5), S. 204-212.

Turnbull, P. W.; Leek, S.; Ying, G. (2000): Customer Confusion: The Mobile Phone Market, in: Journal of Marketing Management, Vol. 16, Jan.-April, S. 143-163.

Ulrich, P.; Fluri, E. (1995): Management, 7. Auflage, Bern u.a.

Ulrich, W.; Hill, W. (1979): Wissenschaftstheoretische Aspekte ausgewählter betriebswirtschaftlicher Konzeptionen, in: Raffée H.; Abel, B. (Hrsg.): Wissenschaftstheoretische Grundfragen der Wirtschaftswissenschaften, München, S. 161-190.

Unger, F. (1986): Die Markenartikelkonzeption, in: Unger, F. (Hrsg.): Konsumentenpsychologie & Markenartikel, Heidelberg, S. 1-17.

Urbany, J.E.; Dickson, P.R.; Wilkie, W.L. (1989): Buyer uncertainty and information search, in: Journal of Consumer Research, Vol. 16 (2), S. 208-215.

Vanderhuck, R.W. (2000): Innovationstempo und Werbepower als Waffen, in Lebensmittel Zeitung, Nr. 17, 28.04.2000, S. 61-62.

Veenendaal, P. (2000): EC Proposes Drastic Measures Against BSE, in: www.rnw.nl/hotspots/html/bse001129.html, abgerufen am: 04.03.2001.

Venkatesh, A. (1985): The Significance of the Women's Movement to Marketing, New York.

Vishwanath, V.; Mark, J. (1997): Your Brand's Best Strategy, in: Harvard Business Review, May-June, Vol. 75, Nr. 3, S. 123-129.

Vladeck, D.C. (2000): Truth and Consequences: The Perils of Half-Truths and Unsubstantiated Health Claims for Dietary Supplements, in: Journal of Public Policy & Marketing, Vol. 19 (1, Spring), S. 132-138.

Wagner, H. (1988): Verwirrtheit im Alter: Psychpharmakabehandlung unter besonderer Berücksichtigung der Neuroleptika, in: Böhlau, V. (Hrsg.): Verwirrtheit, Stuttgart und New York 1988, S. 109-117.

Wallendorf, M. (2001): Literally Litracy, in: Journal of Consumer Research, Vol. 27 (March), S. 505-511.

Walsh, G. (1999a): German Consumer Decision-Making Styles with an Emphasis on Consumer Confusion, Manchester, UMIST, Precinct Library, Theses collection M134.

Walsh, G. (1999b): Der Market Maven in Deutschland: Ein Diffusionsagent für Marktinginformationen, Jahrbuch der Absatz- und Verbrauchsforschung, 45. Jg., Heft 4, S. 418-434.

Walsh, G.; Hennig-Thurau, T. (2001): Der Kaufentscheidungsstil von Konsumenten als Grundlage der Marktsegmentierung, Der Kaufentscheidungsstil von Konsumenten als Grundlage der Marktsegmentierung, in: Marketing ZFP, Heft 4, S. 191-203.

Walsh, G.; Mitchell, V.-W.; Hennig-Thurau, T. (2001): German Consumer Decision-Making Styles, in: The Journal of Consumer Affairs, Vol. 35 (1), S. 73-95.

Walker, C. (1995): Word of Mouth: Targeting advice givers can unlock the power of positive gossip for your business, in: American Demographics, Vol. 17, Nr. 7, S. 38.

Wedell, D.H. (1996): A constructive-associative model of the contextual dependence of unidimensional similarity, in: Journal of Experimental Psychology: Human Perception and Performance, 22, S. 634-661.

Weiber, R.; Adler, J. (1995): Informationsökonomisch begründete Typologisierung von Kaufprozessen, in: Zeitschrift für betriebswirtschaftliche Forschung, 46, Heft 1, S. 43-65.

Weinberg, P. (1977): Die Produkttreue des Konsumenten, Wiesbaden.

Weinberg, P. (1980): Vereinfachung von Kaufentscheidungen bei Konsumgütern, in: Marketing ZFP, 2, Heft 2, S. 87-94.

Weinberg, P. (1981): Das Entscheidungsverhalten der Konsumenten, Paderborn.

Wells, W.D. (1993): Discovery-Oriented Consumer Research, in: Journal of Consumer Research, 19 (4), S. 489-504.

Wells, W.D.; Prensky, D. (1996): Consumer Behavior, New York.

Welsing, A. (2000): DLG-Gütesiegel: Garantie für Qualität?, ServiceZeit, Sendung vom 11. September 2000, in: www.wdr.de/tv/service/kostprobe/kp_sarchiv/ 2000/09/11_4.html, abgerufen am: 23.11.2000.

Werder, A.v. (1994): Unternehmensführung und Argumentationsrationalität, Stuttgart.

Wessel, A. (2000): Eiervermarkter für mehr Transparenz, in: Lebensmittel Zeitung, Nr. 4, 28.01.2000, S. 20.

White, J.C.; Troy; L.C.; Gerlich, R.N. (2000): The Role of Slotting Fees and Introductory Allowances in Retail Buyers' New-Product Acceptance Decisions, in: Journal of the Academy of Marketing Science, Vol. 28, Nr. 2, S. 291-298.

Wiechmann, D. (1999a): „Frische"-Werbung irreführend, in: Lebensmittel Zeitung, Nr. 43, 29.10.1999, S. 26.

Wiechmann, D. (1999b): Campari erfolgreich gegen Nachahmer, in: Lebensmittel Zeitung, Nr. 44, 05.11.1999, S. 26.

Wiechmann, D. (2000): Schadstoff-Freiheit nicht mehr verlangt, in: Lebensmittel Zeitung, Nr. 14, 07.04.2000, S. 28.

Wicklund, R.A.; Brehm, J.W. (1976): Perspectives on cognitve dissonance, Hillsdale.

Wiedmann, K.-P. (1981): Strategisches Marketing, in: Raffée, H.; Toroslu, A.; Wiedmann, K.-P. (Hrsg.): Kontaktstudium Marketing, Arbeitspapier der Kontaktstelle für wissenschaftliche Weiterbildung und des Instituts für Marketing, Universität Mannheim, Mannheim, S. 211-241.

Wiedmann, K.-P. (1988a): Corporate Identity als Unternehmensstrategie, in: WiSt, 17. Jg., 5/88, S. 236-244.

Wiedmann, K.-P. (1988b): Erweiterung des Marketingverständnisses als Grundlage einer effizienten Unternehmenspolitik in der Pharmaindustrie, Arbeitspapier Nr. 66 des Instituts für Marketing an der Universität Mannheim, Mannheim.

Wiedmann, K.-P. (1992): Grundkonzept und Gestaltungsperspektiven der Corporate Identity-Strategie, Arbeitspapier Nr. 95 des Instituts für Marketing an der Universität Mannheim, Mannheim.

Wiedmann, K.-P. (1994): Strategische Marketingplanung, Schriftenreihe Marketing Management, Universität Hannover, Hannover.

Wiedmann, K.-P. (1996a): Grundkonzepte und Gestaltungsperspektiven der Corporate-Identity Strategie, Hannover, 2. Aufl.

Wiedmann, K.-P. (1996b): Unternehmensführung und gesellschaftsorientiertes Marketing, in: Bruch, H.; Eickhoff, M.; Thiem, H. (Hrsg.): Zukunftsorientiertes Management, Frankfurt/Main, S. 234-262.

Wiedmann, K.-P.; Kreutzer, R. (1985): Strategische Marketingplanung – ein Überblick, in: Strategisches Marketing, Raffée, H.; Wiedmann, K.-P. (Hrsg.), S. 61-141.

Wiedmann, K.-P.; Mitchell, V.-W.; Walsh, G. (2001): The German Mannmaven: An Agent for Diffusing Market Information, in: Journal of Marketing Communications, 7, S. 1-17.

Wiedmann, K.-P.; Raffée, H. (1986): Gesellschaftsbezogene Werte, persönliche Lebenswerte, Lebens- und Konsumwerte der Bundesbürger, Arbeitspapier Nr. 46 des Instituts für Marketing an der Universität Mannheim, Mannheim.

Wiedmann, K.-P.; Walsh, G. (2000): Kundenverhalten beim geplanten Kauf von Wohneigentum: Ergebnisse einer empirischen Untersuchung, in: Der Markt, Nr. 152, S. 49-59.

Wiedmann, K.-P.; Walsh, G.; Buxel, H. (2000): Kaufentscheidungsdimensionen des Market Maven, in: Jahrbuch der Absatz- und Verbrauchsforschung, 46. Jg., Heft 4, S. 404-423.

Wiedmann, K.-P.; Walsh, G.; Hennig-Thurau, T.; Mitchell, V.-W. (2001): Consumers' Decision-Making Style as a Basis for Market Segmentation, in: Marshall, G.M.; Grove, S.J. (Eds.): Enhancing Knowledge Development in Marketing: Proceedings of the AMA Marketing Educators' Conference, Washington, D.C., USA, American Marketing Association, S. 128-129.

Wiedmann, K.-P.; Walsh, G.; Polotzek, D. (2000): Informationsüberlastung des Konsumenten: Stand der Forschung, Konzept und Messung, Schriftenreihe Marketing, Hannover.

Wilkie, W.L. (1986): Consumer Behavior, New York.

Wilkie, W.L. (1994): Consumer Behavior, 3rd Edition, New York.

Wimmer, F. (1975): Das Qualitätsurteil des Konsumenten: Theoretische Grundlagen und empirische Ergebnisse, Bonn.

Wind, Y.J. (1982): Product Policy: Concepts, Methods and Strategy, Reading, Mass. 1982.

Wiswede, G. (1991): Einführung in die Wirtschaftspsychologie, München, Basel.

Wiswede, G. (1995): Einführung in die Wirtschaftspsychologie, 2. Aufl., München, Basel.

Wittling, W. (1976): Einführung in die Psychologie der Wahrnehmung, Hamburg.

Wolters, U. (1997): Handelsmarken und Handelsmarkenpolitik – Erfahrungsberichte aus der Perspektive eines Handelsunternehmens, in: Bruhn, M. (Hrsg.): Handelsmarken: Entwicklungstendenzen und Zukunftsperspektiven der Handelsmarkenpolitik, 2. Aufl., Stuttgart, S. 301.315.

Wong, H.S. (1996): Market structure and the role of consumer information in the physician services industry: An empirical test, in: Journal of Health Economics, 1996, Vol. 15, Nr. 2, S. 139-160.

Wooten, D.B. (2000): Qualitative Steps toward an Expanded Model of Anxiety in Gift-Giving, in: Journal of Consumer Research, Vol. 27, Nr. 1 (June), S. 84-95.

Wright, P. (1975): The Herassed Decision Maker: Time Pressures, Distractions, and the Use of Evidence, in: Journal of Applied Psychology, Vol. 59 (Oct.), S. 555-561.

Zaichkowsky, J.L. (1985): Measuring the Involvement Construct, in: Journal of Consumer Research, Vol. 12 (December), S. 341-352.

Zaichkowsky, J.L. (1995): Defending your Brand Against Imitation: Consumer Behavior, Marketing Strategies, and Legal Issues, Westport.

Zentes, J.; Swoboda, B. (1999): Hersteller- und Handelsbeziehungen aus markenpolitischer Sicht, in: Esch, F.-R. (Hrsg.): Moderne Markenführung, Wiesbaden, S. 823-845.

Zetterberg, H. (1967): Theorie, Forschung und Praxis in der Soziologie, in: König, R. (Hrsg.): Handbuch der empirischen Sozialforschung, Stuttgart.

Zinkhan, G.M.; Conchar, M. (2000): Defining Services Marketing and other Related Concepts, in: Van Gorp Cooley, F. (Ed.): Marketing in a Global Economy: Proceedings of the AMA International Marketing Educators' Conference, American Marketing Association, S. 300-302.

Anhang

Anhang 1A: Erstes Antwortschreiben der Beiersdorf AG, Hamburg

BDF ●●●●
Beiersdorf

Beiersdorf AG, Postadresse: D-20245 Hamburg

Herrn

Hausadresse:
Unnastraße 48, 20253 Hamburg

Telefon (040) 49 09-0
Telefax (040) 49 09 34 34
e-mail:
Kontakt@Hamburg.Beiersdorf.com

Ihre Zeichen/Ihr Schreiben vom	Unsere Zeichen	Telefon-Durchwahl	Telefax-Durchwahl	Datum
		040-588599	040-580180	28.10.99

Marke „Isana"

Sehr geehrter Herr

vielen Dank für Ihre Internet-Anfrage und Ihr Interesse an unseren NIVEA Produkten.

Sie fragten, ob „Isana" zur NIVEA Marke gehört. Allerdings handelt es sich hierbei um eine eigene Handelsmarke der Rossmann Verkaufskette.

Wir hoffen, daß wir Ihnen mit dieser Antwort helfen konnten und gern senden Ihnen als kleines Dankeschön für Ihr Interesse an unseren Pflegeprodukten eine unserer NIVEA Creme Motivdeckeldosen.

Bei weiteren Fragen zu unseren NIVEA Pflegeprodukten wenden Sie sich bitte gern auch an unser Beratungstelefon unter: **01805 - 60 50 40 (24Pf/ Sek.).**

Mit freundlichen Grüße

Beiersdorf AG
Cosmed Verbraucherservice

i. A. Carmen Neumann

Anlage

NIVEA Creme Motivdeckeldose

Form 15 003 1.99

Registergericht
Hamburg HRB 1787
bbn 40 05800 9
ILN 40 05800 000003

Vorstand: Dr. Rolf Kunisch, Vorsitzender,
Hans H. Meyer-Burgdorf, Dr. Werner Opgenoorth,
Dr. Peter Schäfer, Dieter Steinmeyer, Uwe Wölfer,
Vorsitzender des Aufsichtsrats: Dr. Hans Meinhardt.

Dresdner Bank AG Hamburg (BLZ 200 800 00), Nr. 4 310 834 00
Deutsche Bank AG Hamburg (BLZ 200 700 00), Nr. 0 117 283 00
Landeszentralbank Hamburg (BLZ 200 000 00), Nr. 200 07341
Postbank Hamburg (BLZ 200 100 20), Nr. 43203

Anhang 1B: Zweites Antwortschreiben der Beiersdorf AG, Hamburg

BDF ●●●●
Beiersdorf

Beiersdorf AG, Postadresse: D-20245 Hamburg

Hausadresse:
Unnastraße 48, 20253 Hamburg

Herrn

Telefon (040) 49 09-0
Telefax (040) 49 09 34 34
e-mail:
Kontakt@Hamburg.Beiersdorf.com

Ihre Zeichen/Ihr Schreiben vom	Unsere Zeichen	Telefon-Durchwahl	Telefax-Durchwahl	Datum
3.9.1999	4285-dg 9966366	4909-3918	4909-4898	03.11.1999

NIVEA identisch mit Isana?

Sehr geehrter Herr

vielen Dank für Ihre Internet-Anfrage. Bitte entschuldigen Sie, daß Sie erst heute eine Antwort von uns erhalten.

Unter dem Markennamen „Isana" werden von Beiersdorf keine Produkte vermarktet.

Da Sie so lange auf eine Antwort von uns warten mußten, erhalten Sie als kleine Aufmerksamkeit aus unserem Hause einen NIVEA for men After Shave Balsam.

Haben Sie weitere Fragen zu unseren Produkten, dann rufen Sie uns gern an. Es berät Sie auch unser NIVEA Info-Telefon: 01805/60 50 40.

Mit freundlichen Grüßen

Beiersdorf AG
Qualitätsmanagement cosmed
Verbraucherservice

S. Prause

Sunny Prause

D. Glaß

Dagmar Glaß

Form 15 003 1.99

Registergericht
Hamburg HRB 1787
bbn 40 05800 9
ILN 40 05800 000003

Vorstand: Dr. Rolf Kunisch, Vorsitzender,
Hans H. Meyer-Burgdorf, Dr. Werner Opgenoorth,
Dr. Peter Schäfer, Dieter Steinmeyer, Uwe Wölfer,
Vorsitzender des Aufsichtsrats: Dr. Hans Meinhardt.

Dresdner Bank AG Hamburg (BLZ 200 800 00), Nr. 4 310 834 00
Deutsche Bank AG Hamburg (BLZ 200 700 00), Nr. 0 117 283 00
Landeszentralbank Hamburg (BLZ 200 000 00), Nr. 200 07341
Postbank Hamburg (BLZ 200 100 20), Nr. 43203

Anhang 2: Waschbezogene Kennzeichnungen

1.

2.

3.

4.

5.

6.

7.

8.

9.

10.

Anhang 3: verwendeter Fragebogen

Guten Tag. Ich bin Frau/Herr _____ vom Lehrstuhl für Marketing II der Universität Hannover. An unserem Lehrstuhl wird zur Zeit eine Untersuchung zum Kaufverhalten von Konsumenten durchgeführt, bei der wir auf Ihre Unterstützung angewiesen sind. Es soll untersucht werden, wie Kaufentscheidungen im Allgemeinen getroffen werden und wie Produkte und Produktinformationen eingeschätzt werden. Dabei kommt es uns vor allem auf Ihre persönliche Meinung an.

Das Interview dauert ca. 25 Minuten. Alle erhobenen Daten werden ausschließlich zu Forschungszwecken verwandt und selbstverständlich an keinen Dritten weitergegeben.

Vielen Dank für Ihr Interesse.

Vorgehensweise:

Stellen Sie sich bitte vor, Sie seien beim Einkaufen. In einem Teil des Interviews werden Ihnen Fragen gestellt, die sich auf den Kauf von Gütern des täglichen Bedarfs wie z.B. Lebensmittel beziehen. Dann folgen Fragen, die sich auf technische Gebrauchsgüter wie z.B. Videorecorder beziehen. Sollten Sie die Beantwortung mancher Fragen als schwierig empfinden, antworten Sie bitte spontan.

Bei den meisten Fragen können Sie auf einer Skala zwischen jeweils fünf Antwortmöglichkeiten wählen, wobei die Möglichkeit (d.h. die Zahl) die am ehesten Ihrer Meinung bzw. Einstellung entspricht, mir zu nennen ist. Orientieren Sie sich dabei bitte an den Bewertungsskalen 1-5. Zur Beantwortung einer Frage benötigen Sie die Liste A.

I: Bitte dem Befragten das Blatt mit den Bewertungsskalen überreichen.

Abschnitt A

A1:   Wie oft in der Woche kaufen Sie Produkte wie Lebensmittel oder Drogerieartikel im
      Gesamtwert von über 10 DM?

I: Bitte vom Befragten genannte Einkaufshäufigkeit eintragen.

[   ] mal in der Woche.   [   ] mal im Monat.

A2:   Wieviel Prozent Ihres Einkaufsgeldes entfällt auf Markenprodukte; d.h. Produkte
      bekannter Hersteller?

I: Bitte vom Befragten genannte Prozentzahl eintragen.

[   ] Prozent   [   ] Darauf achte ich nicht.

*I: Bitte dem Befragten sagen, dass Bewertungsskala 1 zu benutzen ist und zutreffende
Antwort des Befragten ankreuzen.*

A3:   Wie wichtig sind Ihnen Markenprodukte bei:

A3.1	Produkten des täglichen Bedarfs wie z.B. Lebensmittel, Reinigungs- oder Körperpflegeprodukte?				
	sehr wichtig				ganz und gar nicht wichtig
	[5]	[4]	[3]	[2]	[1]
A3.2	technischen Gebrauchsgütern wie z.B. Stereoanlage oder Videorecorder?				
	sehr wichtig				ganz und gar nicht wichtig
	[5]	[4]	[3]	[2]	[1]
A3.3	Kleidung?				
	sehr wichtig				ganz und gar nicht wichtig
	[5]	[4]	[3]	[2]	[1]

A4:   Welche der folgenden Eigenschaften schätzen Sie besonders an Markenprodukten?

I: Bitte dem Befragten sagen, dass Bewertungsskala 2 zu benutzen ist und zutreffende Antwort des Befragten ankreuzen.

A4.1	Markenprodukte verbürgen eine gleichbleibende Qualität.				
	stimme vollkommen zu				stimme überhaupt nicht zu
	[5]	[4]	[3]	[2]	[1]
A4.2	Markenprodukte bieten ein gutes Preis-Leistungsverhältnis.				
	stimme vollkommen zu				stimme überhaupt nicht zu
	[5]	[4]	[3]	[2]	[1]
A4.3	Markenprodukte sind nahezu überall erhältlich.				
	stimme vollkommen zu				stimme überhaupt nicht zu
	[5]	[4]	[3]	[2]	[1]
A4.4	Mit Markenprodukten kann man nichts falsch machen.				
	stimme vollkommen zu				stimme überhaupt nicht zu
	[5]	[4]	[3]	[2]	[1]
A4.5	Marken sind unverwechselbar.				
	stimme vollkommen zu				stimme überhaupt nicht zu
	[5]	[4]	[3]	[2]	[1]

Im folgenden geht es ausschließlich um Güter des täglichen Bedarfs wie z.b. Lebensmittel, Körperpflege- oder Reinigungsmittel. Ich werden Ihnen verschiedene Aussagen vorlesen zu denen Sie mir bitte sagen, inwieweit sie diesen Aussagen jeweils zustimmen.

I: Bitte dem Befragten sagen, dass für die folgenden Fragen Bewertungsskala 2 zu benutzen ist und zutreffende Antworten des Befragten ankreuzen.

		stimme vollkommen zu	stimme überwiegend zu	bin unentschieden	stimme eher nicht zu	stimme überhaupt nicht zu
A5.1	Bei der großen Ähnlichkeit vieler Produkte fällt es häufig schwer, Neuheiten zu erkennen.	[5]	[4]	[3]	[2]	[1]
A5.2	All die Informationen, die man über die verschiedenen Produkte bekommt - z.b. aus der Werbung – bringen einen durcheinander.	[5]	[4]	[3]	[2]	[1]
A5.3	Obwohl es von einigen Marken so viele Varianten gibt - z.b. Milka Schokolade [Haselnuß, Vollmilch etc.], Müller Milch [Vanille, Schoko etc.], Persil [Tabs, Pulver]) – fällt es leicht, sich für „die Richtige" zu entscheiden.	[5]	[4]	[3]	[2]	[1]
A5.4	Manche Marken sehen so ähnlich aus, dass man sich nicht sicher ist, ob sie vom selben Hersteller stammen oder nicht.	[5]	[4]	[3]	[2]	[1]
A5.5	Infolge der zunehmenden Informationsmenge, die auf uns einwirkt, läßt man vieles ungelesen bzw. unbeachtet.	[5]	[4]	[3]	[2]	[1]
A5.6	Durch die vielen Informationen kann es schon mal sein, dass einem attraktive Angebote durch die Lappen gehen.	[5]	[4]	[3]	[2]	[1]
A5.7	Wenn man einmal eine Marke gefunden hat, mit der man zufrieden ist, bleibt man meist dabei, bevor man sich erneut mit der Produktfülle auseinandersetzen muss.	[5]	[4]	[3]	[2]	[1]
A5.8	Die Atmosphäre in Kaufhäusern und Supermärkten mit den vielen Sonderangeboten und Werbeplakaten führt manchmal dazu, dass man mehr kauft als ursprünglich geplant.	[5]	[4]	[3]	[2]	[1]
A5.9	Die Atmosphäre in Kaufhäusern und Supermärkten führt manchmal dazu, dass man nicht mehr genau weiß, was man eigentlich kaufen wollte.	[5]	[4]	[3]	[2]	[1]
A5.10	Es gibt so viele Marken unter denen man auswählen kann, dass man manchmal ganz durcheinander ist.	[5]	[4]	[3]	[2]	[1]

		stimme vollkommen zu	stimme überwiegend zu	bin unentschieden	stimme eher nicht zu	stimme überhaupt nicht zu
A5.11	Aufgrund der Vielzahl von Geschäften ist es manchmal schwierig zu entscheiden, in welchen Geschäften man einkaufen sollte.	[5]	[4]	[3]	[2]	[1]
A5.12	Oft kann man sich nach einem (Fernseh-)Werbeblock nicht mehr an das Produkt (z.B. Milka Tender, Montelino), sondern nur an die Marke (Milka) erinnern.	[5]	[4]	[3]	[2]	[1]
A5.13	Oft kann man sich nach einem (Fernseh-)Werbeblock nicht mehr an die Marke (z.B. Beck's, Warsteiner), sondern nur an das Produkt (Bier) erinnern.	[5]	[4]	[3]	[2]	[1]
A5.14	Die in der Werbung benutzten Fremdworte sorgen dafür, dass man manche Produkte nicht beurteilen kann.	[5]	[4]	[3]	[2]	[1]
A5.15	Bei den meisten der auf Produkten verwendeten sozial-ökologischen Gütezeichen wie z.B. _Blauer-Engel_, _Rugmark_, _TransFair_, _Demeter_, _Bioland_ weiß man, was sie bedeuten.	[5]	[4]	[3]	[2]	[1]
A5.16	Man ist sich nicht immer sicher, welche Produkte die eigenen Bedürfnisse am Besten befriedigen.	[5]	[4]	[3]	[2]	[1]
A5.17	Tageszeitungen enthalten häufig so viele Werbeprospekte, dass man die Angebote aus den Werbeprospekten kaum wahrnimmt.	[5]	[4]	[3]	[2]	[1]
A5.18	Auf den meisten Verpackungen stehen so viele Informationen wie z.B. Haltbarkeitsdatum, Fettgehalt, Herstellungsort, dass es schwer ist, die zu entdecken, die einem wichtig sind.	[5]	[4]	[3]	[2]	[1]
A5.19	Im Geschäft erkennt man meist auf Anhieb die von einem bevorzugten Marken.	[5]	[4]	[3]	[2]	[1]
A5.20	Man weiß, dass bei ähnlichen Produkten das teurere Produkt auch das bessere ist.	[5]	[4]	[3]	[2]	[1]
A5.21	Die Informationen, die man aus der Werbung bekommt, sind oft so ungenau, dass man gar nicht genau weiß, was das Produkt eigentlich kann.	[5]	[4]	[3]	[2]	[1]
A5.22	Manchmal verzichtet man auf einen schon geplanten Kauf, weil man sich aufgrund widersprüchlicher Informationen nicht entscheiden kann.	[5]	[4]	[3]	[2]	[1]
A5.23	Manchmal ist die Auswahl im Geschäft so groß, dass der Kauf eines Produktes mehr Zeit in Anspruch nimmt als erwartet.	[5]	[4]	[3]	[2]	[1]

	stimme vollkommen zu	stimme überwiegend zu	bin unentschieden	stimme eher nicht zu	stimme überhaupt nicht zu
A5.24 Eine höhere Produktvielfalt in einer Produktgruppe erleichtert die Kaufentscheidung.	[5]	[4]	[3]	[2]	[1]
A5.25 Man weiß häufig nicht, was bestimmte Begriffe die in der Werbung verwendet werden oder auf Produktverpackungen gedruckt sind bedeuten; z.B. *Pflegelipide, Allantoin, Provitamin B5.*	[5]	[4]	[3]	[2]	[1]
A5.26 Es kommt vor, dass man ein Produkt aufgrund einer Werbung kaufen will, es im Geschäft aber zwischen vielen ähnlichen Produkten nicht mehr eindeutig identifizieren kann.	[5]	[4]	[3]	[2]	[1]
A5.27 Je mehr Zeit man sich für einen Kauf nimmt, desto besser ist nachher die Entscheidung.	[5]	[4]	[3]	[2]	[1]
A5.28 Die meisten Marken sind sich sehr ähnlich, so dass es einem schwer fällt, sie zu unterscheiden.	[5]	[4]	[3]	[2]	[1]
A5.29 Angesichts der vielen Marken und Packungsgrößen in bestimmten Produktgruppen – z.B. Shampoo, Waschmittel – ist es manchmal schwierig, die Marke mit dem günstigsten Preis-Mengen-Verhältnis auszuwählen.	[5]	[4]	[3]	[2]	[1]
A5.30 Man kauft meist bekannte Produkte wie z.b. die, die man aus der Werbung kennt, da einem im Geschäft die Auswahl sonst zu schwer fällt.	[5]	[4]	[3]	[2]	[1]
A5.31 Produktinformationen beachtet man immer seltener.	[5]	[4]	[3]	[2]	[1]
A5.32 Manchmal denkt man beim Einkauf (z.B. Zahnpasta- oder Waschmittelkauf): „Ist doch egal, was man kauft – ist doch sowieso alles dasselbe."	[5]	[4]	[3]	[2]	[1]
A5.33 Manchmal vertagt man die Entscheidung.					
A5.34 Manchmal nimmt der Kauf eines Produktes mehr Zeit in Anspruch als erwartet.	[5]	[4]	[3]	[2]	[1]
A5.35 Manchmal fällt es einem schwer, zu einer Entscheidung zu gelangen	[5]	[4]	[3]	[2]	[1]
A5.36 Manchmal verschiebt man einen schon geplanten Kauf.	[5]	[4]	[3]	[2]	[1]

> *I: Bitte dem Befragten sagen, dass für die folgende Frage Bewertungsskala 4 zu benutzen ist und zutreffende Antworten des Befragten ankreuzen.*

A6: Wenn Sie an Produkte des täglichen Bedarfs wie z.B. Lebensmittel denken, haben Sie als Konsument ganz allgemein das Gefühl, über die angebotenen Produkte

zu wenig Informationen zu bekommen?   [1]

genau ausreichend informiert zu sein?   [2]

eher zu viel Informationen zu bekommen? [3]

viel zu viel Informationen zu bekommen? [4]

Im folgenden geht es ausschließlich um technische Gebrauchsgüter wie z.B. Fernseher, Computer oder Küchengeräte. Ich werden Ihnen verschiedene Aussagen vorlesen zu denen Sie mir bitte sagen, inwieweit Sie diesen Aussagen jeweils zustimmen.

> *I: Bitte dem Befragten sagen, dass für die folgenden Fragen Bewertungsskala 2 zu benutzen ist und zutreffende Antworten des Befragten ankreuzen.*

		stimme vollkommen zu	stimme überwiegend zu	bin unentschieden	stimme eher nicht zu	stimme überhaupt nicht zu
A7.1	Mit steigender Kompliziertheit der Produkte (viele Produkte werden immer ausgereifter, haben immer mehr Funktionen) versteht man auch die Informationen zu diesen Produkten immer weniger.	[5]	[4]	[3]	[2]	[1]
A7.2	Beim Kauf von manchen Produkten wie z.B. Computer oder Stereoanlage ist man nicht sicher welche Produkteigenschaften besonders wichtig für einen sind.	[5]	[4]	[3]	[2]	[1]
A7.3	Wenn Produkte schwierig zu bedienen sind, wird einem meistens durch die beigelegte Gebrauchsanleitung geholfen.	[5]	[4]	[3]	[2]	[1]
A7.4	Häufig haben Produkte wie CD-Player oder Videorecorder so viele Funktionen, dass ein Vergleich verschiedener Marken nur schwer möglich ist.	[5]	[4]	[3]	[2]	[1]
A7.5	In einigen Produkt- oder Dienstleistungsgruppen wie z.B. Handys, Lebensversicherungen, Telefon-Tarife gibt es so viele verschiedene Preise, dass man sich nicht im Klaren darüber ist, welches das günstigste Angebot darstellt.	[5]	[4]	[3]	[2]	[1]

		stimme vollkommen zu	stimme überwiegend zu	bin unentschieden	stimme eher nicht zu	stimme überhaupt nicht zu
A7.6	Manchmal versteht man nicht, wie angeblich qualitativ hochwertige Produkte im Rahmen von Sonderangeboten verschleudert werden können.	[5]	[4]	[3]	[2]	[1]
A7.7	Man hat beim Kauf von Produkten selten das Gefühl, ausreichend informiert zu sein.	[5]	[4]	[3]	[2]	[1]
A7.8	Die Bedeutung vieler Abkürzungen, die zur Erklärung technischer Produkte benutzt werden – wie z.B. *DVD, DTS, DAT, MP3, SIM, CLI, MO* – kennt man.	[5]	[4]	[3]	[2]	[1]
A7.9	Beim Kauf bestimmter Produkte braucht man die Hilfe eines Verkäufers, um die Unterschiede der Produkte zu erkennen.	[5]	[4]	[3]	[2]	[1]
A7.10	Manche Produkte nutzt man nicht im vollen Umfang, weil man nicht alle Funktionen und Produktinformationen versteht.	[5]	[4]	[3]	[2]	[1]
A7.11	Manchmal stehen einem beim Kauf bestimmter Produkte so viele Informationen zur Verfügung - z.B. aus der Werbung, oder von Freunden – dass es einem schwer fällt, zu einer Entscheidung zu gelangen.	[5]	[4]	[3]	[2]	[1]
A7.12	Machmal stehen einem beim Kauf bestimmter Produkte so viele Informationen zur Verfügung, dass man deshalb die Entscheidung vertagt.	[5]	[4]	[3]	[2]	[1]
A7.13	Manchmal verschiebt man einen schon geplanten Kauf, weil man sich aufgrund widersprüchlicher Informationen nicht entscheiden kann.	[5]	[4]	[3]	[2]	[1]

I: Bitte dem Befragten sagen, dass für die folgende Frage Bewertungsskala 4 zu benutzen ist und zutreffende Antworten des Befragten ankreuzen.

A8: Wenn Sie an technische Gebrauchsgüter wie z.b. Videorecorder oder Küchengeräte denken, haben Sie als Konsument ganz allgemein das Gefühl, über die angebotenen Produkte

zu wenig Informationen zu bekommen?   [1]

genau ausreichend informiert zu sein?   [2]

eher zu viel Informationen zu bekommen?   [3]

viel zu viel Informationen zu bekommen?   [4]

Abschnitt B

Ich zeige Ihnen zunächst ein Produkt, zu dem ich Ihnen dann einige Fragen stellen werde. Dabei ist es egal, ob Sie das Produkt selbst benutzen. Es geht ausschließlich um Ihre persönliche Einschätzung.

I: Bitte dem Befragten das Produkt übergeben, so dass dieser es in Augenschein bzw. prüfen kann.

B1:   Was fällt Ihnen zu diesem Produkt ein?

I: Antwort des Befragten niederschreiben.

[ ] keine Antwort ➔ Weiter mit Frage B2

Wird in der Antwort zu Frage B1 ein *Markenname* vom Befragten genannt ➔ Weiter mit Frage B3

Wird *kein* Markenname genannt ➔ Weiter mit Frage B2

B2:   Erinnert Sie die Verpackungsgestaltung dieser ISANA Creme an irgendeine andere Marke?

[ ] Bei „nein" ➔ Weiter mit Frage B4

[ ] Bei „ja"
     ↓

I: Antwort des Befragten niederschreiben (wie welche andere Marke sieht ISANA Creme aus).

➔ Weiter mit Frage B3

B3:   Wie kommen Sie gerade auf diese Marke(n)?

I: Antwort des Befragten niederschreiben.

B4:   Wie bekannt ist Ihnen die Marke „NIVEA"?

I: Bitte dem Befragten sagen, dass Bewertungsskala 3 zu benutzen ist und zutreffendes ankreuzen.

sehr bekannt				völlig unbekannt
[5]	[4]	[3]	[2]	[1]

B5:   Wie häufig benutzen Sie Produkte der Marke „NIVEA"?

I: Bitte vom Befragten genannte Häufigkeit eintragen und zutreffendes unterstreichen.

[   ] mal in der Woche.   [   ] mal im Monat.

B6:   Kennen Sie das Produkt NIVEA Creme?

[   ] Bei „nein"   ➔ Weiter mit Abschnitt C

[   ] Bei „ja"
   ↓

B7:   Glauben Sie diese ISANA Creme und NIVEA Creme stammen vom selben Hersteller?

I: Bitte das entsprechende Kästchen ankreuzen. Antwortalternative nur auf Nachfrage vorlesen.

ja	weiß nicht	nein
[3]	[2]	[1]

Abschnitt C

Im folgenden möchte ich Ihnen einige Fragen zu Ihrer Einstellung zu Produkten und Einkaufen im Allgemeinen stellen. Ich werden Ihnen verschiedene Aussagen vorlesen zu denen Sie mir bitte sagen, inwieweit sie diesen Aussagen jeweils zustimmen.

I: Bitte dem Befragten sagen, dass für die folgenden Fragen Bewertungsskala 2 zu benutzen ist und zutreffende Antworten des Befragten ankreuzen.

Loyalität

	stimme vollkommen zu	stimme überwiegend zu	bin unentschieden	stimme eher nicht zu	stimme überhaupt nicht zu
C1.1 Wenn ich eine Marke finde, die mir gefällt, bleibe ich meist dabei.	[5]	[4]	[3]	[2]	[1]
C1.2 Ich kaufe meist dieselben Marken.	[5]	[4]	[3]	[2]	[1]
C1.3 Ich wechsle häufig die Marken von Produkten wie z.b. Waschmittel, Duschgel, Käse, Joghurt (Produkte, die man regelmäßig kauft).	[5]	[4]	[3]	[2]	[1]
C1.4 Ich habe Lieblingsmarken, die ich immer wieder kaufe	[5]	[4]	[3]	[2]	[1]
C1.5 Ich kaufe meist in denselben Geschäften.	[5]	[4]	[3]	[2]	[1]

Mundpropaganda

	stimme vollkommen zu	stimme überwiegend zu	bin unentschieden	stimme eher nicht zu	stimme überhaupt nicht zu
C2.1 Ich stelle meinen Freunden gerne neue Marken und Produkte vor.	[5]	[4]	[3]	[2]	[1]
C2.2 Ich mag es Menschen zu helfen, indem ich sie mit Informationen über viele verschiedene Produkte versorge.	[5]	[4]	[3]	[2]	[1]
C2.3 Ich werde oft nach Informationen über Produkte, Einkaufsstätten und Angebote gefragt.	[5]	[4]	[3]	[2]	[1]
C2.4 Sollte ich danach gefragt werden, so könnte ich auf verschiedene Produkte bezogen empfehlen, wo einzukaufen ist.	[5]	[4]	[3]	[2]	[1]
C2.5 Meine Freunde und Bekannte halten mich für eine gute Informationsquelle, wenn es um neue Produkte oder Angebote geht.	[5]	[4]	[3]	[2]	[1]
C2.6 Meine Erfahrungen mit Produkten teile ich vielen Leuten mit (z.B. Freunden und Bekannten).	[5]	[4]	[3]	[2]	[1]

I: Bitte das entsprechende Kästchen ankreuzen. Antwortalternative nur auf Nachfrage vorlesen.

	trifft voll zu	trifft überwiegend zu	bin unentschie- den	trifft eher nicht zu	trifft überhaupt nicht zu
C3.7 Stellen Sie sich jemanden vor, der Informationen über eine Vielzahl von Produkten hat und diese auch gerne mit anderen teilt. Dieser Jemand weiß über neue Produkte, Angebote, Geschäfte usw. Bescheid, fühlt sich aber nicht unbedingt als Experte in Bezug auf ein bestimmtes Produkt. Wie genau trifft diese Beschreibung auf Sie zu?	[5]	[4]	[3]	[2]	[1]

I: Bitte dem Befragten sagen, dass für die folgenden Fragen <u>Bewertungsskala 2</u> zu benutzen ist und zutreffende Antworten des Befragten ankreuzen.

C4:   Im Allgemeinen vertraue ich

	stimme vollkommen zu	stimme überwiegend zu	bin unentschie- den	stimme eher nicht zu	stimme überhaupt nicht zu
C4.1 den Produkten, die ich kaufe.	[5]	[4]	[3]	[2]	[1]
C4.2 den Herstellern der Produkte die ich kaufe.	[5]	[4]	[3]	[2]	[1]
C4.3 Verkäufern, die mir Produkte verkaufen.	[5]	[4]	[3]	[2]	[1]
C4.4 Werbung, zu den Produkten, die mich interessieren.	[5]	[4]	[3]	[2]	[1]

Abschnitt D

D1:   Wieviel Personen wohnen in Ihrem Haushalt (einschließlich des Befragten)?

I: Bitte vom Befragten genannte Personenzahl eintragen..

[   ] Person(en)   keine Antwort   [9]

Wenn Antwort *eine* Person ist ➜ Weiter mit Frage D4

D2:   Falls *mehr als eine Person*: Wieviel sind davon Kinder und Jugendliche unter 18 Jahren?

[   ]

D3:   Wenn Sie an Kaufentscheidungen für die folgenden Produkte und Dienstleistungen denken, sagen Sie mir bitte, inwieweit Sie in Ihrem Haushalt dafür zuständig sind:

I: Bitte dem Befragten sagen, dass für die folgende Frage Bewertungsskala 5 zu benutzen ist und zutreffende Antworten des Befragten ankreuzen

		allein zuständig	überwiegend zuständig	manchmal ja, manchmal nein	selten zuständig	überhaupt nicht zuständig
D3.1	Lebensmittel	[5]	[4]	[3]	[2]	[1]
D3.2	Haar- und Körperpflegeprodukte	[5]	[4]	[3]	[2]	[1]
D3.3	Reinigungsprodukte	[5]	[4]	[3]	[2]	[1]
D3.4	Kleidung	[5]	[4]	[3]	[2]	[1]
D3.5	Gebrauchsgüter *bis* DM 1000 (z.B. Fotoapparat, Fernseher)	[5]	[4]	[3]	[2]	[1]
D3.6	Gebrauchsgüter *über* DM 1000 (z.B. Fernseher, Möbel, PKW)	[5]	[4]	[3]	[2]	[1]
D3.7	Urlaub	[5]	[4]	[3]	[2]	[1]
D3.8	Versicherung (z.B. Auto- oder Haftpflicht)	[5]	[4]	[3]	[2]	[1]
D3.9	Bausparvertrag	[5]	[4]	[3]	[2]	[1]

D4:   Ich nenne Ihnen jetzt verschiedene Medien. Sagen Sie mir bitte, wie viele Minuten Sie
diese täglich nutzen:

Fernsehen   [＿＿＿＿]

Radio   [＿＿＿＿]

Tageszeitung   [＿＿＿＿]

Zeitschriften   [＿＿＿＿]

Das Internet   [＿＿＿＿]

D5:   Bitte sagen Sie mir noch, wie alt Sie sind.

I: Bitte Alter und Geschlecht des Befragten eintragen.

[   ] Jahre   männlich   [1]
Schätzung [   ]   weiblich   [2]

D6:   Und welchen Schulabschluss haben Sie?

I: Bitte das entsprechende Kästchen ankreuzen. Antwortalternative nur auf Nachfrage vorlesen.

keinen Abschluss   [1]
Volksschule/Hauptschule   [2]
Realschule   [3]
Abitur   [4]
Studium   [5]   keine Antwort   [9]

D7:   Und welcher Berufsgruppe gehören Sie gegenwärtig an?

I: Bitte das entsprechende Kästchen ankreuzen. Antwortalternative nur auf Nachfrage vorlesen.

Angestellte/r   [1]   Rentner/in   [5]
Arbeiter/in   [2]   Arbeitslos   [6]
Hausfrau/-mann   [3]   Selbständig   [7]
Student/in   [4]   Beamte/r   [8]

keine Antwort   [9]

D8:   Wie hoch ist Ihr monatliches Nettoeinkommen? Bitte nennen Sie die entsprechende
       Zahl aus Liste A.

*I: Bitte das entsprechende Kästchen ankreuzen. Antwortalternative nur auf Nachfrage
vorlesen.*

unter 1000	DM	[1]
1000 - 2000	DM	[2]
2000 - 3000	DM	[3]
3000 - 4000	DM	[4]

4000 - 5000	DM	[5]
über 5000	DM	[6]
keine Antwort		[9]

Haben Sie vielen Dank für Ihre Zeit und Auskunftsbereitschaft!

Dauer des Interview s:_____ Minuten.

Der Deutsche Universitäts-Verlag
Ein Unternehmen der Fachverlagsgruppe BertelsmannSpringer

Der Deutsche Universitäts-Verlag wurde 1968 gegründet und 1988 durch die Wissenschaftsverlage Dr. Th. Gabler Verlag, Verlag Vieweg und Westdeutscher Verlag aktiviert. Der DUV bietet hervorragenden jüngeren Wissenschaftlern ein Forum, die Ergebnisse ihrer Arbeit der interessierten Fachöffentlichkeit vorzustellen. Das Programm steht vor allem solchen Arbeiten offen, deren Qualität durch eine sehr gute Note ausgewiesen ist. Jedes Manuskript wird vom Verlag zusätzlich auf seine Vermarktungschancen hin überprüft.

Durch die umfassenden Vertriebs- und Marketingaktivitäten, die in enger Kooperation mit den Schwesterverlagen Gabler, Vieweg und Westdeutscher Verlag erfolgen, erreichen wir die breite Information aller Fachinstitute, -bibliotheken, -zeitschriften und den interessierten Praktiker. Den Autoren bieten wir dabei günstige Konditionen, die jeweils individuell vertraglich vereinbart werden.

Der DUV publiziert ein wissenschaftliches Monographienprogramm in den Fachdisziplinen

Wirtschaftswissenschaft
Informatik
Kognitionswissenschaft
Sozialwissenschaft

Psychologie
Literaturwissenschaft
Sprachwissenschaft

www.duv.de

Änderungen vorbehalten.

Deutscher Universitäts-Verlag
Abraham-Lincoln-Str. 46
65189 Wiesbaden